Philippe Reliquet:
Ritter, Tod und Teufel
Gilles de Rais: Monster, Märtyrer, Weggefährte Jeanne d'Arcs

Mit 21 Abbildungen
Aus dem Französischen von
Bernd Lächler

Deutscher
Taschenbuch
Verlag

Im Text ungekürzte Ausgabe
1. Auflage Januar 1990
Deutscher Taschenbuch Verlag GmbH & Co. KG, München
© 1982 Editions Pierre Belfond
Titel der französischen Originalausgabe:
Le Moyen Age: Gilles de Rais, maréchal, monstre
et martyr
© der deutschsprachigen Ausgabe:
1984 Artemis Verlag, München und Zürich
unter dem Titel »Ritter, Tod und Teufel:
Gilles de Rais oder Die Magie des Bösen«
ISBN 3-7608-1910-9
Umschlaggestaltung: Celestino Piatti
Umschlagabbildung: Archiv für Kunst und Geschichte,
Berlin (Französische Buchminiatur aus dem 15. Jahrhundert mit dem Titel »Die Hölle«)
Gesamtherstellung: C. H. Beck'sche Buchdruckerei, Nördlingen
Printed in Germany · ISBN 3-423-11174-7
1 2 3 4 5 6 · 95 94 93 92 91 90

Das Buch

Am 26. Oktober 1440 wird in Nantes nach einem Inquisitionsprozeß ein Mann hingerichtet, überführt einer Unzahl sadistischer Verbrechen: Gilles de Rais. Wer war dieser Mann, dessen Name bis heute eine ungebrochene Faszination ausstrahlt? Gilles de Rais: ein hoher Feudalherr des Spätmittelalters, Waffengefährte der Jeanne d'Arc bei der Eroberung von Orléans und Marschall von Frankreich. Ein prunksüchtiger Verschwender, der nach dem Tod Johannas innerhalb weniger Jahre ein immenses Vermögen verschleudert und sich in Ausschweifungen aller Art zugrunde richtet. Ein Alchimist und Teufelsbeschwörer, der sich im Taumel des Untergangs an die Schwarze Magie klammert. Als Häretiker, Homosexueller und Sadist Angeklagter der Inquisition in einem der größten Schauprozesse des Mittelalters – an dem sich Fürsten und Prälaten gleichermaßen bereichern. Reuiger und demütiger Büßer schließlich, dessen erbaulicher Tod der Kirche jahrhundertelang zu Propagandazwecken diente. Zum ersten Mal nimmt nun der französische Historiker Philippe Reliquet die Geschichte dieses facettenreichen Mannes zum Ausgangspunkt eines faszinierenden Tableaus des späten Mittelalters. Eine Zeit des Umbruchs und tiefer Krisen wird lebendig. Kernpunkt seiner Analyse ist das politische Kräftespiel, das im Prozeß gegen Gilles de Rais sichtbar wird. Das Urteil über den Sadisten und Massenmörder ist unwiderruflich. Doch selbst in seinen Widersprüchen und Exzessen wirft Gilles de Rais ein Schlaglicht auf eine der erregendsten Epochen unserer Geschichte.

Der Autor

Philippe Reliquet, geboren 1943 in Nantes, studierte Geschichte, Recht und Politikwissenschaft und war danach im Kultusministerium mit den Gebieten Musik und Verlagswesen betraut. Seit 1986 ist er Berater für Kultur und Wissenschaft für die französische Botschaft in Warschau.

Inhalt

Fakten, Quellen, Legenden 9
Zur Methode 13

Erster Teil: Die Geschichte

1. Kapitel: Ort und Zeit
    Der Ort: Das Meer im Rücken 17
    Das Land....................................... 19
    Die Zeit: Gottes Geißeln 20
    Ein Volk in Angst und Schrecken 27
    Tod und Apokalypse 28
    Ambivalenzen 31

2. Kapitel: Die Fakten
    Der Erbe (1404–1422) 35
    Der Rüpel (1422–1427)........................... 40
    Der Haudegen (1427–1429) 42
    Der Würdenträger (1429–1433) 47
    Der Bruch 50
    Der Verschwender (1433–1436) 52
    Der Zauberer und Hexer (1436–1440).............. 61
    Der Päderast und Vampir (1432–1440) 71
    Der Einfältige: Verhaftung und Prozeß
      (Mai bis Oktober 1440)......................... 80
    Der Frömmler und Märtyrer – ein beispielhafter Tod
      (22. bis 26. Oktober 1440)...................... 85
    Das Erbe 88

Zweiter Teil: Kräfteverhältnisse

3. Kapitel: Der Feudalismus in der Krise
    Grundzüge des Rechtssystems der Feudalgesellschaft 99
    Der militärische Aspekt der Krise der Feudalordnung
      – eine funktionelle Krise 104
    Ökonomische Aspekte der Krise 116
    Umrisse einer sozialen Umwälzung 124
    Vielfalt der Reaktionen auf die Krise.............. 126

4. Kapitel: Die Geistlichen und das Feudalsystem
  Die politischen Prälaten 134
  Der Verfall des religiösen Lebens im 15. Jahrhundert 142
  Unterschiedliche Reaktionen im Volk 146
  Die Haltung der Geistlichen 151
  Ein Volk unter dem Joch der Frömmigkeit 154

5. Kapitel: Inquisition, Recht, Prozeß
  Eine Gerichtsaktion auf vier Ebenen 159
  Der Inquisitionsprozeß 162
  Einige Besonderheiten der Inquisition 172
  Über die Urteile in Inquisitionsprozessen 179

Dritter Teil: Von dunklen Mächten

6. Kapitel: Die Opfer: Die Kindheit
  Die Opfer des Gilles de Rais 188
  Elend und Bettelei im 15. Jahrhundert 192
  Überlegungen zur Familienstruktur im frühen
    15. Jahrhundert 197
  Pagen und Diener am Hof des Barons von Rais 207

7. Kapitel: Von dunklen Mächten: Alchemie, Hexerei,
  Aberglaube und Teufelskult
  Die Alchemie 213
  Magie und Hexenwahn im Land des Gilles de Rais 221
  Satan 229

8. Kapitel: Eros und Thanatos
  Eros: Die Homosexualität im 15. Jahrhundert 239
  Die freie Sexualität 240
  Eine frauenfeindliche Zeit: Das »sündige Tier« 241
  Homosexuelle Praxis: Aussagen über Gilles de Rais 244
  Die Kirche und die Homosexualität 247
  Einige Fälle von Homosexualität im 15. Jahrhundert ... 251
  Homosexualität, Hexerei und Dämonenglaube 254
  Gilles de Rais als Homosexueller 257
  Thanatos: Gewalt und sexuelle Gewalt 258
  Die Lust am Untergang 264

Schlußbemerkung 270

Anhang

Stammbaum des Gilles de Rais 274
Daten zum Prozeß 276
Zeittafel 278
Anmerkungen 285
Bibliographie 300
Bildnachweis 306
Karte 307
Namenregister 308

Es flieht der Schlummer mich, im nächt'gen Dunkel
Steht auf vor mir das blut'ge, tote Kind!

... Bleib hier, Schujskij!
Hast jemals du gehört
Daß ermordete Kindlein aus Gräbern auferstehen
Um Zaren zu verhören, um sie zu foltern?

Mussorgskij, Boris Godunow, II. Akt

Fakten, Quellen, Legenden

Gilles de Rais (oder: Retz), ein großer Feudalherr und ein großer Bösewicht, lebte von 1404 bis 1440. Nantes (Château de La Suze), Chantocé, Tiffauges und Machecoul waren seine Hauptresidenzen. An den drei zuletzt genannten Orten sind noch mehr oder minder bedeutende Ruinen vorhanden, lebt die Erinnerung an seine Untaten fort.

Als großer Feudalherr allein wäre Gilles de Rais nicht mehr als eine Randfigur in den zeitgenössischen Chroniken, in genealogischen Schriften, in Urkunden über Besitzwechsel und in den Berichten über große Waffentaten und kleine Räubereien, wie sie für das niedergehende Rittertum des 15. Jahrhunderts kennzeichnend sind.

Als Bösewicht aber wurde Rais durch Jean de Malestroit, den Bischof von Nantes und Kanzler der Bretagne, einer Unzahl sadistischer Kindermorde, schauerlicher Verbrechen gegen den katholischen Glauben, gegen die Sitte und gegen Leib und Leben überführt. Er entschloß sich zu einem umfassenden Geständnis, forderte mit den Worten »Ich habe genug getan, um zehntausendmal den Tod zu verdienen« selbst seine Verurteilung und wurde unter großem Gepränge und unter dem Jubel der Menge hingerichtet. Die Kirche, gestärkt durch diesen Sieg über einen schuldig gewordenen Feudalherrn, ließ von den Verhörprotokollen und Urteilssprüchen dieses exemplarischen Prozesses zahlreiche Abschriften anfertigen, die sich zur Einschüchterung der Sünder, zur Erbauung der Massen und zum Ruhm der Geistlichkeit weidlich ausschlachten ließen.

Schon unmittelbar nach dem unrühmlichen Ende des Barons Gilles de Rais verbreiteten die Chronisten, so Monstrelet und Jean Chartier, diese ebenso schauerliche wie erbauliche, aber auch sagenumwobene Geschichte. Denn schon die ersten Berichte dieser Quasi-Zeitgenossen sind mit legendären Zügen und Elementen des Wunderbaren angereichert. Die Zeit vom ausgehenden Mittelalter bis zum 17. Jahrhundert zeigt dann eine wachsende Abneigung, die Tatsachen selbst in ihrer blutigen Abscheulichkeit gelten zu lassen und so, wie sie sind, weiterzugeben. Man hält es lieber mit der Legendenbildung. Die Gestalt des verbrecherischen Barons macht eine seltsame Verwandlung durch; man neigt immer mehr dazu, ihm die Missetaten des sagenhaften Frauenmörders Blaubart zuzuschreiben. In Wahrheit reicht die Märchenüberlieferung von dem mörderischen Ritter, der seine Gattinen erschlägt, weit über die Schandtaten des Gilles de Rais hinaus; sie gehört möglicherweise zum Urbestand indoeuropäischer Sagenmotive[1], findet sich jedenfalls in zahlreichen Varianten an vielen Orten.

Nach 1440 verschmilzt diese alte Sage mit den Erzählungen, Legenden und Kolportagen über die Taten des Gille de Rais. Und weil an langen Winterabenden Erzählungen über Frauenmorde angenehmer oder auch wahrscheinlicher klingen als Geschichten von der Abschlachtung kleiner Kinder durch einen verrückten Päderasten, wird der schreckliche Baron von Rais mit dem exotischeren Blaubart vertauscht. In den Märchen Perraults aus dem 17. Jahrhundert ist von den besonderen Wesenszügen des Barons bereits nichts mehr zu erkennen. Das hindert aber die Einwohner von Machecoul, Tiffauges und Chantocé durchaus nicht daran, ihre mittelalterlichen Schlösser noch immer als den Ort zu bezeichnen, an dem einst Ritter Blaubart – und nicht etwa Gilles de Rais – sein Unwesen trieb.

Den realen Verbrechen des Gilles de Rais zog man also den sagenhaften Ritter Blaubart vor. Dabei gab es durchaus weitere Menschen vom Schlage eines Gilles de Rais, vor allem in unruhigen Regionen, wo ein allmächtiger und barbarischer Adel sich alle Rechte anmaßte – etwa in der Walachei zur Zeit des Fürsten Vlad, der den Beinamen »der Pfähler« erhielt und zum Urbild des sagenhaften Dracula wurde[2]. Oder auch in Ungarn zur Zeit der Gräfin Erzsébet Báthory (1560–1614)[3], deren Geschichte auffällige Ähnlichkeiten mit der des Gilles de Rais aufweist. In beiden Fällen handelt es sich um homosexuelle Sadisten in hoher gesellschaftlicher Position, die eine außerordentlich große Zahl von Verbrechen an unschuldigen Kindern begehen. Auch die Dauer ihres Treibens ist ähnlich. Unvergleichbar allerdings sind ihre Prozesse. Erzsébet Báthory, um einiges abgebrühter als ihr berüchtigter Vorgänger, bot nicht das Schauspiel öffentlicher Reue zur Reinwaschung von ihrer Schuld und zum höheren Ruhm der Kirche. Sie wurde lebendig eingemauert.

Im 18. Jahrhundert scheint sich zumindest ein neugieriger Kopf bei Gilles de Rais und seinen Untaten Anregungen für sein Werk geholt zu haben: der Marquis de Sade. Einige seiner Figuren, vor allem der Herzog von Blangis in seinen »Einhundertzwanzig Tagen von Sodom«, zeigen eine gewisse Verwandtschaft mit dem Marschall. Möglicherweise hat der Autor der »Geheimen Geschichte der Isabeau de Bavière« sogar vor seiner Einkerkerung noch die Prozeßakten kennengelernt. Solche Kenntnis war freilich ebenso verbotene, nur insgeheim zu erlangende Wonne wie die der verwegensten Teile seines eigenen Werkes[4].

Die Vermengung des Faktischen mit Fiktivem weckte Skepsis

und ließ den Prozeß gegen Gilles de Rais verdächtig erscheinen, allen Berichten über sadistische Gewalttaten zum Trotz. Diese Skepsis bringt im 18. Jahrhundert der sonst nicht eben zimperliche Voltaire zum Ausdruck, der in seinem »Essai sur les moeurs et l'esprit des nations« schreibt: »Den Marschall de Retz hat man umgebracht..., er war angeklagt, Magie getrieben und Kinder geschlachtet zu haben, um mit ihrem Blut angebliche Hexereien zu vollbringen[5].« Und bald darauf stellt der fromme Kompilator der »Art de vérifier les dates« die Frage, wieweit der Baron tatsächlich schuldig gewesen ist[6].

Die Historiker des 19. Jahrhunderts fördern nach und nach die entscheidenden und unwiderlegbaren Dokumente zutage, auf die sich von nun an nicht nur die Forscher stützen, sondern auch Romanautoren, Vulgarisatoren und alle jene, die in der Folge der Faszination dieser unglaublichen Berichte erliegen. Michelet ist der erste dieser Historiker[7]. Er stellt die Berichte über die Untaten des Herrn von Rais in den Zusammenhang der Räubereien und Gewaltakte des Adels gegen Ende des Hundertjährigen Krieges. Von einigen unbedeutenden Ungenauigkeiten abgesehen, ist seine Darstellung zutreffend und liefert darüber hinaus eine im Zeitkontext einleuchtende Erklärung für die Mordtaten des Barons.

Zur gleichen Zeit, zu der Michelet seine »Histoire de France« schreibt, wandert Flaubert »über Felder und Strände«[8] und beschreibt mit großer Genauigkeit die Ruinen von Tiffauges, die damals ungefähr im gleichen Zustand waren wie heute. In Nantes zeigt man ihm den Schrein, der einmal das Herz der Anne de Bretagne umschloß, doch er äußert sich zurückhaltend: »Lieber als das Herz von Madame Anne de Bretagne hätte ich die Hose des Marschalls de Retz betrachtet, die mehr Leidenschaft enthielt als jenes Größe.«

Ein Geistlicher aber, der Abbé Eugène Bossard, leistet schließlich vierhundertfünfzig Jahre nach dem Bischof von Nantes die entscheidende Forschungsarbeit über den wahren Charakter des Gilles de Rais. Seine philosophische Dissertation aus dem Jahre 1885 trägt den Titel »Gilles de Rais, Maréchal de France, dit Barbe bleue« (Gilles de Rais, genannt Blaubart, Marschall von Frankreich). Im Anhang seiner Arbeit publizierte Bossard erstmals die Ermittlungs- und Prozeßakten sowie die entscheidenden Dokumente der Untersuchungen des Jahres 1440. René de Maulde, ein Archivar des Departements Maine-et-Loire, hatte diese Quellen zusammengetragen und als erster systematisch erfaßt und ausgewertet, nicht ohne einen gewissen Schrecken über das Ausmaß der Abscheulichkeiten, die er zutage förderte. Bossard und Maulde übten in ihren Textveröffentlichungen ein wenig Zensur und strichen aus den Prozeßakten Passagen, die ihrer Meinung nach vor Gericht nur »unter Ausschluß der Öffentlichkeit« verhandelt werden konnten. Trotz dieser Auslassungen ist Bossards Dissertation ein exemplarisches Werk. Alle Historiker (und andere), die seither über Gilles de Rais gearbeitet haben, schöpfen allein aus dieser sehr zuverlässigen Quelle.

Im Anschluß an Bossard haben auch Wissenschaftler anderer Fachrichtungen versucht, den »Fall« Gilles de Rais unter einem neuen Blickwinkel aufzurollen und ungetrübt durch kirchliche Apologetik zu betrachten. Zu nennen sind vor allem medizinische und psychiatrische Dissertationen wie die Arbeit von Bernelle aus dem Jahre 1910: »La psychose de Gilles de Retz, sire de Laval, maréchal de France.« Diese Dissertation untersucht – wie auch einige spätere, die nicht viel Neues bringen – eine Reihe von Erklärungsmodellen, die zum Teil auf eine Einschränkung der Schuldfähigkeit des Barons hinauslaufen. War es Wahnsinn (gewisse Verhaltensweisen, die Verschwendungssucht...)? Oder Alkoholismus (andere Anklagepunkte, die damaligen Sitten des Landes...)? Oder etwa Syphilis (der progressive Verlauf dieser Krankheit, eine der Geißeln der Zeit, könnte die allmähliche Steigerung in den Verbrechen erklären)? Zutreffender wohl sehen Krafft-Ebing und Moll in ihrer »Psychopathia sexualis« in Gilles de Rais den Modellfall des »perversen« Sadisten, den sie dadurch definiert sehen, daß er eine bis zum Orgasmus gehende sexuelle Befriedigung darin findet, einen anderen Menschen oder ein Tier zu quälen, zu demütigen und ihm Schmerz zuzufügen[9].

J. K. Huysmans verdanken wir den ersten bedeutenden literarischen Text, der auf Bossards Arbeit fußt. In dem Roman »Là-Bas« (1891) folgt er lange in schweflig düsteren Träumen den Spuren des Barons.

Unter den Darstellungen der jüngsten Zeit muß zunächst Michel Tournier genannt werden, der sich auf sehr freie Weise von dem Nachhall dieser alten Mär anregen läßt: dem Helden seines »Roi des aulnes« gibt er den für manche Ohren noch immer schauerlich klingenden Namen Tiffauges. Mit der Beziehung Gilles' zu Jeanne d'Arc befaßt sich das neueste Werk Tourniers, ebenso die jüngst in Brüssel uraufgeführte Oper »La passion de Gilles« von Philippe Boesmans und Pierre Mertens[10]. Der für uns wichtigste neuere Text aber einer überaus reichlichen Literatur um Gilles de Rais ist der von Georges Bataille. Sein »Procès de Gilles de Rais«[11] besteht zum größten Teil aus einer genauen und eleganten vollständigen Übersetzung der Prozeßakten, die Pierre Klossowski besorgt hat, ergänzt durch eine ausführliche Lebenschronik des Marschalls;

Batailles überaus scharfsinnige Kommentare nehmen nur rund siebzig Seiten ein.

Zur Methode

Ich will nur die entscheidenden Grundlinien eines allgemein verbreiteten und doch vielfach unbekannten Geschehens in Erinnerung rufen und beziehe mich dabei vor allem auf Klossowskis Übersetzung der Prozeßakten; jede romanhafte Ausschmückung wäre unnütz und soll unterbleiben.

Ich habe jedoch den Eindruck, daß der nüchterne Tatsachenbericht und Batailles Kommentare einige Fragen unbeantwortet lassen, die nach dem Geständnis, der Hinrichtung und der Ausschlachtung des erbaulichen Sterbens offen bleiben. Es sind Fragen auf zwei verschiedenen Ebenen. Zunächst Fragen nach der Wahrscheinlichkeit: Wie konnte Rais in so kurzer Zeit und in einem so begrenzten Territorium so viele Verbrechen begehen? Wie war eine solche Verkettung von Monstrositäten möglich? Wie wurde dieser aberwitzige Prozeß eingefädelt und aufgebaut? Wie wurde diese unerbittliche Maschinerie in Gang gesetzt? Dann aber auch Fragen nach den Ursachen: *Warum* ein solcher Charakter, warum diese Exzesse, warum ein in vieler Hinsicht so verwirrender Lebenslauf?

Ich versuche dabei, mich auf ein Achsenkreuz von Forschungsarbeiten zu stützen, die dem heutigen Kenntnisstand über diese grelle Phase des Spätmittelalters Rechnung tragen. Jede dieser Arbeiten liefert im begrenzten Rahmen ihres jeweiligen Fachgebietes gewisse Teilerklärungen, deren Zusammenschau zu einer nuancierteren Beurteilung des Dramas zu führen vermag, das sich zwischen 1432 und 1440, also in dem Jahrzehnt nach der Hinrichtung der Jeanne d'Arc, zusammengebraut hat.

Zwei Achsen also. Die erste: Analyse der objektiven Gegebenheiten des »Falles« Gilles de Rais, Untersuchung vor allem der gesellschaftlichen Kräfteverhältnisse, die zur Konfrontation eines großen Feudalherren – als Vertreter einer niedergehenden, in ihrem Selbstbewußtsein erschütterten Klasse – mit einem hohen Geistlichen von neuerwachtem kraftvollem Kampfgeist führen. Diese Kräfteverhältnisse finden ihren Ausdruck im Recht, und zwar zur damaligen Zeit weit mehr im kanonischen Recht und speziell im römisch-kanonischen Inquisitionsprozeß als im gewohnheitsrechtlich geprägten Recht, wie es der Herzog der Bretagne oder der französische König ausüben, beides Autoritäten, die sich gegen die Feudalherren noch nicht unangefochten behaupten können. Dieser Machtkampf des ehrgeizigen Prälaten Malestroit mit dem gescheiterten Feudalherrn Rais, mit Härte geführt und manchmal mit Zynismus, ist höchst symptomatisch und aufschlußreich.

Neben dieser Konfrontation zweier Individuen und zweier Gesellschaftsgruppen als zweite Achse die Untersuchung des kriminellen Geschehens selbst, des eigentlichen Gegenstandes der Verhandlungen: Wer waren die Opfer des Barons? Warum war es so leicht für ihn, sie anzulocken, zu verführen, umzubringen und verschwinden zu lassen? An der Antwort auf diese Fragen hängt zu einem Teil die Glaubwürdigkeit des Prozesses. Und welcher Anteil kommt in dieser in mancher Hinsicht ungereimten Auseinandersetzung der Hexerei, den üblichen Praktiken der Magie oder ganz allgemein dem Irrationalen zu? Handelte es sich etwa um einen Hexenprozeß? Schließlich aber geht es um die Mechanismen von Gewalt, Eros und Tod bei diesem Marsch in den Abgrund, dieser widersprüchlichen Lebenskurve eines Menschen, dessen Verhalten letztlich doch recht genau beschrieben ist. Gibt es heute einen Schlüssel für diese Mechanismen, lassen sie sich auch nur annähernd erfassen?

Diese Arbeit kann ein Beitrag zur gewiß nicht erschöpfenden Beantwortung einiger dieser Fragen sein. Indem sie das Ungeheuerliche des Geschehens in den Kontext einer Zeit voller Krisen und Widersprüche einbindet, will sie die Taten dieses Verbrechers zwar nicht beschönigen, wohl aber etwas verständlicher machen. Wie jeder von unkontrollierbaren Trieben beherrschte Mensch – in unserem Fall ist es ein mächtiger Todestrieb – wird Gilles de Rais dabei zu einer eher tragischen als hassenswerten Gestalt. Der Fall, über den wir die Debatte neu eröffnen, bleibt komplex, und wir werden uns hüten, die Akten zu schließen. Wir sind zufrieden, wenn wir einen Beitrag leisten konnten, der dem Leser eine etwas genauere Einschätzung des Falles ermöglicht – keine Verurteilung, aber ein abgewogeneres Urteil.

Philippe Reliquet

Erster Teil: Die Geschichte

1. Kapitel: Ort und Zeit

Der Ort: Das Meer im Rücken

Mit dem Meer fängt hier alles an. Grau liegt es da, grün, graugrün – vom »Jademeer« spricht man heute. Südlich der Loiremündung, wo einst die keltischen Veneter sich erbittert gegen Cäsar und die Römer wehrten, hat es bizarr die Bucht zerfressen. Die ganze Küste entlang hat es Erde weggerissen und zahllose Inseln mit gesundem Klima vom Festland getrennt: Noirmoutier, Bouin, Chauvet, zeitweise sogar Machecoul. Im Lauf der letzten zwei Jahrtausende aber haben die Flüsse der Vendée, die Gironde vor allem, die Charente und die Loire, den Grund der Bucht aufgefüllt mit angeschwemmtem Sand und die Inseln und Klippen wieder mit dem Festland verbunden. Weit draußen liegt jetzt das Meer; zurückweichend aber hinterließ es Sümpfe: bei Bouin, bei Machecoul.

Trostloser noch als das Meer sind diese Sümpfe: eine leere Weite, zerschnitten von salzigen Lachen, niedergewalzt mit ihrem wirren Bewuchs von der Wucht der Stürme. Tischebenes Gelände unter unendlichen Himmeln, belebt nur vom Gekreisch der Seevögel, der Reiher, Kiebitze, Wasserhühner, Möwen. Kleine niedrige Hütten, die »bourrines«, in scheuer Vereinzelung unter die spärlichen Gehölze geduckt und bis in allerjüngste Zeit ausschließlich mit Schilfstroh gedeckt, bilden den Haustyp dieser Landschaft der Einsamkeit.

Die Versandung der Häfen schritt unter dem Schutz der Deiche nur sehr langsam fort. Im Innern der Bucht, zwischen Pornic im Norden, dem heutigen Sport- und Fischereihafen, und der Insel Noirmoutier im Süden, belebte im 15. Jahrhundert noch schwunghafter Handel die Häfen, wie zahlreiche Urkunden der Zeit bezeugen[1]. Gehandelt wurde mit den Produkten der engeren und weiteren Umgebung: den Weinen der Loire, Leinen aus der Bretagne, Getreide und vor allem Salz – zunächst mit den Engländern, im Spätmittelalter auch mit den flämischen und deutschen Hansestädten, deren Schiffe über Brügge und die englischen Häfen bis hierher gelangten[2]. In einem Brief aus dem Danziger Hansekontor an den Herzog der Bretagne aus dem Jahr 1426 wird »die Bucht« ausdrücklich erwähnt, deren Zufahrt »die Stadt Borneff« (Bourgneuf) beherrschte. »Dies ist einer der schönsten Häfen, wo es mehr als in irgendeinem unseres Landes von Händlern und Waren wimmelt«, schrieb der letzte Herzog der Bretagne, François II., im

Jahre 1468. Die Insel Bouin, heute wieder Teil des Festlandes und nur noch von dem schmalen Rinnsal des Dain umflossen, wurde von zahllosen Schiffen angelaufen; man hat die abgewrackten Rümpfe und auch die schweren Ballast-Steine noch in der näheren Umgebung gefunden.

Der Handel in der Bucht von Bourgneuf dauerte an, solange die Schiffahrt möglich war, also etwa bis zum Ende des 16. Jahrhunderts. In der ersten Hälfte des 15. Jahrhunderts hatte er seine höchste Blüte erreicht. Für den Herrn dieser Gegend – Bouin, Machecoul, Prigny und Pornic gehörten zum Territorium der Familie von Rais[3] – hätte er eine wertvolle Einnahmequelle und eine Verbindung zur Außenwelt darstellen können, soweit die Sicherheit – nicht so sehr der wenig gefährdeten Seewege als des Warentransportes über Land zu den Häfen – gewährleistet war. Möglich ist allerdings, daß der wirtschaftliche Verfall, der Bevölkerungsschwund und die allgemeine Unsicherheit der Zeit einem lebhafteren Warenaustausch nicht günstig waren.

Genau das Gegenteil einer solchen Öffnung nach außen läßt sich jedoch beobachten. Der Herr, der über Kastellaneien und Seigneurien, über Marktflecken und reiche Ländereien gebietet, verbringt sein ganzes Leben im Inneren des Landes mit Feldzügen und Mordtaten zwischen Machecoul und Orleans (dreihundert Kilometer loireaufwärts), ja bis nach Reims und Rouen hinüber, besteigt aber nicht ein einziges Mal ein Schiff, obwohl Machecoul damals nur zehn Kilometer landeinwärts liegt. Entschieden kehrt er dem Meer den Rücken. Er bleibt Grundherr, Feldherr und Bauer. Er blickt nach Osten; die Handelsmöglichkeiten im Westen locken ihn nicht.

Das ist sicher keine persönliche Eigenheit. Seine Herkunft bestimmt ihn zum Kriegsherrn. Und das Mißtrauen gegenüber dem Meer ist hier allgemein. Ganz anders als in der nahen Bretagne hat hier niemand sich je als großer Seefahrer ausgezeichnet. Nach und nach, während das Meer zurückwich, wurde das gewonnene Land durch ein Netz von Schutzwällen und Deichen gesichert und besiedelt. Aber diese Besiedelung des Landes erfolgte gleichsam mit dem Rücken zum Meer. Es sind Bauern, die hier leben, keine Seefahrer.

Der Menschenschlag, der sich hier formte, hat seine besondere Eigenart. Zu Beginn des 16. Jahrhunderts gilt er »bei allen, die ihn kennengelernt haben«, als »grob, schwerfällig und bauernschlau«; er zeige sich »hinterlistig und verschlagen«, setze eine einfältige Miene auf, stammle seinen Dialekt und lege jeden damit herein[4]. Etwas später, im 18. Jahrhundert, beschreibt der Pfarrer der Insel Yeu ihn so: »In Aussehen, Sprache und Gewohnheiten heben sie sich ab von den anderen Bewohnern des Poitou. Sie halten ihr Wort und hängen an der Religion; sie sind ihren Oberen ergeben, aber aufbrausend und neigen zur Habsucht. Der Haß zwischen den Familien erbt sich mit Zähigkeit fort. Sie verbinden die Hartnäckigkeit des Bretonen mit der Lebhaftigkeit des Spaniers – mit allen Vorzügen und Schwächen beider[5].«

Seßhaftigkeit und kämpferischer Sinn, entwickelt im Ringen mit dem Meer; Stolz und Verläßlichkeit im Handeln; Fähigkeit zur Gewalttat und Lust an oft derbem Spaß; eine widersprüchliche Mischung aus Erdenschwere und hochfahrender Leidenschaft; eine Gesetzestreue, die an Legalismus grenzt, aber auch jäh umschlagen kann in ihr Gegenteil, in Umsturz der Werte und revolutionären Exzeß – alle diese Charakterzüge und Fehler findet man auch bei Gilles de Rais.

Das Land

Das Territorium, das der Seigneur de Rais zu Beginn des 15. Jahrhunderts besitzt, beschränkt sich nicht auf die Sümpfe von Bouin, Bourgneuf und Machecoul und auch nicht auf das schon wesentlich umfangreichere »pays de Rais (Retz)«, von dem der Sohn des Guy de Laval seinen Namen herleitet. Ehe wir die Gesamtausdehnung des Herrschaftsbereiches des Barons Gilles untersuchen, scheint es sinnvoll, das »pays de Rais« im engeren Sinne näher zu betrachten.

Gilles hat diese Ländereien durch eine Reihe komplizierter Erbvorgänge erworben, an denen sich ablesen läßt, mit welcher Zielstrebigkeit sein Vater Guy de Laval[6] bei der Abrundung seines Herrschaftsgebietes vorgegangen ist. Es ging darum, die (überwiegend im Poitou gelegenen) angrenzenden Ländereien zu erwerben, und Guy hielt sich dabei an die übliche Strategie großer Feudalherren, systematisch jedes Lebensereignis (Hochzeiten, Erbfälle) zu einer territorialen Ausweitung zu nutzen. Bei der Herrin über die begehrten Ländereien – sie hieß Jeanne de Chabot, wurde »die Weise« genannt und hatte keine Erben – hat er sein Ziel nur unter Schwierigkeiten erreicht. Er mußte seine Frau Marie de Craon zunächst als Zwischenerbin einsetzen lassen und für seinen Sohn auf Titel und Wappen derer von Laval Verzicht leisten; Gilles übernahm dafür Titel und Wappen derer von Rais.

Mit der Vereinigung der Besitztümer des Guy de Laval mit denen der Jeanne de Chabot konnte das Waldgebiet an der Grenze der Vendée zum oberen Poitou dem Pays de Rais einverleibt werden. Dies ist, wenn auch flach und eintönig, ein wesentlich freundlicherer Landstrich und von der Bevölkerungs- und Siedlungsstruktur her (verstreute Weiler und Einzelhäuser) die ideale Ergänzung zum Stammland am Meer.

Zwei weitere Erwerbungen dehnen das Herrschaftsgebiet nach Norden (zur Loire und Maine, unter der Oberhoheit des Herzogs von Anjou) und nach Osten hin aus. Es handelt sich um die Erbschaft eines mütterlichen Vorfahren, Jean de Craon, die Gilles zufällt, nachdem Craons Sohn Amaury in der Schlacht von Azincourt den Tod gefunden hat; sie umfaßt vor allem La Suze, Chantocé, Ingrandes und Le Loroux-Bottereau (an der Loire) und vermehrt den Reichtum des Pays de Rais. Und es handelt sich schließlich um die Güter seiner Frau Catherine de Thouars, die Gilles de Rais sich aneignet; neben Pouzauges und Tiffauges bringt diese Transaktion ihm verschiedene Ländereien an der Loire (Savenay), an der Maine und im Süden (Confolens und Chabanais) ein[7].

Durch eine Reihe von Erbschaften und eine Heirat ist Gilles de Rais also Herr über ein Territorium geworden, das sich von der Loire (Nantes) bis zum Anjou (Chantocé) erstreckt und von der Küste (Bourgneuf, Machecoul) bis zum Poitou (Tiffauges). Der Sinn all dieser Schachzüge war es, Besitztümer zu verbinden, die zusammen ein machtvolles und einigermaßen homogenes Ganzes bilden. Ein Nebenzweck dabei war es, Territorien unter unterschiedlicher Oberhoheit zu vereinen: der westliche Teil (das Pays de Rais vor allem) unterstand dem Herzog der Bretagne, der Südosten dem König von Frankreich, Karl VII., der seine Autorität während der Mannesjahre des Gilles de Rais festigen konnte, der Osten dem Herzog von Anjou (und König von Sizilien). Diese dreigeteilte Oberhoheit über seinen Herrschaftsbereich hätte Gilles de Rais Möglichkeiten für geschickte Schachzüge geboten.

Die Zeit: Gottes Geißeln

Gilles de Rais lebte von 1404 bis 1440. Die Epoche, mit der wir es zu tun haben, umfaßt also vor allem die erste Hälfte des 15. Jahrhunderts. Das war zweifellos – zumindest für Frankreich – eine der dunkelsten Perioden des Spätmittelalters. In einer humaneren, friedlicheren Zeit wäre der Aufstieg dieses großen Verbrechers wohl nicht vorstellbar, nicht die Dauer seines Wütens, nicht die große Zahl der Opfer, die er ungestraft hinmorden konnte.

Zwei große Jahrhunderte wirtschaftlicher Stabilität, des Bevölkerungswachstums und der geistig-kulturellen Blüte hat das christliche Abendland zumindest erlebt: das 12. und 13. Trotz aller naturbedingten Widrigkeiten, die oft, aber örtlich begrenzt, ihre verheerenden Spuren hinterließen, erscheint das »Jahrhundert der Kathedralen« als eine Periode des Glaubens und der Geistigkeit und des Zusammenschlusses christlicher Gemeinschaften. Erinnert sei nur daran, daß ganz in der Nähe von Machecoul, in Le Pallet, 1079 der große Abaelard geboren wurde, dessen Glanz und Tragik ebenso großes Aufsehen erregte wie dreihundert Jahre später, auf andere Weise, die Untaten des Gilles de Rais. Erwähnt sei aber doch auch der damalige geistige Tiefstand dieser Region.

Der Zusammenbruch dieses Gleichgewichts läßt sich datieren: auf das Jahr 1348. Damals brach die Schwarze Pest aus. Seit dem 9. Jahrhundert war das Abendland offenbar nicht mehr von dieser Seuche heimgesucht worden. Sie wütet schrecklicher unter der Bevölkerung als alle Barbareneinfälle von früher, alle Eroberungszüge der Araber oder Normannen.

Ein Zusammentreffen verhängnisvoller Ereignisse erschüttert das Abendland in den Grundfesten. Es macht die Menschen mit Schmerzen, Elend und Tod vertraut, treibt sie in Verirrungen, in kollektiven oder individuellen Wahn von einer ausschweifenden Wildheit, die bis dahin unerhört war. Die apokalyptischen Schrecken, die Angst vor dem Weltende, die man zu Unrecht nur der Jahrtausendwende zugeschrieben hat[8], erwachen zu neuem Leben; Schilderungen aus dem 15. Jahrhundert belegen dies eindrucksvoll. Das Abendland gibt der Häufung seiner Leiden eine übernatürliche Bedeutung und erlebt das Unheil als gottgewollte Geißeln. Auf vierfache Weise äußert sich der göttliche Zorn.

Da ist zunächst die Hungersnot[9]. Ungünstige Witterungsbedingungen, verknüpft mit anderen Faktoren, führen zu einem wirtschaftlichen Niedergang und einer ersten Ernährungskrise in den Jahren 1314 und 1317. Die klimatischen Verhältnisse sind im 14. Jahrhundert so uneinheitlich, der Warenaustausch und die Verkehrsverbindungen noch so wenig entwickelt, daß kein Ereignis wirklich für alle gleich bedeutsam ist; eine Region kann der Krise entgehen, die eine andere mit voller Wucht trifft. Dennoch läßt sich für die Gesamtheit des Abendlandes eine Reihe ähnlicher Krisen feststellen; sie hängen – neben vielen anderen Momenten – mit der Entwicklung des Klimas zusammen, das damals (vor allem im Sommer und Herbst) wesentlich feuchter ist, und führen zu zyklischen Depressionen: 1314–1317, 1340–1350, dann wieder 1374–1375. Die Folgen sind dramatisch. Es kommt zu einer Verteuerung der Lebensmittel, namentlich des Korns, und zu einem raschen Rückgang des Lebensstandards der benachteiligten Bevölkerungsschichten. Die Zahl der »Armen« nimmt beträchtlich zu. Die

Hungersnot bedroht alle, die weder Vermögen noch Rücklagen besitzen. Die Krankheit trifft vor allem die Ärmsten, die nichts haben, an das sie sich halten können, als die Gnade Gottes – und das ist wenig.

Aber die göttliche Vorsehung schlägt ein zweites Mal zu, und zwar mit der Pest. Das Mittelalter hat verschiedenartige Epidemien erlebt, die erst das 19. Jahrhundert bannen konnte: Pocken, Lungenschwindsucht, Typhus... Diesmal aber handelt es sich um eine Seuche, die man überwunden glaubte: die »Schwarze Pest«[10]. Die Krankheit kommt aus Innerasien nach Europa, genauer gesagt von der Krim, wo sie im 14. Jahrhundert schlimme Verheerungen anrichtet. Sie wird durch genuesische Seeleute, die auch in Sizilien an Land gehen, nach Westeuropa eingeschleppt, breitet sich zunächst in den Hafenstädten aus, folgt dann den Verkehrswegen, vor allem den Flußläufen (vgl. Avignon!) und greift von dort in die Umgebung über. Das geschieht schnell; schon Ende 1348 ist das Mündungsgebiet der Loire befallen. Durch Flöhe und Ratten wird die Krankheit übertragen, doch die damalige Zeit schreibt ihre Verbreitung allen möglichen Ursachen zu, wie einer Vergiftung der Luft, der Brunnen und der Quellen, aber auch Verwünschungen und Hexerei. Damit hat man die Möglichkeit, statt die Krankheit zu behandeln – was unmöglich ist –, nach Sündenböcken zu suchen; man findet sie in Ketzern und Juden[11].

Die Erscheinungsformen der Krankheit sind schreckenerregend – ob es sich nun um die Beulenpest handelt, die durch Hautkontakt übertragen wird und erst nach einer Inkubationszeit von mehreren Tagen mit Fieber, Anschwellen der Lymphknoten und manchmal auch Delirien und Halluzinationen ausbricht, oder um die noch furchtbarere Lungenpest. »Keiner kommt davon, man hat nur noch zwei Tage zu leben[12].« Vor allem durch die Flöhe breitet sich die Seuche ungeheuer rasch aus. Die Umsichtigsten und Reichsten ziehen sich rechtzeitig vor der Ansteckung auf ihre Landgüter zurück, und insofern sind Vermögende und Arme nicht in gleicher Weise bedroht[13]. Die übrigen, denen die Mittel dazu fehlen, verschanzen und vermummen sich. Sie leben mitten in einem Karneval des Todes: man kann mancherorts die Toten nicht mehr begraben und keine Messen mehr lesen.

Seit dem 18. Jahrhundert ist die Pest aus Europa verschwunden, aber der Schrecken, den sie verbreitete, hat in unserem kollektiven Bewußtsein dauerhafte Spuren hinterlassen. Anders wäre es nicht möglich, daß selbst literarische Allegorien (wie etwa »Die Pest« von Albert Camus) uns erschauern lassen; oder auch Phantomgestalten wie Nosferatu, der mit seinem Gefolge von Ratten irgendwo im Norden an Land geht (so zuletzt in Werner Herzogs Film

»Nosferatu – Phantom der Nacht« von 1978[14]): Erinnerungen an die Ausbreitung der Pest sind darin mit Vorstellungen von Vampirismus verquickt. Solche Assoziationen sind aufschlußreich. In den Gerüchten, die in den letzten Jahren des Gilles de Rais über seine Untaten in Umlauf sind (oder auch über die seiner Nacheiferin Erzsébet Báthory) erkennt man leicht die Erinnerungsspur alter kollektiver Ängste, die den Verwesungsgestank der Pesttoten mit der Blutgier des Vampirs verknüpfen.

Die Auswirkungen dieser zweiten (gottgewollten?) Geißel der Menschheit sind verheerend. Zumindest für einzelne Gebiete lassen sich die demographischen Folgen genau beziffern: die Zahl der Toten schwankt zwischen einem Achtel und zwei Dritteln der Bevölkerung[15]. Froissart[16] behauptet, daß »der dritte Teil der Welt dahingerafft wurde«; er gibt damit wieder, was man zu seiner Zeit allgemein glaubte. Ungefähr sechs Monate lang hat die Pest gewütet; dann ebbte sie langsam ab. Aber noch viele lange Monate bleiben die Keime virulent; in regelmäßigen Abständen kann die Epidemie neu ausbrechen. So geschah es 1363, 1374, 1383, 1389 und 1410. In den Intervallen ist die Krankheit endemisch. Die ganze Epoche, mit der wir es hier zu tun haben, steht unter dem Bann ihrer Todesdrohung.

Die dritte Geißel Gottes trifft Frankreich genau zur gleichen Zeit mit besonderer Heftigkeit: der Krieg. Zwischen 1350 und 1450 sucht er das Land auf vielfältige Weise immer wieder heim.

Der sogenannte Hundertjährige Krieg dauert mit Unterbrechungen von 1337 bis 1453. Äußerer Anlaß sind die Ansprüche des englischen Königs Eduard III. auf den französischen Thron; angeheizt werden die Feindseligkeiten durch französische Intrigen in Schottland und englische in der Guyenne sowie kommerzielle Rivalitäten in Flandern. Der Krieg nimmt einen äußerst wechselhaften Verlauf und hat für die Bevölkerung drei entscheidende Konsequenzen.

Zum einen schwindet das Prestige des französischen Adels, da seine völlig veralteten Kampfmethoden zu einem militärischen Desaster führen: Niederlage bei Sluys im Sommer 1340, bei der 25 000 Franzosen fallen oder ertrinken. Niederlage von Crécy bei Amiens im August 1346, nach einer Schlacht, die nach dem Urteil Froissarts »eher ein Gemetzel als ein ritterlicher Kampf« war, Niederlage von Poitiers/Maupertuis im Jahre 1356, bei der der König von Frankreich gefangengenommen wird. Im Gefolge dieser Niederlagen kommt es zu blutigen Aufständen der Bauern (die »Jacqueries«) und des Pariser Bürgertums (Étienne Marcel).

Zum anderen gibt es keine allgemein anerkannte Autorität mehr, die Schutz vor Übergriffen bietet. Seit 1407, seit der Ermordung

Ludwigs von Orléans, des charmanten Bruders des wahnsinnigen Königs Karl VI., ist Frankreich in zwei feindliche Lager gespalten: in die »Bourguignons«, die Anhänger des pro-englischen Burgunderherzogs Johann Ohnefurcht, und in die »Armagnacs«, geschart um Karl von Orléans, den Neffen des Königs, und später den Dauphin Karl (VII.). Der erbitterte Haß, mit dem beide Lager einander bekämpfen, spiegelt sich in den Chroniken der Zeit. Neue Katastrophen folgen: 1415 die Schlacht von Azincourt, 1419 die Ermordung Johanns Ohnefurcht, 1420 der Vertrag von Troyes. Nach dem Tode Karls VI. wird Frankreich Heinrich V. von England als Erbe zufallen. Während der ganzen Jugend des Gilles de Rais bis zum Jahre 1429, als Karl VII. ihn der Jeanne d'Arc als Begleiter zuteilte, herrschte die totale Anarchie; die Großen durften sich ungestraft alles erlauben.

Die dritte Konsequenz des Krieges sind die Verheerungen durch die Soldateska, die mehr Opfer fordern als die Schlachten selbst. Durch die Ausbreitung des Söldnerwesens werden die Heere immer mehr zu einer Ansammlung von Banden aus jeweils einigen Dutzend oder einigen hundert Leuten unter einem Anführer, der sich so rücksichtslos gebärdet wie ein Räuberhauptmann. Die »grandes compagnies« sind große Horden von »Wegelagerern« (routiers), die plündernd durchs Land ziehen, die Frauen vergewaltigen und den Bürgern und Bauern ihr Hab und Gut abpressen[17]. In den zwei Jahrzehnten zwischen 1420 und 1440 finden sie besonders reiche Beute. Zwischen 1437 und 1440 (Rais stirbt 1440) hausen die »écorcheurs« (Schinder), ein Bodensatz aus allen Heeren; ihren Namen haben sie daher, daß sie den Leuten buchstäblich die Haut abziehen, weil es nichts mehr zu plündern gibt.

Ganz Frankreich wird vom Krieg verwüstet; er verschont auch die Bretagne nicht, deren südlichste Ausläufer die Ländereien des Gilles de Rais bilden. Grundsätzlich ist der Herzog der Bretagne ein Lehnsmann des französischen Königs. Die Ansprüche Englands geben ihm die Möglichkeit, etwas auf Distanz zu gehen. Zwischen drei Optionen schwanken Herzog, Adel und Volk. Die erste zielt auf völlige Unabhängigkeit. Die zweite hält sich an Frankreich; in diesem Sinne entscheiden sich, ihrem Lehnseid entsprechend, die großen Grundherren, Olivier de Clisson, Bertrand Du Guesclin, dann (in der Epoche, die uns hier beschäftigt) Arthur de Richemont, der Bruder des Bretonenherzogs Johann V. und Konnetabel von Frankreich, und, neben vielen anderen Geringeren, auch Gilles de Rais. Die dritte liebäugelt mit einem Pakt mit England; das bleibt die ständige Verlockung der Herzöge Johann IV. und Johann V.

Johann V., eine schillernde Persönlichkeit, beutegierig und hasenherzig[18], versucht, unter dem Einfluß des habsüchtigen Kanzlers und Bischofs Jean de Malestroit von 1399 bis 1442, jede direkte Parteinahme zu vermeiden. Bei Azincourt trifft er 1415 erst ein, als die Schlacht schon vorbei ist, und nach 1419 fällt er ganz vom Dauphin ab, dem er keine Chance mehr gibt. Karl VII. unterstützt daraufhin die Verwandten des Herzogs, das Haus Penthièvre, das Ansprüche auf das Herzogtum erhebt. Der Krieg wütet im Pays de Rais; 1420 werden mehrere Städte verwüstet (Le Loroux-Bottereau, Machecoul, Saint-Étienne-de-Mer-Morte), und vorübergehend verliert der damals sechzehnjährige Gilles de Rais die Kastellanei La Motte-Achard. Schließlich aber siegt Johann V.; Gilles de Rais erhält gewisse Wiedergutmachungen. Trotz einiger strategischer Manöver des Dauphins und des inzwischen zum Konnetabel ernannten Arthur de Richemont, an denen 1425 auch Gilles de Rais und sein Großvater Craon teilnehmen, schließt sich Johann V. auch in der Folgezeit nicht dem König von Frankreich an; vielmehr gelingt es ihm, eine weitgehende Unabhängigkeit zu bewahren und sein Land von Schlachten und Raubzügen freizuhalten, ja sogar wirtschaftlich vom Krieg zu profitieren. Die Kämpfe dagegen spielen sich hauptsächlich im Gebiet zwischen der Normandie und dem Poitou ab.

Die vierte Geißel der Zeit, die zwar nicht den Körper, aber um so heftiger die Seele peinigt, ist der Skandal des Großen Schismas, der Kirchenspaltung. Zwei und schließlich sogar drei Päpste stehen sich seit 1378 gegenüber, bis 1422 der letzte Gegenpapst stirbt.

Niemals ist die Geschichte der christlichen Gemeinschaft völlig geradlinig verlaufen. Auch in ihren Glanzzeiten, im 12. und 13. Jahrhundert, gab es Gegenbewegungen zu den großartigen Zeugnissen der Glaubensinbrunst und der geistigen Einheit; die Unbildung des niederen Klerus und die politischen und finanziellen Machenschaften der Prälaten stellten immer ein Problem dar. Vor allem aber hat der mystische Aufschwung des 13. Jahrhunderts mit all seinen vielfältigen Erscheinungsformen selbst Verwirrungen und Auswüchse oder auch nur Reformtendenzen ausgelöst, die dann als häretisch bekämpft wurden. Die berühmtesten dieser Ketzerbewegungen waren die der »Waldenser« (Petrus Valdus) gegen Ende des 12. Jahrhunderts, die das Ideal der Armut auf die Spitze trieben, und die der Katharer, ebenfalls am Ende des 12. Jahrhunderts, deren Ausbreitung zur Einrichtung der Inquisition führte (Laterankonzil von 1215). Neben diesen großen Bewegungen gab es sogenannte kleinere Häresien wie die Luziferianer, die Amalrikaner und die Abspaltungen der »Fraticelli« bei den Franziskanern.

Die Auseinandersetzung zwischen Papsttum und Kaisertum hatte bereits mehrfach dazu geführt, daß die weltliche Macht in die Wahl des geistlichen Oberhauptes eingriff, unter anderem auch durch die Aufstellung von Gegenpäpsten. Dennoch ist das Große Schisma[19], in dem sich seit 1378 zwei Päpste gegenüberstehen, ein ungeheures Ärgernis für das christliche Abendland. Es beginnt damit, daß Prigano, Erzbischof von Bari, unter dem Druck des römischen Volks als Urban VI. zum Papst gewählt wird. Das ist durchaus kein neuartiger Vorgang und rechtfertigt sich in diesem Fall dadurch, daß die »Päpste von Avignon«, alles Franzosen, Rom so lange gemieden haben (1316–1378). Dagegen erhebt sich Protest; Robert von Genf wird als Clemens VII. vor allem von den französischen Kardinälen zum Gegenpapst gewählt und nimmt den Papstpalast von Avignon zur Residenz. Deutschland, England, Irland, Flandern, Norditalien, Florenz und Mailand unterstützen den römischen Papst, Frankreich, Schottland, Kastilien, Portugal, Savoyen, Anjou, Navarra und Neapel den avignonesischen. Die Spaltung erweist sich als dauerhaft und setzt sich von einer Papstwahl zur anderen fort. Sie prägt sich der Christenheit als tiefes Trauma ein. Erst das Konzil von Konstanz (1414–1417) setzt dem »Großen Schisma«, den Leidenschaften, die es aufrührte, und den gegenseitigen Bannflüchen ein Ende.

Man kann sich leicht vorstellen, was diese Spaltung für die damaligen Menschen bedeutet hat. Wer einem bestimmten Geistlichen anhing, mußte fürchten, damit auf dem Irrweg zu sein; waren die Sakramente (Eucharistie und Buße), die er aus der Hand eines »schismatischen« Bischofs oder Priesters empfangen hatte, überhaupt gültig? Vielleicht waren seine Angehörigen, die der Pest oder plündernden Soldaten zum Opfer gefallen waren, außerhalb der wahren Gemeinschaft der Gläubigen gestorben und heulten nun in der Schar der Verdammten, wie man sie auf Darstellungen des Jüngsten Gerichtes sah, weil sie die echten Vertreter Gottes auf Erden nicht von den falschen hatten unterscheiden können? Die Gemeinde ist verstört und voller Angst, tief erschüttert in ihrer geistigen und geistlichen Sicherheit.

Schließlich sei auch noch – obwohl sie den Westen Frankreichs nicht unmittelbar betreffen – an die großen Ketzerbewegungen erinnert und an die blutige Gewalt, mit der sie unterdrückt werden. Auch hier die »wilden Bestien«, die einander zerfleischen, mag es sich nun (in der Epoche, die uns hier beschäftigt) um die Anhänger Wyclifs im England des ausgehenden 14. Jahrhunderts handeln oder um die Hussiten in Böhmen, die nach der Verbrennung von Hus auf dem Konzil von Konstanz grausam verfolgt werden[20].

Ein Volk in Angst und Schrecken

Lange und hart haben diese vier Plagen das Volk heimgesucht. Die Hungersnot flackert immer wieder auf, die Pest wütet seit 1348, der Krieg (der »Hundertjährige«) ist endemisch, das Schisma währt vierzig Jahre. Verheerend sind die Folgen.

Alle Historiker[21] sind sich einig über Ausmaß und Bedeutung des Bevölkerungsschwundes im 14. und 15. Jahrhundert, der zu einer Verringerung der Anbauflächen und einem Erlahmen der Handelsaktivitäten führt.

Eine Aufstellung über die Zahl der »Pfarreien und Feuerstellen (Haushalte)«, die König Karl IV. von Frankreich im Jahre 1328 vornehmen läßt (sie gilt für die dem König direkt unterstehenden Landesteile, also drei Viertel des Königreiches Frankreich), zählt 23 671 Pfarreien mit fast 2,5 Millionen Haushalten. Die Apanagen[22] und Lehnsfürstentümer umfassen weitere siebentausend Pfarreien. Nehmen wir an, daß die Größe der Pfarreien im Schnitt etwa gleich bleibt, und setzen wir die Zahl der zu einem Haushalt gehörenden Menschen etwas willkürlich mit 4,5 an, so kommen wir für das Königreich Frankreich auf eine Gesamtbevölkerungszahl von etwa vierzehn Millionen; umgerechnet auf das heutige Frankreich entspräche das rund zwanzig Millionen Einwohnern. Dies also wäre der Stand vor dem Ausbruch der Pest und des Hundertjährigen Krieges. Die Gebiete mit der höchsten Bevölkerungsdichte sind die Île-de-France und Flandern; in Europa sind nur einige italienische Provinzen, die Toskana und die Lombardei, ebenso dicht oder noch dichter besiedelt. Und gerade diese Regionen werden vom Krieg besonders schwer heimgesucht.

Für die Folgezeit fehlt es an vergleichbaren statistischen Daten; wir haben nur gewisse pragmatische Anhaltspunkte, deren Aussagekraft durch die beredten Klagen der Zeitgenossen (Boccaccios etwa oder Alain Chartiers) unterstrichen wird. Und immerhin verfügen wir über die Maßeinheit, die demographische Rückschlüsse erlaubt: die Einnahmen der Grundherren. Die Einkünfte der Adligen aber wie der Geistlichen gehen ganz erheblich zurück. G. Duby folgert aus zahlreichen Einzeluntersuchungen, daß insgesamt »vom Beginn des 14. bis zur Mitte des 15. Jahrhunderts die Zahl der Haushalte um mindestens die Hälfte zurückgegangen ist und diese Quote durchaus noch überschritten wurde in den am härtesten betroffenen Gebieten« (Pariser Becken und Normandie)[23]. Diese Verringerung der »Feuerstellen« läßt sich zum Teil damit erklären, daß die hart bedrängte Bevölkerung enger zusammenrückte, vielleicht in den Städten, zumindest in den Zentren, in denen die Versorgung besser funktionierte. Aber ein Gesamtbevölkerungsverlust von bis zu fünfzig Prozent »läßt sich nicht ausschließen, ja muß sogar als wahrscheinlich angenommen werden. Allein die Bretagne zum Beispiel zeigt zwischen, grob gesprochen, 1390 und 1450, einer Epoche relativer Ruhe für diese Region, einen Bevölkerungsschwund in der Größenordnung von fünfundzwanzig Prozent.«

Dieser Bevölkerungsschwund ist ablesbar an der zunehmenden Zahl wüst gewordener, d. h. aufgegebener Äcker und Ländereien. Jean Chartier, ein Chronist der Zeit, berichtet: »Dies war einmal das Königreich Frankreich und ist nun verwüstet und in vielen Gegenden menschenleer und unbewohnt, wie jedermann klar sehen kann[24].« Überall brachliegende, verwahrloste Felder; die Produktion geht zurück, und die Einkünfte der Grundherren schwinden. Zugleich verändert sich das Verhältnis des Menschen zum Boden und die Struktur der Familie.

Zu Beginn des 15. Jahrhunderts ist die Armut allgemein. Für einige Regionen, für die genügend Unterlagen verfügbar waren, liegen genauere Untersuchungen vor, so für das Anjou und das Poitou, Regionen also, die auch Besitzungen des Gilles de Rais einschließen oder zumindest an sie grenzen[25]. Die Zahl der frommen Stiftungen (Hospitäler, Almosen) nimmt erheblich zu, aber noch mehr die der Almosenempfänger, der Bettler und Vagabunden.

Tod und Apokalypse

Allgegenwärtig ist der Tod in diesem 14. und 15. Jahrhundert, wie auch immer er erscheint, ob als Geißel Gottes oder in Gestalt eines mordgierigen Haudegens. Literatur und Ikonographie – dies sind die am besten erforschten Quellen[26] – sind voller Anspielungen auf diesen ständigen Begleiter. Philippe Ariès, der eine vergleichende Untersuchung über die Todesthematik vom 12. Jahrhundert bis zur Gegenwart vorgelegt hat, ist vor allem beeindruckt davon, welche Bedeutung der Aspekt der Verwesung des Leibes gewinnt. »Man will damals sichtbar machen, was nicht sichtbar ist, was sich unterirdisch abspielt und sich den Lebenden zumeist verbirgt... niemals zuvor hatte das Bild des ›Kotsacks‹ einen derartigen Widerhall in der Gefühlswelt gefunden[27].« Diese Studie bringt also vor allem das »bohrende Gefühl individuellen Scheiterns« in der »nach Reichtümern und Ehren gierenden Welt des 14. und 15. Jahrhunderts«[28] zum Ausdruck. Am Ende einer zwei Jahrhunderte währenden Epoche der Entfaltung des Individuums beschwört das Bild des sterblichen, verwesenden Leibes die Hinfälligkeit aller menschlichen Strebungen und Bindungen. Es ist der Auftakt eines Reigens makabrer Vorstellungen, der in wechselnder Gestalt das 16., 17. und 18. Jahrhundert durchzieht.

Wer erkennt nicht in den vier Gottesgeißeln, die wir aufgezählt haben, jene Plagen wieder, die dem Volk Israel geweissagt waren und dann durch die Offenbarung des Johannes – mit der Eröffnung der sieben Siegel – der christlichen Gemeinschaft? Jene wilden Tiere, die einander und die Menschen zerfleischen, konnten leicht auf die einander befehdenden Päpste bezogen werden. War

»Das aschgraue Pferd und der Tod«. Ausschnitt aus einem Bildteppich der »Apokalypse von Angers«, die Gilles de Rais kannte.

vielleicht die Endzeit jetzt angebrochen, die der Prophet verkündet hatte? War der Augenblick gekommen, da die ersten der sieben Siegel erbrochen werden?

Näher jedenfalls als je zuvor sind den Menschen die Schrecken dieses erschütternden Textes. Zahlreiche künstlerische Zeugnisse, von Miniaturen über Fresken bis zu Altären, beweisen es. »In ganz Europa ist im 14. Jahrhundert die Darstellung der Apokalypse ein großes Modethema... Jetzt erreicht sie den Zenit ihrer Verbreitung[29].« Greifen wir als bezeichnendes Beispiel die berühmten Tapisserien der »Apokalypse von Angers« heraus, die der Pariser Wirker Nicolas Bataille zwischen 1373 und 1380 im Auftrag des Herzogs Ludwig I. von Anjou nach Kartons von Hennequin de Bruges geschaffen hat. Dieser prächtige Bildteppich wurde von den Herzögen Ludwig I. und Ludwig II. ausgiebig ausgestellt und erregte später übrigens die Begehrlichkeit Ludwigs XI. Mit seinen symbolischen Szenen (die sieben Siegel, die sieben Köpfe, verschiedene »Tiere«), seinen Gewaltdarstellungen (die vier Reiter, Belagerungen, Verdammnis) und seiner Frauenfeindlichkeit (die große Hure) fügt er sich ganz in die Vorstellungswelt der Zeit[30]. Es scheint übrigens, daß diese Tapisserien in der Kirche hingen, in der Gilles de Rais geheiratet hat.

Eine tiefgreifende Wandlung des religiösen Empfindens spricht aus diesem Komplex von zum Teil pathologisch wirkenden Vorstellungen. Es entfernt sich immer mehr von der klaren Geistigkeit des 13. Jahrhunderts und seiner gelegentlich herrischen Militanz (vgl. die Kreuzzugsbegeisterung Ludwigs des Heiligen im Kampf gegen Muslime und einheimische Ketzer) und mündet ein in widersprüchlich gegensätzliche Bewegungen, die in mancher Hinsicht eine eindeutige kollektive Regression bedeuten.

Diesem regressiven Aspekt der geistigen Entwicklung wird man das Wiederaufleben einer von Aberglauben und fragwürdigen Riten beherrschten Religiosität zuzurechnen haben, die mit ihrem Reliquienkult und ihrem fast wahnhaften Starren auf übernatürliche Zeichen an heidnische Magie gemahnt. Eine »Abgötterei« schießt ins Kraut, die sich auf mehreren Ebenen äußert. Da ist zunächst der Reliquienhandel, ein Erbteil der Kreuzzüge, zum Teil auch noch älterer Zeit; die Verehrung dieser heiligen »Überreste«, denen eine wundertätige Heilkraft gegen die Übel der Zeit zugeschrieben wird, erlebt einen unerhörten Aufschwung, ebenso der Kult der Heiligen, gerade der sehr menschlichen, alltagsnahen, von deren Fürsprache bei den himmlischen Mächten man sich Hilfe gegen Leiden und Krankheit erhofft. In die gleiche Richtung, aber noch tiefer ins Heidentum hinein, führt die Suche nach Zaubermitteln von ebenso großer Wunderkraft wie die Reliquien oder gar noch größerer: der Mandragora etwa, deren Gebrauch der Jeanne d'Arc zur Last gelegt wird, und anderen Kräutern der »belle donne«. Schließlich aber, wo die Macht der Heiligen nicht mehr hinreichend scheint, wendet man sich an Zauberer und Dämonen, die die Kirche im 13. Jahrhundert noch distanziert betrachtet hat, jetzt aber sehr ernst zu nehmen beginnt.

Ambivalenzen

> Erlesener als jede andere Rose ist die spät im Herbst erblühte.
>
> A. d'Aubigné

Düster und im buchstäblichen Sinne apokalyptisch ist das Bild der Lebensbedingungen im anbrechenden 15. Jahrhundert, das wir hier entworfen haben. Es fehlen zum Abschluß einige Farbtupfer, die allein verständlich machen, wie Männer und Frauen in diesen finsteren Zeiten (über)leben konnten. In seinem Film »Das siebente Siegel«, einer freien Phantasie, die sich auf die hier beschriebene Epoche beziehen könnte, häuft Ingmar Bergman Szenen des Schreckens und der Angst (berühmt ist die Sequenz über das »Dies irae« der Flagellanten, ein Abbild jener »Disciplinati«, von denen das ausgehende 14. Jahrhundert wimmelt) und Beschwörungen des Übernatürlichen (Befragung der lebend verbrannten Hexe durch den Ritter). Und doch ist da auch das Lächeln eines Gauklerpaares, das mit zärtlicher Grazie durch die Bilder des Grauens tänzelt[31]. Eine treffliche Intuition: der Lebenswille ist nicht zu brechen.

Ambivalenz der Zeiten, die inmitten von Leiden und Tod das Leben wieder aufblühen läßt – ein zeitloses Phänomen; auch nach dem Ende des Zweiten Weltkrieges haben wir es erlebt. Grundlegende Ambivalenz der Menschennatur wie der Zeiten: nichts und niemand tendiert ausschließlich und unwiderruflich nur zum Schrecklichen oder nur zum Guten. Die Zeit des 14. und 15. Jahrhunderts, eine Zeit des Niedergangs und des Elends, ist zugleich in allen Ländern Europas die Zeit einer erlesenen und blühenden Kultur. Da ist der strahlende Aufbruch des italienischen Quattrocento[32], das über Avignon und das Haus Anjou seinen Einfluß auch nördlich der Alpen ausübt, über Petrarca auch, der 1361 an die Pariser Universität kommt. Da ist ferner ein Aufbruch humanistischer Geistigkeit, bezeugt durch Namen wie Gontier Col (1386 und 1413 Sekretär des Herzogs von Berry), Jean de Montreuil (zur gleichen Zeit Sekretär des Königs), Alain Chartier (Sekretär Karls VII. nach der Schlacht von Azincourt) und Jean Gerson (1363–1429), der sich als Vorläufer der »Devotio moderna« nicht mehr nur an die Geistlichen wendet, sondern auch an das Volk, wie nach ihm Nikolaus von Kues (gestorben 1464). Bernardin von Siena und sein französischer Schüler Bruder Richard (ohne dessen Einfluß Charakter und Glaubensstärke der Jeanne d'Arc nicht zu verstehen wären), schließlich die anonyme »Nachfolge Christi« (um 1427) predigen auf populärere Weise eine Frömmigkeit, die auf die einfachen menschlichen Seelenkräfte baut. Der hl. Vinzenz Ferrer[33], ein 1419 in Vannes gestorbener katalanischer Dominikaner, wirkt mit seinen Predigten über alltägliche Themen im Westen Frankreichs.

Diesen geistigen Höhenflug begleitet eine Verfeinerung des Empfindens, die sich u. a. widerspiegelt in den zahllosen Gebetbüchern (Stundenbüchern) für den Gebrauch der Laien – reich ausgestatteten, die erhalten blieben, und schlichteren, die verlorengingen, aber von der Mitte des 14. Jahrhunderts an weit verbreitet waren. Erwähnen wir als Beispiele nur die berühmtesten der kostbaren Stundenbücher: die »Heures de Saint Omer« (Nordfrankreich, 1350) und all die Stundenbücher des Herzogs Johann von Berry (1340–1416, Sohn des französischen Königs Johann II., des Guten), die »Très Belles Heures de Notre-Dame« (um 1382), die »Petites Heures« (um 1388), das sogenannte Brüsseler Stundenbuch (um 1402–1409), die »Grandes Heures« (1409) und die »Belles Heures« (1408–1410) und schließlich die »Très Riches Heures« der Brüder Limburg (1411–1416). Und weiter: das Stundenbuch des Marschalls Jean de Boucicaut (1405–1408), das Stundenbuch von Geldern (1415) und das Große Stundenbuch von Rohan für den Herzog von Anjou (um 1420), das »Pariser Stundenbuch« des Königs René von Anjou (1410–1420) und sein »Londoner Stundenbuch« (Anfang des 15. Jahrhunderts). Die Höfe von Frankreich und Anjou werden von Burgund überstrahlt: das Stundenbuch Philipps des Kühnen (1370) ist ebenso erhalten wie die Stundenbücher Johanns Ohnefurcht (1406–1415) oder Philipps des Guten (1454–1455) und schließlich das »schwarze Stundenbuch« Karls des Kühnen (1466–1476). Alle diese kostbaren Zeugnisse verfeinerten Geschmacks und künstlerischer Sorgfalt, des Luxus und der Frömmigkeit (ihrer Zurschaustellung auch) sind in dieser ansonsten so aufgewühlten Zeit geschaffen worden.

Parallel zum Frühhumanismus, einem Phänomen, das auch das städtische Bürgertum, im wesentlichen aber die Geistlichen und die Fürsten betrifft – auch Gilles de Rais war ein Liebhaber von Miniaturen –, finden wir auf der Ebene des Volkes eine wilde

Bäuerliche Arbeiten. Monatsbilder aus einer französischen Ausgabe von Pietro de Crescenzis Lehrbuch.

Entschlossenheit, sich zu wehren, zu überleben, wiederaufzubauen, nach dem Durchzug der plündernden Söldnerbanden das Zerstörte wiederherzustellen. Nicht nur der Getreideanbau wird neu belebt, auch Weinberge werden neu angepflanzt; man verwendet gelegentlich systematische Düngung und führt auch neue, übrigens umstrittene, Kreuzungen ein, wie etwa den (noch heute angebauten) Gamay, eine Rebsorte, von der eine königliche Verordnung aus dem Jahre 1395 zu vermelden weiß, er sei »eine sehr üble und undankbare Pflanze... höchst schädlich für den Menschen..., denn er ist seinem Wesen nach voll großer schrecklicher Bitternis und wird ganz stinkend«[34]. Ihre theoretische Grundlage findet diese Rückeroberung des bäuerlichen Raumes in agronomischen Werken wie dem auch in Frankreich weitverbreiteten »Ruralium Commodorum opus« des berühmten Bologneser Agrarschriftstellers Pietro de Crescenzi (1373 übersetzt) oder der »Art de Bergerie« von Jean de Brie (Ende des 14. Jahrhunderts).

Es ist eine von Krämpfen geschüttelte, schreckliche Zeit, wie kaum eine andere in der Weltgeschichte, aber auch eine kontrastreiche Epoche, selbst wenn die Keime von Lebenskraft und Erneuerung oft erdrückt werden von der Wucht des Unheils und der Verbrechen. So also präsentiert sich uns vor allem im Norden und Westen Europas das Abendland in der ersten Hälfte des 15. Jahrhunderts.

2. Kapitel: Die Fakten

Was geschehen ist, ist entsetzlich – davon möge der Leser sich selbst überzeugen. Und es ist wirklich geschehen: die Fakten, von denen hier die Rede sein wird, sind absolut authentisch[1]. Dafür sprechen die Echtheit der vorgelegten Beweise, die Vielfalt und Überzeugungskraft der Zeugenaussagen, das Fehlen ernsthafter Rehabilitierungsversuche seitens der Erben des Verbrechers und schließlich die minutiöse Untersuchung aller Unterlagen durch E. Bossard, A. Bourdeaut und É. Gabory[2]. Es gibt keinen Grund, hier etwas auszuschmücken; die Fakten sprechen für sich, wie man sehen wird.

Gilles de Rais hat sechsunddreißig Jahre gelebt. Es waren ereignisreiche Jahre. Man kann seinen Lebenslauf folgendermaßen gliedern: er war erst Erbe und dann nacheinander Rüpel, Haudegen, Würdenträger, Verschwender, Magier und Hexer, Päderast und Wüstling, Vampir, Tölpel, Frömmler und Märtyrer und schließlich noch Gegenstand beispielhafter Versuche ideologischer und moralischer Vereinnahmung.

Der Erbe (1404–1422)

Chantocé (oder Champtocé) an der Loire ist »ein armes Nest und Dorf, gelegen im genannten Land und Herzogtum Anjou an der Grenze zur Bretagne, etwa eine Meile von ihr entfernt«[3]. Ein armes Nest – das mag sein, immerhin aber gekrönt von einer mächtigen Burg, deren Ruine noch heute imposant wirkt. Sie beherrscht die Straße von Nantes und Angers an der Grenze zwischen Bretagne und Anjou und dazu den Schiffsverkehr auf der Loire, der reichlich Zoll abwirft.

Zum Ende des 14. Jahrhunderts ist diese Burg im Besitz einer sehr einflußreichen Familie, des »mächtigsten Geschlechts in ganz Anjou nach dem Herzogshaus«: den Craon-La Suze. Einer aus diesem Hause ist für unseren Bericht von entscheidender Bedeutung: Jean de Craon, der Großvater mütterlicherseits von Gilles de Rais. Sein Vater hat an der Seite des französischen Königs bei Poitiers gekämpft und wurde gefangengenommen. Jean de Craon selbst ist weniger engagiert. Er begnügt sich damit, kraft seiner Besitzungen in Nantes und Angers eine Vermittlerrolle zwischen den Herzoghäusern von Anjou und der Bretagne und dem König zu spielen.

Diese kraftvolle Persönlichkeit möchte in der Bretagne Fuß fassen und schielt nach dem Erbe der Jeanne de Chabot, der »Weisen«, die keine Nachkommen hat. Ihrem Erben winkt die Baronie von Rais im Süden der Bretagne. Aber zwei andere mächtige Feudalherren kommen Craon mit ihren Ansprüchen ins Gehege: Herzog Johann V., der die Baronie annektieren möchte, und der ebenfalls sehr einflußreiche Guy de Laval, Sohn des »Brumor« de Laval, Neffe des Konnetabels Du Guesclin und verwandt mit Olivier de Clisson, dessen Ländereien wie die Craons in der Bretagne und im oberen Poitou an die Baronie angrenzen. Jeanne de Chabot sucht die Rivalen hinzuhalten, verspricht das Land erst Guy de Laval unter der Bedingung, daß dieser Wappen und Siegel derer von Rais führt, besinnt sich dann aber eines anderen und spricht es Jean de Craon zu. Es kommt zu einem der zeittypischen zahlreichen Prozesse und schließlich zu einer nicht minder zeittypischen Vernunftheirat zwischen Guy de Laval und Craons Tochter Marie. Die Sache ist geregelt, Anfang 1404 wird die Ehe geschlossen.

Der Erbe dieser sehr interessenbestimmten Verbindung verkörpert also die großen Hoffnungen, die seine beiden Eltern nähren. Er kann fast schon als Fürst gelten. Die Geburt kann auf das Ende des Jahres 1404[4] datiert werden. Gilles kommt in Chantocé zur Welt, auf dem Gut des Großvaters. Der ist ganz vernarrt in die großen Hoffnungen, die auf diesem Sprößling eines bedeutenden Hauses ruhen, vielleicht allzusehr, denn schon 1407 entzieht der Vater den Knaben diesem Einfluß und läßt ihn in Machecoul von geistlichen Lehrern erziehen (G. de la Borzac und M. de Fontenays). Sie haben wohl die Neigung zu den Künsten geweckt, die sich später bei dem »Schöngeist« Gilles zeigt, der den Luxus, die kostbaren Bücher und die reinklingenden Stimmen liebt. Nach dem Tod der Jeanne de Chabot steht ihm Machecoul offen. Den sorgfältig ausgetüftelten Vertragsbestimmungen entsprechend nimmt Gilles den Namen und das Wappen derer von Rais an. Zum gleichen Zeitpunkt (1407) wurde wohl sein Bruder René geboren, der später vom Großvater mütterlicherseits den Namen de La Suze übernimmt. Er aber besitzt nichts – nichts als die Hoffnung auf die Freigebigkeit oder den Tod seines Bruders. Er wird dennoch eine nicht unbedeutende Rolle spielen.

1415: Gilles ist elf. Drei folgenschwere Ereignisse fallen in dieses Jahr, drei Todesfälle. Zuerst stirbt seine Mutter Marie de Craon; in der Abtei von Buzay in Notre-Dame-de-Rais unweit Machecoul wird sie beigesetzt. Im Herbst des gleichen Jahres stirbt auch der Vater Guy de Laval und wird unter vielen Gebeten an der Seite seiner Gattin begraben. Er hat ein Testament hinterlassen, das die Vormundschaft über den Sohn und Erben seinem Vetter Jean

Tournemine de la Hunaudaye überträgt. Aber der Großvater ist nicht gesonnen, sich so einfach um sein Lebenswerk bringen zu lassen: um den Enkel und das Vermögen. Dieser habgierige Wüstling, »ein uralter Greis« nach den Worten seines zweiten Enkels René de La Suze[5], in Wahrheit sechzigjährig, läßt das Testament kassieren und nimmt die Verfügungsgewalt über die Baronie und den Erben selbst in die Hand. Da tritt der dritte Sterbefall ein: Jean de Craons Sohn Amaury fällt am 25. Oktober 1415 bei Azincourt. Sein gesamter Besitz wird dem ohnehin reich begüterten Gilles zugeschlagen, der damit »einer der reichsten Erben im ganzen Königreich« wird (Georges Bataille).

Die gute Erziehung, die Gilles damals genossen hat, wird später angezweifelt werden, und zwar von ihm selbst. Während des Prozesses sagte er aus, wenn er »so große und furchtbare Verbrechen« begangen habe, so liege das »an der schlechten Führung in seiner Kindheit, wo er sich zügellos seinen Gelüsten überlassen und sich in allen Schandtaten gefallen habe; und er bat unter den Anwesenden alle, die Kinder hätten, diese in der rechten Lehre zu unterweisen und sie schon in Kindheit und Jugend an gute Sitten zu gewöhnen«[6].

Mir scheint, daß dieses Geständnis sehr sorgfältig gelesen werden muß. Gilles beharrt auf der Freizügigkeit seiner Erziehung; sie war »zügellos« und verführte den jungen Baron zu »Schandtaten«, in denen er »sich gefiel«. Und das in den beiden ersten Phasen seines Lebens (nach der damals üblichen Vierteilung: Kindheit, Jugend, Reifejahre, Alter). Um was für eine Art von Zügellosigkeit und Ausschweifung handelt es sich? Wahrscheinlich spielt Gilles de Rais hier auf seine homosexuellen Neigungen an, die zu seiner Zeit gewiß als »schändlich« und sündhaft galten. Zwar lassen sich in dieser Hinsicht bislang keine konkreten Fakten anführen, aber die Vermutung ist naheliegend.

Sehr wahrscheinlich ist auch, daß Gilles in seinen Leidenschaften und »Zügellosigkeiten« von seiner Umgebung mehr oder weniger ermutigt wurde. Sie bestand aus einer bunt zusammengewürfelten Verwandtschaft; die Wiederverheiratungen brachten eine große Zahl von finanziell mehr oder weniger abhängigen Vettern, Onkeln und Schwägern ins Haus, die sich sehr um den reichen jungen Erben bemühten. So etwa um 1420 Gilles und Michel de Sillé[1], Verwandte der zweiten Frau des Großvaters Craon, die beide durch die Invasion der Engländer in der Normandie und ihre Raubzüge ruiniert worden waren. Aber auch Höflinge und Domestiken gehören zu dieser Umgebung, und sie sind nicht minder interessiert und beflissen als die näheren und ferneren Verwandten. Sie alle wissen, daß Servilität sich später reichlich auszahlen wird. Und es scheint, daß Gilles denen, die ihm nahe waren, die Treue hielt – so wie seinem Milchbruder Jean, dem Sohn der »Tuchmacherin« Guillemette, der später Pfarrer wird und den er zu seinem Kaplan macht.

Ein Klima der Zügellosigkeit, das zwar nicht ausgelöst, aber gewiß gefördert wird durch das »Bukett der großen Weine des Anjou«, dem die örtlichen Feinschmecker[7] so manche »kriminelle Verirrung zur Last legen. Man hat aus dem ausgiebigen Genuß des Würzweins – auf den Gilles gelegentlich anspielt – wahre Alkoholorgien zu machen versucht und darin sogar eine mögliche direkte Ursache der Untaten des Barons sehen wollen. Aber abgesehen davon, daß solche Exzesse in dieser ausschweifenden und oft derben Zeit weit verbreitet waren: dies wäre doch eine allzu simple Erklärung. Dem Zusammenwirken vielfältiger und zum Teil komplexer Faktoren, die zu einer so ungewöhnlichen Verbrecherlaufbahn geführt haben, wird sie nicht gerecht.

Festhalten können wir also für diesen ersten Lebensabschnitt eine außerordentliche Besitzanhäufung, mit Sicherheit eine gewisse Freizügigkeit der Erziehung und schließlich die Servilität der Umgebung, die sich befleißigt, dem jungen Baron zu Willen zu sein und ihn große weltliche Lüste ahnen zu lassen. Seine Wünsche werden auf Luxusgüter und verfeinerten Lebensgenuß gelenkt. Aber noch ist nicht klar, wieso Gilles de Rais unter diesen Voraussetzungen nicht einfach ein Feudalherr hätte werden sollen wie andere auch – jedoch mit einem deutlichen Vorsprung in der Anhäufung von Reichtümern.

War der Großvater beunruhigt wegen der Neigungen des jungen Gilles? Oder war es Raffgier, die sich seines Mündels bediente? Viel einfacher erklärt der Brauch der Zeit, die Kinder bald nach der Pubertät zu verheiraten, Craons Entscheidung: Gilles ist noch nicht sechzehn, als er nach den vorteilhaftesten Partien für ihn Ausschau hält. Erst wird er mit Jeanne Paynel de Hambye in der Normandie verlobt. Sie ist kaum vier Jahre alt, aber erbberechtigt. Die Habgier ihrer Vormünder veranlaßt das Parlement von Paris, die Sache hinzuziehen. Ein weiteres Heiratsprojekt im November 1418 gilt einer Nichte Johanns V., Béatrice de Rohan. Damit richten sich die Interessen Craons und seines Mündels auf die Bretagne. Aber die Partie ist in finanzieller Hinsicht nicht sonderlich aussichtsreich, und so verläuft die Affäre im Sande.

Das Jahr 1420 steht im Zeichen des Vertrages von Troyes, der Heinrich V. von England als Thronerben für den wahnsinnigen Karl VI. einsetzt. Er enthält eine hinterlistige Klausel zum Nachteil Johanns V., die den seit 1365 ausgespielten Penthièvre die Möglichkeit gibt, die Montfort neuerdings mit Ansprüchen auf das

Gilles de Rais. Zeichnung von Jean Lézin nach einem unbekannten Gemälde.

Herzogtum Bretagne zu bedrängen. Da Jean de Craon und sein Enkel den Herzog unterstützen, werden ihre Ländereien angegriffen. Doch die Penthièvre werden geschlagen; aus ihren beschlagnahmten Gütern erhalten Craon und Gilles eine Rente als Entschädigung. Die Armen tragen die Opfer der Verwüstungen, die Reichen streichen den Profit in Form von Renten ein.

Gegen Ende dieses Jahres 1420 entführt Gilles auf Anraten seines Großvaters seine Cousine Catherine de Thouars, deren Vater soeben gestorben war; ihre bedeutenden Besitzungen im Poitou (darunter Pouzauges und Tiffauges) grenzen höchst vorteilhaft an die Baronie. Nach der Entführung wird sogleich die Heirat geschlossen[8], doch die Blutsverwandtschaft (vierten Grades) liefert einen Vorwand, sie wieder zu annullieren. Da schaltet ein junger Kavalier sich ein, Jacques Meschin de la Roche Airault, einst Stallmeister von Catherines verblichenem Vater, jetzt Kammerherr von König Karl VII.; er heiratet die Witwe, Béatrice de Montejean, und erwirkt ihre Zustimmung, Schwiegermutter von Gilles de Rais zu werden. Am 24. April 1422 verkündet Rom den Dispens; am 26. Juni wird in der Kirche Saint-Maurille in Chalonnes-sur-Loire, dreißig Kilometer westlich von Angers, die Hochzeit gefeiert. Der Bischof von Angers, Hardouin du Bueil, traut das junge Paar; in der illustren Festversammlung aber fehlen, wie es scheint, die Großeltern von Gilles und die Eltern seiner Frau[9].

Diesmal ist die Sache endgültig. Die Heirat ist überaus einträglich für Gilles, der nun große Besitzungen in der Bretagne, im Anjou und im Poitou vereinigt. Aber seine Gier (und die seines Großvaters) ist viel zu groß, um ertragen zu können, daß seine Schwiegermutter, jetzt Frau Meschin, die herrlichen Plätze Tiffauges und Pouzauges als Wittum behält, also bis zu ihrem Tod das Nutzungsrecht an den Einkünften aus diesem Besitz hat. Dies ist der Augenblick, wo Gilles – er ist jetzt achtzehn – die ganze Skrupellosigkeit seines Charakters enthüllt.

Der Rüpel (1422–1427)

Die folgende Geschichte scheint mir bezeichnend für das Verhalten der großen Feudalherren zur Zeit des Autoritätsverfalls der übergeordneten Herrschaftsgewalt. Gilles de Rais und sein Großvater Craon, der die Fäden zieht, erscheinen in ihr als skrupellose, raffgierige und gewalttätige Rohlinge, die sich um Recht und Gesetz den Teufel scheren. Solche Vorkommnisse fallen durchaus nicht aus dem Rahmen des damals Üblichen; sie sind exemplarisch.

Béatrice de Montejean, die Schwiegermutter, hat nur ein einziges Ziel: ihren Herrschaftsanspruch über Pouzauges und Tiffauges zu behaupten und sich die Einkünfte aus diesen Besitzungen zu sichern. Ihre Heirat mit dem Stallmeister ihres Ex-Gatten, einem niederen Adligen, scheint ein Verstoß gegen die Standesregeln, ist aber eine Vernunftheirat, denn Jacques Meschin ist am Hofe des Dauphin gut angeschrieben und wird für die Rechte seiner Frau eintreten. Trotz all ihres Reichtums führen Craon und Rais sich wie Verrückte auf, als sie ihre Felle davonschwimmen sehen. Erst einmal ergehen sie sich in Verleumdungen über das Paar Meschin-Montejean. Aber das genügt ihnen nicht, und so versichern sie sich der Komplizenschaft des Hauptmanns von Tiffauges, Jean de La Noë. Der fackelt nicht lange, sondern bemächtigt sich der unbequemen Schwiegermutter und ihrer jüngeren Schwester. »Verschwindet«, erklärt er ihnen, »oder ich binde euch übers Pferd wie einen Mantelsack.«

Sie werden erst nach Loroux-Bottereau, dann nach Chantocé gebracht. Béatrice soll auf ihren Besitzanspruch verzichten, aber sie weigert sich. Man droht ihr, sie in einen Sack zu nähen und in die Loire zu werfen, ein gebräuchliches und sehr wirksames Verfahren. Meschin schaltet sich ein und schickt einen Gerichtsboten nach Chantocé, der Béatrice aber »nur durch ein Guckloch« zu sehen bekommt. Darauf schickt Meschin drei Unterhändler, darunter seinen Bruder Gilles. Alle drei werden ins Gefängnis geworfen, unter elenden Bedingungen, und sollen nur gegen Lösegeld wieder freikommen. Craons zweiter Frau gelingt es dann doch, Béatrices Freilassung zu erwirken. Mehr aber erreicht Meschin nicht. Er muß das Lösegeld für seinen Bruder zahlen, der bald darauf an den Folgen der erlittenen Mißhandlungen stirbt.

Jacques Meschin legt die Angelegenheit nunmehr dem königlichen Parlement vor, das in Poitiers tagt. Der König gibt ihm recht, hat aber keine Mittel, seine Entscheidung durchzusetzen. Durch eine Transaktion wird das strittige Wittum ins Limousin übertragen, und Gilles wird freigestellt, zwischen Pouzauges und Tiffauges zu wählen. Das ist nicht unvorteilhaft. Er entscheidet sich für beide. Der Präsident des Parlement, Adam de Cambray, begibt sich persönlich nach Pouzauges, um dem Willen des Königs Respekt zu verschaffen – und wird verprügelt. Gilles wird zu einer Geldstrafe verurteilt, die er nie bezahlt (erst nach seinem Tode wird sein Schwiegersohn Coëtivy 1443 die Angelegenheit regeln).

Die Brutalität der Feudalherren hat ihr Gegenstück in der Schwäche der übergeordneten Gewalt. Der Vorfall bleibt für Gilles folgenlos, seine Anmaßung schadet weder seiner Karriere noch seinem Ansehen. Reich begütert und in allen Ehren schickt er sich an, die Bühne des Erwachsenenlebens zu betreten (1424 ist er zwanzig).

Gewalttätige Übergriffe Craons, an denen sein Enkel teilnahm und später tatkräftig mitwirkte, sind noch durch weitere Urkunden bezeugt, so etwa die Klagen der »Gesellschaft der Schiffer und Händler auf der Loire«, die er an den Zollstellen Chantocé und Ingrandes unablässig bedrohte und zu Lösegeldzahlungen zwang. Craon kann sich ziemlich unangreifbar fühlen: er ist nicht nur ein großer Feudalherr, sondern kann in diesem Grenzgebiet zwischen den Herzogtümern Bretagne und Anjou und dem Königreich Frankreich ein beträchtliches Gewicht in die Waagschale werfen. Es ist ein besonders dunkler Moment in der Geschichte des Königreiches: Heinrich V. von England hat sich zum König von Frankreich krönen lassen, und Karl VII. führt in Bourges ein Schattendasein. Seine Ratgeber haben die Hoffnung auf ein Bündnis mit der unter Johann V. ständig unentschlossen schwankenden Bretagne noch nicht aufgegeben und haben soeben die Ernennung von Johanns Bruder Arthur de Richemont zum Konnetabel, also zum Oberbefehlshaber der königlichen Truppen, durchgesetzt. Es ist eine Periode des empfindlichen Gleichgewichtes. An der Annäherung zwischen Frankreich und der Bretagne, gefördert von Yolanda von Aragón, die das Herzogtum Anjou im Namen ihres Sohnes regiert, hat auch Craon seinen Anteil. Und diese Annäherung, die im Vertrag von Saumur (7. Oktober 1425) in den Grundzügen besiegelt wird, ist dem König die Klagereden eines Meschin und einer Béatrice schon wert.

Sie zeigt, daß Craon und sein Enkel Rais sich für Karl VII. entschieden haben. In dieses Jahr 1425 fallen die ersten Auftritte des Gilles de Rais am Königshof, dessen Kümmerlichkeit seinen

Reichtum noch glänzender hervorstechen läßt. Er wird beschrieben als ein »schöner junger Mann, edel und feurig, von lebhaftem Geist, aber charakterschwach und frivol«[10]. Der Kontrast zwischen seinem Reichtum und der Armut des Königs und seiner Umgebung mußte ihm in die Augen springen und seine Eitelkeit anstacheln.

Ganz eindeutig ist die Entscheidung Craons und seines Enkels Gilles de Rais für Karl VII. freilich nicht, denn die militärischen Mißerfolge werden noch schlimmer: am 6. März 1426 wird Arthur de Richemont bei Saint-James-de-Beuvron von den Engländern geschlagen. Man hat in dieser Niederlage das Werk des Kanzlers und Bischofs Malestroit gesehen, der im Sold der Engländer stand[11]. Sie führt dazu, daß der Herzog sich abermals von Karl VII. lossagt und den Vertrag von Troyes und damit Heinrich VI. als König von Frankreich anerkennt. Der bretonische Adel schließt sich ihm an; nur Rohan und der Baron von Rais bleiben Karl VII. treu. Warum? Zweifellos, weil er sich mehr dem Anjou als der Bretagne zugehörig fühlt[12]. Vielleicht aber auch aus Berechnung, denn Richemont fällt nach der Niederlage und dem Abfall seines Bruders in Ungnade, und seinen Platz nimmt nun Georges de La Trémoille ein, ein Vetter von Gilles. Von 1427 bis 1433 gibt er am Hofe Karls VII. den Ton an. Und für Gilles wird er nun eine ähnliche Bedeutung gewinnen wie zuvor Jean de Craon.

Die verwandtschaftliche Beziehung besteht über die Craons, und auf sie stützt sich La Trémoille. Jean de Craon wird zum Generalleutnant der Yolanda von Aragón ernannt, aber in Anbetracht seines Alters wird diese Funktion in Wahrheit von seinem Enkel ausgeübt. Gilles beginnt eine militärische Rolle zu spielen, zu der er durch seine Herkunft, sein Alter, aber vor allem seinen Reichtum berufen ist. Denn von einem Heerführer wird zuallererst erwartet, daß er seine Truppen bewaffnen und ausrüsten kann. Dazu aber ist Gilles durch sein beträchtliches Vermögen in der Lage, und dies ist die Grundlage seines Aufstiegs.

Der Haudegen (1427–1429)

In diesen Jahren bis zum Auftreten der Jeanne d'Arc beschränkt sich der Krieg auf Partisanenkämpfe gegen die englische Besatzung. Im unteren Maine werden die Kampfverbände von Ambroise de Loré angeführt; sie bestehen aus normannischen Adligen, die von ihren Ländereien vertrieben wurden, aus verarmten Bauern und mehr oder minder organisierten Söldnerbanden. Man führt einen jähen Handstreich und zieht sich ebenso schnell wieder zurück[13].

Gilles lernt das militärische Handwerk durch die Praxis, ohne Grundlagen und regelrechte Ausbildung. Für die übrigen Heerführer, allen voran Arthur de Richemont, gilt das nicht minder. Sein Mentor ist Guillaume de la Jumellière, ein erprobter Kriegsmann und ebenfalls mit Craon verwandt. Gemeinsam mit Jacques de Dinan befehligt Gilles den Stützpunkt Sablé. Mit seinen Handstreichen hat er Erfolg. Insbesondere erobert er Le Lude und tötet mit eigener Hand den englischen Befehlshaber Blackburne. War dies sein erster Mord? In Anerkennung seiner Erfolge wird er mit großen Ehren am Hofe empfangen, zugleich mit den wichtigsten Heerführern der Zeit: dem Bastard von Orléans, Karl von Anjou, Pierre de Brézé, Coëtivy, La Hire, Xaintrailles. Er wird zum Ratgeber und Kammerherrn des Königs ernannt.

Da trifft Anfang März 1429 Jeanne d'Arc, von Vaucouleurs kommend, am Hof des Königs in Chinon ein[14]. La Trémoille spielt dabei offensichtlich eine entscheidende Rolle. Zu verlieren ist nicht mehr viel, warum also nicht einen Versuch mit der Jungfrau wagen? Allerdings muß man ihr einen Aufpasser mitgeben, und diese Aufgabe hat La Trémoille seinem Vetter Gilles de Rais zugedacht. Gilles wird auf Befehl La Trémoilles die Eskorte für Jeanne d'Arc auswählen und anführen: »Und es kam der Herr von Rais mit einer trefflichen Truppe aus Anjou und Maine zur Begleitung der Jungfrau«, schreibt Trincant, der Sekretär Jean de Bueils. Er wird die Befehle der Jungfrau ausführen, aber La Trémoille genauestens Bericht erstatten. Der trifft strenge Vorkehrungen gegen jede Eigenmächtigkeit seines Schützlings: am 8. April 1429 verpflichtet sich Gilles durch einen förmlichen Vertrag, ihm »ein Leben lang bis zum Tod gegen alle und jeden, große Herren und andere, ausnahmslos ... mit gutem Willen und in Liebe zum König zu dienen«. Mit seiner Unterschrift und seinem Siegel bekräftigt Gilles diesen Lehnsvertrag, der ihn vollständig bindet. La Trémoille behält so alle Aktionen der Jungfrau unter Kontrolle und wird sorgfältig darauf achten, daß sie seinen persönlichen Interessen nicht schaden.

Von diesem Augenblick an erscheint Gilles als das willfährige Werkzeug seines ehrgeizigen Vetters. Wacker erfüllt er die ihm übertragene Aufgabe, aber nie hat man den Eindruck, daß er selbständig handelt und aus seiner Rolle einen anderen persönlichen Nutzen zieht als den der Befriedigung seiner Eitelkeit. Die Ehren, die man ihm erweist, steigen ihm bald zu Kopfe, aber er ist unfähig, politisches Kapital daraus zu schlagen; er bleibt ein bloßer Kriegsmann, ein manchmal glänzender, immer aber erfolgreicher Haudegen.

Die Jungfrau hat offenbar einen tiefen Eindruck auf ihn gemacht, auf ihn vermutlich mehr noch als auf andere »Weggenossen«. Diese erstaunliche Persönlichkeit, die unbeirrbar ihren inneren Stimmen und ihrer Glaubensüberzeugung folgte, dieses Mädchen, das die Anführer von Söldnerbanden seinem Willen unterwarf, muß ihm wie ein Wesen aus einer anderen Welt erschienen sein, dessen Glanz ihn blendete. Für seine Ergebenheit gegenüber Jeanne d'Arc spricht vieles: sein Verhalten während des Krieges, seine Anwesenheit beim Prozeß bei Rouen (war es die magnetische Anziehungskraft der Jungfrau, wollte er sie befreien, oder war es doch purer Zufall?), die Leichtgläubigkeit, mit der er auf die falsche Johanna (»Jeanne des Armoises«[15]) hereinfiel, und sogar noch die Ähnlichkeiten seines Prozesses mit dem ihren, ebenfalls ein Inquisitionsverfahren und ebenfalls aufsehenerregend. Und alles spricht für die Faszination, die dieses außergewöhnliche Mädchen auf den leichtgläubigen und unerfahrenen Gilles ausgeübt haben muß.

Und sie hat in der Tat einiges, was seine Aufmerksamkeit erregen und sein Gefühl ansprechen muß. Sie tritt in Männerkleidung auf, als ein androgynes Wesen[16], wie auch die Geschichtsforschung annimmt. Michelet berichtet, daß in Orléans am 8. Mai »eine Prozession durch die Stadt zog, und mitten im Zug ging ein junger Bursche, der die Jungfrau darstellte«[17]. Und dieses Wesen, das weder Mädchen noch Knabe ist, bleibt so unerreichbar wie eine Madonna oder ein Star; es wäre verlorene Liebesmüh, es verführen zu wollen. Wiederum Michelet: »Der schönste der Edelleute aus ihrer Begleitung versichert, daß er, wenn er neben ihr schlief, nie auch nur die Andeutung eines schmutzigen Gedankens hatte.« So empfanden möglicherweise nicht alle, denn an anderer Stelle schreibt der gleiche Michelet etwas hochtrabend: »Die Hexe war achtzehn Jahre alt, ein schönes, sehr begehrenswertes Mädchen von hohem Wuchs und mit einer sanften, eindringlichen Stimme.« Aber es mag wohl sein, daß Gilles wie der von Michelet zitierte Edelmann fühlte – nämlich gefühllos blieb – und diese überwältigende Persönlichkeit, ob nun Heilige oder Hexe, auf eine sehr eigene Art vergötterte. Und vielleicht liegt in dieser übermäßigen Verehrung und der Enttäuschung, in die sie nach der Verurteilung der Jeanne d'Arc umschlagen mußte, einer der Gründe für seinen moralischen Verfall.

»Weggefährte der Jeanne d'Arc« – die Legendenbildung macht daraus so etwas wie eine vorübergehende Erlösung, als habe der Einfluß der »Heiligen« seine verbrecherischen Neigungen zeitweilig beruhigt und sublimiert. Nichts ist weniger sicher als das. Die Mitstreiter der Jeanne d'Arc sind keine Mönche im Soldatenrock,

Gilles de Rais, Marschall von Frankreich. Porträt von Férou (19. Jahrhundert).

auch nicht vergleichbar den Royalisten aus der Vendée, die das Herz Jesu auf der Brust tragen. Gilles de Rais folgt Jeanne d'Arc aus politischen Gründen, frönt an ihrer Seite dem Kriegsspiel, das seit seiner Volljährigkeit sein Leben ausmacht, und verwandelt sich durchaus nicht in einen Heiligen. Zwei Besonderheiten müssen jedoch hervorgehoben werden: einmal seine als wahrscheinlich anzunehmende Begeisterung für Jeanne d'Arc und zum anderen die elektrisierende Wirkung, die dieses junge Mädchen auf die Krieger ausübt. Gilles findet so bei ihr einen Sinn für seine Existenz als Edelmann, der dazu bestimmt ist, möglichst ruhmreich zu kämpfen. Jetzt wird er mit Haut und Haaren zum Kämpfer und findet darin eine Rechtfertigung für seinen herausragenden Stand und seinen außergewöhnlichen Reichtum.

Im Dienst der Jeanne d'Arc hat Gilles de Rais sich besonders hervorgetan, wie die Chronisten der Zeit bezeugen (Monstrelet, Jean Chartier, »Chronik der Prozession von 8. Mai«, »Chronik der Jungfrau« usw.). Später freilich, im 16. Jahrhundert (Chronik des Alain Bouchart), ist sein Ruf so ruiniert, daß er unter den hervorragenden Heerführern nicht mehr erwähnt wird. Damit geschieht ihm Unrecht: er ist durchaus dabei mit »großer Gefolgschaft von Bewaffneten und Troß« (Akten des Prozesses gegen Jeanne d'Arc) und spielt seit der Eroberung von Orléans eine entscheidende Rolle.

Literarisch bezeugt ist seine Rolle bei diesem denkwürdigen Ereignis in dem »Mysterienspiel von der Belagerung von Orléans«, das wahrscheinlich schon 1435, also sechs Jahre danach, geschrieben und (vor Gilles de Rais) gespielt wurde. Es handelt sich um ein Stück von 20 529 Versen, das nach der Tradition der Mysterienspiele, wie sie sich seit den »Mystères Notre Dame« herausgebildet hatte, in mehreren Folgen und an wechselnden Orten gespielt wurde; es hat möglicherweise einmal zum Bestand von Saint-Benoît-sur-Loire gehört und wurde in einer Abschrift aus der zweiten Hälfte des 15. Jahrhunderts in der Vatikanischen Bibliothek wiederentdeckt; 1862 wurde es in Frankreich veröffentlicht. Das Personal der Handlung umfaßt hundertvierzig Personen aller Stände. Unter den »edlen und tapferen Fürsten« erscheint Gilles de Rais in vorderster Reihe:

> Und euren Kämpfern zieht voran
> als Führer der Marschall von Rais,
> dazu ein tapfrer Edelmann,
> genannt Ambroise de Loré..

Johanna diktiert ihre Befehle, darauf antwortet Rais:

> Madame, wir wollen brennend sehr
> willfahren dem, was Ihr gebeut;
> zusammen rufen wir das Heer
> und ziehen in die Schlacht noch heut.
> Wir wolln, Johanna, keine Zeit verlieren,
> geradenwegs nach Orléans marschieren.

Gilles de Rais persönlich entscheidet über die Marschroute nach Orléans; er wählt nicht den Weg durch die Beauce (wo »die Hauptmacht der Engländer liegt«), sondern über »die Sauloigne« (Sologne) und Chécy. Er zeichnet sich durch rückhaltlosen Einsatz aus – ein Zug, den wir bereits beobachtet haben und den auch ein Bericht zum Ruhm der Jungfrau hervorhebt, der in der Umgebung von Gilles de Rais verfaßt wurde.

Rais: Nie darf man ihrem Willen widerstreben,
muß stets gehorchen dem, was ihr gefällt,
was ihre Stimme für Befehl mag geben.

Vielleicht ist in diesem Bericht die Rolle des Gilles de Rais ein wenig geschönt. Sie wird jedoch ausdrücklich anerkannt anläßlich eines Prozesses (eines von vielen), den La Trémoille 1445 gegen Coëtivy führt: »Gilles vollbrachte zu seiner Zeit große Heldentaten; so war er bei der Entsetzung von Orléans und Lagny der erste.« Die Befreiung von Orléans gelang in einer Folge von Handstreichen gegen die Forts und Befestigungsanlagen der Engländer[18]. Die Entscheidungsschlacht wurde am 7. Mai 1429, einen Tag vor der endgültigen Befreiung, bei der Festung Les Tourelles ausgetragen; Gilles de Rais hat sich »kühn und tapfer« geschlagen. Im folgenden ist seine Anwesenheit auch bei Beaugency (17. Juni) und in der Schlacht von Patay (18. Juni) bezeugt.

Der Würdenträger (1429–1433)

Der Beitrag des Barons Gilles de Rais zu den Siegen an der Loire war herausragend und vielleicht (durch die Zahl der Leute, die er in den Kampf führte) ausschlaggebend. Nicht minder spektakulär wird der Lohn sein, den er erhält.

Gilles' Siegel.

Datum und Umstände sind umstritten gewesen, aber die Logik der Ereignisse spricht dafür und auch ein genaues Zeugnis dreier Edelleute aus dem Anjou[19]: im Juni oder Juli 1429, noch vor der Krönung Karls VII. in Reims, wird Gilles de Rais zum Marschall von Frankreich ernannt. Das ist durchaus kein reiner Prestige-Titel, denn es gab damals nur zwei Würdenträger, die ihn hatten führen dürfen und alle Vorteile daraus – wie eine Pension des Königs –

genossen. Gilles erbt den Titel vom Ex-Marschall de La Fayette, der in Ungnade gefallen ist; er ist noch nicht fünfundzwanzig Jahre alt. Er steht jetzt im Zenit seines Ruhms. Auf Befehl des Königs begibt er sich nach Saint-Rémi in Reims, um das heilige Gefäß mit dem Salböl zu holen, mit dem der König von Frankreich gesalbt sein muß, um die sakrale Gewalt über Adel und Volk zu erlangen. »Und es wurde aus der Abtei von Saint-Rémi aus der Kirche Unserer Lieben Frau das genannte Gefäß durch den Herrn von Rais, Marschall von Frankreich, herbeigebracht« (Jean Chartier, Chronik Karls VII.).

Bei der Krönung in Reims am 17. Juli 1429 steht er tränenüberströmt[20] neben dem König und Jeanne d'Arc. Aus der Hand des Königs empfängt er »seine Schärpe mit unserem Wappen, bestickt mit goldenen Lilien auf azurblauem Grund«. Konnte er sich eine größere Ehrung erhoffen? Die so heiß begehrten königlichen Lilien, die zugleich auch Jeanne d'Arc erhält, werden Bestandteil des Familienwappens derer von Rais.

Mit Ehren überhäuft, bleibt der Marschall der Jungfrau treu. Er folgt ihr zunächst mit dem König nach Compiègne, Beauvais und Chantilly. Alle diese Städte ergeben sich den Truppen des Königs um so bereitwilliger, als der englische Regent Bedford gerade in der Normandie gegen Richemont kämpft (August 1429). Dann eilen Jeanne d'Arc und Gilles dem König voraus nach Saint-Denis, wo sich die Heerführer Karls VII. versammeln: der Bastard von Orléans, Boussac, La Hire, Xaintrailles. An der Seite von Gilles will Johanna am 8. September, dem Tag der Geburt der Jungfrau Maria, Paris angreifen – ein großes Ärgernis für den »Bourgeois de Paris«[21] und noch beim Prozeß gegen Johanna: »Und sprach die besagte Jungfrau Johanna, sie wolle die besagte Stadt Paris erstürmen. Aber besagte Johanna wußte nicht gut Bescheid über die Gräben, die voll Wasser waren. Dessenungeachtet kam sie mit einer großen Macht von Bewaffneten, unter ihnen der Herr von Rais, Marschall von Frankreich, und sie stiegen hinab in den hinteren Graben..« (Jean Chartier).

Johanna wird am Schenkel verwundet, und der Rückzug wird angeordnet, gesteuert von Saint-Denis aus von einem furchtsamen König und dem mißgünstigen, eifersüchtigen La Trémoille, der der Jungfrau den Triumph der Einnahme von Paris nicht gönnt. Gilles hat sich am 8. September tapfer geschlagen; am folgenden Tag zieht er sich auf Befehl seines ränkevollen Vetters aus Paris zurück, während Karl VII. an die Loire zurückkehrt.

Für das Heer des Königs ist es ein vorübergehender Rückschlag. Dramatischer wirkt er sich für Jeanne d'Arc aus, die nach einigen letzten Erfolgen (Saint-Pierre-le-Moustier) sich auf Compiègne wirft, in Gefangenschaft gerät (23. Mai 1430) und an die Burgunder, schließlich im November 1430 an die Engländer verkauft wird. Weniger empfindlich zunächst, dann aber einschneidend ist der Rückschlag für Gilles de Rais.

Zwischen 1430 und 1433 sehen wir ihn in zahlreiche Scharmützel verwickelt. Bald geht es um seine eigenen Interessen, bald um die seiner Verbündeten (immer noch La Trémoille, gegen Yolanda von Aragón), bald um die des Königs. Er scheint in diesen drei Jahren fortschreitender Demobilisierung weit im Land umherzuirren. Anfang 1430 macht er Yolanda von Aragón und ihrem Feldherrn Jean du Bueil Sablé und andere Stützpunkte streitig; Ende 1430 ist seine Anwesenheit in Louviers bei Rouen bezeugt, wohin Jeanne d'Arc gebracht worden ist. Man hat dahinter eine Absicht vermutet, zugunsten der Jungfrau etwas zu unternehmen. Auf jeden Fall ist er dazu weder durch den undankbaren König noch durch La Trémoille ermuntert worden.

Im Jahre 1431 betätigt er sich in Chantocé gemeinsam mit seinem Großvater als Vermittler zwischen La Trémoille, Richemont, Johann V. und Yolanda von Aragón. Eine Annäherung der Häuser Anjou und Aragón wird angestrebt und schließlich durch die Heirat Yolandas mit Johanns V. Sohn Franz besiegelt.

Die Verwicklungen lösen sich nicht mit einem Schlag. Noch einmal rückt Waffenruhm Gilles de Rais ins Rampenlicht: mit der Schlacht bei Lagny vom 10. August 1432, wo der Marschall gemeinsam mit dem Bastard von Orléans, mit Gaucourt und Xaintrailles den Sieg über den Regenten Bedford erringt. Es kann sein[22], daß damals Michel de Sillé, ein naher Freund von Gilles de Rais, getötet wurde oder in Gefangenschaft geriet. Die Aufbringung des Lösegeldes durch Gilles könnte dann als Rechtfertigung gedient haben, als die ersten Klagen wegen der Kindsentführungen aufkamen.

Zur gleichen Zeit beginnt er auch wieder mit räuberischen Überfällen. Wir haben auf die erpresserischen Übergriffe hingewiesen, denen Jean du Bueil bei Sablé ausgesetzt ist. In die gleiche Epoche (1432) fällt ein bewaffneter Überfall auf Yolanda von Aragón. Auf dem Heimritt wird sie bei Ancenis, wo das Anjou beginnt, von Männern der Garnison von Chantocé angehalten und buchstäblich ausgeplündert; die Pferde und das gesamte Gepäck werden ihr weggenommen. Unter der Maske des großen Herrn wird der gewalttätige Rüpel wieder sichtbar. Die Zeit der dramatischen Ereignisse bricht an.

Der Bruch

Drei aufeinanderfolgende Ereignisse führen einen Bruch in der Existenz des Gilles de Rais herbei, der ihn in immer ungeheuerlichere Ausschreitungen treibt: die Verbrennung der Jeanne d'Arc, der Tod seines Großvaters Jean de Craon und der Sturz seines Gönners La Trémoille.

Diese drei Persönlichkeiten haben wenig gemeinsam. Der Einfluß, den sie auf die Entwicklung des Charakters von Gilles hatten, war nicht in allen Fällen günstig. Aber ihr Niedergang oder Tod stürzt ihn in beträchtliche Verwirrung. Zunächst und vor allem Jeanne d'Arc. Ihre aufsehenerregende Verbrennung am 30. Mai 1431 erschüttert ihn tief. Angesichts seines ebenso frommen wie leichtgläubigen Naturells und seiner ambivalenten Verehrung für die Jungfrau muß er wohl sehr betroffen gewesen sein. Man kann sein späteres Verhalten während seines Prozesses und die ostentative Sühnebereitschaft, mit der er die Todesstrafe auf sich nimmt, als Zeichen einer erstaunlichen Identifizierung mit der Toten deuten.

Jeanne d'Arc auf dem Scheiterhaufen.

Dann stirbt am 15. November 1432 sein unseliger Großvater Jean de Craon. Zwei Charakterzüge bestimmten das öffentliche Wirken dieses Mannes: Habgier und Gewalttätigkeit. Die Habgier tritt besonders deutlich in Erscheinung bei der Verheiratung seiner Tochter, in der Art, wie er seinen Enkel Gilles für die Anhäufung eines gewaltigen Vermögens benutzt, das er selbst in der Hand behalten will (er kassiert das Testament seines Schwiegersohnes), aber auch in der Heftigkeit seiner Auseinandersetzungen mit Béatrice de Montejean, der Schwiegermutter seines Enkels. Seine Neigung zu brutalem Vorgehen bezeugen die zuletzt genannten Ereignisse ebenso wie die zahlreichen Klagen gegen ihn – nicht seiner abhängigen Bauern, denn die haben keine Stimme, aber der Schiffer und Händler, denen er auf der Loire hohe Zölle abpreßt. Sein Charakter ist freilich nicht eindimensional; wir haben ihn auch als geschickten Intriganten kennengelernt, der Verbindungen zu knüpfen und ein riskantes politisches Spiel zwischen der Bretagne, dem Anjou und dem Königreich Frankreich einzufädeln versteht. Im Sinne dieses Spiels ist er 1425 und noch einmal 1431 tätig geworden (Heirat Ludwigs III. von Anjou mit Isabelle de Bretagne, Heirat Yolandas von Aragón mit dem Sohn Johanns V.). Auch nach der Volljährigkeit seines Enkels (1424 ist Gilles zwanzig Jahre alt) hat er weiterhin einen einengenden, zügelnden Einfluß auf ihn ausgeübt. Die Erziehung, die er ihm angedeihen ließ, war von Brutalität bestimmt. Aber sein Tod hat für Gilles noch verhängnisvollere Folgen.

Das Geständnis des Gilles de Rais ist in dieser Hinsicht erhellend: »Befragt nach dem Ort und der Zeit, wo er begonnen habe, das Verbrechen der Sodomie zu begehen, antwortete er: ›In der Burg von Chantocé‹; Zeit und Jahr behauptete er nicht mehr zu wissen, aber er habe begonnen, diese Dinge zu tun, in dem Jahr, da sein Ahn, der Herr von La Suze, verstarb« – so heißt es in dem »Geständnis außerhalb des Gerichts«[23]. Das »Geständnis vor Gericht« enthält eine präzisere Aussage: »Befragt nach dem Ort, an dem er die bewußten Verbrechen beging, nach der Zeit, zu der er damit begann, und nach der Zahl der Ermordeten, antwortete er und sagte: ›Zum ersten in der Burg von Chantocé und zwar in dem Jahr, in dem der Herr von La Suze – sein Ahn (Jean de Craon) – verstarb‹, an welchem Ort er mehrere Kinder in großer Zahl tötete und töten ließ – über die Zahl ist er sich nicht sicher[24].«

Dieser Text scheint anzudeuten, daß Gilles mit dem Morden nicht *nach* dem Tod seines Großvaters begann, sondern offenbar schon etwas davor, vielleicht als Craon gealtert war und schon so krank, daß Gilles sich durch ihn nicht mehr gestört fühlte: ein Gefühl der Befreiung[25] ist bei ihm zu diesem Zeitpunkt unverkennbar. Endlich kann er seine Triebe ausleben und nach Gutdünken über sein gewaltiges Vermögen verfügen; niemand beaufsichtigt ihn mehr, redet ihm mit Ratschlägen drein und verlangt Rechenschaft. Er emanzipiert sich vollständig nach dem Tod dieses so faszinierenden, aber auch furchteinflößenden und lähmenden Großvaters.

Aus diesem Zeitraum (1432, 1433) stammen die ersten Aussagen über verschwundene Kinder. Die Ermittlungen werden im September 1440 von den Gerichtsinstanzen der Bretagne eingeleitet; Chantocé und das Anjou sind dabei nicht mit erfaßt. Sie erstrecken sich also auf die Gegend von Machecoul. Um 1432 wurde ein zwölfjähriges Kind aus Machecoul mit dem Familiennamen Jeudon, das bei einem Handwerker namens Guillaume Hilairet untergebracht war, zu Gilles de Sillé[26] auf das Schloß von Machecoul geschickt. Es verschwand dort, möglicherweise nach Tiffauges, und wurde nie wieder gesehen. Daß schon im Jahre 1432 Kinder verschwanden, wird durch fünf weitere Zeugenaussagen bestätigt, mit einer gewissen Ungenauigkeit, die angesichts des zeitlichen Abstandes von »ungefähr acht Jahren« leicht verständlich ist.

Es kommt aber noch ein drittes Ereignis von beträchtlicher »politischer« Nachwirkung hinzu: La Trémoille wird von seiner Todfeindin Yolanda von Aragón besiegt. In einer schönen Julinacht des Jahres 1433 riskieren Jean du Bueil, Pierre de Brézé und Prégent de Coëtivy einen tollkühnen Handstreich: sie dringen in das Schloß von Chinon ein und bemächtigen sich La Trémoilles, der »in höchster Lebensgefahr« schwebt. Freundestreue ist nicht gerade die besondere Stärke Karls VII. Er ist zwar anwesend, rührt für seinen Günstling aber keinen Finger. Der Vorfall hat erhebliche Bedeutung: Yolanda von Aragón, ihr Sohn Karl von Anjou und der in Ungnade gefallene Konnetabel Arthur de Richemont kommen zu neuen Ehren. Jetzt werden die Engländer »aus Frankreich hinausgejagt« werden, wie Jeanne d'Arc es vorausgesagt hatte.

Für Gilles de Rais ist das eine Katastrophe. Politisch völlig phantasielos, ist er immer nur im Kielwasser La Trémoilles gesegelt. Jetzt hat er auch diesen Führer verloren wie zuvor schon die Aufsicht des Großvaters und das begeisternde Vorbild der Jeanne d'Arc. Jetzt hat er nur noch sich selbst. Von diesem Augenblick an (Sommer 1433) gibt er sich völlig ungehemmt seinen Lüsten und Launen hin, und das mit beispiellosem Exzeß.

Der Verschwender (1433–1436)

Die drei Ereignisse der Jahre 1431, 1432 und 1433 haben Gilles de Rais in seinem Verhalten, seinem sinnlichen Erleben und seinen Interessen quasi systematisch aus der Bahn geworfen. Zunächst noch eher der Zufallslaune folgend, dann mit zunehmend schwindelerregender Konsequenz stürzt er sich in einen zügellosen, demonstrativen, verschwendungssüchtigen Luxus, gibt er sich immer häufigeren und immer abscheulicheren sexuellen Verbrechen hin, richtet er sich wie in einer Ekstase des Größenwahns zugrunde.

Seine letzten militärischen Aktionen sind grotesk. Noch einmal versucht der Ex-Favorit La Trémoille sich seiner zu bedienen und treibt ihn zu ein paar letzten »Handstreichen«, von denen er sich einen Vorteil verspricht. Sie fallen jämmerlich aus. Im März 1434 zieht Rais mit den besten Heerführern des Königs nach Sillé-le-Guillaume, um sich mit den Engländern zu messen. Man steht sich gegenüber, ohne zu kämpfen. Im Frühjahr gibt La Trémoille ihm Waffen und Geld und schickt ihn nach Burgund, um das belagerte Grancey zu entsetzen; vielleicht würde das dem König imponieren. Doch allen dringlichen Aufforderungen zum Handeln zum Trotz macht Gilles wieder kehrt und überläßt die Führung seiner Truppen seinem Bruder René, der damit zum erstenmal als Söldnerführer – und als ziemlich skrupelloser[27] – in Erscheinung tritt. Während Grancey sich ergibt, läßt Gilles sich mit großem Pomp als Kanonikus der Kirche St. Hilaire in Poitiers inthronisieren, dem Beispiel seiner Nachbarn, der Herzöge von Aquitanien, folgend (15. August 1434) – kirchliches Gepränge ist ihm jetzt lieber als militärische Ehren. Dann läßt er sich in Orléans nieder. Ein letztes Mal bietet La Trémoille seine ganze Beredsamkeit auf, rüstet Gilles wieder mit Waffen aus und schleppt ihn mit ins Bourbonnais, dann nach Laon, um doch noch die Großtat zu vollbringen, die beiden die Gunst Karls VII. zurückgewinnen soll. Und wieder läßt Gilles unter einem nichtigen Vorwand sein Heer im Stich, vertraut es erneut seinem Bruder René an und kehrt nach Orléans zurück, um dem Luxusleben zu frönen. Damit ist seine militärische Laufbahn zu Ende. Mit einigen längeren Unterbrechungen hat sie kaum acht Jahre gedauert; sie hatte nur zwei glorreiche Höhepunkte – 1429 bei Orléans, 1432 bei Lagny –, hat ihm aber einen stolzen Titel eingebracht, der vielleicht mehr eine Aufforderung war, sein Vermögen für den König einzusetzen. Diesem Titel hat er ziemlich wenig Ehre gemacht.

Mit diesen Feldzügen fallen jedoch bereits die ersten Güterveräußerungen zeitlich zusammen, die 1429 einsetzen. Zunächst handelt es sich um Verkäufe von geringer Bedeutung, die kaum ins Gewicht fallen. Ein paar Einkünfte aus Ländereien fließen künftig in die Taschen von Bürgern und Klerikern aus Nantes und Angers – klug taktierenden Leuten, die noch nicht viel verlangen, aber im Augenblick der Katastrophe wieder von sich hören lassen werden. Der Bürger blickt weit voraus. Von den bedeutenderen Verkäufen hat jedoch der des väterlichen Erbgutes Blaison im Jahre 1429 den Zorn Jean de Craons erregt, der offensichtlich bis zum Ende seinen Einfluß im Sinne einer Erhaltung des Familienbesitzes ausgeübt hat.

In den Jahren 1432 bis 1435, in denen Gilles, wie wir gesehen haben, sich seinen militärischen Verpflichtungen entzog, nehmen die Veräußerungen jedoch ein immer größeres Ausmaß an. Auch wenn die Ausrüstung seiner Truppen noch eine gewisse Rolle gespielt haben mag, läßt sich die Verschleuderung des Vermögens auf keinen Fall mit den Kosten der Feldzüge erklären. Sie hat ganz andere Gründe: seinen Hang zum Luxus, seine außerordentliche Prunksucht, die schlampige Verwaltung seiner Erwerbungen, die schamlose Beflissenheit seiner Umgebung und ein beispielloses Talent, das Geld zum Fenster hinauszuwerfen in einem Taumel von Festlichkeit, Völlerei, Sinnenlust und Ausschweifung.

In einem farbigen Dokument ist die Verschleuderung des Vermögens genau aufgeschlüsselt, voller Wut, Empörung und Sorge. Es handelt sich um eine Gerichtseingabe mit dem Titel »Memorandum der Erben«, in der wohl zwanzig Jahre kleinlicher Streitereien nach dem Tod von Gilles zusammengefaßt sind. Die Erben – der Bruder René vor allem – versuchen, wenigstens einen Teil der in wenigen Jahren verschleuderten Besitztümer zurückzugewinnen. Die Schilderung ist aufschlußreich.

Die erste große Ausgabe ist noch militärischer Art: die Wache. Gilles unterhält eine Garde von mehr als zweihundert Berittenen mit Pagen und Schildknappen, die alle prächtig gekleidet sind, und dazu einen Herold, der entsprechend dem Stil der Zeit »Rais-le-héraut« (der Herold des Herrn von Rais) genannt wird. All dieser Aufwand, der »einem Fürsten, aber nicht einem Baron zukommt«, geht auf Kosten des Marschalls. Dieser militärische Apparat ist nicht nur gewaltig, sondern auch parasitär, denn Gilles beteiligt sich gar nicht mehr an Kämpfen, wie wir gesehen haben.

Doch zu dem militärischen Pomp kommt der noch spektakulärere, noch kostspieligere kirchliche hinzu. Vergleichbares besitzt damals – in einer Epoche des Niedergangs der Kirchen in Frankreich – niemand, weder der Herzog der Bretagne (der sich seine Kirche ausleihen wird) noch der König von Frankreich, vielleicht nicht einmal der prunkliebende Herzog von Anjou, den sich der Baron manchmal zum Vorbild nimmt. Im März 1435 bestätigt Gilles die Gründung einer prachtvollen Stiftskirche in Machecoul »zum Gedenken an die unschuldigen Kinder in Bethlehem, zum Heil und zur Errettung seiner Seele ...« Abgesehen von einem Beispiel in Paris ist eine Gründung zum Gedenken an die ermordeten Kinder von Bethlehem etwas äußerst Seltenes; sie offenbart wohl die Gewissensqualen des verbrecherischen Barons. Es muß jedoch auch auf die besondere, fast magische Bedeutung des Festes der Unschuldigen Kinder im ausgehenden Mittelalter hingewiesen werden[28].

»Und zu dieser Stiftung berief und ernannte er Vikar, Dechant, Archidiakon, Schatzmeister, Kanoniker, Kapitel und Collegium, und dazu bewilligte und gewährte er ihnen Renten, Einkünfte und Besitzungen für alle Lebensnotdurft[29].« Den Überfluß an Klerikern und Offizianten bestätigt mit unverhülltem Schrecken das Memorandum der Erben: seine Stiftskirche verfügt über ein Aufgebot an Geistlichen, wie es eigentlich einer Kathedrale zukommt, und Gilles – diesmal nach einem Vorbild, das er in Lyon bewundert hat – will die Prachtentfaltung dieser Klerikerherde auf die Spitze treiben; er geht sogar so weit, sie in der Mitra sehen zu wollen – »eher einer Synode von Bischöfen gleich als einer Versammlung von Kanonikern«, wie die Erben klagen. Dieses »Collegium« bestand aus fünfundzwanzig bis dreißig Personen, mit ihrem Gefolge fünfzig Leute insgesamt, die Gilles auf allen seinen Reisen begleiteten, zu Pferde natürlich, und zwar »auf den teuersten Rössern« (so die Erben), fürstlich bezahlt und mit kostbaren Prunkgewändern »für Alltag und Gottesdienst« ausgestattet, »Chorhemden aus feinstem Stoff, Überröcke und Kappen aus erlesenem Tuch und mit Pelzwerk gefüttert, als wären sie Männer von höchstem Stand und größter Gelehrsamkeit und von rechts wegen in Amt und Würden... (Man konnte sich nicht erinnern), daß man jemals in der Kapelle des Königs von Frankreich oder eines Fürsten einen so überflüssigen und wider alle Vernunft unmäßigen Aufwand gesehen hätte.«

Prachtentfaltung bei seinen Leuten, Prachtentfaltung bei den Zeremonien. Von erlesenster Qualität noch die Stoffe für den Gebrauch der Kirche, »vom Teuersten und Feinsten, was man nur finden konnte«; von höchster Kostbarkeit die heiligen Gefäße, die Leuchter und Weihrauchfässer, die Kreuze, Kelche und Reliquiare. Und schließlich – der Gipfel des Luxus – »mehrere Paar Orgeln, von denen er eine von sechs Männern mit sich tragen ließ«. Denn alles muß diesen prunksüchtigen Baron überallhin begleiten, seine Leute, seine Tiere, das gesamte Material und sogar die Orgeln[30].

Auch die Kantorei seiner Kirche hat teil an diesem verschwenderischen Luxus; für sie stürzt er sich in immer maßlosere Ausgaben. Denn Gilles liebt den Kirchengesang, er liebt den reinen Klang der Knabenstimmen, er liebt auch die Knaben selbst (sie bleiben zwar nicht von seinen Verführungsversuchen, aber von seinen mörderischen Gelüsten verschont), die er durch aufwendige Geschenke für sich gewinnt. Die verbitterten Erben erwähnen voller Haß als Beispiel einen »Knaben aus La Rochelle namens Rossignol; ihm gab er in Machecoul das Gut La Rivière, das zweihundert Pfund Rente wert ist, und seinen Eltern dreihundert Taler«. In Saint-Hilaire ließ er ihn mit großer Equipage abholen, »als wäre es ein illustrer Sproß aus großem Hause«. Verrücktheiten.

Mit offenen Händen verteilt er Belohnungen, Schenkungen, Vermächtnisse. Und diese Freigebigkeit ist für die Empfänger um so einträglicher, als Gilles nicht rechnet und beim Einkauf das Zweifache, Dreifache oder gar Zehnfache des wirklichen Wertes zahlt. (Als Beispiel werden die Goldstoffe zitiert, für die er sechzig oder achtzig Goldtaler zahlte, obwohl sie nur fünfundzwanzig bis dreißig wert waren; »vierzehntausend Taler für drei Umhänge aus Goldstoff, die nicht mehr als viertausend gekostet hätten«.) Für die Händler ist das eine einmalige Gelegenheit, sie reißen sich um die Beute. Aber nicht nur sie; ein bunter Haufen von Lüstlingen und Glücksrittern findet sich an dieser reichgedeckten Tafel zum Schlemmen ein, wo jeder Dahergelaufene sich an Fleisch und Würzwein gütlich tun kann, »nichtsnutziges Volk von geringem Stand«, Leute, die keiner kennt und die jetzt plötzlich »nach Herrenart auf großem Fuße« leben. Das geht so weit, daß manchmal Gilles selbst nicht mehr genug zu essen und zu trinken hat.

Dieses Umsichwerfen mit dem Geld hat, kurz gesagt, etwas von Irrsinn und Taumel. So sehen es auch die Erben, die gelegentlich auch die Kehrseite dieses Wirbels von Luxus und Festesstimmung erwähnen: »Oft ging er in aller Frühe ganz allein durch die Gassen, und wenn man ihm vorhielt, daß das nicht wohlgetan sei, so antwortete er eher wie ein Verrückter als wie ein Mensch, der bei Sinnen ist.« Dieser hemmungslose Taumel und diese einsamen Fluchten haben etwas Peinigendes.

Bei dem Tempo dieser Verschwendungssucht waren die Kassen rasch geleert. Im Jahre 1435 fanden die Festlichkeiten ihren Höhepunkt und zugleich ihr Ende. Es waren die Feste in Orléans, wo der Baron tagelang eine große Zuschauermenge mit allerlei Spielen, mit Farcen und Mysterien unterhielt; er ergötzte die ganze Stadt und warf ihr die Reste seines Vermögens in den Rachen. Auch hier wieder hat diese Persönlichkeit etwas Staunenerregendes und Faszinierendes: das grandiose Schauspiel, mit dem er sich ruiniert, gibt er der Stadt vergangener Großtaten, seiner eigenen und der der Jungfrau, wie ein zügellos obszönes Zerrbild des unverhofften Wunders von einst. Vor sechs Jahren hat er hier das verwundete junge Mädchen gestützt, das seine jämmerliche Soldateska begeisterte, hat er Orléans befreit. Jetzt kehrt er an diese legendäre Stätte zurück, um hier »hohe Gerüste aufzuschlagen, unter denen Würzwein und andere starke Weine gestapelt waren wie in einem Weinkeller«; hier bleibt er, wie die Krämer-Litanei der Erben fortfährt, »ohne Grund ein ganzes Jahr« und gibt »achtzig- bis hunderttausend écus« aus, »borgt (zu jedem Zins) von jedem, der ihm zu leihen bereit ist, versetzt Ringe und Juwelen unter ihrem Wert und kauft sie sehr teuer zurück, verkauft und verpfändet seine Ländereien...« Ein ganzer Wust von Papieren ist noch aus dieser Phase erhalten, in denen Verpfändungen, Blankovollmachten, Verkäufe, Abtretungen, Hypotheken, Schuldverschreibungen und alle Arten von Besitzveräußerung verzeichnet sind, zu denen der Marschall sich bereit fand.

Dann treten die Raffer und Knicker auf den Plan, die berechnenden Spekulanten, die Kapitalisten, die auf Kosten des ruinierten Verschwenders Schritt für Schritt ihren Reichtum und ihre Macht aufbauen. Alle ihre Namen sind überliefert, und es ist aufschlußreich, wer sie waren: Freunde und Verwandte sind darunter wie die Sillé und Bricqueville, die Komplizen seiner Untaten, die ihm nun das Geld leihen, das er ihnen geschenkt hatte, aber verwickelt sind in sein Verbrecherschicksal. Es gibt da eine erstaunliche Blankovollmacht, die Roger de Bricqueville nicht nur das Recht einräumt, seinen gesamten Besitz zu veräußern, sondern auch – noch aberwitziger – »Madame Marie de Rays, seine einzige Tochter und Erbin, die damals vier oder fünf Jahre alt war, an jeden Mann, der ihm gut dünkte, zu verehelichen und von seinen Ländereien und Grundherrschaften nach Belieben so viel er wollte zu vergeben und zu verpachten...« Diese Vollmacht trägt übrigens das Datum des 28. Dezember 1434, des Festes der Unschuldigen Kinder von Bethlehem.

Es folgt die Liste der zumindest dem Anschein nach neutraleren Nutznießer. Das sind Jacques Boucher, Bürger und Intendant in Orléans (Darlehen), Gauthier de Brussac, Feldhauptmann (Städte und Grundherrschaften im Anjou und Poitou), Jean de Marsille (La Fontaine-Milon), Guillaume de La Jumellière, Hauptmann (Blaison, Chemillé), Hardouin du Bueil, Bischof von Angers (Grattecuisse, Savenay etc.), Guy de La Roche-Guyon (Grundherrschaften im Poitou), Jean de Malestroit, der genau zum richtigen Zeitpunkt in Erscheinung tritt (Ländereien im Pays de Rais: Prigné, Vüe, Boisaux-Tréaux, Saint-Michel-de-Sénéché), Guillaume de Fresnière, Guillemot le Cesne, Kaufmann in Angers (Ländereien an der Maine), Jean Rabateau, Präsident des Parlements, Guillaume, ein Apotheker, Perrinet Pain, Bürger und Kaufmann aus Angers, das Domkapitel von Notre-Dame-de-Nantes (ein Palais in La Suze), Jean Le Ferron (Saint-Étienne-de-Mer-Morte; von ihm wird noch die Rede sein).

»Auch wenn es nicht möglich ist, eine vollständige Bilanz der

Veräußerungen des unglückseligen Barons aufzustellen, so kann man doch ohne Zweifel behaupten, daß ihm im Poitou nichts geblieben ist außer den Gütern seiner Frau, an die zu rühren ihm das Gewohnheitsrecht verbot, nichts mehr im Maine und nichts mehr im Anjou, außer Ingrandes und Chantocé. Lediglich seine Besitzungen in der Bretagne waren nahezu unangetastet[31].«

Diese Rechnung stellen auch die Erben auf; sie versuchen, den Wert des verschleuderten Vermögens im ganzen und im einzelnen zu beziffern. Sie beginnen damit, daß sie die verschiedenen Erbanteile berechnen. Aufgrund einer genauen Beschreibung der Hinterlassenschaft des Guy de Laval und der Baronie taxieren sie diesen Teil des Vermögens auf »zehn- oder zwölftausend livres in Renteneinkünften«, das Erbe Jean de Craons auf etwa »dreizehn- bis vierzehntausend livres Rente«, das Heiratsgut der Catherine de Thouars auf »sechs- bis siebentausend livres Rente«. Zu diesem Grundbesitz mußten aber auch andere Ressourcen hinzugerechnet werden: der ganze bewegliche Besitz, der durch Erbe und Heirat zusammengekommen war. Er machte etwa hunderttausend écus d'or[32] aus. Und schließlich war weiterer Gewinn »aus seinen Untertanen« zu ziehen. Dazu die Pensionen, vor allem die eines Marschalls von Frankreich. Alles zusammen machte ein Vermögen aus, das ihm, wie man liest, erlaubte, »vierzig- oder fünfzigtausend livres oder mehr« auszugeben. Das war eine ungeheure Summe, die sich mit heutigen Verhältnissen schwer vergleichen läßt, da die wirtschaftlichen und sozialen Bedingungen völlig anders waren. Unter den höchsten Einkommen der damaligen Zeit in der Bretagne, im Anjou, im Maine und im Poitou, die man zum Vergleich heranziehen kann, seien die der Brüder Johanns V. genannt. Der Herzog der Bretagne war bekannt für seinen Geiz, aber er mußte seinen Brüdern doch genug gewähren für eine standesgemäße Lebensführung: sechstausend livres standen ihnen an Einkünften zur Verfügung. Nach Aufzählung aller Veräußerungen von 1432 bis 1435 und darüber hinaus bis 1440, dem Jahr, in dem »der besagte Gilles vom Leben zum Tode gebracht wurde«, errechnen die Erben eine Gesamtsumme des verschleuderten Vermögens von nahezu zweihunderttausend écus.

Von der Jahresmitte 1435 an nimmt die Verschleuderung beträchtliche Ausmaße an. Notveräußerungen werden immer häufiger (Verpfändungen, Preisgabe kostbarer Gegenstände und Manuskripte, sogar seines Lieblingspferdes »Cassenoix«). Immer häufiger fallen auch Vertraute von ihm ab, so Guillaume de La Jumellière.

Die Katastrophe kommt schnell. Die Familie – seine Vettern Laval, sein Bruder, seine Frau –, die in so vielen Jahren das allmähliche Wachstum des Vermögens erlebt hat und sich zur Zeit, da Gilles mit Würden überhäuft wurde, einige berechtigte Hoffnungen machte, ist entsetzt. Aber sie bleibt nicht untätig. Soweit die Habgier der Nutznießer dieser Angelegenheit es zuläßt, handelt sie so tatkräftig, wie sie kann. Die erste Eingabe richtet sich an Papst Eugen IV., der sich daraufhin weigert, die Errichtung der Stiftskirche des Marschalls zu sanktionieren.

Die wirksamste Operation aber lief über den König. Die gesamte Familie, Bruder, Ehefrau, Onkel und Vettern, begab sich zu Karl VII. und schilderte ihm die verschwenderischen Praktiken. Schon am 2. Juli 1435 erklärte der König Gilles in einem im Großen Rat gebilligten, in Amboise ausgefertigten Erlaß zum Verschwender und untersagte ihm die Veräußerung seiner Ländereien. Damit konnte niemand mehr einen gültigen Vertrag mit ihm schließen. Seine Hauptleute waren angewiesen, seine Schlösser an niemanden zu übergeben, sondern sie für ihn zu erhalten. Das Parlement sollte ihm später einen Sachwalter bestellen. Dieser Erlaß wurde nicht nur Gilles selbst zugestellt, sondern durch Herolde auch an allen Orten öffentlich bekanntgemacht, wo er sich regelmäßig aufzuhalten pflegte: in Orléans, Tours, Angers, Blois, Poitiers, Saint-Jean-d'Angély, Pouzauges, Tiffauges, Chantocé...

Von diesem Augenblick an fand Gilles *in Frankreich* keinen Käufer mehr. Aber für die Bretagne galt das Verbot nicht. Und so beginnt von diesem Moment an auch die Verkettung von Umständen, die Gilles – mehr als seine damals schon sicher zahlreichen Verbrechen – ins Verderben stürzt.

In der Tat wird von 1435 an das finanzielle und politische Interesse von Herzog Johann V. und Jean de Malestroit an dem Fall offensichtlich. Mit einem Wechsel von Angriff und Rückzug, Versprechen und Lüge, Schmeichelei und List weben diese hochgradig auf materiellen Besitz erpichten, auf klingende Münze versessenen[33] Persönlichkeiten ihr Netz um den prassenden Baron, umgarnen ihn mit ihren Intrigen und warten, bis er reif ist, um zu Fall gebracht zu werden – eine von langer Hand vorbereitete Operation, die im Spätjahr 1440 in wenigen Wochen zum Erfolg führt. Zunächst helfen sie Gilles nach dem Verkaufsverbot in Frankreich in den ersten finanziellen Engpässen aus (Käufe im Jahre 1435). Angesichts der Attacken seiner Familie sichern sie die Treue seiner Bewaffneten (Treueid der Ortskommandanten im Pays de Rais vor Johann V. am 5. September 1436[34]). Schließlich tätigen sie nach einigen falschen Versprechungen (Anfang 1437) vom Mai 1437 an neue Erwerbungen[35]. Nach der Jahresmitte 1437 wird die Offensive bedrohlicher, denn jetzt zielt sie direkt auf Chantocé und Ingrandes. Diesmal haben sich der Bruder René, die Laval und Lohéac der Unterstützung des Hauses Anjou versichert, das an der Angelegenheit ein unmittelbares Interesse hat. René, über die laufenden Geheimverhandlungen unterrichtet, besetzt im Oktober 1437 Chantocé und dann im November des gleichen Jahres auch Machecoul. Darauf neue Schachzüge Johanns V., der seinen Gilles hätschelt.

In einem Briefwechsel Johanns mit Gilles wird Waffenbrüderschaft beteuert. Im November 1437 vertraut Johann Gilles das Amt eines Generalleutnants der Bretagne an, das er zuvor André de Laval-Lohéac weggenommen hat. Mehr noch: er benutzt für die Weihnachtsfeierlichkeiten 1437 die Kapelle des Barons in Vannes – und läßt Gilles bei dieser Gelegenheit (Januar 1438) eine Urkunde unterzeichnen, mit der er Chantocé an den Herzog der Bretagne verkauft. Der Vertrag ist gespickt mit zahlreichen Rückkaufsklauseln, die Ländereien der Baronie Rais betreffen. Später wird man erfahren, daß der sonst so geizige Johann die Unterschrift des Barons durch Bestechung seiner Diener erreicht hat. Chantocé wird Johanns vielgeliebtem Sohn Gilles de Bretagne als Apanage versprochen. Den Besitzanspruch auch praktisch durchzusetzen, ist allerdings nicht so einfach. Alle Welt mischt sich ein: die Familie, Anjou, sogar das Königreich Frankreich. Es gelingt, René zu kompromittieren. Im Namen Johanns V. ergreift Gilles im Juni 1438 wieder Besitz von Chantocé. In diese Zeit fallen makabre Vorgänge: Gilles muß Skelette wegschaffen, die seit Oktober 1437 modern.

Jetzt ist der Augenblick nahe, wo die Beute verteilt werden kann. Der Baron verschuldet sich weiter und veräußert diesmal die Rechte, die er in seinem letzten Lehnsgut, der Baronie Rais, gerade erst durch den Verkauf von Chantocé zurückgewonnen hat. In diesen letzten beiden Jahren (Juni 1438 bis Juli 1440) stehen sie alle hechelnd in Bereitschaft, voll Ungeduld, endlich zubeißen zu dürfen. Gelegentlich wird einer ausgetrickst wie René, gelegentlich stößt unerwartet noch einer dazu wie Richemont.

In dieser letzten Zeit lebt Gilles de Rais nur noch von nacktem Raub – es ist die Zeit, wo er der falschen Johanna, Jeanne des Armoises, seine Truppen (oder vielmehr ihre kläglichen Reste) zur Verfügung stellt (Juni 1439). Eines Tages erhält er sogar einen Besuch des Dauphin, des künftigen Königs Ludwig XI., der damals den Aufstand der Praguerie[36] vorbereitete. Man kann sich ausmalen, was für ein Interessenbündnis da möglich gewesen wäre. Doch nichts kam zustande; Ludwig muß wohl einen ziemlich ernüchternden Eindruck von der politischen Potenz des Barons erhalten haben. Dieser finanziell ruinierte Feudalherr suchte sein Heil auf völlig anderen Wegen.

Der Zauberer und Hexer (1436–1440)

Seine extreme Verschwendungssucht hat Gilles de Rais ruiniert. Zu den Hoffnungen, an die er sich bei diesem Marsch in den Abgrund klammert, zählt die, mit Hilfe alchemistischer Versuche seine finanzielle Macht zurückzugewinnen. Betrachtet man die zahllosen Rückkaufsklauseln, mit denen er seine Veräußerungen – vor allem die letzten – absicherte, so muß man folgern, daß er damit rechnete, seine irrsinnigen Ausgaben mit den Früchten wunderbarer Erfindungen zumindest ausgleichen zu können. Es waren utopische Hoffnungen, auch in den Augen der Käufer, die ihn nicht ernst nahmen.

Zwei unterschiedliche Beweggründe liegen den alchemistischen Praktiken zugrunde. Für Gilles de Rais entsprang die Suche nach Gold einer schlichten Notwendigkeit. Darf man in seinen alchemistischen Versuchen auch einen Ausdruck von Erkenntnishunger sehen, wäre er also einer der entdeckungsfreudigen Geister seiner Zeit? Bossard hat diese Frage ernstlich gestellt, und gar mancher Romanschriftsteller hat sie eilfertig bejaht. Ich kann freilich in den Forschungen des Gilles de Rais nichts anderes sehen als das Streben nach Befriedigung seiner Gier nach Luxus und Macht; das Verlangen nach Erkenntnis um ihrer selbst willen hat daneben keinen Raum.

Nirgendwo gibt es ein Anzeichen dafür, daß Gilles mit den Künstlern oder Humanisten seiner Zeit in Kontakt gestanden hätte, von denen sich freilich nur wenige in die Niederbretagne verirrt zu haben scheinen. Er hat seine sinnlichen Gelüste (der Knabenchor), seinen Hang zum Luxus wie alle Feudalherren seiner Zeit (Wertgegenstände, kostbare Bücher, feine Wäsche) und eine gewisse literarische Bildung, die nicht aus dem Rahmen zu fallen scheint. Ansonsten umgibt er sich nur mit Haudegen wie Sillé oder Bricqueville, mit manchmal begabten Scharlatanen wie Prelati oder Blanchet und dazu den gewöhnlichen Höflingen und den Komplizen seiner Ausschweifungen.

Die Beschäftigung mit der Alchemie wird zur damaligen Zeit von den weltlichen und kirchlichen Autoritäten unterschiedlich eingeschätzt (vgl. 7. Kapitel), aber sie ist weit verbreitet. Und die ersten Versuche des Barons Gilles haben durchaus nichts Revolutionäres.

Den späteren Geständnissen zufolge, die er zunächst zu den minder gravierenden Anklagepunkten ablegt[37], stand am Anfang der Kontakt mit »einem gewissen Ritter aus Anjou, der damals wegen Ketzerei gefangen saß« und der Gilles »ein gewisses Buch über die Kunst der Alchemie und die Beschwörung der Dämonen«

übergab, »das er mehrmals gelesen hatte und hatte öffentlich lesen lassen in Angers in einem gewissen Saal vor vielen Hörern; Gilles hatte mit dem genannten Ritter, der damals im Gefängnis saß, über die Anwendung der besagten Kunst der Alchemie und der Beschwörung der Dämonen gesprochen, und er gab an, das besagte Buch dem Ritter zurückgegeben und nicht lange bei sich behalten zu haben.« »Schon in seiner Jugend« soll Gilles dieser Persönlichkeit begegnet sein, nach Georges Bataille[38], der die ersten Dämonenbeschwörungen vierzehn Jahre vor dem Prozeß ansetzt[39], im Jahre 1426, als er seine ersten Truppen im Anjou anwarb.

Was er in dieser Anfangszeit – wie all die anderen Alchemisten von damals – suchte, hat er in seinen ersten Geständnissen klar zum Ausdruck gebracht: »Indem er diese Art Kunst versuchte und übte, hatte er Mercurius, von dem er sagte, es sei Quecksilber, fest werden lassen, und er hatte in dieser Kunst (der Alchemie) verschiedene andere Experimente angestellt; er glaubte, zu Ergebnissen zu gelangen« – nämlich zur Verwandlung von Quecksilber in Gold oder Silber.

Genauere Angaben über diese ersten Experimente seit 1426(?) fehlen. Während der Zeit der militärischen Unternehmungen und vor dem Einsetzen der großen Verschwendung hatten sie gewiß nur einen begrenzten Umfang; sie entsprangen ja auch noch nicht einer so dringenden Notwendigkeit. Natürlich führen sie nicht zum Erfolg. Offenbar haben schon sehr bald gewitzte Hochstapler und auch Leute, mit denen er zufällig in Berührung kam, die Leichtgläubigkeit des Marschalls ausgenützt. Von einem der ersten Versuche, der in Angers stattgefunden haben soll, berichtet der Priester Eustache Blanchet, Gilles habe ihn nach einem Goldschmied geschickt, »der behauptete, er verstehe sich auf die Kunst der Alchemie; er habe sie früher geübt und wisse sie zu üben. Gilles gab diesem Goldschmied acht Unzen Silber zum Werken. Der Goldschmied versprach es, schloß sich in ein Zimmer ein, betrank sich und schlief ein. Gilles fand ihn schlafend, wurde zornig und schimpfte ihn einen Trunkenbold, von dem er nichts mehr erwarte. Der Goldschmied machte sich davon und nahm das Silber mit, das der Angeklagte also verlor.[40]«

Versuche wurden in allen Residenzen des Barons angestellt, in Machecoul, Tiffauges und La Suze in Nantes. Die ersten, die sich einigermaßen genau datieren lassen, fanden 1434 oder 1435 in Orléans statt, standen also in Zusammenhang mit der Verschleuderung seines Vermögens. Von diesem Augenblick an läßt Gilles alle möglichen Spezialisten kommen. Er selbst macht darüber genauere Angaben[41]: »Besagter Gilles de Rais, der unter Anklage stand, bekannte, er habe während einer gewissen Zeit die Kunst der Alchemie geübt und habe sie üben lassen von einigen Lombarden namens Antoine (de Palerne) uned François (Prelati) sowie von einem Pariser Goldschmied (Jean Petit).« Und weiter[42]: »Vor der Ankunft des genannten François hatte er noch andere Beschwörer, nämlich einen Trompeter namens Dumesnil, Meister Jean de La Rivière, einen gewissen Louis, Meister Antoine de Palerne...« Wir fügen noch einen Meister Jean hinzu, der »Engländer oder Pikarde« war und jedenfalls ein Schwindler[43].

Gilles hat bei seinen Versuchen nicht das Gefühl, ernstlich Verbotenes zu tun. Deshalb legt er darüber auch sehr bald ein Geständnis ab, verwahrt sich aber (während der ersten Phase des Prozesses) gegen jede Unterstellung, er habe auch »böse Geister beschworen«. Er erklärt sich sogar bereit, die Wahrheit seiner Aussage mit der »Feuerprobe« zu bekräftigen. Daß er nichts Strafwürdiges tat, war dennoch nicht ganz sicher, denn er gibt zu, er habe zumindest in Tiffauges – und wahrscheinlich auch an anderen Orten – »Öfen für die besagte Kunst der Alchemie bauen und herrichten lassen«, die er eiligst zerstören lassen mußte, als der Dauphin (Ludwig XI.) nach Tiffauges kam. Und er redet sich ein, er habe gerade vor dem entscheidenden Erfolg gestanden, als die unerwartete Inspektion seine Forschungen zur Unzeit unterbrach[44]; wie jeder Verlierer gibt er den anderen die Schuld an seinem Mißgeschick.

Die mehr oder minder wissenschaftlichen Versuche bleiben also ergebnislos. Ganz selbstverständlich vermischte Gilles Alchemie und Magie in der Form der Dämonenbeschwörung. Als er sich schließlich entschloß, vor Gericht ein vollständiges Geständnis abzulegen, machte er recht aufschlußreiche nähere Angaben sowohl über seine ersten Versuche wie über den Taumel der letzten beiden Jahre.

Wahrscheinlich von 1434 oder 1435 an (vielleicht auch schon früher, denn die Zeugen können Alchemie und Dämonenbeschwörungen nicht auseinanderhalten) schickt er seine Vertrauten auf Suche nach »Beschwörern der Dämonen oder bösen Geister«. Sein erster Zuträger ist Gilles de Sillé, der Weggefährte der ersten Stunde; ihn schickt er »in das obere Land« (loireaufwärts). Gilles de Sillé war damals wohl sein erster und vielleicht einziger Komplize, der ihm die Opfer seiner Verbrechen zutrieb. Über die ersten Kontakte liegen genauere Angaben vor. Gilles de Sillé »hatte eine Frau gefunden, die sich mit solchen Beschwörungen beschäftigte; diese Frau hatte zu Sillé gesagt, daß Gilles de Rais nicht zu seinem Ziel gelangen könne, wenn seine Seele sich nicht von der Kirche *und seiner Kapelle* abwende«[45] (von seiner Kapelle der Unschuldigen Kinder, deren Gründung am 26. März 1435 bestätigt

63

wird). Hier stoßen wir wieder auf einen der Widersprüche im Charakter des Barons: er sucht die Verbindung mit dem Teufel und kann sich doch nicht lösen von seiner oberflächlichen oder auch tiefer wurzelnden Frömmigkeit (seinen Gewissensbissen).

Noch ein anderer Charakterzug des Barons wird bei dieser Gelegenheit deutlich: seine Naivität. Schon von seinen ersten Goldschmieden und Alchemisten hereingelegt, hat er auch mit seinen ersten Dämonenbeschwörern kein Glück, denen die Treue zu Satan wenig hilft: »So hatte der besagte Gilles de Sillé in der gleichen Gegend einen Dämonenbeschwörer gefunden, den er dem Angeklagten zubringen wollte; als dieser Geisterbeschwörer sich zu dem Angeklagten begeben wollte, ertrank er beim Überqueren eines Stromes oder Flusses. Weiter sagte und bekannte besagter Gilles, der Angeklagte, der genannte Sillé habe ihm darauf einen anderen Dämonenbeschwörer gebracht, der sogleich starb.« Der Teufel also läßt ihn im Stich, und für einen Augenblick sieht Gilles darin »ein Werk der Kirche, (von der) niemals sein Herz und seine Hoffnung sich abgewendet hätten«. Hier geht also alles durcheinander: Aberglaube und Glaube an das Übernatürliche, Gewissensbisse und der Fehlschlag seiner ersten satanischen Unternehmungen. Gilles soll zu diesem Zeitpunkt die Absicht gehabt haben, nach Jerusalem »zum Grab unseres Herrn und zu anderen Stätten des Leidens seines Heilands« zu pilgern.

Er brach jedoch nicht zum Heiligen Grab auf, sondern suchte ganz im Gegenteil nach weiteren Dämonenbeschwörern. Diesmal bediente er sich eines Priesters, des »Hochwürdigen Herrn Eustache Blanchet«, der aus Montauban stammte, aber zur Diözese Saint-Malo gehörte. War er in diesen Dingen kompetenter als der Freund Sillé? Einer der neuen Geisterbeschwörer, Jean de La Rivière, war Arzt, aber mehr noch ein Scharlatan. Nach den übereinstimmenden Aussagen von Gilles selbst und Blanchet versah sich La Rivière, nach Pouzauges geschickt, mit einer weißen Rüstung, einem Schwert und anderen Waffen und verschwand in einem Wäldchen in der Nähe von Pouzauges, um allein ans Werk zu gehen; Gilles, seine Diener und Blanchet mußten am Waldrand warten. La Rivière mimte einen Kampf und ließ die Rüstung klingen, dann kam er mit einem zweideutigen Gesichtsausdruck wieder hervor. »Besagter Gilles fragte ihn sogleich, was er gesehen habe und ob das, was er gesehen hatte, bedeutsam war; worauf La Rivière wie voller Schrecken erwiderte, er habe einen Dämon in Gestalt eines Leoparden gesehen, der nahe an ihm vorüberging, aber seine Gegenwart verschmähte und sich weigerte, mit ihm zu sprechen oder irgendein Wort zu ihm zu sagen.« Man kehrte zurück nach Pouzauges, um sich schlafen zu legen und »Lustbarkeiten hinzugeben«. Doch La Rivière war mit diesem Bluff noch nicht zufrieden. »Am nächsten Tag behauptete (er), es fehle ihm an gewissen Dingen, die für eine Beschwörung notwendig seien, und besagter Gilles, der Angeklagte, gab ihm zwanzig écus oder Goldrealen und trug ihm auf, sich damit zu beschaffen, was zu seinem Werk fehle, und ungesäumt zu ihm zurückzukehren, was er versprach. Und er ging und kehrte nie zurück[46].«

Mit solchen halben Kindereien also scheint der Handel mit dem Teufel begonnen zu haben. Dann wechselte man zu ausgeklügelteren, wenn auch nicht wirksameren Methoden mit Ritualen und Symbolen. Der Priester Blanchet ist bei seinen Aussagen stets sehr vorsichtig und sorgfältig darauf bedacht, sich selbst so wenig wie nur möglich in die strafwürdigsten Vergehen des Barons verwickeln zu lassen. Er gibt jedoch zu, im Schloß von Tiffauges dabei gewesen zu sein, »als der Kreis und die Schriftzeichen gelegt wurden« – der magische Kreis und die Zeichen, deren richtige Anordnung die Erscheinung des Teufels begünstigen sollte, den die Domestiken Henriet und Poitou ganz vertraulich »Meister Aliboron« nennen. »Er war in Machecoul wie auch an anderen Orten dabei, vor allem, um zu sehen, wie auf dem Boden der Kreis geschlagen wurde oder eine kreisfömige Figur, die in die Erde geritzt wurde, was notwendig ist bei dieser Art von Beschwörung, wenn man den Teufel sehen, mit ihm sprechen und einen Pakt mit ihm schließen will« (Geständnis von Gilles).

Mit weit mehr Feigheit als kühnem Mut werden die Beschwörungen ins Werk gesetzt. Bei einer anderen Gelegenheit, wiederum in Tiffauges, mit einem Beschwörer, dessen Namen Blanchet vergessen hat, »wagte besagter Sillé nicht, in den Kreis einzutreten«, als die Beschwörung begann, sondern »zog sich zu einem Fenster zurück in der Absicht, hinauszuspringen, sobald etwas Furchtbares käme, und in den Armen hielt er ein Bild der Seligen Jungfrau Maria«. Hexerei als Karnevalsscherz! Gilles ist etwas mutiger als sein Gefährte: er »stand selbst im Kreis, aber voll Furcht, weil der Beschwörer ihm verboten hatte, sich zu bekreuzigen, denn wenn er das täte, seien sie alle in großer Gefahr; er erinnert sich aber an ein Gebet zur Muttergottes, das mit dem Wort ›Alma‹ beginnt. Sofort befahl ihm der Beschwörer, den Kreis zu verlassen, was er alsogleich tat, indem er sich bekreuzigte; er verließ eilends das Zimmer, schloß die Tür hinter sich zu und ließ den Beschwörer allein.« Dann das übliche Ende der Geschichte: man hört den Lärm von Schlägen; der Beschwörer kämpft allein gegen die Wände und kommt mit einer Beule heraus. Gilles ist besorgt; er will, daß er zur Beichte geht und die Sakramente erhält... Der Beschwörer wird geheilt und verschwindet auf Nimmerwiedersehen[47].

Ehe wir uns den großen Beschwörungsaktionen der beiden letzten Jahre zuwenden, sei abschließend noch eine Anspielung aus dem Geständnis von Gilles hervorgehoben, die, wenn auch nur indirekt, auf die Vermengung der magischen Praktiken mit den kriminellen Instinkten des Barons hinweist. Der Beschwörer heißt Dumesnil, und diesmal ist es ein Hexenmeister, der in die Geheimnisse seiner Kunst tiefer eingedrungen ist. Er gab an, »der Teufel, um freiwillig zu tun und zu vollbringen, was der Angeklagte von ihm zu fordern gedenke, wolle eine vom Angeklagten mit eigener Hand und *mit dem Blut seines Fingers* unterzeichnete *Verschreibung* sehen und empfangen, mit der er dem Teufel, sobald er erscheine, gewisse Dinge, an die er sich nicht erinnere, zu geben verspreche; und aus diesem Grund und zu diesem Zweck unterzeichnete er die besagte Verschreibung mit Blut aus seinem kleinen Finger mit seinem Namen Gilles.« Gilles erinnert sich nicht mehr (oder will sich nicht mehr erinnern), was er mit dieser Verschreibung dem Teufel versprochen hat; er hatte jedoch »*seine Seele und sein Leben stets davon ausgenommen*«. Auf jeden Fall wurde »die besagte Verschreibung nicht übergeben, da der Teufel sich ihm nicht gezeigt hatte und bei dieser Beschwörung nicht erschienen war«. Wieder einmal offenbart sich die Leichtgläubigkeit des Barons, der sich durch wiederholte Mißerfolge nicht belehren läßt.

Namenszug des Gilles de Rais.

All diese Possen – als die wir sie heute sehen[48] – haben einiges gemeinsam und berühren sich darin mit den Legenden der damaligen Zeit. Sie enthüllen die Widersprüche im Wesen des Barons, der die Verbindung mit einem teuflischen Jenseits sucht, aber zugleich die Bindung an seinen Glauben festhält und sich zu bessern verspricht – intellektuelle und spirituelle Verwirrung. Ob man diese Verwirrung nun komisch findet oder nicht – sie trägt ihm jedenfalls eine stillschweigende Nachsicht ein, die freilich durch die Schwere der gerichtlichen Vorwürfe in engen Grenzen gehalten wird: es war zum Teil ganz einfach die Leichtgläubigkeit seiner Zeit. Gilles, immer leichtfertiger und immer mehr unter dem

Druck seiner finanziellen Bedrängnisse, strebt schließlich wie ein Vorläufer des Doktor Faustus den Pakt mit dem Teufel an.

Was verlangt er vom Teufel als Gegenleistung für die Verschreibung? »Daß er ihm *Wissen, Macht und Reichtum* verschaffe«. An einer anderen Stelle seines Geständnisses, als von der Ankunft des Italieners François Prelati die Rede ist, wird Gilles genauer: »Er wollte von ihm (dem Teufel) *Wissen, Macht und Reichtum* verlangen, um so wieder *in den früheren Zustand von Macht und Herrschaft zurückzugelangen.*«

Diese Aussagen sind völlig eindeutig. Gilles ist ruiniert und will durch Hexerei sein verlorenes Vermögen zurückgewinnen. Und er geht auf diesem Weg – zumindest bis zur Ankunft von Prelati – nicht sehr weit, schlägt ihn auch nicht ohne Furcht und Rückversicherungen ein. Dennoch macht er sich eines äußerst schweren Vergehens schuldig, denn seine Dämonenbeschwörung (die er erst leugnet, dann zu bagatellisieren versucht), sind *Verbrechen der Ketzerei,* wie die Anklageschrift vom 13. Oktober 1440 ausdrücklich betont: »Er ließ böse Geister beschwören..., wollte einen Pakt mit ihnen schließen, um mit Hilfe dieser bösen Geister Wissen, Macht und Reichtum zu erlangen und wiederzugewinnen« (Artikel 16 der Anklageschrift). Diese Verbrechen werden in den folgenden Artikeln bis zum Artikel vierundzwanzig näher erläutert. Gilles de Rais und Gilles de Sillé, »sein Anführer und Komplize, sein Anstifter und Helfershelfer«, werden darin beschuldigt, sie hätten »Wahrsager und Wahrsagerinnen, Geister- und Teufelsbeschwörer« gesucht, die ihn »in den Besitz von Geld bringen, ihm verborgene Schätze offenbaren und ihn in anderen magischen Künsten unterweisen könnten...«. Im Artikel sieben werden diese Verbrechen genau aufgeschlüsselt: »Ketzerei, Hexerei, Abtrünnigkeit vom Glauben, Götzenanbetung, Wahrsagerei und Aberglaube«. Zum Übeltäter wurde Gilles mit solchen Praktiken nicht nur für die weltliche Gewalt, also die Autorität des Königs, die er selbst in der Person des Dauphins nicht sonderlich fürchtete, sondern auch für die kirchliche.

Sein Verhalten hat einen Zug von trotziger Verbissenheit, die konsequent in die Katastrophe seines Endes mündet: totaler finanzieller Ruin, Orgien des Tötens und der Hexerei. Diese »Euphorie des Untergangs«, wie Georges Bataille es genannt hat, läßt sich vor allem aus der tolldreisten Spielernatur des Barons erklären, aber auch aus dem Einfluß einer Persönlichkeit, deren Charme und geheimnisvolle Ausstrahlung die Grobschlächtigkeit der früheren Komplizen seiner Ausschweifungen vergessen läßt und seinen letzten satanischen Versuchen einen eigentümlichen Glanz gibt.

Die Namen der »gewohnten Tischgenossen« des Barons (wie es

in der Anklageschrift heißt) sind bekannt: Gilles de Sillé und Roger de Bricqueville, die frühesten Komplizen. Dann zwei Domestiken, die als gemeine Leute mit ihm verbrannt werden, Henriet und Poitou – ihre Zeugenaussagen sind vor allem für die Mordtaten aufschlußreich. Unter seinen Vertrauten, die Domestiken waren oder auch etwas mehr, werden im Prozeß ferner André Buchet, Rossignol, Robin Romulart, »Spadine« und Hicquet de Brémont genannt; all dies sind Randfiguren. Auch Frauen als Zutreiberinnen und Kindsentführerinnen, mythische Gestalten zum Teil, in die viel Legende einfließen konnte (»La Meffraye«). Und schließlich der Priester Blanchet, der gewitzter und gerissener ist als alle diese Tölpel; er hat die Aufgabe, wenn schon nicht selbst Beschwörungen zu machen, so doch zumindest Geisterbeschwörer herbeizuschaffen; bei den teuflischen Spielen war er nicht dabei, denn nach der Aussage von Gilles hatte »der besagte Eustache eine böse Zunge und war flink mit frecher Rede«. Dürfen wir da heraushören, daß er sich über den Baron lustig machte?

Dieser Auftrag und zugleich »seine Geschäfte«[49] veranlassen ihn, seine Nachforschungen bis nach Italien auszudehnen. Von dort kommen vor allem der Marchese Lenano de Ceva (der in den letzten Lebensmonaten des Barons eine Rolle spielt) und Antoine de Palerne, ein Geisterbeschwörer, über dessen Erfolge oder Mißerfolge wenig Genaues bekannt ist. Über François Prelati aber geben die Aussagen von Eustache Blanchet und Gilles de Rais wie auch seine eigenen genügend Auskunft, um die Rolle dieses nicht sehr zimperlichen Priesters ziemlich genau zu bestimmen.

Im März 1439 sollte Blanchet einen Mann suchen, »der erfahren ist in der Kunst der Alchemie und sich auf die Geisterbeschwörung versteht«, und machte sich »mit großem Eifer« ans Werk. Unterhaltsam erzählt er, wie er sich in Florenz mit Prelati in Verbindung setzte. Der stammte aus dem toskanischen Pistoia, liebte guten Wein und gutes Essen, war sehr bewandert »in der Kunst der Alchemie« und sofort bereit, von Florenz nach Nantes zu gehen, wo er einen seiner Vettern wiederfinden würde. In Begleitung Prelatis kehrt Blanchet heim; von Saint-Floret an der Loire aus meldet er Gilles die Ankunft des neuen Geisterbeschwörers, den dieser sofort durch eine Eskorte seiner zuverlässigsten Diener abholen läßt und in Tiffauges mit großem Pomp empfängt.

Prelati ist eine eigenartige Persönlichkeit, ein talentierter Mann von gewinnender Ausstrahlung. Er ist »tonsurierter Geistlicher«, hat »Poesie, Geomantie und andere Wissenschaften und Künste«[50] studiert und dazu auch noch Alchemie. Er ist noch sehr jung – dreiundzwanzig zur Zeit des Prozesses – und hat alles, um Gilles zu gefallen: er ist gebildet, kann Latein und fremde Sprachen und bringt ein Buch mit, »in dem die Namen mehrerer Dämonen standen und die Worte, die man braucht, um sie zu beschwören und anzurufen«. Was Gilles, wie er selbst versichert[51], gewiß gefallen hat: »dieses Buch hielt und las besagter François zwei Stunden lang während der Beschwörungen und Anrufungen«; allerdings ist der Teufel, wie wir sogleich hinzufügen müssen, Gilles niemals erschienen, »worüber er sehr erzürnt und enttäuscht war«.

Die Geschichte wiederholt sich: kaum wohnt Gilles den Beschwörungen nicht mehr bei, erscheint der Teufel François Prelati. Er läßt sich pikanterweise sogar »Barron« nennen, was für den Einfallsreichtum Prelatis spricht, der schließlich von Satan über Baphomet und Belial bis Beelzebub eine große Auswahl von Anreden zur Verfügung hatte.

Diese Teufelserscheinung bestärkt Gilles in seinen Hoffnungen, auch wenn sie im verborgenen geschehen ist. Erneut werden im großen Saal des Schlosses von Tiffauges Kreise mit Schriftzeichen gezogen. Man geht aufs Land, in die Umgebung von Montaigu, und achtet vor allem darauf, sich ja nicht zu bekreuzigen, denn damit würde man den Teufel so sicher vertreiben wie Dracula in den Filmen der Hammer-Produktion. Doch bei all dem erlebt man bloß Sturm, Regen und Finsternis – ein günstiger Nährboden für nächtliche Alpträume[52].

Man geht also zu Ernsterem über. Und wieder einmal zeigt sich die innere Verbindung zwischen den verschiedenen Wahnideen des Barons. Vielleicht verlangt der Teufel ein Opfer, damit er erscheine? Zunächst »ein lebender Hahn, eine gewöhnliche Taube oder eine Turteltaube«. Dann noch einmal die gleichen Opfertiere, »sofern Gilles nicht etwas Bedeutendes von diesem Dämon verlangt. So er aber doch etwas Derartiges verlange, müsse er ihm Körperteile eines Knaben opfern.«

Darauf brachte nach übereinstimmender Aussage des Barons und Prelatis »derselbe Gilles einmal in einem Glase Hand, Herz, Augen und Blut eines kleinen Knaben zu dem besagten François auf sein Zimmer und gab es ihm, damit er sogleich eine Beschwörung versuche. François opferte und gab dem Dämon die Hand, das Herz, die Augen und das Blut, ob er nun selbst erscheine auf diese Beschwörung.« Unnützes Blutvergießen: »auf diese Beschwörung erschien der Dämon nicht«, und man begnügt sich damit, das makabre Opfer innerhalb des Schloßgeländes von Tiffauges in geweihter Erde (wie man zumindest hofft) zu begraben[53].

Sechzehn Monate lang gehen die Täuschungsmanöver weiter; wir brauchen hier im einzelnen nicht darauf einzugehen. Bereitwillig erscheint der »Teufel namens Barron« vor Prelati, niemals aber vor Gilles de Rais. Der aber läßt sich mit der stets gleichen plumpen List an der Nase herumführen: damit er fernbleibt, ist der Teufel manchmal ein heulender Vierfüßler, manchmal eine Schlange, »dick wie ein Hund, geflügelt und voller Kraft«. Gilles wagt sich nur noch mit Splittern vom echten Kreuz Christi an diesen Ort der Heimsuchung. Dann wieder läßt Prelati, um Gilles zu schmeicheln, den Teufel »in Gestalt eines schönen jungen Mannes von etwa fünfundzwanzig Jahren« erscheinen oder ein andermal »in der genannten Gestalt eines jungen Mannes, gehüllt in einen Mantel aus violetter Seide«[54].

Einmal läßt man Gilles, der sich für einen Augenblick entfernt hat, ein schwarzes Pulver als Geschenk des Dämons überreichen, das der Baron künftig immer bei sich tragen solle. Man versucht es noch einmal mit der Verschreibung, die der Baron »mit seinem französischen Namen: Gilles« unterzeichnen muß; der Brief an den Teufel hat folgenden Inhalt: »Komm und sei mir zu Willen, und ich werde dir alles geben, was du verlangst, außer meiner Seele und einer Verkürzung meines Lebens.« Der Teufel erscheint nicht, und das Papier wird Gilles zurückgegeben. Schließlich gaukelt Prelati mit Gold. Er verlangt Gold von dem Dämon, und da erscheint »eine große Menge Gold in Barren, und dieses Gold bleibt da mehrere Tage lang; sobald der Zeuge es erblickte, wollte er es berühren, doch der böse Geist antwortete, daß er das nicht tun dürfe, denn es sei noch nicht an der Zeit«. Kommt man endlich ans Ziel? »Bald darauf betrat der Zeuge (Prelati) das besagte Zimmer, und als er das scheinbare Gold berührte, wurde er gewahr, daß es nur ein fahlgelber Staub war.« Und alle schimpften über »die Falschheit des bösen Geistes«.

Der »böse Geist« hat einen breiten Rücken. Gilles versteift sich auf sein hartnäckiges Verlangen, Gold oder eine Antwort aus der Dämonenwelt zu erhalten. Die Komplizen nutzen seine offensichtliche Naivität aus. Er aber bleibt starrköpfig, trotz allem. Er steht völlig unter dem Einfluß Prelatis, der vielleicht ganz einfach sein Geliebter war (wofür es aber keine eindeutigen Beweise gibt), bleibt ihm treu bis zum Tod, und nach den Geständnissen, die ihn der Justiz ausliefern, kann er sich von ihm nur unter heißen Tränen und langen Seufzern verabschieden: »Lebwohl, François, mein Freund! Niemals werden wir uns wiedersehen in dieser Welt; ich bete zu Gott, daß er Euch Geduld und die rechte Erkenntnis gebe, und seid gewiß, daß wir, wenn Ihr nur in rechter Geduld Eure Hoffnung auf Gott setzt, uns wiedersehen werden in der großen Freude des Paradieses! Betet zu Gott für mich, und ich werde für Euch beten!« Gilles wird hingerichtet; Prelati, der von beiden der größere Ketzer ist, auf jeden Fall aber der Klügere, kann seinen

Kopf für diesmal aus der Schlinge ziehen⁵⁵. Wurde er zum Dank für seine Zeugenaussage begnadigt?

Der Päderast und Vampir (1432–1440)

Homosexuell war Gilles de Rais vermutlich schon zeitig, auch wenn sein »Geständnis« nicht als absolut zuverlässig gelten kann. Vielleicht hat er bei seinen jungen Pagen, die ihm in allem zu Willen waren, mit der Knabenliebe begonnen, vielleicht auch bei seinen Vettern und nahen Vertrauten, die mehr oder weniger beschäftigungslos waren und daher auf seine Kosten lebten, vor allem Gilles de Sillé, der grausame Gefährte seiner Ausschweifungen.

Das Jahr 1432 markiert eine entscheidende Wende. Es scheint, daß Catherine de Thouars in diesem Jahr nach Pouzauges verbannt wurde, wo sie keinen Einfluß auf die Lebensführung ihres Gatten mehr hatte. Eine Tatsache weist darauf hin: der Aufstieg Roger de Bricquevilles und die unglaublichen Verfügungsrechte über das Vermögen des Barons und das Schicksal seiner Tochter Marie, die ihm eingeräumt werden. Es kann sein, daß Catherine sich dann von 1435 an mit Gilles' Bruder René und seinen Vettern Laval verbündet hat, um die Verfügungen Karls VII. zu erwirken und später, um die finanzielle Katastrophe in Grenzen zu halten. In den letzten Jahren und während des Prozesses tritt sie nicht mehr in Erscheinung.

Das mindeste, was man sagen kann, ist, daß Gilles kein Interesse an seiner Frau mehr hatte. Und daß außer der schillernden Jeanne d'Arc keine Frau ihn nachhaltig fesseln konnte. Bezüglich seiner sexuellen Vergehen wirft die Anklage ihm vor, auch Mädchen mißbraucht zu haben, wenn er keine Knaben zur Verfügung hatte; dabei habe er aber stets »das natürliche Gefäß« ausgespart (wie die damalige Zeit sich umschreibend ausdrückt, während sie das männliche Zeugungsinstrument ungeniert beim Namen nennt) und zwischen Mädchen und Knaben keinen Unterschied gemacht. Wie wir noch sehen werden, behält das 15. Jahrhundert zwar die sexuellen Tabus grundsätzlich in voller Strenge bei; ein Verbot, über sexuelle Dinge offen zu sprechen, hält es dagegen nicht für notwendig; entsprechend frei drückt man sich aus.

Gilles verschont also die Kinder seiner Kantorei, von denen es an anderer Stelle heißt, er habe sie mit Geschenken überhäuft (vgl. das Memorandum der Erben). Ihre schönen Stimmen verschaffen ihnen ein Privileg vor anderen Kindern; sie sind zwar nicht minder begehrenswert, aber sie bleiben am Leben. Die zweifelhafte Lust, sich ihres Gesanges zu berauben, versagt sich Gilles und zähmt seine mörderische Leidenschaft.

Körperliche Schönheit dagegen war für die übrigen Kinder durchaus kein Schutzbrief, ganz im Gegenteil. Wir begeben uns hier aus dem Bereich sexueller Phantasien in den des nackten Grauens. Michelet, der Gilles de Rais zur »Bestie der Vernichtung« macht, schreibt darüber: »Weder die Neronen des römischen Kaiserreiches noch die lombardischen Tyrannen hätten sich damit messen können; man müßte noch alles hinzufügen, was das Tote Meer bedeckt, und darüber hinaus die Opfer für jene abscheulichen Götter, die Kinder verschlingen.«

Es ist unmöglich, all die hemmungslosen Mordtaten der Jahre 1432 bis 1440 – und vielleicht begannen sie schon früher, schon 1426? – allein mit den Bemühungen um einen Pakt mit dem Teufel in Verbindung zu bringen, die zur Zeit Prelatis zum Anlaß einiger Tötungen wurden. Ebensowenig natürlich, im Gegensatz zu den Thesen einiger wenig vertrauenswürdiger Schriftsteller, mit den »Sodomie«-Gelüsten des Barons oder gar dem Alkoholmißbrauch, dem er zwar exzessiv frönte, aber doch kaum mehr als andere Feudalherren seiner Zeit. Wir müssen für das Ausmaß und die unerhörte Grausamkeit seiner Verbrechen also andere Erklärungen suchen.

Den entscheidenden Punkt berührt offenbar ein Geständnis, das Gilles seinen Domestiken Henriet und Poitou gemacht hat, und vermutlich hat er zu Sillé und Bricqueville und anderen Ähnliches geäußert: Poitou: »Besagter Gilles de Rais rühmte sich manchmal, daß er *mehr Lust darin finde, Knaben und Mädchen zu töten oder ihnen den Hals abzuschneiden* oder sie töten zu lassen und sie schmachten und sterben zu sehen, ihre Köpfe und Gliedmaßen zu zerstückeln und das Blut fließen zu sehen, *als wenn er Unzucht mit ihnen triebe*«.[56] Das ist die Aussage eines typischen Sadisten.

Dagegen beweist er bei vielen Gelegenheiten immer wieder, wie anziehend er auf seine Freunde wirkte: auf Bricqueville, dem er *alles hinzugeben* bereit ist, auf Sillé, der eine außerordentliche Macht über ihn ausübt, auf seine beiden Diener, Poitou vor allem (ein Kosename; eigentlich heißt er Étienne Corillaut), der zum Zeitpunkt des Prozesses zweiundzwanzig Jahre alt ist und selbst erzählt, wie er nach seinen ersten makabren Entdeckungen von Gilles bedroht, aber dann auf Bitten Sillés und Bricquevilles verschont wird, wie er den Schwur leistet, nichts zu verraten und »mit dem Herrn von Rais Verkehr auf dem Bauche« hat. Poitou war also ein Geliebter von Gilles de Rais – der in ihn »verliebt war«[57] – und zugleich sein Komplize. Wahrscheinlich waren auch noch andere aus dem Kreis der Vertrauten des Barons seine Liebhaber, darunter der innig geliebte Prelati. Doch neigte Gilles in seinen letzten Jahren so stark zur Pädophilie, daß eine Fortdauer homosexueller Beziehungen zu erwachsenen Männern vielleicht ausgeschlossen werden muß. Die zu Poitou geht auf eine Zeit zurück, als dieser noch ein Knabe war.

Homosexuelle Beziehungen unterhielt Gilles auch mit den Knaben seiner Kantorei. Die Aussagen von Henriet und Poitou sind sehr deutlich: »Er trieb seine abscheulichen Ausschweifungen mit den Kindern seiner Kapelle«; auf die Frage, ob er sie auch getötet habe, antwortete Poitou: »Nein, denn er schätzte sie sehr hoch.« Ganz genau und konkret beantwortet das Prozeßprotokoll die Frage, wie Gilles dabei vorging. Hier ein Auszug, gekürzt von R. de Maulde[58] um Passagen, von denen er annahm, sie seien »unmöglich wiederzugeben«: »Um seine widernatürliche Unzucht zu treiben und seine wollüstige Begierde zu befriedigen, nahm besagter Gilles de Rais seine Rute oder männliches Glied in eine seiner beiden Hände, rieb oder zog daran oder erigierte es, dann legte er es zwischen die Schenkel oder Beine der genannten Mädchen und Knaben, wobei er das natürliche Gefäß der Mädchen aussparte, und dies tat er mit großer Lust und Inbrunst und wollüstiger Begierde, bis der Samen sich über ihren Bauch ergoß.«[59]

Die Praktiken des Gilles de Rais sind hier noch einmal mit größter Präzision beschrieben. Er genießt dabei offenbar gleichermaßen die seelische Not seiner Opfer, den sexuellen Mißbrauch, die Demütigungen und die Verstümmelungen, die er ihnen zugleich mit der sexuellen Vergewaltigung zufügt. Poitou: »Manchmal hängte er sie eigenhändig auf, manchmal ließ er sie von anderen in seinem Zimmer mit Bändern oder Stricken an einer Stange oder einem Haken am Hals aufhängen; dann holte er sie herunter oder ließ sie herunterholen, liebkoste sie zum Schein und versicherte ihnen, daß er nicht daran dächte, sie zu verletzen oder ihnen wehzutun, sondern im Gegenteil sich mit ihnen vergnügen wolle, und so hinderte er sie daran zu schreien.« Dann, wenn sie beruhigt waren, tötete Gilles sie »mit eigener Hand oder durch Sillé oder Henriet oder ihn, den Zeugen (Poitou)..., manchmal indem er ihnen den Hals oder den Kopf abschnitt, manchmal indem er ihnen mit einem Stock das Genick brach, und es gab auch ein Schwert zu ihrer Hinrichtung von jener Art, die man Braquemart nennt« (ein zweischneidiges Kurzschwert; dieses Wort steht französisch im lateinischen Text). »Und besagter Gilles de Rais trieb seine Unzucht an den Knaben und Mädchen, manchmal bevor er sie verletzte, dies aber nur selten; öfter nach dem Aufhängen, aber bevor er ihnen andere Verletzungen zufügte; zu anderen Malen, nachdem er ihnen die Halsader geöffnet hatte oder hatte öffnen lassen, so daß das Blut hervorsprang; wieder zu anderen Malen, wenn sie in Todesmattigkeit lagen, oder auch nach dem Tod, wenn ihnen der Hals abgeschnitten war, aber der Körper noch nicht ganz erkaltet.«[60] Henriet: »Und ihr Blut floß in Strömen über den Fußboden.« Weiter: »Und oft erfreute sich Gilles an den abgeschnittenen Köpfen; er zeigte sie ihm, dem Zeugen (Henriet) und Étienne Corillaut (Poitou) und fragte sie, welcher der Köpfe, die er ihnen zeige, der schönste sei, der gerade erst abgeschnittene, der vom Vortage oder der vom vorvorigen Tage? Und er küßte oft den Kopf, der ihm am meisten gefiel, und erfreute sich daran.«[61] Und Gilles selbst (Geständnis vor Gericht): »Er sagte und bekannte, daß er eine große Zahl von Kindern tötete oder töten ließ, mit denen er das sündhafte Laster der Sodomie trieb, und er sagte und bekannte, daß er den Samen auf die sündhafteste Weise vor oder nach dem Tod der Kinder oder während sie starben auf ihren Bauch spritzte; welchselbigen Kindern manchmal er selbst, manchmal seine Komplizen (Sillé, Bricqueville, Henriet, Poitou, Rossignol, Petit-Robin) verschiedene Quälereien antaten: bald trennten sie mit Dolchen oder Messern den Kopf vom Rumpf, bald schlugen sie sie mit Stöcken oder anderen stumpfen Gegenständen mit aller Gewalt auf den Kopf, bald hängten sie sie in seinem Zimmer mit Stricken an einer Stange oder einem Haken auf und erdrosselten sie, und wenn sie im Sterben lagen, beging er an ihnen in der oben genannten Art die Sünde der Sodomie. Und wenn die Kinder tot waren, küßte er sie, und die schönsten Köpfe und Gliedmaßen zeigte er herum, und auf grausamste Art ließ er ihre Leiber öffnen und erfreute sich an dem Anblick der inneren Organe; und sehr oft setzte er sich auf den Bauch der Kinder, wenn sie im Sterben lagen, und hatte seine Lust daran, sie sterben zu sehen, und lachte darüber.«[62]

Und er lachte darüber: das irrsinnig dröhnende Gelächter des Barons hat einen bösen, unmenschlichen Klang. Solche Taten – in die mehrere Komplizen verstrickt sind, die um den großen Feudalherrn eine Art Hofstaat des Verbrechens bilden – scheinen die Taten eines Wahnsinnigen zu sein. Doch dieser Wahnsinn ist nicht unkontrolliert, denn nach solchen schauerlichen Mordszenen macht man sich mit schäbigem Eifer an die Beseitigung der Spuren. Poitou sagt aus: »Auf die Frage, was man mit den toten Körpern der Knaben und Mädchen oder ihren Leichen machte, antwortete er, daß man sie mitsamt ihren Kleidern verbrannte ... Auf die Frage, wie das geschah, antwortete er: auf großen Feuerböcken im Zimmer des Gilles, indem man mit groben Holzscheiten und Reisigbündeln, die auf die Leichen gelegt wurden, ein großes Feuer entfachte; die Kleider wurden Stück für Stück ins Feuer gelegt und etwas angehoben, so daß sie gleichmäßiger brannten und sich kein Gestank entwickelte. Auf die Frage, wohin man die Asche warf, sagte er: manchmal in die Kloake, manchmal in den Schloßgraben oder andere Gräben oder sonstige Verstecke, je nach der Beschaffenheit des jeweiligen Ortes.«

Nicht immer freilich wurde die Bestattung so sorgfältig ausgeführt, denn in Chantocé und Machecoul lagen Skelette in großer Zahl herum, so daß die Gefahr ihrer Entdeckung durch René de La Suze bestand, der beide Orte im Herbst 1437 einnahm. Wieder sind die Aussagen von Henriet und Poitou sehr erhellend. Einer der Gründe, warum Gilles 1438 Chantocé zurückerobern will, bevor er es an den Herzog der Bretagne übergibt, liegt eben darin, daß er »im Turm von Chantocé die Leichen und Knochen vieler toter Kinder«[63] beseitigen will. Gleich nach der Einnahme von Chantocé, vor der Übergabe an den Herzog, die schon zwei Tage später erfolgte, »gingen der Zeuge (Henriet) und die anderen in den besagten Turm, und dort fanden sie die Knochen von sechsunddreißig bis sechsundvierzig Kindern; genau kann er sich nicht mehr erinnern. Diese Knochen waren schon ausgebleicht, aber sie zählten sie nach Köpfen oder auf andere Weise, so daß sie die Zahl der Kinder wußten, die dorthin geworfen worden waren. Welchselbige Knochen dann in eine mit Stricken fest umwundene Truhe gelegt und nach Machecoul gebracht wurden, wo sie im Zimmer des Gilles de Rais in seiner Gegenwart und in Anwesenheit von Gilles de Sillé, Étienne Corillaut (Poitou), Jean Rossignol, André Buchet und des Zeugen selbst (Henriet) verbrannt wurden, und die Asche der genannten Kinder wurde in die Gräben der Burg von Machecoul geworfen«[64].

In Machecoul selbst wird Gilles vor der Einnahme seiner Burg tätig. Sillé sagte den beiden Zeugen, »daß er aus einem gewissen Turm nahe bei der Burg von Machecoul die Knochen von ungefähr vierzig Kindern aufgelesen und entfernt hat, und das mindestens zwei oder drei Wochen vor der Einnahme der Burg durch die Herren de La Suze und de Lohéac«. Nach Sillés Angaben wurden die Knochen verbrannt. Die Aktion war jedoch nicht gründlich genug, denn René de La Suze und sein Hauptmann Charles de Léon entdeckten nach der Einnahme der Burg noch zwei Kinderskelette. Das war Ende 1437, und möglicherweise war diese Entdeckung der Ausgangspunkt der Gerüchte, die über Gilles de Rais in Umlauf kommen.

Einer der Belastungszeugen aus Machecoul, der in dem Verfahren vor dem weltlichen Gericht ausgesagt hat, berichtet von Klagen über verschwundene Kinder und fügt hinzu: »Er, Guillaume

Hilairet, erklärt, daß er vor ungefähr fünf Jahren von einem gewissen Jean du Jardin, der damals bei Messire de Bricqueville wohnte, gehört hat, daß man im Schloß von Chantocé eine Röhre (einen Gang) gefunden habe, der ganz voll gewesen sei mit toten Kindern.«[65] Diese Entdeckung müßte schon 1435 gemacht worden sein. Man darf hoffen, daß es sich um die gleichen Leichen handelt, die 1438 nach Machecoul gebracht und dort aufgefunden wurden – »fast völlig verwest, denn sie waren lange, bevor der Herr de La Suze den Ort einnahm, zu Tode gebracht worden«[66].

Diese Aufschlüsselungen führen zu der Frage nach dem Ausmaß der Verbrechen. Daß sie wirklich verübt wurden, ist unbestreitbar. Die zitierten Schilderungen enthalten jedoch einige Widersprüche und mit Vorsicht zu behandelnde Behauptungen. Verdächtig wirken konnte zunächst die auffallende Übereinstimmung der Zeugenaussagen der beiden Diener Henriet und Poitou; man hat darin Anzeichen einer zweifelhaften Konstruktion gesehen. Es scheint, daß diese Übereinstimmung weitgehend durch die Form der Verhöre und die Praxis der Protokollführung bedingt ist. Beide Komplizen haben im übrigen »ohne jede Anwendung der Folter« ausgesagt (vielleicht wurde ihnen aber mit der Folter gedroht?), und wie wir gesehen haben, konnten manche Angaben (etwa über das Wegschaffen der Leichen von Chantocé) durch andere Zeugenaussagen (Guillaume Hilairet) verifiziert werden. In der Einschätzung der Rolle der beiden »Kammerdiener« bleibt jedoch ein Widerspruch bestehen; er betrifft den Zeitpunkt, von dem an sie an den Verbrechen von Gilles de Rais, Gilles de Sillé und Bricqueville beteiligt waren, gegen die sie außerordentlich Belastendes aussagen. Vor der Beseitigung der »sechsunddreißig oder sechsundvierzig« Leichen von Chantocé wollen Henriet und Poitou von nichts gewußt haben. An anderer Stelle aber gibt Poitou zu, er sei in das Geheimnis eingeweiht worden, als er der Geliebte des Barons wurde; das war spätestens Anfang 1437 oder sogar noch ein Jahr früher. Wollte er seine Komplizenschaft bagatellisieren? Vielleicht liegt es an der Eile, mit der das Verfahren geführt wurde, daß dieser Punkt nicht erschöpfend geklärt werden kann. Für die Beurteilung der Schuld Poitous, die er für die späteren Morde zur Genüge eingestanden hat, ist er von untergeordneter Bedeutung.

Wir kommen damit zu den entscheidenden Fragen: wie lange dauerte die Periode der Mordtaten? wie groß war ihre Zahl? über welchen Raum erstreckten sie sich (soweit sie bekannt wurden)? wie waren die Opfer beschaffen? wie reagierten ihre Eltern?

Die *Dauer* wurde unterschiedlich beurteilt. Nach den Aussagen von Gilles selbst setzten die Morde »seit den Anfängen seiner Jugend« ein, wahrscheinlicher aber »in dem Jahr, in dem sein Ahn de La Suze starb« (1432), wie wir weiter oben gesehen haben. Zeugenaussagen über verschwundene Kinder, die allerdings nur für die Bretagne vorliegen und in erster Linie das Pays de Rais betreffen, bestätigen diese Annahme: die frühesten beziehen sich ebenfalls auf das Jahr 1432.

Die *Zahl* war gewiß beträchtlich, läßt sich aber schwer genau beziffern. Auch für Gilles selbst war das unmöglich: »Er fing eine so große Zahl von Kindern oder ließ sie fangen, daß er nicht genau angeben könnte, wie viele es waren.«

Eine ungefähre Rechnung läßt sich aufgrund der Aussagen Poitous aufmachen. Wenn seine Aussagen stimmen, hat er Gilles nach der Einnahme von Machecoul, also vom Frühjahr 1438 bis zum Prozeß (September 1440) zusammen mit Henriet und Sillé vierzig Knaben und Mädchen geliefert, davon zwölf bis fünfzehn nach Nantes (was den im Rahmen der Ermittlungen verzeichneten Verlustmeldungen entsprechen könnte), den »größten Teil« nach Machecoul (was ausreichte, um am Ort heftige Gerüchte zu nähren) und den Rest nach Tiffauges. Zu diesen vierzig müssen die Opfer der vorangegangenen Jahre hinzugerechnet werden: die »sechsunddreißig oder sechsundvierzig« Leichen, die von Chantocé nach Machecoul gebracht wurden, und die vierzig, die in Machecoul selbst verbrannt wurden. Man käme damit zu einer Mindestzahl von hundertsechzehn bis hundertsechsundzwanzig Morden, die um einige förmlich bezeugte vereinzelte Untaten außerhalb des Vierecks Nantes-Chantocé-Tiffauges-Machecoul zu vermehren wäre. Die durch Leichenfunde gesicherte Zahl der Morde beliefe sich demnach auf mindestens hundertvierzig.

Darüber hinaus hat man sich zu allen möglichen Extrapolationen berechtigt geglaubt. Man hat sich dabei vor allem auf eine Passage aus dem Protokoll des weltlichen Verfahrens gestützt, die freilich ziemlich vage bleibt: »Genannter Herr hat viele kleine Kinder gefangen oder fangen lassen, nicht nur zehn oder zwanzig, sondern dreißig, vierzig, fünfzig, sechzig, *hundert, zweihundert und mehr,* so daß man die Zahl nicht genau feststellen kann.«[67] Ausgehend von diesem »zweihundert und mehr« hat man ohne sorgfältiges Abwägen sehr hohe Zahlen genannt: bis zu achthundert Morde. Wir bleiben jedoch bei der gesicherten Mindestzahl von hundertvierzig Morden und halten uns an die Aussage von Gilles de Rais selbst: nachdem man ihn ermahnt hatte, »sein Gewissen vollständig zu entlasten«, damit er »leichter die Gnade des allbarmherzigen Erlösers erlange«, erklärte er in seinem Geständnis außerhalb des Gerichtes: »Ach, Herr, Ihr quält Euch und mich zugleich... Wahrhaftig, es gab nicht andere Ursache noch Zweck noch Absicht, als was ich Euch gesagt habe: ich habe Euch schlimmere Dinge gesagt als dieses und genug, um zehntausendmal den Tod zu verdienen.«[68]

Der *Raum*, innerhalb dessen Gilles wütete, ist nicht ohne Bedeutung. Das Auffallende ist die Weiträumigkeit des Territoriums, wenn wir uns an die Aussagen der Eltern und Verwandten der verschwundenen Kinder halten. Wo er geht und steht, frönt Gilles seinem Laster; es ist ein innerer Zwang, eine Droge, deren Genuß er sich nur mühsam im geheimen hingeben kann. Es hängt mit dem Gerichtsort zusammen, daß Entführungen vor allem im Pays de Rais (in Machecoul) und in der Bretagne registriert wurden, aber man registrierte sie auch überall dort, wo Gilles sich vorübergehend aufhielt: in Nantes, in Vannes (wohin er kurz vor seiner Verhaftung geht, um den Herzog zu treffen), in La Roche-Bernard, Bourgneuf-en-Rais, Saint-Étienne-de-Montluc, Couëron, Fresnay, Saint-Cyr-en-Rais, Port-Saint-Père und vor allem Machecoul. Aus dieser wilden Beutejagd des Gilles de Rais, der sein ganzes Land durchreitet, entstand das Schreckensgerücht seiner »Kinderfänger« und der Frauen (Hexen), die ihm als Lockvögel dienen (wie Perrine Martin, genannt »La Meffraye«); diese Gestalten verbanden sich in der Phantasie des Volkes mit Märchenfiguren und haben übrigens auch die Historiker in die Irre geführt. Leider sind über diese teuflischen Frauengestalten keine verläßlichen Angaben überliefert; Perrine Martin soll im Gefängnis gestorben sein, und das weckt natürlich Verdacht (starb sie unter der Folter?).

Zu dem Raum, der der Jurisdiktion des Bischofs von Nantes und des Parlamentes der Bretagne unterstand, müssen noch die übrigen Besitzungen des Barons hinzugerechnet werden, denn Leichen wurden ja auch nach Chantocé gebracht, ebenso nach Tiffauges und vielleicht auch nach Pouzauges.

Die *Art der Opfer:* Hinsichtlich der Auswahl der Opfer stimmen die Zeugenaussagen überein. Es sind Schwache, es sind Kinder, nicht selten Bettler. Gilles muß sie nur, zu ihrem Unglück, schön finden. »Der größte Teil und die größte Zahl der Knaben und Mädchen ... wurde *unter den Armen gefunden, die um Almosen bettelten;* teils fing Gilles sie selbst, teils geschah es auf andere Weise; besagter Gilles wählte sie nach seinem Geschmack, und manchmal ließ er sie auch von Sillé, von Henriet oder von ihm, dem Zeugen (Poitou), aussuchen, die sie heimlich zu ihm in sein Zimmer führten[69].«

Neben dieser direkten Auswahl fand Gilles seine Opfer auch bei einfachen Leuten, die ihre Kinder als Sänger in seiner Kapelle oder als Diener in seinem Hause unterbringen wollten. Mehrere Entführungen dieser Art sind entweder durch Henriet und Poitou oder durch die Zeugenaussagen von Eltern bezeugt, die das Gericht anhörte. Der junge Schwager des Malers Thierry; ein »schöner kleiner Knabe«, der nach La Roche-Bernard gebracht wurde; ein Page von François Prelati, »der ebenfalls sehr schön war«; ein »sehr schöner Jüngling von etwa fünfzehn Jahren« in Bourgneuf; ein Page namens Princé, »ungefähr vierzehn Jahre alt«, der als »Kammerdiener und Hausdiener« zu Gilles gebracht wurde; ein »Kind, etwa neun Jahre alt«, das André Buchet brachte und für das er ein Pferd zum Lohn erhielt – ein Kind für ein Pferd! (Übereinstimmende Aussagen von Henriet und Poitou).

Düsterer klingen die Aussagen der Verwandten verschwundener Kinder: der Sohn von Georges Le Barbin aus Machecoul, zum Apfelernten gegangen, verschwunden; der Sohn von Jeannette und Guillaume Sergent in Machecoul, »acht Jahre alt«, zu Hause gelassen, während die Eltern auf dem Feld arbeiteten, »um ein kleines Mädchen von eineinhalb Jahren zu hüten«, verschwunden bei ihrer Rückkehr; Kinder, die Brot holen gegangen waren; der Sohn einer Guillemette Micheau, »acht Jahre alt, der schön war und weiß«; andere Kinder, die »auf dem Weg zur Schule« waren oder »Vieh hüteten« usw.

In diesen Aussagen ist fast immer nur von Knaben die Rede, was mit den Erklärungen von Henriet und Poitou, die auch von Mädchen sprechen, nicht ganz in Einklang zu bringen ist; sie sind acht bis fünfzehn Jahre alt, selten älter, werden oft als schön geschildert und stammen stets aus einfachen Familien.

Was die *Reaktionen* betrifft, so werden wir auf die bedrückende Lage dieser Menschen, die der Macht des adligen Vampirs ausgeliefert sind, noch zurückkommen. Eine dumpfe Klage ist während des Prozesses zu vernehmen; sie ist voller Resignation – zum Zeitpunkt der Entführungen wird nirgends eine Untersuchung eingeleitet –, aber von stets gleichem Inhalt: Kinder verschwinden immer dort, wo der Baron sich gerade aufhält, von dem es heißt, daß er in Machecoul »die Kinder tötet« und sogar verspeist. Aber »man wagte nicht, offen davon zu sprechen, aus Furcht vor den Leuten der Kapelle des Herrn von Rais und anderen von seinen Leuten; wer sich beklagte, lief Gefahr, ins Gefängnis geworfen oder mißhandelt zu werden, wenn seine Klagen ruchbar wurden«[70].

Trauer, aber Schweigen nach außen; vage Gerüchte, die aber weite Verbreitung finden – so war die Reaktion des Volkes überall dort, wo der Baron sein Unwesen trieb. Blanchet hat sie beschrieben: »Das Gerede im Volk war groß ... Man erzählte sich, daß mehrere alte Frauen Kinder fingen und sie zu Henriet und Poitou brachten, die sie töteten.« Blanchet, der sich immer sehr vorsichtig äußert, hat etwas läuten hören, daß Gilles »kleine Lieblinge« habe, aber er hat sich gehütet, sich näher zu erkundigen. Als er beschlossen hatte, zu gegebener Zeit eine »seelsorgerliche Visite« zu machen, ging der Bischof von Nantes, Jean de Malestroit, zu dessen Diözese das Pays de Rais gehörte, den Gerüchten nach. Sie gaben dem Prozeß eine mehr als ausreichende Grundlage: rund hundert Aussagen über verschwundene Kinder wurden notiert.

Der Einfältige: Verhaftung und Prozeß (Mai bis Oktober 1440)

»Eine achtjährige Straflosigkeit hätte ihn vermutlich für sein ganzes Leben geschützt, wenn nicht eine Reihe von politischen Konstellationen und Zufällen den Schuldigen gewissermaßen überführt hätten«, hat 1863 Vallet de Viriville, der Geschichtsschreiber Karls VII., geurteilt[71]. Dem kann man ohne Zweifel zustimmen, wenn man den Umständen der Verhaftung und der Prozeßführung gegen Gilles Rechnung trägt.

Im Jahre 1439 – es ist das Jahr Prelatis – treffen zwei Dinge zusammen: die »Euphorie des Untergangs« (Orgien, Teufelsbeschwörungen, zahlreiche Morde) und der Druck der Gläubiger in der Bretagne sowie des Königs von Frankreich, den man von den Räubereien seines Marschalls überzeugt hat. Die Schlinge zieht sich zu. An dieser Aktion nehmen der Herzog der Bretagne und sein Kanzler, der Bischof Malestroit, teil, ferner die Erben, die bereits 1435 tätig waren und ihre Sache jetzt gewiß weiter verfolgen. Das Gerede über Gilles nimmt zwar zu (der »üble Leumund und öffentliche Skandal«, wie d'Argentré sagt), aber noch wagt man nicht, ihn frontal anzugehen. Er muß erst einen groben, wenn auch (im Vergleich zu den anderen) harmlosen Fehler begehen, um den Prozeß auszulösen, der zu seinem Untergang führt.

Möglicherweise fühlt Gilles sich in Gefahr. Das Schicksal Blanchets läßt darauf schließen. Blanchet beteuert in seiner Aussage, er habe Tiffauges verlassen, nachdem er von den Teufelsbeschwörungen erfahren habe, und sich nach Mortagne im Poitou zurückgezogen. Dort sind die Gerüchte sehr konkret (sie werden u.a. von dem Kastellan von La-Roche-sur-Yon verbreitet). Gilles schickt seine Häscher aus, um Blanchet zurückzuholen; der aber weigert sich und erhält die Erlaubnis, sich in Machecoul niederzulassen, was ihm, wie er meint, das Leben rettet. Das war im Dezember 1439. Der gleiche Blanchet berichtet davon, wie Gilles – offenbar zwischen zwei Entführungen – zu Ostern 1440 (27. März) zur Beichte und dann »gleichzeitig mit den Pfarrkindern von gemeinem Stand und gemeinsam mit ihnen« zur Kommunion ging: »Als die Laien von gemeinem Stand einen so großen Herrn nahen sahen, wollten sie hinausgehen, aber Gilles wollte das nicht zulassen, sondern hieß sie bleiben und gemeinsam mit ihm die Eucharistie entgegennehmen, wie es der Brauch sei.«

Eine erbauliche Szene kurz vor der Katastrophe. Gilles hatte eine seiner letzten Besitzungen, das Schloß von Saint-Étienne-de-Mer-Morte, an den Schatzmeister der Bretagne, Geoffroy Le Ferron, verkauft. Dann besinnt er sich anders und fordert sein Schloß zurück. Der Schatzmeister lehnt ab; er hat in Saint-Étienne keine Garnison eingerichtet, sondern das Schloß seinem Bruder Jean, einem Geistlichen, übergeben; damit glaubte er den Besitz am wirksamsten gesichert.

Am Pfingstsonntag 1440 – es ist der 15. Mai – wohnt Jean Le Ferron in der Pfarrkirche von Saint-Étienne unweit des Schlosses der hohen Messe bei. Die Messe ist gerade zu Ende, als Gilles de Rais, begleitet von dem unvermeidlichen Gilles de Sillé und einem gewissen »Lenano, Marchese von Ceva«, mit der Waffe in der Hand in die Kirche eindringt, während ein paar andere »mit Helmen und sonstigen Waffen« draußen vor der Tür paradieren. Mit »furchtbarer Stimme« donnert er Jean Le Ferron an: »He, du Hurenbock, du hast meine Leute geschlagen und erpreßt, komm heraus aus der Kirche oder ich strecke dich tot zu Boden.« Zu Tode erschrocken folgt Jean Le Ferron dem Baron, übergibt ihm das Schloß von Saint-Étienne-de-Mer-Morte und wird dort gefangengesetzt[72].

Diese plumpe Gewalttat zeigt, daß Gilles glaubt, über dem Gesetz zu stehen. Es ist ein eindeutiger Fehler, denn indem er bewaffnet in eine Kirche eindringt und einen »tonsurierten Geistlichen« bedroht, verletzt er die »Immunität der Kirche«. Das ist in der damaligen Zeit kein ungewöhnlicher Vorgang, Beispiele dafür findet man in der Chronik Monstrelets. So kommt es z.B. 1417 in Chartres zu einem Streit zwischen dem Ritter Helion de Jacqueville und Hector de Savesnes aus dem Gefolge des Herzogs von Burgund. Letzterer sammelt sechzehn Männer um sich, dringt in die Kathedrale Notre-Dame-de-Chartres ein und zerrt seinen Feind hinaus, der »sehr unmenschlich mißhandelt« wird und »für tot liegen bleibt«, obwohl er »eine große Summe Geld« versprochen hat[73]. Drei Tage später stirbt er tatsächlich, sein Mörder verschwindet.

Für Gilles de Rais ist dieser törichte Überfall der Anfang vom Ende. Dem Herzog Johann V. und seinem Kanzler kommt dieser Vorwand gerade recht, um ihm endlich den Garaus zu machen. Der Herzog verurteilt Gilles sofort zu einer gesalzenen Geldstrafe:

fünfzigtausend écus d'or! Gilles bringt seinen Gefangenen nach Tiffauges, außerhalb der Bretagne. Dann versucht er, sich zu verteidigen, und beschließt, den Herzog in Josselin in der Bretagne aufzusuchen. Zuvor hat er freilich mit Hilfe Prelatis den Teufel befragt, ob er die Reise wagen dürfe; die Antwort war positiv.

Das Ergebnis dieser Reise ist nicht genau bekannt; vermutlich hat der stets abwartend taktierende Herzog es verstanden, den impulsiven Baron hinzuhalten. Der beging bei dieser Gelegenheit noch einmal auf besonders scheußliche Weise seine letzten Morde, vor allem in Nantes und Vannes. Während der Herzog den Baron warten läßt, nimmt der Bischof von Nantes die Sache in die Hand und leitet eine geheime Untersuchung ein, die offenkundig macht, was bis dahin nur vage Gerüchte waren. Das Ergebnis der Untersuchung veröffentlicht der Bischof in einem Erlaß, der das Datum des 29. Juli 1440 trägt. Unter Berufung auf zahlreiche Klagen von Angehörigen seiner Diözese bezeichnet er Gilles als Mörder, Wollüstling, Dämonenbeschwörer und Urheber »anderer ungeheurer Verbrechen«, die »innerhalb der Grenzen (seiner) Jurisdiktion« begangen wurden. Gilles ist damit für »infam«, für ehrlos erklärt, der erste Akt des Inquisitionsverfahrens.

Von nun an geht alles sehr schnell. Wie ein Wilder um sich schlagend rennt Gilles in die Falle. Der Herzog und der Bischof haben ihr Vorgehen offenbar sorgfältig abgestimmt. Der Herzog verbündet sich mit dem Konnetabel Arthur de Richemont, seinem Bruder, und sichert sich so die Neutralität Karls VII.; durch das Versprechen (noch vor dem Beginn des Prozesses!), die Hinterlassenschaft des Barons mit ihm zu teilen, bringt er Richemont dazu, Tiffauges einzunehmen und Jean Le Ferron zu befreien (24. August 1440). Damit sind Gilles die Rückzugswege abgeschnitten. Sillé und Bricqueville haben begriffen, daß dies das Ende ist: Sie fliehen. Ergreifen wird man nur noch die Randfiguren.

Am 13. September 1440 veröffentlicht der Bischof von Nantes neue Sendschreiben, mit denen »der Edelmann Messire Gilles de Rais, Baron der genannten Lehnsherrschaft in unserer Diözese«, vor das kirchliche Gericht zitiert wird; die Anklage wirft ihm vor, er habe »mehrere unschuldige Kinder auf unmenschliche Weise getötet und abgeschlachtet und mit ihnen die abscheuliche und widernatürliche Sünde der Unzucht auf verschiedene Weise und mit unerhörter Perversion getrieben«. Auch der Dämonenbeschwörung und der Ketzerei wird Gilles bezichtigt.

Hielt Gilles sich für »allzu stark« (Michelet)? Er flieht jedenfalls nicht. Am 15. September 1440 läßt er sich in Machecoul durch den Feldhauptmann des Herzogs der Bretagne, Jean Labbé, im Namen des Bischofs verhaften. Gleichzeitig werden Prelati, Henriet und

Poitou, »La Meffraye« und auch Eustache Blanchet (in Machecoul) verhaftet.

Die ersten Durchsuchungen werden in Machecoul vorgenommen; sie erbringen als Beweisstücke Asche und besudelte Wäschestücke. Gilles wird in die Tour Neuve in Nantes gebracht; er bekommt einen hohen Raum zugewiesen und wird mit Ehrerbietung behandelt. Noch kann er glauben, sein privilegierter Stand werde ihn vor dem Schlimmsten bewahren. Doch er wird sich sehr bald geschlagen geben. Zunächst in der Sache – der Bischof kommt erst nach und nach zu den Hauptanklagepunkten. Dann auch moralisch – mit Geschick handhabt der Bischof die furchtbare Drohung der Exkommunikation, die ein so leichtgläubiger Mensch wie Gilles sehr wörtlich nimmt. Es dauert keinen Monat, bis er völlig zusammenbricht.

19. September 1440: Gilles erscheint zum ersten Mal vor Gericht. Den vernichtenden Brief vom 13. September behält man noch in der Hinterhand und klagt Gilles nur der Ketzerei an. Naiv, wie er ist, glaubt er sich unschuldig. Von diesem Vorwurf meint er sich vor dem Inquisitionsgericht, dessen Zuständigkeit er anerkennt, reinwaschen zu können.

Während er aber noch meint, sich nur in diesem einen Anklagepunkt verantworten zu müssen, vernimmt der Bischof in seiner Abwesenheit – parallel zu der Untersuchung des weltlichen Gerichts – zusammen mit dem Inquisitor Jean Blouyn, einem Dominikaner, Kläger, die Gilles der Ermordung von Kindern bezichtigen (28. September).

Am 8. Oktober 1440 erscheint Gilles zum zweiten Mal vor Gericht. Diesmal werden alle Anklagepunkte vorgebracht: Morde, Sodomie, Dämonenbeschwörungen und Ketzerei, Verletzung der kirchlichen Immunität. Gilles begreift, daß er in die Falle gegangen ist; er lehnt das Gericht als unzuständig ab und erhebt Einspruch wegen der nur mündlich vorgebrachten Anklagepunkte. Der Einspruch wird als »nichtig« verworfen. Zum ersten Punkt: er hat die Zuständigkeit des Gerichts am 19. September selbst anerkannt. Zum zweiten: die Verbrechen, die ihm zur Last gelegt werden, sind zu schwerwiegend für Spielereien mit Verfahrensfragen. Und man droht dem widerspenstigen Angeklagten die sofortige Exkommunikation an.

Nach abermaligen Zeugenvernehmungen (12. Oktober) erscheint Gilles am 13. Oktober 1440 »zur dritten Stunde« (neun Uhr) zum dritten Mal vor Gericht. Diesmal wird die Anklage in aller Form schriftlich vorgebracht, in neunundvierzig Artikeln mit vielen Wiederholungen. Darin enthalten sind: 1. Erörterungen über die Zuständigkeit des Gerichtes, der Richter und des zu Verurteilenden; 2. die Anklagepunkte; 3. kirchliche Verurteilungen (Exkommunikation).

Zum letzten Mal zeigt Gilles de Rais, wer er ist, und gibt eine Probe seines ungestümen Temperamentes. Er braust auf und beleidigt seine Richter. Er verwirft sie; beschimpft »den Bischof von Nantes und Bruder Blouyn, den Inquisitor, und all die anderen Geistlichen als Simonisten und Hurenböcke«; er weigert sich, zur Sache auszusagen, und behauptet, ein ebenso guter Christ zu sein wie seine Richter. Darauf folgt auf der Stelle die Erklärung der Contumacia (Uneinsichtigkeit des Verbrechers) und die Exkommunikation; jeder Versuch eines Einspruchs wird angesichts der Ungeheuerlichkeit der ihm angelasteten Verbrechen von vornherein verworfen. Diese rasche Exkommunikation bricht den Trotz des alten Haudegens innerhalb von zwei Tagen.

15. Oktober 1440: Zum vierten Mal erscheint Gilles vor Gericht, diesmal ohne jede Arroganz. Er erkennt jetzt die Zuständigkeit des kirchlichen Gerichtes an. Er bekennt »aus freien Stücken, die aufgeführten Vergehen und Verbrechen begangen und in schändlicher Weise verübt zu haben«. Er bittet um Verzeihung für die ausgesprochenen Beleidigungen. Er leistet den Eid. Aber bei der Verlesung der Artikel leugnet er die Dämonenbeschwörung, will nur die gewöhnliche Alchemie betreiben und verdächtige Bücher konsultiert haben und erklärt sich sogar bereit, für die Wahrheit seiner Behauptung die Feuerprobe auf sich zu nehmen. Er hat sich jedoch bereits so weitgehend unterworfen, daß die vor zwei Tagen ausgesprochene Exkommunikation wieder aufgehoben wird.

Das Entscheidende ist damit bereits erreicht. An den folgenden Tagen ruft der Bischof die Zeugen auf, die Gilles aufs schwerste belasten – Zeugenaussagen, auf die man sich weitgehend bereits bei den früheren Punkten gestützt hat und die »ohne jede Anwendung der Folter« gemacht wurden: Prelati sagt am 16. Oktober aus, Blanchet, Henriet und Poitou am 17., Lenano und die übrigen ebenfalls am 17. Gilles sagt kein Wort, nimmt aber die Veröffentlichung dieser Zeugenaussagen hin: sein Geständnis ist fast vollständig. Der Ankläger kann es sich jedoch nicht verkneifen, »zur weiteren Ergründung und Erforschung der Wahrheit« die Folter zu verlangen. Beratung; dann wird die Tortur angeordnet. Mit Wonne werden die Vorbereitungen getroffen.

21. Oktober 1440: Gilles ist nicht nur in die Knie gegangen – er liegt völlig am Boden. Er hält alles für verloren und hat nur noch den einen Gedanken: der Folter zu entgehen und der Exkommunikation, dem körperlichen und dem seelischen Schmerz. Er setzt alles in Bewegung, um sich die Tortur zu ersparen; er verlangt eine Anhörung und versichert, aus freien Stücken alles sagen zu wollen,

so daß es unnötig sei, ihn »peinlich zu befragen«. Er bittet und bettelt um ein Verhör außerhalb des Folterraumes. Schließlich finden sich die Richter bereit, sich mit einem Geständnis »außerhalb des Gerichtes« zufrieden zu geben. Es wird in Anwesenheit von einigen Schreibern, Schildknappen, Geistlichen und Notaren von dem Bischof von Saint-Brieuc und dem Präsidenten Pierre de L'Hôpital entgegengenommen.

»In voller Freiheit und in Schmerzen« also, doch unter der Drohung der Folterwerkzeuge, die im Nebenraum bereitstehen, legt Gilles ein Geständnis all seiner Verbrechen einschließlich der Dämonenbeschwörungen ab. Sie begannen im Todesjahr seines Großvaters. Er weiß nicht zu sagen, warum er sie beging, aber er verflucht sich selbst und bekennt, daß er genug Böses getan hat, »um zehntausendmal den Tod zu verdienen«. Dann wird er Prelati gegenübergestellt, von dem er gefühlvoll Abschied nimmt. Er nimmt jetzt eine erbauliche Haltung ein, die er bis zum Ende beibehält. Sein Schicksal ist besiegelt.

Der Frömmler und Märtyrer – ein beispielhafter Tod
(22. bis 26. Oktober 1440)

Gilles hat nun alles gestanden, zunächst unter Ausschluß der Öffentlichkeit. Es ist der vollständige Zusammenbruch dieses Feudalherrn und der Triumph seines Feindes Malestroit. Dieser inszeniert jetzt für sich und für das Volk ein großes Schauspiel, einen jener erhebenden Augenblicke der Massenbegeisterung, in denen die ganze Glaubensinbrunst, aber auch die Beeinflußbarkeit und die kollektive Wunderseligkeit des Mittelalters zum Ausdruck kommen.

Man führt den so tief gesunkenen großen Herrn der Menge vor, und er spielt bereitwillig das Spiel mit, das jetzt von ihm verlangt wird. Er spielt die neue Rolle mit der gleichen ostentativen Selbstentäußerung, mit der er sich in Orgien gestürzt und ruiniert hat, mit einem grandiosen Masochismus, dem Masochismus des Verlierers, der die Zurschaustellung seines Niedergangs lustvoll genießt.

Schluchzend und tränenüberströmt tritt er am 22. Oktober 1440 vor die erschauernde Masse. Viele Schaulustige und Gaffer sind herbeigeströmt, aber auch die Eltern seiner Opfer sind darunter. Er gibt alles zu, was man nur will, »all die Dinge«, die in den »neunundvierzig Artikeln des Memorandums des Bischofs enthalten und eingeschlossen sind«. Er verlangt, »in gemeiner Sprache« – also nicht auf lateinisch – vernommen zu werden, damit alle ihn

Gilles de Rais vor seinen Richtern (18. Jahrhundert).

verstehen. Er verlangt selbst, daß sein Geständnis öffentlich gemacht wird, zur Reinwaschung von seinen Sünden, zum Ruhm der heiligen Mutter Kirche, aber auch, wie es später heißt, »zur Ermahnung aller Familienväter, daß sie wachen über ihre Kinder« und sie mit äußerster Strenge züchtigen.

Außerordentlich, ja überwältigend soll sein Geständnis sein. Er läßt seine Verbrechen so schrecklich erscheinen, wie er nur kann; er übertreibt – soweit dies überhaupt möglich ist. »Alles Böse, das er vermochte«, hat er getan; so groß ist die Zahl seiner Schandtaten, daß er sie selbst nicht zählen kann. Aber er kennt ihre Abscheulichkeit und schildert sie genüßlich in grellen Farben (so daß der Legende nach der Bischof von Nantes das Kruzifix des Gerichtssaales verhüllte). Er beginnt von neuem, bestätigt und präzisiert die Aussagen seiner Komplizen: Blanchet, Prelati mit seinen Zauberbüchern und Teufelspapieren, Poitou und Henriet als Lieferanten schöner Kinder... Schließlich kommt er zum Schluß, indem er »weinend die Vergebung und Barmherzigkeit seines Schöpfers und allerheiligsten Heilandes, aber auch die Vergebung und Barmherzigkeit der Eltern und Freunde der so grausam dahingemordeten Kinder erflehe«.

Nach diesem großartig erbaulichen Schauspiel ist das Verfahren abgeschlossen. Am 25. Oktober, einem Dienstag, beschließt das kirchliche Gericht, die Beratung zu beenden, und verkündet für seinen Zuständigkeitsbereich sofort das Urteil. Gilles ist der Ketzerei, der Abtrünnigkeit vom Glauben und der Teufelsbeschwörung schuldig: Exkommunikation. Er ist schuldig »des Verbrechens wider die Natur mit Kindern beiderlei Geschlechts«: Exkommunikation. Er ist schuldig, die Immunität der Kirche verletzt zu haben: Exkommunikation. Und er wird der weltlichen Gerichtsbarkeit übergeben. »Unter Seufzen und Klagen demütig auf den Knien bittend«, erreicht Gilles darauf umgehend die Wiedereingliederung in den Leib der Kirche, also (zum zweiten Mal innerhalb von acht Tagen) die Aufhebung der Exkommunikation. Sodann legt er, abermals unter Ausschluß der Öffentlichkeit, die Beichte ab.

Gleichzeitig lief in bestem Einvernehmen mit dem Bischof das weltliche Verfahren, geführt vom Herzog, der ein großes Interesse an der Vernichtung seines Generalleutnants hat, aber sich aus persönlicher Feigheit, vielleicht auch aus Angst vor einem der »Großen« der Bretagne vorsichtig im Hintergrund hält und hinter den Aktivitäten seines Kanzlers und Bischofs versteckt. Die Untersuchung hat der Parlamentspräsident Pierre de L'Hôpital geführt, der auch dem kirchlichen Gericht angehört; zwischen dem 18. September und 10. Oktober hat er an die hundert Zeugen vernommen.

Schon am 23. Oktober hat das weltliche Gericht Henriet und Poitou wegen Mordes zum Tod durch Erhängen und durch das Feuer verurteilt. Am 25. legt Gilles unter Tränen und Reuebekundungen ein neuerliches Geständnis ab. Er fügt noch einige »Übergriffe« gegen Leute des Herzogs hinzu. Dies alles »vor einer so großen Menschenmenge, daß die Place de Bouffay fast vollständig vollgestopft war«. Das Todesurteil wird sofort verkündet, also am gleichen Tag wie die Verurteilung durch das kirchliche Gericht. Man vergißt jedoch nicht, noch ein paar saftige Geldstrafen zugunsten des Herzogs hinzuzufügen.

Gilles verhält sich wieder mustergültig. Er dankt dem Gericht für sein Urteil und bittet nur, vor seinen weniger schuldbeladenen Komplizen Henriet und Poitou sterben zu dürfen, denen er ein Vorbild im Sterben sein möchte. Offenbar ahmt er hier das Beispiel Christi am Kreuz zwischen den beiden Schächern nach. Alle vier Evangelien erwähnen die beiden Verbrecher, die zugleich mit Christus gekreuzigt wurden, aber nur das Lukasevangelium überliefert die Worte, die Christus zu dem »guten Schächer« sprach: »Und er sprach: ›Jesus, gedenke an mich, wenn du in dein Reich kommst!‹ Und Jesus sprach zu ihm: ›Wahrlich, ich sage dir: Heute noch wirst du mit mir im Paradiese sein.‹«[74] Gilles ist entschlossen, beispielhaft zu sterben – was eine letzte Eitelkeit nicht ausschließt: er möchte auf sehr vornehmem Grund bestattet werden, im »Moustier des Carmes« (Karmeliterkloster), wo die Herzöge der Bretagne und die bedeutendsten Geschlechter des Landes begraben liegen.

Er hat so viel getan, daß man ihm diese letzte Gnade nicht versagen kann, und einige andere dazu, die seiner hohen Abkunft Rechnung tragen. Die Wiederaufnahme dieses grandiosen Verbrechers »in den Schoß der Kirche« wird zumindest fünf Jahrhunderte lang ausgeschlachtet werden[75].

Ein unübersehbarer Zug von Menschen führt ihn von der Place de Bouffay hinaus aus der mauerumgürteten Stadt auf die andere Loireseite. Dort, auf der Wiese von Biesse, gegenüber dem Herzogspalast, wird Gilles de Rais am 26. Oktober 1440 vor der gaffenden Menge gehenkt. Kein Nero ist er jetzt mehr (»qualis artifex pereo«!), aber doch noch ein Abgrund von Rätseln.

Das Erbe

Die unmittelbare Nachwirkung des Prozesses, der Verurteilung und der Hinrichtung des Barons Gilles de Rais war zumindest örtlich sehr groß. Die besonderen Umstände seines Todes haben, wie wir sahen, eine große Menschenmenge angelockt, nicht nur das gemeine Volk, auch Edelleute und Geistliche; möglicherweise, selbst wenn keine Urkunde dies belegt, ist auch Herzog Johann V. eigens angereist. Seine Anwesenheit ist zumindest durch die ansonsten recht unergiebigen Chroniken eines Zeitgenossen bezeugt, die hier als früheste Quelle in Betracht kommen: die Chroniken von Enguerrand de Monstrelet (um 1390 bis 1453). Ein Kapitel seiner ›Chronik‹[76], die die Jahre 1400 bis 1444 behandelt, widmet Monstrelet dem »sehr großen, mannigfaltigen und wunderbaren« Abenteuer, das »einem sehr hohen Herrn aus der Bretagne, genannt der Herr von Rais«, widerfuhr. Er freut sich über den Tod des »Marschalls«, ohne daß sich klar unterscheiden ließe, ob seine Genugtuung mit der Schwere der Verbrechen zusammenhängt, mit der Tiefe der Reue, die der Verurteilte zeigt, oder doch eher mit seiner Herkunft und seinem hohen gesellschaftlichen Rang.

Ich neige zu der letzteren Annahme und werde in diesem Buch am Ende begründen, warum. Entscheidend war die spektakuläre Verurteilung einer hochgestellten Persönlichkeit, die plötzlich und auf aufsehenerregende Weise zu Fall kommt. Monstrelet, ein kleiner Landadliger aus Nordfrankreich, am Ende seines Lebens als Richter in Cambrai und Bailli von Walincourt in Amt und Würden, aber vielleicht doch ein bekehrter einstiger räuberischer Söldner, literarisch ambitioniert – er will, ohne das Talent zu haben, das Werk Froissarts vollenden, seine geistreichen Chroniken weiterführen –, dieser Monstrelet betont ebenso wie J. Chartier den sozialen Aspekt des Unterganges des Barons Gilles de Rais, der »die Edelleute der Bretagne und ganz besonders die seiner Verwandtschaft« in große Unruhe versetzte. So hebt er hervor, daß die mit Gilles de Rais verwandten oder befreundeten »Damen und Fräulein«, die das (in heutiger Sicht wohl fragwürdige) Vorrecht genossen, den Leib zwischen Erhängung und Verbrennung zu waschen und aufzubahren, von Adel waren (»von hohem Stand«, sagt Chartier): es handelt sich um den Sturz eines großen Feudalherrn, und als solcher wurde das Ereignis gefeiert. Noch ein Beispiel: Chastellain, der Geschichtsschreiber des burgundischen Hofes unter Philipp dem Guten und Karl dem Kühnen, nimmt in seinem »Temple de Boccace« in die Galerie der vorbildlichen Ritter auch Gilles de Rais auf, Jacques Coeur dagegen nur widerwillig[77].

Aber der starke Widerhall dieses Sturzes ist zugleich auch durch die Absicht der Kirche bedingt, Nutzen daraus zu ziehen. Warum, werden wir später sehen, aber die Absicht, eine spektakuläre Wirkung zu erzielen, ist deutlich. Verhaftet wurde Rais aus Anlaß eines Kirchenfrevels (der Überfall in der Kirche von Saint-Étienne-de-Mer-Morte), und er wird der Ketzerei angeklagt – das macht das Besondere an ihm aus, für Monstrelet ebenso wie für Jean Chartier, den Bruder des Dichters Alain Chartier, dessen

Chroniken 1477 erscheinen. Rais wird zum »Ungläubigen« erklärt[78], den die gerechte Strafe ereilt hat. Indem sie ihn zu Fall bringt, greift die Kirche die Selbstherrlichkeit und Gewalttätigkeit der Feudalherren an, die meinen, ihnen sei alles erlaubt. Die Geistlichen fertigen sehr schnell zahlreiche Abschriften der Prozeßprotokolle, der Zeugenaussagen und der Urteilsverkündung an – zum Vorteil der Historiker, die damit aus sehr guter Quelle schöpfen können. Bossard, dessen zeit- und milieubedingte Vorurteile wir hervorgehoben haben, sieht in diesem Punkt völlig klar und unterstreicht die eindeutige Absicht der Kirche, nach der Plünderung ihrer Güter, nach Schisma, Ketzerbewegungen und vielerlei Mißbrauch ihre geschwundene Autorität wieder zu festigen. Darum wird dem Prozeß gegen den Baron und seinem Reuebekenntnis soviel Publizität zuteil. »Und man sagte, daß er eine sehr schöne Zerknirschung zeigte« (Jean Chartier).

Die Mordtaten selbst, deren große Zahl unbestreitbar ist, hatten schließlich zumindest in den letzten Lebensjahren des Barons dumpfe Gerüchte genährt, die sich zur Zeit der kirchlichen Untersuchungen zu vielfachen Klagen und Verwünschungen aus dem Volk verdichteten. Die Geständnisse der Komplizen des Verbrechers und dann seine eigenen, der Gigantismus seiner Worte und Taten, sein hoher sozialer Rang, die vielen schauerlichen Einzelheiten, die jeder sich nach Belieben weiter ausmalen konnte, alles das mußte Geist und Phantasie nachhaltig beeindrucken und beschäftigen.

Man kann sich leicht vorstellen, wie in einer Zeit überwiegend mündlicher Überlieferung die Nachrichten über Untaten, die in einem so weiträumigen Gebiet an so zahlreichen Orten verübt wurden, sich verbreiteten, wie sie ausgeschmückt und kommentiert wurden. Schon als Monstrelet schreibt, also nur kurze Zeit nach dem Prozeß, sind die ersten Legenden in Umlauf. Monstrelet braucht nur zwei Seiten, um gleich zwei unzutreffende Anklagepunkte zu übernehmen – ein Beweis dafür, wie schon jetzt die Legendenbildung die historischen Tatsachen überwuchert. Er wirft Gilles de Rais vor, er habe »viele unmündige Kinder und *schwangere Frauen* zu Tode gebracht«; das letztgenannte Verbrechen war zwar besonders dazu angetan, die Phantasie anzusprechen, aber Gilles hat es nie begangen, es paßt auch nicht in den Rahmen seiner mörderischen Wahnvorstellungen. Und etwas später spricht Monstrelet davon, daß mit dem Blut der Ermordeten »Bücher« (im Plural!) geschrieben wurden, in denen »Teufelsbeschwörungen und andere gegen unseren katholischen Glauben gerichtete Sätze« standen[79]. An diesem Detail, einem reinen Phantasieprodukt, kann man ablesen, wie das kollektive Bewußtsein in wenigen Jahren eine an sich schon hinreichend furchtbare Wirklichkeit ausschmückt und um eine Dimension des Übernatürlichen erweitert.

Jean Chartier ist da vergleichsweise zurückhaltender, obwohl er einige Jahre später schreibt: »Weil man sagte, er habe viele kleine Kinder getötet oder töten lassen und habe viel Wunderdinge getan, die gegen den Glauben sind...« In den »Grandes croniques de Bretagne« von Alain Bouchart, die 1514 erstmals erschienen, treten die sagenhaften Züge wieder stärker hervor: »Er hatte eine große Zahl von Kindern von weniger als zwei Jahren ermorden und umbringen lassen, um ihr Blut zu gewinnen, mit dem er die magischen Schriftzeichen schrieb, die man braucht, um die Geister der Hölle zu beschwören, mit deren Hilfe er große Schätze und Reichtümer zu erringen trachtete, und dieser abscheulichen Verbrechen wurde er angeklagt und überführt.«[80] Dies ist erst der Anfang; die Reputation des Gilles de Rais wird eine noch erstaunlichere Entwicklung nehmen. Das Ereignis hinterläßt eine dauerhafte, man kann sagen über Jahrhunderte fortwirkende Spur im Bewußtsein, und selbst heute noch schwingt bei der Erwähnung seines Namens etwas von den Schauern uralter blutiger Sagen mit.

Der Tod des Herrn von Rais hatte etwas von einem Wunderereignis. Es ging aber, wie wir gesehen haben, auch um Geld. Im weltlichen Verfahren wurde Gilles zum Tod verurteilt. In diesem Augenblick sind Gilles – der sich auch sonst, wie man einräumen muß, nie wie ein bürgerlicher Geizkragen aufgeführt hat – seine Güter und das, was von seinem Vermögen noch übrig sein mag, vollkommen gleichgültig. Ganz besessen von dem Gedanken, das Beispiel eines erbaulichen Sterbens zu geben, und von dem, was man »das Heil seiner Seele« nennen mag, erlangt er ein Begräbnis in geweihter Erde und einige kleine Zugeständnisse hinsichtlich des Gepränges *post mortem*, insbesondere die Beisetzung in der vornehmsten Begräbnisstätte des Herzogtums.

Noch zu dieser Zeit und wie nebenbei bemächtigt sich der Herzog der Besitzungen und des Vermögens. Die Geldstrafen waren »zugunsten des Herrn Herzogs aus den Gütern und Ländereien des besagten Herrn (de Rais) unter Wahrung der Verhältnismäßigkeit« zu zahlen. Die Verteilung der Beute zugunsten von Johanns ältestem Sohn Franz hatte bekanntlich schon vor dem Prozeß stattgefunden (3. September 1440).

Ein Sieg des Herzogs. Gleichgültigkeit des Barons, der ebenso naiv wie egoistisch ist. Ein Problem aber für die Erben, von denen drei zumindest Verwandte ersten Grades sind: die Tochter Marie de Rais, die jetzt zehn Jahre alt ist, die Gattin Catherine de Thouars und der Bruder René de La Suze. Nachdem sie mit aller Kraft gegen die Verschwendungssucht des Barons gekämpft haben, kann keiner von ihnen die fatale Schlußrechnung des Herzogs einfach hinnehmen, die sie weit mehr trifft als den toten Gilles. Ganz ohne Rückhalt stehen sie nicht da; dafür sorgt schon ihr Name, und auch die Unterstützung Karls VII. läßt sich immer noch gewinnen – angesichts des empfindlichen Gleichgewichts, das ihn von der Macht seiner Vasallen, Nachbarn und Rivalen abhängig macht, kann es der König nicht zulassen, daß der Herzog seine Machtposition und seine Finanzkraft unmäßig vermehrt.

Entschlossen versuchen die Erben zu retten, was noch zu retten ist. Auf sich allein gestellt, könnte eine Frau nicht viel erreichen. Die unglückliche Catherine de Thouars, die Gilles seit 1434 nach Pouzauges verbannt hatte, bietet ihr Vermögen, das sie in die Ehe mit Gilles eingebracht hat und das sie hat bewahren können (Pouzauges, Confolens, Chabanais, Savenay und Tiffauges) dem Viztum von Chartres, Jean de Vendôme; noch vor dem ersten Jahrestag der Hinrichtung des Barons wird 1441 die Ehe geschlossen. Catherine ist damit aus dem Spiel und mit ihr Tiffauges, das im 16. Jahrhundert einige Verschönerungen erlebt (so durch die »Tour du Vidame« – Turm des Viztums –, die man den Touristen als Ort der Verbrechen zeigt...).

Über das Erbe verfügt damit in erster Linie die Tochter Marie. So schnell wie möglich übergibt man sie dem Admiral Prégent de Coëtivy, einem Adligen aus der Saintonge, der Karl VII. nahesteht (der sein Schuldner ist und die Verbindung fördert). Coëtivy geht diese Verbindung nur ein, weil er auf das Vermögen seines verbrecherischen toten Schwiegervaters spekuliert. Während Marie der Legende nach in frommem Eifer an der Stelle, wo ihr Vater verbrannt wurde, Kreuze errichten läßt[81], wird der Admiral auf verschiedenen Ebenen tätig. Die beste ist in diesen Zeiten kleinlicher Ränke immer noch die juristische. In die Jahre 1442/1443 fällt ein Rehabilitierungsversuch, der nicht weit gedeiht[82]. Pläne werden geschmiedet, aber es kommt zu keinem Verfahren. Dies ist ein weiterer Beweis dafür, daß Gilles de Rais schuldig ist: es ist unmöglich, ihn zu rehabilitieren. Nur einem gelingt es, durch emsiges Intrigieren seine »Freisprechung« zu erwirken: dem zwielichtigen Roger de Bricqueville. Doch indem er sich höchst ungerechtfertigterweise durch den König von Frankreich von aller Schuld lossprechen läßt, bestätigt er zugleich die Schuld seines Herrn (Freisprechungspatent vom Mai 1446). In seinem Lakonismus ist dieses Dokument für Gilles nicht minder belastend als der Prozeß selbst[83].

Schwiegersohn Coëtivy sucht nach anderen Wegen, etwas zu erreichen. Nun gut, der Schwiegervater war ein Verbrecher, er war sogar ein Monstrum, aber er war wahnsinnig und folglich für sein Tun nicht verantwortlich. Mögen Parlement und König, mögen die verschiedenen Höfe, deren Machtbereiche sich überschneiden und praktisch gegenseitig neutralisieren, dies anerkennen! Karl VII. jedenfalls spricht mit einem Erlaß vom 22. April 1443 »die Ländereien, Schlösser, Kastellaneien..., Zinsen, Renten und Einkünfte des weiland Gilles, zu Lebzeiten Herr von Rais und Marschall von Frankreich« Coëtivy zu. Der schlägt sich wacker, um die Früchte dieser »Zinsen, Renten und Einkünfte« auch zu genießen, die dem Herzog damit entgehen, und macht sogar dem Herzog von Anjou mit einer (maßvollen) Fehde Ingrandes und Chantocé streitig, weil sie reichliche Zolleinnahmen auf der Loire versprechen. Doch kurz vor dem Ziel streckt ihn bei Cherbourg eine englische Kanonenkugel nieder. Der Admiral ist tot.

Die unglückliche Marie de Rais kommt damit in eine schwierige Lage. Die Brüder des Admirals, nicht minder habgierig als er, bedrängen sie auf übelste Weise, nehmen sie gefangen und zwingen sie, alles zu unterschreiben, was ihnen paßt. Schließlich wendet sie sich an Karl VII., der sie unverzüglich mit ihrem Vetter André de Laval-Lohéac verheiratet (Februar 1451). Dieser hochadlige Vetter weiß seine Interessen ebenfalls zu verteidigen; ihr Symbol ist nach wie vor Chantocé. Marie aber stirbt schließlich 1457 kinderlos und tiefbetrübt im Alter von siebenundzwanzig Jahren. Ein trauriges Schicksal – »ein wahrhaft rührender Kontrast zwischen Gilles und seiner Tochter«, kommentiert der gute Abbé Bourdeaut[84].

Für sentimentale Anwandlungen ist das nicht der rechte Moment: jetzt nimmt René de La Suze, der Bruder von Gilles, den Kampf um das Erbe in die Hand und stürzt sich mit frischer Energie in die Verteidigung seiner Rechtsansprüche – und seiner Einkünfte. Seinen Juristen verdanken wir das schon erwähnte Memorandum der Erben des Gilles de Rais (1462), ein in vieler Hinsicht unschätzbares Dokument. Erstens, weil es die Schuld von Gilles in keiner Weise leugnet (dies ist ein weiterer »Beweis«, auf den man sich stützen kann); sodann, weil es Gilles ganz ungezwungen Verrücktheit und Extravaganzen vorwirft; schließlich, weil es eine sehr detaillierte Aufschlüsselung der Verschwendung und Vermögensverschleuderung des Barons enthält. Völlig unentwirrbar ist dagegen der Teil des Memorandums, der sich auf das Verfahren selbst (zur Rückgewinnung des beweglichen und unbeweglichen Besitzes) bezieht. Vielleicht war das Absicht, denn Klarheit ist nicht immer der beste Bundesgenosse in Rechtsangelegenheiten, und die Undurchsichtigkeit eines Verfahrens muß nicht für alle Beteiligten von Nachteil sein.

Letztlich ist es unwichtig, was schließlich aus diesen kläglichen Resten eines einst gewaltigen Vermögens geworden ist, die sich im Lauf der Jahre immer mehr in nichts auflösen[85]. Was uns beeindruckt, ist jedenfalls die ungeheure Energie, mit der die verschiedenen Erben nacheinander die Angelegenheit verfolgen. Wie groß und bedeutend auch immer der Name eines jeden sein mag – das entscheidende Ziel ist immer nur, so viel wie nur möglich an Ländereien und Einkünften an sich zu raffen. Der kapitalistische Drang zum Geld ist eine Tatsache. Die Feudalherren sind zwar ständig in kriegerische Auseinandersetzungen verstrickt und zahlen gelegentlich mit ihrem Leben (wie Coëtivy bei Cherbourg), aber sehr viel mehr Zeit verbringen sie mit Rechtsstreitigkeiten und dem Gerangel um Erbschaften. Für den Historiker ist das eine Chance, denn aus den Akten dieser endlosen Gerichtsverfahren kann man eine Fülle an beiläufigen Informationen über die damalige Zeit gewinnen. Freilich muß beachtet werden, daß sie nur den Adel, die Geistlichkeit und jenen Teil des Bürgertums betreffen, der wohlhabend genug war, um Besitz zu verteidigen oder zurückzufordern zu haben – vielleicht ein knappes Prozent der Gesamtbevölkerung? Von Coëtivy über seine Brüder und ihren Onkel La Suze bis zu ihrem zweiten Gatten André de Laval-Lohéac bleibt Marie de Rais dabei der Einsatz eines aufschlußreichen Gewinnspiels. Auch als Tochter eines berüchtigten Verbrechers kann sie immer noch über ein großes Vermögen verfügen, sie ist das Beuteobjekt für die Raffgier der Feudalherren, der großen und kleinen Edelleute, die nach Zinsen, Renten, Profiten hungern – ein neues Zeitalter beginnt.

Notieren wir noch das Erlöschen des Hauses von Rais im Jahre 1502 – aller Mühe zum Trotz, die einst darauf verwendet wurde, »Namen und Wappen« zu erhalten. D'Argentré kommentiert: »Schließlich hatte Gott der Schöpfer kein Gefallen mehr an diesem Haus, das einst einmal so mächtig war, so daß keine Kinder mehr daraus hervorgingen und es dem Erlöschen anheimfiel.«

Zweiter Teil: Kräfteverhältnisse

3. Kapitel: Der Feudalismus in der Krise

Der außerordentlich starke Widerhall, den der Prozeß gegen Gilles de Rais gefunden hat, bei den Zeitgenossen (bezeugt durch die unmittelbar nach den Ereignissen entstandenen Chroniken) und in späterer Zeit bis zur Gegenwart, scheint bedingt durch eine Reihe voneinander unabhängiger Faktoren, die es zu isolieren und so gründlich, wie das mit den heute zur Verfügung stehenden Forschungsmethoden möglich ist, zu untersuchen gilt.

Ein erstes Bündel von Faktoren ist verknüpft mit der Persönlichkeit des Angeklagten selbst, seinem sozialen Status und seiner sehr hohen Abkunft: als Angeklagter ist er eine Ausnahmeerscheinung. Der Prozeß war auch deshalb so spektakulär, die Verwirrung so groß, das Erschrecken so nachhaltig, weil es sich um die Untaten und Verbrechen eines großen Feudalherren handelte, und zwar eines der bedeutendsten seiner Zeit. Ein Adliger ist Gilles de Rais in jeder Hinsicht; in diesen unruhigen und aufgewühlten Zeiten um die Wende vom 14. zum 15. Jahrhundert aber ist er es vor allem durch zwei konstituierende Merkmale seiner Klasse: durch die Gewaltanwendung, die als ein Naturrecht betrachtet wird, und durch das Bewußtsein seiner Andersartigkeit, die noch den Exzeß in der Gewaltanwendung rechtfertigt.

Die Gewalttätigkeit des Adels ist zunächst die überkommene Gewalttätigkeit einer Klasse. Erst der anhaltende Wettstreit zwischen den großen Feudalherren und der Geistlichkeit vom 11. Jahrhundert an, der nach und nach das Idealbild des Ritters formte und das »Zeitalter der Kathedralen« zur Blüte brachte, hat diesem gleichsam »angeborenen« Hang des Adels zur Gewalt Grenzen gesetzt. Man kann von einer »Kodifizierung« der Feudalordnung und ihres Rechtssystems sprechen, die teilweise schriftlich fixiert wurde. Sie findet ihren Ausdruck in der Doktrin von den drei Ständen[1] mit unterschiedlichen Funktionen (Kämpfen, Beten, Arbeiten), die sich in Frankreich unter dem Einfluß der Gottesfriedensbewegung bereits im ersten Viertel des 11. Jahrhunderts deutlich herausbildet[2] und letztendlich erst 1789 beseitigt wird.

Diese funktionale Dreiteilung entwickelt und festigt sich langsam und nimmt in den folgenden Jahrhunderten deutlichere Konturen an. Sie wertet den Stand der Krieger, der »milites«, auf, die im 12. und 13. Jahrhundert zu »Rittern« werden. Ihre Rolle ist Bestandteil eines sozialen Gleichgewichtes, das unbestreitbar die Gesellschaft stabilisiert. Im 14. Jahrhundert zerbricht dieses

Gleichgewicht, u. a. aus wirtschaftlichen Gründen. Die Funktion der Ritter wird damit erneut in Frage gestellt. Diese Krise, die von denen, die sie durchmachten, sehr ungenügend wahrgenommen wurde, ist die Ursache dafür, daß schrankenlose Gewalttätigkeiten wieder hervorbrechen können. Diesen naturhaften, ungesättigten Hang zur Gewalt, der jetzt, am Ende des 14. Jahrhunderts, wieder auflebt, findet man in zahlreichen Aktionen, die dem Adel zugeschrieben werden, und als tief verankerten Wesenszug im Charakter des Gilles de Rais. Seine Grausamkeit ist also zuallererst vorgegeben durch seine Herkunft.

Diese vornehme Herkunft stellt ihn nicht nur in eine Tradition von Blut und Gewalt. Sie sichert ihm auch außerordentliche Privilegien, die ihn über die Gemeinschaft der gewöhnlichen Sterblichen hinausheben – nicht nur über die der armen Bauern, sondern auch über die der gebildeten Geistlichen. Gilles de Rais gehört einer anderen, zahlenmäßig geringeren Kaste an, die sehr viel mehr Vorrechte genießt als andere Menschen, was alle Welt als selbstverständlich hinnimmt und anerkennt. Dieses Bewußtsein seiner Andersartigkeit ist ihm zugleich mit dem Hang zur Gewalt eingepflanzt worden, als er Besitz ergriff von seinen Gütern und Lehen, seinen Burgen und Ländereien, seinen Leibeigenen und seinem Gefolge unterwürfiger Domestiken, gekauften Seelen, die seiner maßlosen Eitelkeit und seinen zügellosen Trieben schmeichelten.

Als mächtiger und reicher Herr hat er auch das Gefühl seiner Andersartigkeit zu beträchtlicher Höhe entwickelt. »Der Hochmut ist ein Kernbestandteil jeglichen Klassenbewußtseins«[3]: Gilles fühlt sich als Nachfahre legendärer und ruhmreicher Heldengestalten aus der Geschichte des Herzogtums Bretagne, als Urgroßneffe des Konnetabels Du Guesclin und als Enkel Brumor de Lavals. Sein Vater entstammt dem hochadligen Haus der Montmorency-Laval, seine Mutter dem der Craon. Es handelt sich da um die »vornehmsten, begütertsten und einflußreichsten Geschlechter der damaligen Feudalgesellschaft« (Bataille). Gilles hat das Bewußtsein seines hohen Ranges zunächst wie einen Rausch genossen. Seine Lebensführung des Skandals und auftrumpfender Zurschaustellung, die willfährige Feigheit seiner Umgebung und noch die Verbrechen, in denen er sich austobt, sind auch Ausdrucksformen der rauschhaften Existenz eines Mannes, der sich schrankenlos ausleben zu dürfen meint.

Grundzüge des Rechtssystems der Feudalgesellschaft

Der Stand der Krieger, derer also, deren Aufgabe das Kämpfen war – neben denen, die beteten oder arbeiteten –, ist vom 11. bis 14. Jahrhundert der dominierende Stand. Von seiner Stellung nämlich und seinem Verhalten hängt die damalige Wirtschaft in hohem Maße ab, denn er verfügt über den Löwenanteil an Grund und Boden und übt seine Vorrechte mit großer Freiheit aus. Er untersteht nur insoweit einer Autorität, als er sie freiwillig anerkennt. Wohlgerüstet mit Harnisch und Waffen, die im 11. und 12. Jahrhundert vervollkommnet werden, ist er geradezu das Symbol dieser Zeit.

Als führender Stand wird er freilich in den Quellen nicht ausdrücklich anerkannt, denn die Schreiber sind meist Geistliche, die beim Schreiben auch das Ziel verfolgen, den Vorrechten des Adels Grenzen zu setzen und dafür die ihren und die geistige Führungsrolle ihres Standes zu betonen.

In gewisser Weise sind es die Geistlichen, die das Gleichgewicht sichern. Die Machtausübung nach bestimmten Regeln stellt eine Art Code dar, der allmählich zum Code des Rittertums wird. Folgende Elemente lassen sich unterscheiden: Erstens kann der Herr unangefochten die Ländereien, die zu seinem Herrschaftsgebiet gehören, sowie die dort lebenden Bauern *ausbeuten*. Die Macht dazu stützt sich sowohl auf das Recht (Herkunft, Verwandtschaft, Erbe) als auch auf die Gewalt (die die Herrschaft begründet hat und die er nach wie vor ausüben kann im Rahmen des Systems der Lehnsabhängigkeiten). Die Ausübung dieser Macht geschieht in furchterweckenden Dimensionen, denn sie erlaubt ihm, Abgaben zu erheben, zu richten und zu strafen.

Abgaben erheben zu können, ist entscheidend, denn dieses Recht, das sich von alten königlichen Bannrechten herleitet, unterscheidet den adligen Herrn (und den Geistlichen, sofern er Grundherrschaft ausübt) von vornherein von der abgabepflichtigen bäuerlichen Bevölkerung[4]. Das Bannrecht des Grundherrn wird in einem begrenzten Gebiet um den befestigten Platz, an dem er lebt, ausgeübt; die Entfernungen sind für einen Reiter gering. Eingetrieben werden die Abgaben von zahlreichen Agenten, den »ministeriales«, die dem Herrn abliefern, was ihnen die Bauern entrichtet haben, wobei sie einen Teil für sich behalten. Statt dieses Kapital gewinnbringend anzulegen, wie es später und an anderen Orten einige Grundherren zu tun beginnen, verprassen manche adligen Herren diese neuen Einkünfte »im Kriegsgetümmel, in verschwenderischer Prachtentfaltung und kollektiven Festen und demonstrieren ihre Macht so durch die periodische Zerstörung von Reichtümern«[5].

Neben dem Recht, Abgaben zu erheben, umfaßte das Bannrecht auch das Recht, zu richten und zu strafen. Unter Ausnutzung der Schwäche der Monarchen maßte sich der Schloßherr im Namen des Friedens das Richteramt über alle in seinem Herrschaftsbereich Lebenden an, soweit sie nicht Geistliche, Mönche oder Ritter sind. Der erste Stand »hält Gericht«[6], schreibt Benoît de Sainte-More. Richten und Strafen lassen sich nicht trennen. Die Möglichkeit zu strafen setzt den Herrn, den Herrschenden, in die Lage, seine Entscheidungen durchzusetzen, er verfügt, seinem Vermögen entsprechend, über eine Garnison, von deren relativer Stärke seine Autorität abhängt.

Bauern bringen ihrem Herrn (hier ein geistlicher Grundbesitzer) ihre Abgaben.

Die Allmacht der Herren hat jedoch auch auf dem Höhepunkt ihrer Entwicklung eine Schwachstelle, die die Geistlichen sich immer wieder zunutze machen. Im Unterschied zum Klerus und zum Königtum verdanken die Ritter ihre Macht keinem göttlichen Auftrag. Ihre Person, ihre Funktion und der Ursprung ihrer Macht bleiben ohne sakralen Anspruch. Wenn die Könige auch zu schwach sind, um sie anders als durch Treueverpflichtungen daran zu erinnern, die sich immer wieder als rein symbolisch erweisen können, so versäumen die Geistlichen nicht, es sie fühlen zu lassen. Sie als die Hüter der Einheit des Christenvolkes, deren moralischer Rang um so eher anerkannt wird, als sie zur damaligen Zeit als einzige über die Macht der Kultur und der Schrift gebieten (die Adligen sind zumeist ungebildet), versuchen der Allmacht der Feudalherren Schranken zu setzen.

Die Geistlichen erinnern die Herren sehr schnell daran, daß sie selbst »Diener unseres Herrn« sind und somit *Pflichten gegenüber dem christlichen Volk* haben. Schon sehr früh versuchen die Geistlichen ferner, ihr Amt, ihre Person und ihren Besitz dem Zugriff skrupelloser und habgieriger Feudalherren zu entziehen, auf deren militärische und rechtliche Unterstützung sie dennoch angewiesen sind. Von den frühesten Gelöbnissen, die dem Feudaladel abgenötigt werden, gehen einige auf das Jahr 1024 zurück und sind das Ergebnis einer Versammlung, in der die auf ein Gegengewicht gegen die Adelsmacht bedachte Geistlichkeit den Ton angab[7]: »Ich werde nie, kraft des besonderen Schutzes, unter dem sie steht, auf welche Weise auch immer, gewaltsam in eine Kirche eindringen.« Wie man sieht, war der Anlaß für die Verhaftung des Gilles de Rais die Verletzung eines entscheidenden Grundprinzips, nämlich der geistlichen Immunität, dessen Gültigkeit im 15. Jahrhundert weitgehend gesichert war.

Nachdem diese ersten Ansätze einer Kodifizierung der Rechte der Feudalherren im Sinne kirchlicher Immunitäten erreicht waren, erweiterten die Geistlichen ihre Bemühungen in Richtung auf ein neben dem Recht der Feudalherren bestehendes Recht Gottes, das sie »Gottesfrieden« nennen. Den umfriedeten Raum, der ihre Geistlichen und ihre Besitzungen schützen soll, dehnt die Kirche auf den Schutz der Armen und Entrechteten aus. Dann erreicht sie, daß zu gewissen Zeiten, zu bestimmten Festen, die Fehden ruhen müssen. Diese im 11. Jahrhundert durchgesetzten Friedensbestimmungen behalten auch im 15. Jahrhundert ihre Gültigkeit. Indem Gilles de Rais ausgerechnet an Pfingsten, also einem hohen Festtag, bewaffnet in eine Kirche eindringt, begeht er noch ein weiteres Sakrileg und verletzt einen sehr alten Grundsatz des feudalen Rechtssystems; damit stellt er sich selbst außerhalb des Gesetzes.

Die Waffenruhe gilt später nicht nur für einzelne Tage, sondern für längere Perioden: »Vom Beginn der Fastenzeit bis Ostern werde ich den Ritter, der keine weltlichen Waffen trägt, nicht angreifen« – ein Verbot, das auf alle Zeiten der Buße ausgedehnt wird. Dann versucht die Kirche, auf das Kampfgeschehen selbst Einfluß zu nehmen und die Kriegslüsternheit des Adels auf Nichtchristen, auf die Ungläubigen, abzulenken. Die Befreiung der heiligen Stätten wird zum überragenden Kriegsziel, der Kreuzzug mit seiner

Verbindung von Krieg und Pilgerschaft zur geheiligten Sublimierung militärischer Ambitionen.

Zugleich versucht die Kirche, sich in die Prozeduren des Feudalsystems selbst einzuschalten. Ohne damit irgendeine Art von Sakralisierung der Funktion des Grundherrn anzuerkennen, gibt sie z.B. der Inthronisation des Sohnes des Grundherrn in diese Funktion durch die Schwertleite (adoubement) eine spirituelle Bedeutung. Dieses Eingreifen in ursprünglich profane Riten ist zweischneidig; es entspringt dem Wunsch der Geistlichen, ihre Vormachtstellung gegenüber dem Stand des Adels wiederherzustellen. Der Geistliche segnet also das Banner, die Lanze, das Schwert und schließlich den Krieger selbst; er »ordiniert« den Ritter, so wie ein Priester vom Bischof ordiniert wird. Und bald wird der Ritter sein Schwert auf dem Altar niederlegen und schwören, daß er es nur als »Ritter Christi« gebrauchen wird. Diese moralische Indienstnahme fällt zeitlich mit den großen Kreuzzügen zusammen (12. Jahrhundert).

Die Pflicht zur Mildtätigkeit gegenüber den Schwachen, die den »Rittern Christi« auferlegt wird, gewinnt nun ihre volle Bedeutung. Man muß »barmherzig« sein zu den anderen, vor allem den »Mühseligen und Beladenen«; man muß »großherzig« sein können, wenn die Situation es gebietet. Bald rücken die Tugenden aktiver Menschenliebe in den Vordergrund, wie Fürsorge und Hilfeleistung, und schließlich entwickeln sich Idealbilder des heiligen Ritters, wie das 12. und das 13. Jahrhundert sie kennen, etwa der »Ritter mit dem Bußgefäß«, der mit einer einzigen Träne des Mitleids sein unversiegliches Bußgefäß füllt, eine Vorbildsfigur wie der heilige König Ludwig[8].

Diese Verfeinerung des Empfindens schlägt sich wiederum in einem Komplex sozialer Normen nieder, dem der »Courtoisie«, der »höfischen Sitten«, im Gegensatz zu den »gemeinen«, »unhöfischen« Sitten des gewöhnlichen, ungehobelten Volkes. Eine Kunst des feinen Betragens wohlgeborener Menschen entwickelt sich zugleich mit der Harmonisierung des Feudalsystems; dieses höfische Tugendsystem bestätigt einerseits die Rechte der Privilegierten, die sich nun als Adlige oder aufgeklärte Geistliche auch durch feinen Umgang und klugen Rat ausweisen, führt aber auch zur Veredelung einer bis dahin ungeschliffenen Gesellschaft. Auch die adlige Frauenwelt wird jetzt in diese Gesellschaft reintegriert und mit neuer Hochachtung behandelt. Damit beginnt das Zeitalter der höfischen Liebe, der Klagen an die »schöne Frau, die kein Erbarmen kennt«, wobei Ideal und Wirklichkeit oft weit auseinanderklaffen, fallen in diese Zeit doch auch Ereignisse wie die Vergewaltigung der Gräfin von Salisbury durch Eduard III. Diese Courtoisie, diese Mildtätigkeit, diese Mäßigung sind stets verbunden mit der Kodifizierung eines ausgeprägten Ehrgefühls, das dem Rittertum seinen Wert zu bestätigen scheint und die Kriegführung, das Verhalten gegenüber dem Gegner und die Beziehungen innerhalb der Hierarchie, zwischen Herrn und Vasallen, gewissen Regeln unterwirft.

Entgegen den übermäßiger Furcht oder übertriebener Verehrung entsprungenen hohen Zahlen, die die Chroniken des höfischen Zeitalters nennen, bestehen die Heere damals zumeist aus relativ kleinen Gruppen, die nach ziemlich genau festgelegten, allgemein gültigen Regeln geführt werden. Der »Edle« ist Kämpfer aus Berufung, darin liegt die Rechtfertigung seiner Zugehörigkeit zu diesem Stand; er muß dem Ruf seines Herrn »zu den Waffen« Folge leisten. Wenn ein größerer Feldzug bevorsteht, beruft der Souverän seine Vasallen ein, die sofort mit ihren Truppen herbeizueilen haben. Die Heere bestehen also einerseits aus Adligen und andererseits aus Leuten, die »durch das Waffenhandwerk geadelt« werden, wie Jean de Bueil noch im 15. Jahrhundert sagt (»Le Jouvencel«)[9].

Die Praxis der Kriegführung respektiert diese Regeln des Rittertums, die verlangen, daß die Adligen von Angesicht zu Angesicht miteinander kämpfen, manchmal auch in zahlenmäßig gleichen Gruppen (der Kampf der Dreißig in der Bretagne, der Kampf der Zwölf im »Jouvencel«). Es ist durchaus möglich, vor dem Beginn des Kampfes den Befehlshaber des gegnerischen Heeres zu Tisch zu laden. So hielt es z. B. zu Anfang des 15. Jahrhunderts der englische Feldherr Talbot sowohl mit dem Bandenhauptmann Rodrigue de Villandrando als auch mit dem Grafen von Clermont. Während der Belagerung von Orléans, also ziemlich spät (1429), schickten der Schilderung im »Journal du siège« (Tagebuch der Belagerung) zufolge Graf Suffolk, Talbot und Lord Scales, die Anführer des englischen Heeres, »einen Herold zum Bastard von Orléans, dem Anführer der Belagerten, ließen ihm eine Schale Feigen, Trauben und Datteln überreichen und erbaten sich dafür, er möge dem Grafen Suffolk schwarzen Plüsch als Futter für ein Gewand zukommen lassen. Dies tat er sehr gerne, denn er schickte es ihm durch den gleichen Herold, worüber der Graf sehr froh und dankbar war.«

Dann kann eine richtige Schlacht beginnen, die nach einem festgelegten Ritual abläuft. Die Banner werden entrollt; wenn nicht, handelt es sich lediglich um ein Scharmützel, ein Zufallsgefecht ohne Bedeutung und ohne den gehörigen Schaueffekt. Das Bild ist farbenreich und voller Glanz. Von Strategie dagegen wenig oder nichts. Der ritterliche Wettstreit ist der eigentliche Inhalt des Kampfes.

So sah in großen Zügen der höfische Ehrenkodex zu Beginn des

14. Jahrhunderts aus. Der Feudalherr, seiner außerordentlichen Rechte und seiner fundamentalen Andersartigkeit bewußt, sah so sein Vorrecht der Gewalt wie auch das seines besonderen Ranges eingebunden in festgelegte Normen.

Damit war ein Gleichgewicht erreicht. Zwei Faktoren, die eng miteinander zusammenhängen, werden in einer Zeit der wirtschaftlichen Umwälzung die Überlegenheit der Feudalordnung und ihre hohe Selbsteinschätzung in Frage stellen.

Der militärische Aspekt der Krise der Feudalordnung – eine funktionelle Krise

Während des ganzen 14. Jahrhunderts erleidet das französische Rittertum eine stattliche Anzahl militärischer Niederlagen. Sie stellen zwar noch nicht die praktische Gültigkeit, aber doch zumindest die Wirksamkeit des ritterlichen Wertesystems in Frage; sie stellen auch die Rechte der großen Feudalherren selbst in Frage, die ständig besiegt werden, aber ebenso raubgierig bleiben. Dies alles vollzieht sich äußerst langsam, so als ob die Feudalherren in der Kriegführung nicht nur ein Recht auf Irrtum beanspruchten, sondern auch noch das Recht, nach Belieben in der Niederlage zu verharren.

Die ersten Warnungen kommen schon lange vor dem Hundertjährigen Krieg und den Pfeilwolken der englischen Bogenschützen. Sie beginnen mit der Schlacht von Kortrijk[10] vom 11. Juli 1302, bei der »die edelste Blüte des französischen Rittertums« den (nichtadeligen) Fußsoldaten der flämischen Städte gegenübersteht. Man glaubte damals, zehn Ritter in schwerer Rüstung wögen hundert Fußsoldaten auf. Das französische Aufgebot in dieser Schlacht bestand aus zweitausendfünfhundert Rittern und rund viertausend Unberittenen (Diener, Fußsoldaten, Bogenschützen). Theoretisch waren sie also den achttausend flämischen Fußsoldaten, überwiegend aus Brügge, weit überlegen, denn diese wurden nur von ungefähr fünfhundert Rittern unterstützt. Die Fürsten, die sie anführten, stiegen selbst vom Pferd – welch ein Sakrileg! –, um sich an die vorderste Front, an die Spitze ihrer Fußsoldaten zu begeben, die mit Spießen und »goedendags«[11] bewaffnet sind. Eine Schar von Mönchen schwärmt hinter der Front umher, um die Beichte abzunehmen, zu segnen und Gott um Hilfe anzurufen. Ein wirksameres Bollwerk aber als ihre Gebete ist für die Flamen der Fluß Leie, der ihnen den Fluchtweg abschneidet: sie müssen siegen oder untergehen. Von vorne haben sie sich listenreich durch

Gräben geschützt, die den französischen Rittern die Möglichkeit nehmen, in vollem Galopp anzurennen und sich mit ihren Pferden und gewaltigen Panzern mit Wucht auf die flämischen Linien zu werfen. Und es sind die Ritter, die sich in ein anfangs chaotisches, dann mörderisches Gemetzel verwickeln lassen. Das Blutbad ist furchtbar: über tausend französische Ritter werden getötet. Und die Flamen machen reiche Beute, darunter die fünfhundert goldenen Sporen, die dieser Schlacht den Namen gegeben haben. Es wird Generationen dauern, bis sich die Gewichte verlagern und die Nachfahren dieser unglücklichen Ritter 1382 nach Kortrijk kommen können, um die goldenen Sporen aus der Liebfrauenkirche, wo sie aufgehängt wurden, heimzuholen[12].

Dieser Sieg der »ongles bleus«[13] ist kein Einzelfall. Andere Waffentaten von ähnlicher Art, die den schottischen (1314 bei Bannockburn) und den Schweizer Infanteristen (so 1315 bei Morgarten) gelingen, bezeugen die Fähigkeit von Volksheeren, sich wirksam zu organisieren[14], und sind gleichzeitig Indizien für den militärischen Niedergang des Rittertums.

Die englischen und französischen Heere, die noch hundert Jahre miteinander im Kampf liegen sollten, zogen aus dieser Lehre eine sehr unterschiedliche Nutzanwendung. Beide hielten an der besonderen Rolle der Adligen fest, die viel Geld erhielten (mehr, als die Chronikschreiber für die französische Seite angeben) und in beiden Lagern die gleiche überschwere Ausrüstung hatten. Die Reiter (hommes d'armes) waren Herzöge, Grafen, Barone oder Ritter, die das Recht hatten, eine mit ihrem Wappen verzierte viereckige Fahne, ein »Banner«, mit sich zu führen; ihre Träger waren die »bannerets« (Bannerherren). Andere, die »Junker«, trugen an der Lanze ein dreieckiges Fähnchen, einen Wimpel; wieder andere waren einfache Schildknappen oder gewöhnliche Edelleute, aber auch sie waren von Adel. Und ungeachtet ihres unterschiedlichen Ranges und Vermögens trugen alle diese vornehmen Kriegsleute die überaus schwerfällige Rüstung: über Hemd und Hose aus Leinen, Hanf oder Baumwolle, nach Möglichkeit gefüttert, zunächst ein bis zu den Oberschenkeln reichendes Kettenhemd und darüber den eigentlichen Harnisch aus beweglichen Metallplatten, der den ganzen Körper in Eisen hüllt – von den Achselstücken mit Brechrand über Bruststück, Schurz, Schenkelstücke, Kniestücke und Beinröhren bis hinunter zu den Schienenschuhen. Ebenso geschützt waren mit Armzeug, Ellbogenkachel und Rüsthandschuhen die Arme, und den Kopf umhüllte ein weich gefütterter Helm mit Scheitelstück und Kehlstück und dem beweglichen Visier vor dem Gesicht; zum Prunk trug man darüber noch einen Überwurf aus Leinen oder manchmal aus Seide[15]. Schwerfällig wie ein Turm rückt der Ritter im Kampfe vor; trotz Lanzen aus Holz und Eisen, trotz Schwert, Kriegsaxt, langem Dolch (»miséricorde«) und anderen Waffen ist er viel zu unbeweglich für einen wirksamen Angriff. Man hat das Gesamtgewicht der Rüstung auf etwa fünfzig Kilo geschätzt.

Insofern also kämpften Engländer wie Franzosen in etwa unter den gleichen Voraussetzungen; die Engländer allerdings hatten die Ausrüstung etwas abgewandelt und setzten auch leichter bewaffnete und folglich beweglichere Ritter (die »hobelars«) ein, die in den ersten Schlachten des Hundertjährigen Krieges wahre Wunder vollbrachten.

Der entscheidende Unterschied liegt aber nicht in der Kampfesweise der adligen Krieger, die auf beiden Seiten doch gleichartig war. Die höhere Bevölkerungszahl Frankreichs gegenüber England (im Verhältnis vier zu eins) hätte sich in einer eindeutigen zahlenmäßigen Überlegenheit der auf seiten des französischen Königs kämpfenden Adligen auswirken müssen, und das war auch der Fall. Der Unterschied ergibt sich aus der bedeutenden Rolle, die die Engländer den Nichtadligen einräumen, die nicht wie die Ritter im Übermaß bewaffnet, sondern nur summarisch ausgerüstet sind, aber dank ihrer Geschicklichkeit und Schlagkraft ein sehr ernst zu nehmender Gegner. Fußsoldaten umfaßte zwar auch das Heer der Valois, aber eine entscheidende Rolle war weder den »Sergents« (Lanze, Spieß und Schild) eingeräumt, noch den meist ausländischen (aus Genua oder der Provence stammenden) Armbrustschützen, noch den »Pavesiers«, die sie mit ihren langen Schilden (Pavese) zu schützen hatten. Die Engländer dagegen stützen sich in hohem Maße auf ihre Fußtruppen, die oft aus Wales oder Cheshire sind; sie haben die Aufgabe, das gravitätische Ritual des ritterlichen Zweikampfes aufzubrechen, in die Schlachtordnung des feindlichen Heeres einzudringen und mit Hilfe ihrer langen Lanzen, der »Coutelles«, den Pferden die Fußgelenke zu durchtrennen und den kämpfenden Männern Hals oder Gliedmaßen abzuschneiden. Schließlich und vor allem aber sind die englischen Bogenschützen ebenso zahlreich wie wohltrainiert und außerordentlich effektiv. Schon sehr frühzeitig, seit dem Ende des 13. Jahrhunderts, gibt es Wettkämpfe und Übungen, bei denen kräftige junge Männer den Gebrauch des walisischen Bogens erlernen, des Langbogens, der aus Eiben-, Ahorn- oder Eichenholz geschnitzt und nach damaligen Körpermaßen mannshoch ist (ein Meter sechzig); sie verstehen nicht nur, ihn zu spannen, sondern auch auf Entfernungen von dreihundert oder sogar fünfhundert Metern mit einer bis dahin unerreichten Treffsicherheit zu zielen und in sehr viel rascherem Rhythmus zu schießen, als das mit der traditionellen Armbrust möglich ist, die zwar tiefere Wunden zufügt, aber wesentlich umständlicher zu handhaben ist. Mit dem Bogen konnte man mindestens drei oder vier der drei Fuß (also fast einen Meter) langen Pfeile gleichzeitig abschießen und etwa zehn in der Minute, während der Armbrustschütze in der gleichen Zeit nur ein einziges Geschoß abfeuerte[16]. Die Armbrust war im übrigen zwar weniger handlich, aber doch eine furchtbare Waffe, und deshalb hatte der Papst sie 1139 verboten – ein Verbot, das bis zum Ende des 12. Jahrhunderts respektiert wurde. Die Geschicklichkeit der englischen Bogenschützen und die Wirksamkeit ihrer Waffe in der offenen Feldschlacht (weniger bei Belagerungen) wirkten also wahre Wunder. Das größte Wunder aber war, daß die englischen Heere die Überlegenheit, die diese Waffe ihnen gab, so lange behaupten konnten.

Zum ersten Mal traten diese gefährlichen Burschen bei der Seeschlacht von Sluis in Aktion, bei der die Engländer, geführt von Eduard III. persönlich, den Franzosen die erste große Niederlage

Schlacht im Hundertjährigen Krieg: Die französischen Ritter stürmen auf die englischen Bogenschützen ein.

des Hundertjährigen Krieges beibrachten. Dabei nahmen jeweils zwei Schiffe mit Bogenschützen, die in den Aufbauten saßen, ein französisches Schiff mit Reitern in die Zange und überschütteten es mit einem solchen Hagel von Pfeilen, daß die Franzosen von Deck gefegt wurden und starke Verluste erlitten.

Als der König von England sich entschloß, den Ärmelkanal in Begleitung seines Sohnes, des Prinzen von Wales, zu überschreiten, nahm er viertausend Reiter, aber zehntausend Bogenschützen mit, die irischen und walisischen Fußtruppen gar nicht gerechnet. Am 26. August traf diese Truppe bei Crécy auf die Franzosen, für die sie nur ein zusammengewürfelter Haufen war. Eduard baute seine Strategie auf einige neuartige Prinzipien auf. Zunächst hatte er sich in einem ansteigenden Gelände eine vorteilhafte, überlegene Position gesichert, von der aus er die Masse der französischen Ritter, die ihn in den vergangenen Tagen zu einem eiligen und ungeordneten Rückzug gezwungen hatten, überblicken konnte. Sodann entschied er sich für einen Kampf zu Fuß; die Pferde und der ganze Troß wurden nach hinten genommen. Das war wenig »ritterlich« und nicht ungefährlich, denn im Falle eines gegnerischen Einbruchs in seine Linien wäre die Flucht unmöglich gewesen. Der Vorteil dieser Schlachtordnung aber war der feste Zusammenhalt – unter der Voraussetzung, daß seine Truppe unbeweglich wie eine Mauer standhielt. Schließlich aber, etwas völlig Neuartiges, das Froissart in Erstaunen versetzte: den Bogenschützen war nicht nur die Aufgabe eines Vorgeplänkels übertragen, sondern die Engländer »stellten sie an die Spitze wie eine Egge und die Reiter in die hinteren Linien«.

Die Taktik der Franzosen war weniger ausgefeilt; es war einfach die gewohnte des ritterlichen Kampfes. Man hörte nicht auf die Mahnungen des »glücklosen Königs« Philipp VI. zur Mäßigung vor dem Angriff, man ließ nicht einmal den reichlich ungeübten Armbrustschützen die Zeit, die englische Front zu attackieren, nein, man mußte sich sofort mit vollem Elan und ohne jede Ordnung in die Schlacht werfen und die feindlichen Linien mit tollkühnem Heldenmut bestürmen. Bewehrt mit Schwertern und Speeren stürzt sich die »Mauer aus Eisen« auf die Engländer. Die Bogenschützen lassen sie herankommen; sie verfügen nur über bescheidene Munition, zwölf bis achtzehn Schuß pro Mann. Dann, als die französischen Ritter auf hundert bis hundertfünfzig Meter herangekommen sind, zehn Sekunden vor dem Zusammenprall, schießt jeder ein oder zwei Pfeile ab. Der Pfeilhagel prasselt so dicht, »daß es zu schneien schien« (Froissart). Allgemeine Verwirrung. Pferde und Reiter stürzen übereinander. Die Verwirrung wird immer größer. Zehnmal, nach englischer Zählung fünfzehnmal, versuchen die Franzosen den Angriff, und ebensooft wird er allein durch die Bogenschützen abgeschlagen. Die Nacht bricht herein. Großtaten kriegerischen Heldenmutes werden vollbracht. Der blinde König Johann von Böhmen läßt sich mit zehn seiner Getreuen, deren Pferde mit den Zügeln aneinander gebunden sind, mitten ins Getümmel führen. Am nächsten Morgen findet man ihn mit den Seinen tot auf einem Haufen, »die Pferde alle zusammengebunden«. Ein Akt sinnlosen Heroismus. Erst am Ende des Tages rücken die englischen Ritter vor – zu Fuß, gedeckt von den Bogenschützen, die die Schlacht schon entschieden hatten, und den Speerträgern, die das Werk vollendeten, indem sie die verwundeten und in ihren Rüstungen eingeklemmten französischen Ritter niederstachen. Nur mit fünf Begleitern traf der »glücklose« König Philipp im Schloß von Libroye ein; unter den viertausend Toten, die man auf französischer Seite zählte, waren die größten Namen Frankreichs und die wichtigsten Verbündeten: der Graf von Alençon, der Bruder des Königs, die Grafen von Nevers, Saint-Pol und Sancerre, der Herzog von Lothringen, der König von Böhmen. Nicht etwa mangelnde Tapferkeit der französischen Ritter hatte zu dieser Niederlage geführt; ausschlaggebend war die Verwendung jener nichtadligen Hilfstruppen (Bogenschützen, Speerträger), die das Rittertum als unebenbürtig betrachtete.

Das Faszinierende an dieser Schlacht von Crécy (1346) ist nicht die vernichtende Niederlage der Franzosen; faszinierend ist, wie sich das gleiche Grundmuster bei den späteren Schlachten wiederholt. Bezeichnend für das, was nach Crécy geschah, ist der berühmte »Kampf der Dreißig« (1351) im Verlauf der Auseinandersetzungen um die Bretagne. Dreißig bretonische Ritter stehen dreißig englischen Rittern gegenüber; Beaumanoir fordert den englischen Anführer Bramborough zum Kampf heraus, man ergreift die Speere und Spieße, die Dolche und Streitäxte und bringt sich gegenseitig mit verbissenem und heldenmütigem Eifer um. Der Sieg der profranzösischen bretonischen Ritter wurde unendlich gefeiert mit Liedern, Gemälden, Tapisserien, Denkmälern und noch zwanzig Jahre danach mit Festlichkeiten am Hofe Karls V.: ein solcher Kampf nach echter Ritterart wog all die Plündereien und Verwüstungen auf und verklärte brutale Draufgänger zu mythischen Heldengestalten à la Lancelot und Parzival. Der »Kampf der Dreißig« ist durchaus kein Einzelfall; es gab in den folgenden Jahrzehnten noch mehrere rituelle Kämpfe ähnlicher Art (der »Kampf der Zwölf« u. a.). Man schwor, niemals in der Schlacht zurückzuweichen, auch nicht aus taktischen Gründen. So war es möglich, daß 1352 (ein Jahr nach dem »Kampf der Dreißig«) fast der gesamte profranzösische bretonische Adel ausgelöscht wurde:

Turnier der Ritter. Aus den Chroniken des Jean Froissart.

er war in einen Hinterhalt gefallen, weigerte sich zu fliehen, und wurde niedergemacht.

Dann wiederholt sich die Katastrophe von Crécy. Bei dem Dorf Maupertuis nahe Poitiers führt 1356 Johann der Gute (ein reichlich unverdienter Beiname) die größte französische Streitmacht jenes Jahrhunderts – sechzehntausend Mann, wie die Forschung heute errechnet hat – gegen das zahlenmäßig höchstens halb so starke Heer des Prinzen von Wales, des »Schwarzen Prinzen«. Auf französischer Seite hielt man sich wieder an die gleichen Grundsätze wie schon zehn Jahre zuvor: Mißachtung der nichtadligen Hilfstruppen, die schon vor der Schlacht heimgeschickt werden, und unkoordiniertes Draufgängertum der Ritter. Während rasch eingeleiteter Verhandlungsversuche hatten die Engländer sich verschanzt. Sie einzukreisen und auszuhungern, wie der Marschall von Clermont vorschlug, wäre die nächstliegende Taktik gewesen. Doch dieser Vorschlag wird entrüstet zurückgewiesen. Statt dessen Sturmangriff nach einem Ausfall von dreihundert Reitern in Rüstung, der Elite des französischen Rittertums, unter ihnen der Konnetabel und zwei Marschälle. Das ist die typisch ritterliche Art der spektakulären Aktion. Wie schon bei Crécy wird der Angriff nicht durch die englischen Ritter, sondern durch die Bogenschützen zurückgeworfen. Sie schießen auf die Pferde, so daß die Reiter stürzen und sich im Getümmel verstricken.

Die gesamte Elite des französischen Rittertums wurde getötet oder gefangengenommen. Ohne die besten französischen Heerführer wurde die überaus blutige Schlacht zu Ende gekämpft; sie endete mit einem Sieg der kriegserprobten, wendigeren und einfallsreicheren Engländer. »Und tot war die ganze Ritterschaft Frankreichs« – zum zweitenmal innerhalb von zehn Jahren.

Zweieinhalbtausend Ritter blieben auf dem Platz. Ein tapferer Tod, gewiß, aber das französische Rittertum wurde auch in seiner Moral erschüttert. Die Bürger von Poitiers haben es von ihrer Stadtmauer aus miterlebt, und die Chronikschreiber der Zeit[17] haben es bezeugt. Sie waren entsetzt über das Ausmaß der Niederlage, die Flucht eines Teils des Heeres, die allgemeine Verwirrung und, als Krönung des Ganzen, die Gefangennahme des Königs.

Zweifel kommen auf und werden laut. Ins Wanken gerät das Vertrauen zum Adel, der Glaube an seinen Wert, seine Überlegenheit im Krieg, ja sogar an sein Existenzrecht. Ein erster Text dieser Art, die »Complainte sur la bataille de Poitiers« (Klagelied über die Schlacht von Poitiers), ein bald nach der Schlacht verfaßtes Gedicht, das voller Lobeshymnen für König Johann ist, folgert scharf:

> Ist er gut beraten, so versäumt er nie,
> daß Jacques Bonhomme mit ihm zu Felde zieh,
> damit er nicht noch um sein Leben flieh.

Das ist eine neue Forderung. Sie wirft ein Licht auf die beiden großen sozialen Bewegungen, in denen nach der Schlacht von Poitiers die Bewußtwerdung eines Teils des dritten Standes zum Ausdruck kommt. Da ist einmal der Aufstand des Bürgertums in Paris, das in den letzten beiden Jahrhunderten langsam an Macht gewonnen hat und bei jeder sich bietenden Gelegenheit seine Ambitionen erkennen läßt. Mit Étienne Marcel und den reichen Kaufleuten verbünden sich Händler, einige Rechtskundige sowie Beamte des Königs und Arbeiter aus den Werkstätten. Es kommt zu beträchtlichen Gewalttaten. Gleichzeitig bricht aber auch unter den Bauern ein Aufstand aus, die »Jacquerie«, der mit der bürgerlichen Erhebung wenig zu tun hat, aber wie diese einer allgemeinen sozialen Unzufriedenheit entspringt. Er wird ausgelöst durch den Zusammenbruch der Ordnung nach der Schlacht bei Poitiers und die Drangsal der Plünderung durch die Engländer, die die französischen Ritter nicht verhindern konnten, aber bald im großen Maßstab zu imitieren beginnen. Es ist die Revolte der Armen und Entrechteten und der kleinen Landbesitzer, vornehmlich aus der Île-de-France und den benachbarten Provinzen.

Die Unzufriedenheit des Volkes angesichts einer mediokren Adelsklasse, die schlecht kämpft und vor allem auf ihr Eigeninteresse bedacht ist, läßt sich kaum leugnen. Der geistliche Verfasser des Klageliedes über die Schlacht von Poitiers schreibt:

> Aus Geiz und Habsucht, nicht um Ruhm und Ehr,
> beschlossen sie den Pakt mit Englands Heer:
> zu töten nicht, daß lang der Krieg noch währ',
> zu fangen nur, daß sich ihr Gut vermehr'...
> An ihrer Haltung wurde offenbar:
> Der König durch Verrat betrogen war[18].

Dennoch setzt der Adel sich durch und behauptet seine Macht. Der Aufstand der »kleinen, schwarzen, schlecht bewaffneten« Bauern wird niedergeworfen, der waghalsige Étienne Marcel in Paris wird erschlagen. Doch die Jahre 1356 bis 1358 markieren unleugbar den Beginn des Niedergangs der alten Feudalherrschaft. Die Krise ist offen ausgebrochen.

Der Adel scheint sich dessen nicht bewußt gewesen zu sein. Wiederholt wird er Gelegenheit haben, seine Fähigkeit, im Irrtum zu verharren, unter Beweis zu stellen. Eine der Ursachen für seine Niederlagen im Kampf gegen die Engländer war die mangelnde Kompetenz der französischen Heerführer. Unter der aufgeklärten Herrschaft Karls V. bringt die Verbesserung des Führungspersonals einige bedeutende Feldherren hervor. Das verschafft eine Atempause. Aber die gleichen Fehler lassen die berühmte Schlacht von Azincourt (1415) wieder zur Katastrophe werden: der völlige Mangel an Strategie und taktischer Phantasie. Den Vorabend der Schlacht verbringen die Franzosen mit glanzvollen Festlichkeiten, mit den traditionellen Ritualen des Rittertums, wie dem Ritterschlag der Schildknappen. Im Kampf selbst verschmähen sie die Unterstützung der Bogen- und Armbrustschützen. Wieder stürzen sie sich blindlings auf die feindlichen Linien. Auch auf englischer Seite gibt es keine strategischen Neuerungen; man hält sich an die bereits bewährte Strategie, zu der die geschickte Ausnutzung des Terrains gehört, und geht in einem Gelände mit aufgeweichtem Boden in Stellung, in dem die schwergerüsteten französischen Reiter einsinken werden. Der Vorabend der Schlacht wird dazu genutzt, den Geländevorteil noch zu verbessern: zugespitzte Pfähle werden in den Boden gerammt, um den Ansturm der Kavallerie aufzuhalten. Und die Entscheidung bringt auch diesmal wieder der Einsatz der Bogenschützen...

Ein ziemlich genauer Vergleich der englischen und französischen Kampfgewohnheiten läßt sich für die Zeit und den Ort der militärischen Aktivitäten des Gilles de Rais anstellen: anhand des Verlaufs der Belagerung von Orléans 1429[19]. Zu dieser Zeit kommen in der englischen Armee normalerweise drei Bogenschützen auf einen Reiter. So umfaßt etwa der Truppenvertrag des Grafen Suffolk »hundert Reiter zu Pferde, er selbst, zwei Bannerherren und zwei Junker darin enthalten, dazu dreihundert Bogenschützen, beritten und jeder nach seinem Stande mit hinreichender Ausrüstung«.

Die Schlacht von Poitiers (1356): Die Elite des französischen Rittertums wird von den englischen Bogenschützen niedergemacht.

Dagegen geht aus den erhaltenen Dokumente hervor, daß die französischen Heere in den Jahren 1428–29 (also fast ein Jahrhundert nach Crécy) ebenso viele Reiter wie Bogenschützen umfaßten. In seiner Abrechnung über die Summen, die an die Teilnehmer an der Verteidigung von Orléans ausgezahlt wurden, zählt der Kämmerer Hémon Raguier z. B. für Xaintrailles sechsundvierzig Reiter und sechs Bogenschützen auf, für Comminges sechsundzwanzig Reiter und zehn Schützen usw. Gemälde und Miniaturen der Zeit zeigen, daß die Franzosen an der Armbrust festhielten und sie dem Bogen vorzogen. Für eine Gesamtbilanz der bei Orléans eingesetzten Kräfte kann man auf englischer Seite vierhundert bis sechshundert Reiter und tausendachthundert bis zweitausendzweihundertfünfzig aus England mitgebrachte Bogenschützen ansetzen, dazu kommen noch die in Frankreich angeworbenen Hilfstruppen, ebenfalls überwiegend Bogenschützen.

Man weiß, daß Karl VII. erst sehr spät versuchte, eine Elite von Bogenschützen, Armbrustschützen und »Spießträgern« aufzubauen, die durch verschiedene Freibriefe das Recht erhielten, regulär an den Feldzügen teilzunehmen. Das war zu einem Zeitpunkt, als die Königsmacht ihre Autorität wiedergewann und zugleich die Kriegführung in die Hand nahm, beides auf Kosten der Macht der Feudalherren, die in der Folgezeit durch die moderne Staatsführung Ludwigs XI. ausgehöhlt wurde. Die Entscheidung zur Gründung der »francs archers«, der »freien Bogenschützen«, wurde erst 1448 getroffen; sie kam damit viel zu spät und erwies sich keineswegs als glücklich. Denn jetzt spricht schon das Schießpulver, und überdies ließ sich der Geschicklichkeitsvorsprung der bäuerlichen englischen Bogenschützen nicht durch einen bloßen Verwaltungsakt aufholen. Ludwig XI. löste später die »francs archers« wieder auf.

Die Taktik, mit der die Franzosen unter Karl V. und dann später, nach 1430, unter Karl VII. über die Engländer triumphieren, ist nicht mehr die der festen Schlachtordnung, die sich für die Feudalherren als so verhängnisvoll erwiesen hat, sondern die des leeren Raumes und der jähen Überfälle – eine Art Guerillataktik, die sich zum Teil auf das Volk stützt, das des englischen Druckes überdrüssig ist, und die nichts mehr gemein hat mit der Idee des ritterlichen Kampfes.

Es wird also möglich, verschiedene Guerillataktiken oder auch rein politische Manöver (Ankauf von Städten und Besitzungen, Wechsel von Bündnissen usw.) der herkömmlichen großspurigen Kampfesweise des französischen Rittertums gegenüberzustellen, die zu so zahlreichen und verheerenden Niederlagen geführt hat: 1302 die Goldsporenschlacht von Kortrijk, 1340 die Schlacht von Sluis, 1346 die von Crécy, 1356 die Niederlage bei Poitiers, 1415 die Katastrophe von Azincourt. Noch dramatischer in ihrer Symbolbedeutung als diese Serie von Niederlagen gegen die »ongles bleus« und die Engländer ist die Demütigung durch die Ungläubigen bei Nikopolis, wo die französischen und burgundischen Ritter 1396 von den Türken Bajesids I. buchstäblich in Stücke gehauen werden.

Diese Unbelehrbarkeit, dieses hartnäckige Festhalten an einer verfehlten Strategie läßt sich auf vielfältige Ursachen zurückführen. Undenkbar, daß die Nachwirkungen all dieser Niederlagen – Nikopolis liegt vierzig Jahre nach Poitiers, Azincourt sogar sechzig Jahre – nicht das gesamte Gefüge der Feudalordnung nachhaltig erschüttert haben. Es beruhte letztlich auf einer zweifachen Fiktion: der militärischen Überlegenheit des Adels – der den Krieg zu seinem Beruf gemacht hatte – und seiner Fähigkeit, die Sicherheit der armen Bauern zu gewährleisten, die ihn zum Ausgleich dafür ernährten und unterhielten. Nun aber kämpfte dieser Adel zwar mit stolzem Selbstgefühl und voll Vertrauen auf seine Kraft und Tüchtigkeit, ließ sich aber, in Frankreich von den Engländern und in der Fremde durch die Türken, erbarmungslos niederwerfen, und das immer wieder von einer vernichtenden Niederlage zur anderen.

Und dieser Zustand dauerte – mit Unterbrechungen gewiß und Perioden relativer Ruhe – sehr lange an, lange genug, um das Bewußtsein nachdrücklich und unwiderruflich zu verändern. Verzweiflung und Volksaufstände waren die Folge: die Jacquerie 1358, der Aufstand der »Maillotins« in Paris, die Revolte der »Harelle« und der »Tuchins« 1381–82 und schließlich 1429 jene Erhebung unter Beteiligung des einfachen Volkes mit Jeanne d'Arc. Die Rolle, die dieses junge Mädchen zu spielen vermag, ist außerordentlich aufschlußreich. Aus zwei Gründen kann sie bedeutenden Feudalherren von der Großspurigkeit eines Rais, vom Draufgängertum eines La Hire oder vom Rang eines Dunois den Schneid abkaufen. Einmal ist sie bei dem jämmerlichen Zustand der militärischen Strategie in all ihrer Unschuld eines einfachen Landmädchens tatsächlich genausogut imstande wie irgendeiner von ihnen, eine Schlacht zu lenken, die Taktik des Gegners zu erfassen, den richtigen Moment des Eingreifens zu wählen und Entscheidungen über kurz- oder langfristig zu erreichende Ziele zu treffen. Und zweitens sind sie als ewige Verlierer an einem Punkt angelangt, wo sie es akzeptieren, daß eine Frau und Bäuerin, die ihnen mehr oder weniger wie ein Wunder vorgekommen sein muß (eine Rechtfertigung brauchen sie schließlich), die Führung übernimmt und ihnen Befehle erteilt. Der Sieg der Jeanne d'Arc bei Orléans und die Rolle, die sie übernimmt, spiegeln den Zusammenbruch der militärischen Werte der Feudalordnung wider.

Ökonomische Aspekte der Krise

Den ganzen Hundertjährigen Krieg hindurch setzt sich dieser Zusammenbruch des Glaubens an die militärische Tüchtigkeit des Adels fort. Zugleich aber kommt es, zum Teil als Folge davon, zu einer Umwälzung der Vermögensverhältnisse, die der Adel wiederum absolut nicht begreift und die nicht wenig dazu beiträgt, seine Stellung weiter zu schwächen, seine Rechte zu schmälern und sein Verhältnis zum Volk, das er ausbeutet, zu untergraben.

Die fiskalische Gewalt des Grundherrn über den Boden und die, die ihn bearbeiten, war schon immer das Ergebnis eines unsicheren Gleichgewichtes zwischen dem Druck, den er auszuüben versucht, und dem Widerstand, den man ihm entgegensetzt, wobei die Geistlichkeit und, soweit er es vermag, auch der König immer wieder einzugreifen versuchen. Die Ansprüche der Dorfgemeinde im Zusammenhang mit der »Allmende«, die rechtliche Festlegung der Abgaben und Frondienste, schließlich die Inflation – alles dies trägt schon vor dem 14. Jahrhundert dazu bei, das System der Einnahmequellen des Grundherrn instabil zu halten. Ganz allgemein gesagt: sie werden begrenzt, und die Überschüsse haben eine abnehmende Tendenz.

Der Krieg ist die erste entscheidende Ursache für das schwerwiegende Ungleichgewicht, das sich zwischen 1350 und 1450 bemerkbar macht. Die Katastrophe ist auch für die Grundherren selbst auf allen Ebenen spürbar. Zunächst zwingt die permanente Kriegführung zu einem enormen Aufwand an Ausrüstung – sowohl für den Feudalherrn selbst als auch für seine Truppe –, der durch die Neuerungen in der Bewaffnung noch erhöht wird. Dafür gibt es zahlreiche Belege wie zum Beispiel den »Jouvencel« im »Erziehungsroman« des Jean du Bueil, der allerdings am Anfang nur ein bescheidener Ritter ist, Schloßhauptmann in Luc. Da er nicht genügend Pferde besitzt, müssen seine Leute »sehr oft zu zweit auf einem Pferd reiten und meistens zu Fuß gehen«. Die Ressourcen der Festung reichen kaum hin, um Männer und Pferde zu ernähren, und so beginnt dieser Junker die Reihe seiner Heldentaten mit der nächtlichen »Eroberung« der Ziegen der gegnerischen Garnison, die in der Nähe weiden.

Die hohen Kosten der Ausrüstung erklären bis zu einem gewissen Grade die hemmungslosen Plünderungsaktionen der Feudalherren: auf Kosten verwüsteter Landstriche versuchen sie sich finanziell wieder zu sanieren. Große Versprechungen wurden in dieser Hinsicht den »Kreuzfahrern« gemacht, die sich bei Nikopolis besiegen ließen. Die Niederlage aber hat verheerende Konsequenzen. Die Kehrseite der erhofften Beute ist das Lösegeld, das man dem Feind zahlen muß. Während dieser ganzen unruhigen Epoche mit all den schweren Niederlagen (Crécy, Poitiers, Nikopolis, Azincourt; die vielen Geiselnahmen und Gefangennahmen, die jedes kleine Scharmützel und auch manche Verhandlung begleiten, gar nicht gerechnet) stellen diese Lösegeldzahlungen für alle Grundherrschaften eine schwere Belastung dar. Das Lösegeld wird zwischen dem Gefangenen und dem, in dessen Gewalt er ist, ausgehandelt, und im Falle eines einfachen, wenig vermögenden Edelmannes ist es unter Umständen nicht allzu hoch. So etwa bei Jouvencel zu Beginn seiner Laufbahn: »Er machte sich anheischig, ein Pferd für seine Freilassung zu geben.« Handelt es sich aber um große Feudalherren mit bedeutenden Besitzungen und reicher Verwandtschaft, so kann das Lösegeld eine schwindelerregende Höhe erreichen. Zur Zeit des Gilles de Rais, der bereits eine lange Periode räuberischer Erpressungen vorangegangen war, versprach zum Beispiel La Trémoille dem »Marodeur« Perrinet Gressart, der ihn gefangengenommen hatte, vierzehntausend livres. Der Herzog von Alençon saß fünf Jahre in Haft, bis die Herzogin die zweihunderttausend écus Lösegeld beisammen hatte. zweihundertfünfzigtausend wurden für Jean de Bourbon gefordert, der bei Azincourt in Gefangenschaft geriet und nach zwanzigjähriger Haft in London starb. Und natürlich denkt man hier an das unselige Los des Dichters und Herzogs Charles d'Orléans, der ebenfalls bei Azincourt (1415) gefangengenommen wurde und bis 1440 in London bleiben mußte:

> Denkt wohl an sein Verderben,
> Kommt und eilt ihn zu befrein
> Aus des Kerkers dumpfer Pein,
> Wo er muß im Elend sterben.

Die Freunde und Verwandten müssen wirklich gebeten werden, den armen Gefangenen zu »befreien« und den letzten Heller für das Lösegeld zusammenkratzen, was mitunter eine Familie buchstäblich an den Bettelstab bringen kann. In der Chronik des Rodrigue de Villandrando[20] zum Beispiel besucht der Vogt von Bresse eine Familie des niederen Adels, die Varambons, die in solche Armut geraten sind, daß die Tochter kaum mehr etwas anzuziehen hat und fast nackt herumläuft. Bei den großen Herren braucht man noch mehr Helfer und Bürgen; für La Trémoille etwa verpfändet das Kapitel von Nevers einen Teil des Domschatzes (tausend écus), der Bischof gibt die Hälfte seines Weines, den er im Keller hat, und der Marschall von Burgund zwei Goldgürtel und sechs Silbertassen; freigelassen aber wird La Trémoille nur gegen Stellung von Geiseln »von hohem Stande« bis zur restlosen Abzahlung der Lösegeldsumme. Als Geiseln nimmt man auch Angehörige: Ehefrau, Kinder, Eltern. So muß etwa die Frau des normannischen Edelmannes Gilbert de Fresnay »fünf Jahre und fünf Monate in der Stadt Fresnay-Le-Vicomte für ihren Gatten als Gefangene und Unterpfand in Eisen und Ketten schmachten«.

Oder auch der pro-burgundische Herr von Châteauvillain, der bei dem Feldzug zur Krönung Karls VII. gefangengenommen wird: er wird nur gegen ein gewaltiges Lösegeld freigelassen, für das die ganze Familie (Bruder, Vetter) bürgt, und bis zur vollen Abzahlung müssen vier Geiseln gestellt werden. Es folgen Verhandlungen, allerlei Winkelzüge, auch Verrat, und schließlich ist der Herr von Châteauvillain nach einigen Niederlagen völlig ruiniert und lebt mit seiner Frau »in solcher Not, daß sie nichts mehr zum Leben hatten«; sein Jahreseinkommen sinkt von achttausend auf zweitausend livres[21]. Die Lösegeldzahlung ihrerseits führt zu einem Prozeß, der sich von 1438 bis 1450 hinzieht und nach dem Tod der Anspruchsberechtigten von den Erben weitergeführt wird. Das Lösegeld kann das Leben eines Feudalherrn vollständig ruinieren.

So wird die Frage der Lösegeldzahlung (oder des Nichtzahlens) mitsamt den zahlreichen daraus folgenden Prozessen vor dem Parlement für alle Kämpfer, ob großer Herr oder einfacher Reiter, zu einer ständigen Sorge. Der »Lösegeldvertrag« wird in der Tat von der Rechtsprechung als rechtens anerkannt.

Gilles de Rais ist – im Gegensatz zu Malestroit – nie gefangengenommen worden. Das Prinzip der Standessolidarität zwingt ihn jedoch, sich an der Auslösung von André de Laval-Lohéac zu beteiligen, der sich am 16. März 1428 Talbot ergeben mußte, einem großen Lösegeldeintreiber bei Adligen jedes Kalibers. Die Summe wird auf sechzehntausend écus d'or festgesetzt. Um sie zahlen zu können, muß seine Frau Jeanne de Laval ihre Juwelen (eine mit Edelsteinen besetzte goldene Krone) verpfänden und verschiedene Ländereien verkaufen (darunter Savonnières an einen Bürger aus Angers). Darüber hinaus braucht sie Bürgschaften; daran beteiligen sich Jean de Craon, Herr von La Suze (zweitausend écus), »Gilles de Laval, Herr von Raiz« (tausend écus), ferner mit je tausend écus Jean de Beaumanoir, Pierre d'Anjou, Herr von La Roche-Talbot, und Jean Fournier, Richter in Anjou und Maine, sowie weitere Herren mit geringeren Summen[22]. So erlangt Lohéac innerhalb von drei Monaten die Freiheit – und zieht sogleich an der Seite Karls VII. wieder in den Kampf; er nimmt an den Feldzügen von 1429 und an der Krönung teil. Umgekehrt kann Rais aber auch Lösegelder von Verwandten fordern, die auf der Gegenseite kämpfen, so von Jean du Bueil, der bei Sablé in Gefangenschaft gerät, aber fliehen und die Situation zu seinen Gunsten wenden kann. In all diesen Fällen ist auch Gilles de Rais an den legalen Räubereien beteiligt, als die man das Lösegeldsystem der Epoche betrachten muß.

Ausrüstungskosten, Lösegelder – dazu kommen als Folge der wiederholten Niederlagen die Plünderungen, die die Einnahmequellen der Feudalherren vernichten. Das Land ist davon direkt betroffen, am härtesten das Kerngebiet der Kämpfe zwischen Engländern und Franzosen. Die Soldaten schröpfen die Bauern oder plündern sie gar völlig aus, sie richten Zerstörungen an und brennen schlimmstenfalls alles nieder. Die Städte haben Möglichkeiten, sich zu sichern oder Verträge zu schließen – es sei denn, sie werden belagert oder leisten Widerstand, was zur Zerstörung führen kann –; das flache Land aber ist den Verwüstungen schutzlos ausgeliefert. Die direkten und indirekten Folgen sind verheerend: die Bauern fliehen, und weite Landstriche werden praktisch entvölkert. Zumindest aber kommt die landwirtschaftliche Aktivität weitgehend zum Erliegen, denn angesichts der Gefahr erneuter Heimsuchung durch die Soldaten lohnt es kaum, zu arbeiten und zu investieren.

Man muß in all diesen Begleiterscheinungen des Krieges, seinen indirekten Folgen, den Auswirkungen des Schicksals einer Familie oder einer Region auf andere, die entscheidenden Ursachen für den wirtschaftlichen Niedergang des Adels sehen. Hinzu kommen jedoch noch allgemeine ökonomische Faktoren, die ebenfalls dazu beitragen, die Einkünfte der Feudalherren zu schmälern. Abgesehen von seiner militärischen Funktion, die ihn legitimiert, macht der Besitz von Land die eigentliche Existenz des Feudalherrn aus; Grund und Boden sind im 14. und 15. Jahrhundert noch immer das Fundament allen Reichtums, aller gesellschaftlichen und politischen Macht. Selbst die Bankiers, Kaufleute und Handelsherren, durch mannigfache verwandtschaftliche Bande mit der Scholle verbunden, bemühen sich, ländlichen Grundbesitz in der näheren Umgebung zu erwerben – gesellschaftlicher Aufstieg drückt sich in dieser Epoche immer im Erwerb und der Vergrößerung von Landbesitz aus. Besonders deutlich wird dies in Italien, vor allem in der Toscana. Grundherrschaft entscheidet nach wie vor über den Zugang zu Machtpositionen. Im übrigen befinden wir uns in einer Epoche der Geldknappheit, in der Grundbesitz (und dazu gewisse bewegliche Güter) das einzige Zahlungsmittel von realem Tauschwert darstellt.

Innerhalb dieses traditionellen Gefüges steht die feudale Wirtschaftsordnung in der zweiten Hälfte des 14. Jahrhunderts völlig

Plünderung der Stadt Alost. Miniatur aus Froissarts Chroniken.

neuartigen finanziellen Schwierigkeiten gegenüber. Chroniken, Rechnungsbücher und Korrespondenzen lassen ein finanzwirtschaftliches Defizit erkennen, dessen Ursachen sich nicht ausschließlich oder nur mittelbar auf den Krieg zurückführen lassen. Man kann dieses Phänomen als Krisenerscheinung deuten, als Erschütterung der ökonomischen Grundlagen der Feudalordnung.

Über das Ausmaß dieser Krise sind sich die heutigen Historiker – vor allem die der letzten zehn Jahre – nicht ganz einig. Während marxistische Historiker aus dem offensichtlichen Niedergang der Einkünfte des Adels auf eine fundamentale Strukturkrise des Feudalismus schließen, äußern sich andere – so etwa G. Fourquin in seiner »Histoire économique de l'Occident médiéval«[23] – wesentlich differenzierter. In ihrer Einschätzung ist die Krise nur partiell, von Region zu Region sehr unterschiedlich ausgeprägt, auf bestimmte Zeitabschnitte konzentriert und unterbrochen von Phasen der Erholung. In der Tat muß man eine Vielzahl von Faktoren unterscheiden, die durchaus nicht gleichsinnig wirken. Festzuhalten ist jedoch, daß viele dieser Faktoren im Sinne einer Destabilisierung der wirtschaftlichen Situation der Grundherren und damit einer Schwächung ihrer Machtposition wirken, soweit sie ihnen nicht mit einer Anpassungsfähigkeit begegnen, die angesichts ihres geringen Bildungsstandes und ihrer Inanspruchnahme durch militärische Aufgaben kaum allgemein vorhanden gewesen sein kann.

Die Einkünfte, von denen sie leben, bröckeln zunächst tendenziell immer mehr ab. Die Hauptursache dafür liegt in den Fluchtbewegungen der Landbevölkerung, im Bevölkerungsschwund, der zu einer Verminderung der Abgabenleistungen führt. Für diesen Schwund der Landbevölkerung gibt es gerade in der Epoche, die uns hier näher beschäftigt (erste Hälfte des 15. Jahrhunderts), zahlreiche Beispiele. So heißt es etwa in der Abrechnung, die 1432/33 Jean Mancibot, der Steuereinnehmer des Bischofs von Le Mans, Adam Chastelain, aufstellte, daß »die Pächter von Parigné, die dem Hochwürdigen Herrn Spanndienste zu leisten haben, sie noch immer schulden, weil es nämlich keine Ochsen gibt und sie das Land wegen der Kriegswirren aufgegeben haben«. In der gleichen Pfarrei Parigné-l'Évêque konnte der Zehnte nicht eingetrieben werden, »weil das Land entvölkert« ist; die Priorate Saint-Michel-du-Tertre, Avesnes, Piacé, Connerré, Savigny-sur-Braye und Souday sind aufgegeben. Marktflecken sind zerstört und verlassen. Die Untertanen der Kastellanei Loué erklären, daß »der Krieg unsere Stadt so vollständig ruiniert hat, daß von tausendachthundert Häusern von Steuerpflichtigen kaum zwanzig übriggeblieben sind«.

Um zu etwas globaleren Zahlen zu gelangen, kann man für einen Teil des Maine von einem Rechnungsverzeichnis für die Jahre 1433/34 ausgehen, das dem Regenten Bedford vorgelegt wurde und über die Verhältnisse in hundertfünfundvierzig Pfarreien Aufschluß gibt. Im Vergleich zu einer Schätzung von 1328, die »im Hinblick auf den Unterhalt des Heeres für Flandern« angestellt wurde, ist die Bevölkerung dieser Pfarreien ungefähr von achtundfünfzigtausend auf achtunddreißigtausend, also um ein Drittel zurückgegangen: Opfer des Krieges, der Seuchen und der Landflucht[24].

Die Landflucht führt zu einer Kettenreaktion: der Ertrag des eigenen Landes des Grundherrn nimmt ab, und die Einkünfte aus den grundherrlichen Bannrechten, wie Getreidemühlen oder Back-

Flüchtlingszug im Hundertjährigen Krieg. Die Bevölkerung verläßt mit ihrer letzten Habe das verwüstete Land.

öfen, sinken. Zugleich mit dieser Verringerung der direkten Einkünfte kommt es aus den gleichen Ursachen aber auch zu einem Nachgeben (und stellenweise einem Zusammenbruch) der Preise für Getreide und andere lebenswichtige Agrarprodukte, weil die Nachfrage abnimmt und die Verlagerung der Kulturen auf bessere Böden höhere Erträge erbringt. Umgekehrt werfen bestimmte Kulturen jetzt mehr ab, so etwa der Weinbau, die Viehzucht (der die Zunahme der brachliegenden Flächen zugute kommt) oder der Anbau von gewerblich genutzten Pflanzen wie Waid oder Krapp, die für Luxustextilien gebraucht werden. Doch diese vermehrten Gewinne führen weder zu einer Strukturveränderung in der landwirtschaftlichen Produktion, noch gleichen sie die Verluste auf anderen Gebieten aus.

Gleichzeitig und auf manchmal paradoxe Weise nehmen die Lasten zu: insgesamt steigen die Produktionskosten. Zunächst die Lohnkosten, die beträchtlich anwachsen: an manchen Orten verdoppeln sich die Einkommen in der zweiten Hälfte des 14. Jahrhunderts. In gleicher Weise steigen die Materialkosten, da die Preise der Gewerbeerzeugnisse sich stabiler entwickeln als die Agrarprodukte. Addiert man die Auswirkungen all dieser Faktoren, so läßt sich kaum bestreiten, daß, zumindest langfristig gesehen, die Gewinne der Feudalwirtschaft schwinden, abgesehen von Perioden der Erholung und Stabilisierung wie etwa von 1380 bis 1410.

Die Folgen dieser Entwicklung sind klar zu erkennen. Zunächst kommt es unter den Feudalherren zu einem Konkurrenzkampf: jeder will so viele Abgabenpflichtige wie möglich auf seinem Territorium halten. Zum Ausdruck kommt diese Konkurrenz in der Gewährung neuer Freiheiten sowohl hinsichtlich der Rechtsstellung der Bauern (fast überall ein Rückgang der Leibeigenschaft, Übergang zur Pachtwirtschaft anstelle der Eigenbewirtschaftung dort, wo es möglich ist) als auch hinsichtlich der Steuern und Abgaben, unter deren Last Unfreie wie Freie gleichermaßen stöhnen (Umwandlung bislang in Naturalien geleisteter Abgaben in Geldzahlungen, »Ermäßigungen« verschiedener Abgaben wie Zehnt, Zensus oder Erbschaftssteuer). Die zunehmende Zahlung in Geld (Gold oder Silber) und die Senkung der Abgabenleistungen stehen aber in keinem Verhältnis zu der Zahl der tatsächlich auf ihre Scholle zurückkehrenden Abgabenpflichtigen, und so tragen diese Zugeständnisse eher dazu bei, die Finanzsituation der Feudalherren zusätzlich zu belasten.

Ein Beispiel dafür ist das Mißgeschick des Guillaume Châteauvillain in Burgund, den der Krieg, Lösegeldzahlungen, Landveräußerungen und Mißwirtschaft ruiniert haben. Innerhalb von zwei Jahrzehnten des Mißerfolgs (1420 bis 1438) ist sein Vermögen buchstäblich dahingeschmolzen, so daß er am Ende seines Lebens praktisch nichts mehr besitzt, weder Geld noch bewegliche Habe. Selbst seine Ländereien sind so heruntergewirtschaftet, daß er sie nur noch für einen lächerlichen Preis losschlagen kann.

Wie weit geht also die »Erschütterung der feudalen Macht«? Sie läßt sich schwer quantifizieren. Man kann sagen, daß die Fundamente der feudalen Macht nicht ernstlich bedroht sind, auch wenn mancher bäuerliche Aufstand sie zumindest in bestimmten Regionen in Frage stellt. Festzustellen ist aber ein beginnender Verfall der festgefügtesten Institutionen der bäuerlichen Welt der damaligen Zeit.

Die Kriege und Niederlagen mit ihren Folgen (Tod oder Gefangennahme des Grundherren) führen in einem bis dahin unbekannten Ausmaß zu Besitzwechsel, Veränderung der Herrschaftsverhältnisse, Einzug von Lehnsgütern und zeitweiliger Herrenlosigkeit. Die ebenfalls durch Tradition geheiligten Bindungen zwischen den Adelsfamilien und ihren Bauern werden dadurch gelockert. Auch dies trägt zur Verschärfung der Autoritätskrise bei.

Umrisse einer sozialen Umwälzung

Der Hundertjährige Krieg und der Ruin vieler Häuser führen zu Veränderungen in den Besitzverhältnissen, die in ihrem Ausmaß und ihrer Bedeutsamkeit ohne Beispiel sind. Zwei Vorgänge scheinen mir in diesem Zusammenhang von Bedeutung zu sein.

Einmal die Tatsache, daß gewisse Feudalherren sich mit ihrem Niedergang, ihrem Abstieg abfinden müssen. In jenen Regionen, mit denen wir es hier zu tun haben, gibt es kleine Edelleute, die ihren Stand wechseln und von Grundherren zu Bauern absinken, so im Maine zum Beispiel die Herren von Banne, die im 17. Jahrhundert nur noch gewöhnliche Bauern sind. Um ein Beispiel zu wählen, das der hier behandelten Epoche zeitlich näher liegt: die Sorel oder Soreau, die einstigen Herren von Saint-Germain-de-la-Coudre, sind schon im 16. Jahrhundert zu schlichten Händlern abgesunken – eine schimpfliche Erniedrigung, schlimmer fast, als würde ein Familienbesitz zum Kunkellehen! Das schlagendste Beispiel aber ist – ebenfalls im Maine[25] – das der Herren von La Ferté-Bernard, einer alten Adelsfamilie, die kühne Ritter hervorbrachte und dreihundert Jahre über das Fertois geherrscht hat – man sprach von »La Ferté des Bernards«. Bernard IV. verschleuderte in der ersten Hälfte des 14. Jahrhunderts Stück um Stück den Familienbesitz, und seine Söhne müssen bereits Titel und Namen derer von Ferté aufgeben – alles spielt sich also im Zeitraum von nur zwei Generationen ab.

Eine Fülle von Beispielen ließe sich aufzählen; einige wurden bereits im Zusammenhang mit der Vermögenszerrüttung durch Lösegeldzahlungen angeführt. Ein letztes sei hier noch zitiert, weil es mit den Eskapaden des Gilles de Rais zusammenhängt. Es handelt sich um Jean II. Groignet de Vassé, der – ebenfalls im Maine – in jungen Jahren »all seine ererbten Besitztümer aufgab ... und unseren Feinden und Gegnern, den Engländern, überließ, die sie sich aneigneten und besetzten«. Er zieht in den Krieg, wird gefangengenommen, muß Lösegeld zahlen; als er schließlich »auf seine ererbten Güter« zurückkehrt, verspielt er sie in einem Leben der Ausschweifungen, das ihn zum Mord treibt und – was womöglich noch schlimmer ist – zu seiner Entmündigung führt. Bezeugt ist dieser Vorgang durch Urkunden aus dem Jahre 1448, die die Katastrophe besiegeln[26].

Während aber auf der einen Seite der Adel sich ruiniert und in manchen Fällen abdanken muß, erleben wir, in der ersten Hälfte des 15. Jahrhunderts, auf der anderen Seite einen zwar ebenfalls sehr langsamen, immer wieder unterbrochenen, aber sehr deutlichen Aufstieg des Bürgertums. Der Hundertjährige Krieg mit seinen Folgeerscheinungen gibt denen, die mit Wertgegenständen und

Juwelen handeln, aber auch den Geldverleihern, Bankiers, Pfandleihern und Wucherern, mit einem Wort den »kleinen Kapitalisten«, die Möglichkeit, Reichtümer anzuhäufen und damit ihren offensichtlichen gesellschaftlichen Aufstieg einzuleiten oder zu sichern. Gleiches gilt – zumindest zum Teil – für die Geistlichkeit und manche Abteien – etwa die Abtei Saint-Florent de Saumur, die Domkapitel von Nantes und Angers, die Bischöfe von Nantes (Malestroit) und Angers (Bueil), die gegen Pfand Geld verleihen und von den Schloßherren im Maine, von Karl von Anjou und (natürlich) auch von Gilles de Rais Landbesitz aufkaufen. Aber dies ist ein eigenes Kapitel.

Vor allem gilt es für die Bürger: sie leihen den Feudalherren das Geld, mit dem sie ihre Lösegelder zahlen und die Kriegskosten auffangen, und lassen sich dafür Ländereien als Pfand verschreiben, die sie sich schließlich aneignen – womit sie in die angestammte Domäne des Adels einbrechen. Zahlreiche Beispiele ließen sich anführen. Wiederum sind es Kaufleute der Provinz Maine, die sich vorzüglich auf diesen Handel verstehen, so etwa der Bürger Jean Berranger, der gegen Ende des 14. Jahrhunderts zum Herrn über zahlreiche Adelssitze aufsteigt, deren einstige Besitzer in wirtschaftliche Bedrängnis geraten sind, oder auch der Advokat und Bailli Jehan Bouchet, der es bis zum Seneschall des Grafen von Maine bringt und so Vermögensgewinn mit gesellschaftlichem Aufstieg verbindet.

Um den Vorgang genauer zu beleuchten, wähle ich zwei höchst aufschlußreiche Beispiele aus. Da ist Jean de Montecler, wiederum im Maine, der Gilles de Rais für sechstausend Taler La Voulte und Chénéché abkauft und auf Kosten nicht nur des verschwenderischen Barons, sondern auch noch des Charles de Coesmes sich und seiner Familie Grundbesitz und Adelsstand sichert. Er leiht gewöhnlich zu einem Zinssatz von zehn Prozent und immer in der Form von Hypotheken und zahlt die Summe teils in Geld, teils in Wertobjekten (Stoffe, Tapisserien, Goldstoffe) aus, wobei das Geld sich mitunter als »schlecht«, also als Falschgeld, erweist (Freibriefe von 1436). Man sieht da eine hinterhältig intrigierende, aber tatkräftige und schließlich efolgreiche Persönlichkeit am Werk. Zweifellos war er zu Beginn ein zwar reicher, aber gewöhnlicher Bürger. 1419 wird er zum Ritter geschlagen und leistet sich nun eine kleine Truppe von zwei Rittern, fünfzehn Schildknappen und zwanzig angevinischen Bogenschützen. Er entwickelt sich sogar zu einem geschickten Spezialisten in der Handhabung von Feldschlangen, von denen er einige bei Orléans befehligt; als »Kanonier aus Angers« finden wir ihn 1429 erwähnt, und bei Jargeau und Beaugency ist er ebenfalls dabei.

Ein anderes Beispiel eines erfolgreichen Spekulanten ist Guillaume Fremière, »Bürger und Beamter der Universität von Angers«, der reiche Frauen aus dem Großbürgertum heiratet. Er verleiht sein Geld und ebenso das seiner Eltern und Schwiegereltern. Und wie durch Zufall leiht er sein Geld ausgerechnet Gilles de Rais; dabei macht er gemeinsame Sache mit einem weiteren Spekulanten, dem Kaufmann Guillemot le Cesne (der seinerseits mit dem schon genannten Montecler im Bunde steht). Die Verträge, die er aushandelt, verschaffen ihm Ansprüche auf Renteneinkünfte, dann auf Grundherrschaften – für Summen, von denen Rais »nicht einmal den dritten Teil erhalten hat, und das in Form von Tuchen, Pferden, Rauchwaren und Ringen ...« Später werden Fremière und le Cesne diese Ländereien an einen gewissen Hardouin de Maillé verschachern, der mit den Erben des Marschalls im Streit liegt.

Trotz dieser Beispiele glaube ich nicht, daß man – außerhalb der Städte – bereits von der Bildung einer kapitalkräftigen, mit Grundbesitz ausgestatteten Bourgeoisie, also von einer frühkapitalistischen Situation, sprechen kann. Unter den vielfältigen Gründen muß die Geldknappheit hervorgehoben werden, die eine bedeutendere Kapitalakkumulation nicht zuläßt (vgl. die zahlreichen Käufe, bei denen mit Juwelen und anderem beweglichem Besitz bezahlt wird); erinnert werden muß auch an den Bevölkerungsrückgang und die finanziellen Engpässe, die einer Gründung größerer Unternehmen, seien sie auch nur handwerklicher Art, im Wege stehen. Bei diesen Versuchen von Bürgern (und Geistlichen), sich Adelsbesitz anzueignen, handelt es sich wohl eher um Versuche, in die dem Anschein nach immer noch herrschende Klasse aufzusteigen.

Der Adel freilich leistet Widerstand, in Frankreich mehr als in anderen Ländern (England und Deutschland vor allem). Aber es ist unmöglich, daß er diese anhaltende und fortschreitende Erschütterung seiner Macht nicht spürt. Sie wirkt über eine lange Zeit und äußert sich auf eine vielfältige und oft unerwartete Weise. Ein Identitätsproblem aber muß sie den betroffenen Feudalherren auf jeden Fall stellen: ihre Rechte und Privilegien werden in Frage gestellt. Die Reaktionen darauf sind höchst unterschiedlich.

Vielfalt der Reaktionen auf die Krise

Zu den faszinierenden Erscheinungen des späten 14. und frühen 15. Jahrhunderts zählt das vielfarbige Reaktionsmuster der herrschenden Klasse und der Feudalgesellschaft insgesamt. Nicht nur individuelle und oft auch regionale Unterschiede bedingen diese Vielfalt; auch die gleiche Person kann nacheinander wechselnde Haltungen einnehmen. Gilles de Rais ist dafür ein sprechendes Beispiel. Man kann in diesen starken Kontrasten den Ausdruck der Orientierungslosigkeit einer extrem aufgewühlten Epoche sehen, einer Zeit der Dämmerung, aber nicht der Nacht. Huizinga hat sie in seinem »Herbst des Mittelalters« zutreffend charakterisiert: eine Spätzeit voller Kontraste, durchgeistert von Schatten und Wahngebilden, von Gnomen und Heiligen – ein intensiver Augenblick der Menschheitsgeschichte.

Das ganze Mittelalter hindurch eignet dem einzelnen Menschen eine lebhafte emotionale Empfänglichkeit, die seinen gesamten Alltag prägt und sich »offenbart in jener schwankenden Stimmung von roher Ausgelassenheit, heftiger Grausamkeit und inniger Rührung«[27]. Diese überreizte Emotionalität lenkt das individuelle und kollektive Verhalten in fast schon pathologische Bahnen; sie liebt den Exzeß, das sich verströmende Gefühl, den extremen Ausdruck im Fühlen und Urteilen. Das ausgehende Mittelalter kennt »nur die beiden Extreme«: absolute Verdammnis oder Gnade[28]. Kein Maß, kein Abstand, keine Differenzierung – das kennzeichnet alle Chroniken der Zeit, die uns hier beschäftigt; eine der umfassendsten dieser Chroniken ist zweifellos das »Journal d'un Bourgeois de Paris« (Tagebuch eines Bürgers von Paris)[29].

Der Adel zeigt diese Maßlosigkeit vor allem in Luxus und Prunksucht. Das gehört zu seiner Tradition, ja fast schon zu seinem Wesen (»vivre noblement, c'est gaspiller« – adlig leben heißt verschwenden!), nimmt aber in dieser Zeit besonders plump auftrumpfende, ja skandalöse Formen an, die angesichts des allgemeinen Elends erstaunlich provozierend wirken. Wie die Verzeichnisse zeigen, enthalten die Schatzkammern der Mächtigen immense Reichtümer: Diamanten und andere Edelsteine, Gold und Emaillearbeiten, prächtige Kultobjekte und Reliquien, Silberarbeiten, Mobiliar, Miniaturen und erlesene Bücher. Ein Beispiel dafür ist das Inventar des Herzogs Jean de Berry, der »ein großes Wohlgefallen an kostbaren Edelsteinen« hatte. Als er 1416 starb, wurden seine Tapisserien auf achtundzwanzigtausend livres geschätzt, seine Juwelen und Manuskripte auf hundertdreißigtausend und sein von Jacquemart de Hesdin gemalter Psalter allein auf viertausend livres. Man kann diese Zahlen in Relation setzen zu dem Vermögen des Gilles de Rais, dessen Besitz an beweglichen Gütern und Wertobjekten ähnlicher Art von den Erben in einer groben Schätzung auf mindestens hunderttausend écus d'or geschätzt wurde.

Das Entscheidende an dieser Prunkentfaltung scheint ihr demonstrativer Charakter zu sein. Denn durch sie weist eine privilegierte Klasse sich aus, die ihre Sonderstellung sichtbar bekunden muß, sie allen Neidern vor Augen führen und gegen Emporkömmlinge verteidigen, den Vasallen, die als Parasiten am Hofe leben, ebenso imponieren muß wie dem gewöhnlichen Volk, das sein ärmliches Los um so geduldiger hinnimmt, je glanzvoller seine Herren ihm ihre Macht demonstrieren.

Beispiele für Verschwendungssucht ließen sich zahlreich anführen. Sie beginnt schon mit dem Unterhalt großer Scharen von Domestiken, Bediensteten, Bewaffneten, Spielleuten, Gauklern und Profitjägern jeglicher Art. Von der Hochzeit der Tochter eines Haushofmeisters Karls VI. zum Beispiel wird berichtet, daß die Festlichkeiten eine volle Woche dauerten: »Es waren so viele Leute da, daß allein die Musiker, die alle erdenklichen Instrumente spielten, ein ganzes Dorf hätten bevölkern können[30].« Bei jeder sich bietenden Gelegenheit gibt es üppige Mähler – üppig in der Speisenfolge; kostbares Geschirr ist gegen Ende des 14. Jahrhunderts noch rar, aber vorhanden –, bei denen kräftig getrunken wird und mancherlei Zerstreuungen für die Unterhaltung der Gäste sorgen. Das Inventar des Herzogs von Berry von 1398 zählt für den Tafeldienst »neun Brotmeister, drei Mundschenke, acht Vorschneider, sechs Küchenmeister und dreiundzwanzig Kellermeister und Anrichter« auf; die Küche zählt vierzig Bedienstete, die alle ihre Spezialaufgabe haben (Suppenköche, Saucenköche, Wasserträger, Obstservierer usw.); hinzuzählen darf man noch den »Maître des déduits«, der für die Spielleute und sonstige Belustigungen zuständig ist, und »Milet den Narren und seinen Diener«, den Meister derber Späße.

Auch in einer exzessiv rasch wechselnden Kleidermode kommt die Prunksucht zum Ausdruck. Auch hier geht es vor allem darum, die Sonderstellung des Adels zu betonen, der sich in Feinheiten von Schnitt, Stoff und Zierat hervortun kann. Immer mehr kommen mit Gold und Silber bestickte Seidenstoffe und feinster Samt in Mode; man schwelgt in Posamenten, Stickereien und Pelzwerk – vor allem Feh, Marder, Zobel, Hermelin und Lamm; die weniger Begüterten bescheiden sich mit Fuchs, Hase und Eichhörnchen –, in gestickten und kunstvoll umsäumten Sinn- und Wappensprüchen, in Schmuck und Juwelen jeder Art: Schnallen und Broschen, Fibeln und Agraffen, mit Perlen und Edelsteinen besetzte Gürtel. Die Farben werden häufig nach ihrem Symbolwert gewählt, wobei man ständig wechseln kann: der glückliche Liebhaber kleidet sich grün und violett, der treue Liebhaber trägt blau, wer traurig ist, geht in Rot und Schwarz mit Akeleiblüten. Mancher treibt die Extravaganz sehr weit; La Hire, der furchtgebietende Gefährte der Jeanne d'Arc, trug einen »mit Glöckchen besetzten Mantel, so daß er klingelte bei jedem Schritt wie eine Kuh im Gebirge«[31]. Man muß das wissen, um den Effekt nachvollziehen zu können, den der reiche Gilles de Rais mit seiner papageienbunten Kleidung am eher ärmlichen Hof Karls VII. in Bourges auslöste.

Auch Kirche und Geistlichkeit haben an diesem Luxus teil. Teils zur Verherrlichung Gottes bestimmt, teils zum irdischen Ruhm der Kirche, kommt er in der hohen Zahl der Diener Gottes ebenso zum Ausdruck wie im Prunk ihrer Gewänder, in der Kostbarkeit der sakralen Gegenstände, in Zierat und erlesenen Altarstoffen.

Wenn die Verschwendungssucht des Gilles de Rais einen Exzeß darstellt, so gilt das also nur relativ; er treibt nur auf die Spitze, was in seiner Klasse Brauch ist und ihre Sonderstellung symbolisch zum Ausdruck bringt, und dies ganz besonders in jener Epoche. Denn die allgemeine Verarmung der Gesellschaft geht teilweise einher mit einer Konzentration des Reichtums in wenigen mächtigen Händen, die vom wirtschaftlichen und gesellschaftlichen Niedergang eines Teils des Adels profitieren.

Mit diesem Bedürfnis, seinen Reichtum zur Schau zu stellen, steht auch eine andere Reaktion des Adels in dieser langen Periode des Niedergangs in Zusammenhang: er besinnt sich neu auf seine fiskalischen Rechte als Einnahmequelle. Die an den Grundherrn zu zahlenden Steuern, die im 13. Jahrhundert zurückgegangen waren, werden in der zweiten Hälfte des 14. Jahrhunderts wieder drückender[32]. Zugleich zieht aber seit den ersten Valois (Karl V.) das Königshaus die Steuerschraube an: Salzsteuer (»gabelle«), Abgaben auf verschiedene Gebrauchsgüter des täglichen Bedarfs, Herdsteuer. Dies ist für die Adelsklasse von Bedeutung, denn wer an dem neuen Steuersystem zu partizipieren weiß – geschickte Juristen, die später in den Adelsstand aufsteigen, wie Ratgeber des Monarchen und Adlige, die ihm bereits nahestehen –, findet hier eine Gelegenheit, sich zu bereichern[33].

Ganz allgemein gesehen aber ist diese Erhöhung der Steuerlast das Werk des nach Geld hungernden Adels und Teil einer »feudalen Reaktion«, die neue Geldquellen erschließen soll. So bringen in weiten Teilen des Abendlandes, in Deutschland und England ebenso wie in Frankreich, zahlreiche Grundherren auch ihre rechtsprechende Gewalt neu und verschärft zur Geltung. Sie schröpfen ihre Bauern mit Geldstrafen und Bußen, die nach Anlaß, Höhe der Summe, Ausmaß und Art der Eintreibung häufig reine Willkür sind. Dieser verstärkte Druck führt in manchen Gebieten zu einer Einschränkung der persönlichen Freiheitsrechte der Bauern, zur Wiedereinführung einer Art von »neuer Leibeigenschaft«[34].

Es ist kaum möglich, hier alle Faktoren dieser regional sehr unterschiedlich ausgeprägten Verschärfung der Adelsherrschaft näher zu bestimmen. Sie ist in Westeuropa allerdings vorübergehend, wird (in späterer Zeit) ebenso durch die Gesetzgebung des Königs zurückgedrängt wie durch den Widerstand der bäuerlichen Gemeinschaften, die das Joch der Leibeigenschaft abschütteln und eine Begrenzung ihrer Pflichten und der Herrenrechte erzwingen. Aber im 15. Jahrhundert lastet sie mit all ihren Widersprüchen schwer auf der gesamten bäuerlichen Bevölkerung.

Wie hat die Adelsklasse selbst ihre Rolle erlebt? Auf höchst widerspruchsvolle Weise gewiß. Die Feudalherren, vielfach bedroht und voller Ängste, mächtig und verwundbar zugleich, sehen sich zwei entgegengesetzten Verlockungen gegenüber: der von den Vorfahren ererbten Neigung zur Gewalt, zum Räubertum, und einer humanistisch geprägten geistigen Neuorientierung, für die Italien das Vorbild und manchmal auch – quasi als Abgesandte – einzelne Mentorenfiguren liefert wie jenen rätselhaften Prelati im Falle des Gilles de Rais, dessen humanistischen Bildungsstand wir allerdings dahingestellt sein lassen.

Grausamkeiten, wie wir sie schon angedeutet haben, finden wir reichlich in diesem ständig mit dem Tod konfrontierten Jahrhundert. Ich brauche nur an die berühmten und wohlbekannten Schilderungen Michelets zu erinnern, vor allem jenes Kapitel seiner »Histoire de France«, das die Taten des Gilles de Rais behandelt[35], um die unglaubliche Barbarei des damaligen Adels ins Gedächtnis zu rufen. Nach Michelet kehrten die Adligen heim aus Krieg (und Niederlagen), »um Geld zu machen« und fielen »über das Land her wie Hagel und Gewitter«. Michelet schreibt »Rette sich, wer kann! (Der Adlige) ist gewöhnlich ein brutaler Haudegen, ein Barbar und kaum ein Christ. Nicht selten ist er der Anführer einer Bande von Räubern, Mordbrennern und Schindern, wie der Bastard von Bourbon, der Bastard von Vaurus, ein Chabannes oder La Hire. Hautabzieher und Schinder ist das richtige Wort ... Wenn nichts blieb als die Haut, dann nahmen sie die Haut.«

Michelet stellt den Adel nicht von ungefähr mit Räubern übelster Sorte gleich. Er bringt dafür zahllose Beispiele aus den Chroniken der Zeit, vor allem aus Monstrelet. Er erwähnt einen gewissen Jean de Ligny, der mit dem Hause Luxemburg verwandt ist: der richtet seinen fünfzehnjährigen Neffen, den Grafen von Saint Pol, dazu ab, flüchtende Bauern zu massakrieren. Oder den Grafen von Harcourt (»einer der größten Namen Frankreichs«): der hielt seinen eigenen Vater lebenslang gefangen. Oder die Gräfin von Foix, die ihre Schwester ins Gefängnis warf. Oder den unseligen Herrn von Giac, der seine Frau vergiftete: »Und als sie das

Gift getrunken hatte, mußte sie hinter ihm zu Pferde sitzen, und so ritt er mit ihr fünfzehn Meilen, worauf besagte Dame auf der Stelle starb. Und dies tat er, weil er Madame de Tonnerre haben wollte[36].« Er erwähnt den Herzog der Bretagne, der seinen Bruder Hungers sterben ließ, zur großen Entrüstung des Volkes, das die qualvollen Schreie hörte. Oder den Grafen von Geldern, der seinen Vater aus dem Bett holte, ihn fünf Stunden durch den Schnee schleifte und dann in ein finsteres Verlies warf, wo er umkam; er folgte hierin offenbar einer in der Familie fest verankerten Tradition des Vatermordes. Solche Scheußlichkeiten lassen sich »von den meisten großen Häusern der Zeit« berichten, von Frankreich bis zu den Niederlanden, von Burgund bis Armagnac, und ebenso aus Deutschland, Italien, Spanien oder Ungarn.

Gilles de Rais ist also nicht unbedingt ein Einzelfall. Seine Grausamkeiten sind nur ein besonders krasses und besonders abscheuliches Beispiel für die schändlichen Verirrungen innerhalb einer Klasse, die ihren Halt verloren hat.

Die gleiche Zeit aber – und auch dies wird an Gilles de Rais deutlich – kennt auch eine neuartige und tiefe Hinneigung zum Geistigen, zu einem aristokratischen Humanismus, der den manchmal geradezu wunderbaren Gipfel des Feingefühls und erlesenen Geschmacks darstellt und das »höfische Rittertum« zur Vollendung bringt. Von dieser Blüte des Ritterums mit ihren erlesenen Stundenbüchern, ihren geistreich und prächtig gewirkten Tapisserien, ihren Miniaturen, ihrer Verfeinerung der Sitten, der Farben und der Gefühle war bereits die Rede.

Wir müssen also in dieser Schreckensperiode zugleich eine Epoche sehen, die auch Raum hatte für Beispiele eines würdigen, exemplarischen, heiligmäßigen Lebens. Eines dieser Beispiele ist der Marschall von Boucicaut, der »Typus des schlichten, frommen und zugleich höfischen und literarisch gebildeten« Ritters: »Früh steht er auf und bringt wohl drei Stunden im Gebet zu. Jeden Tag hört er kniend zwei Messen an, wie eilig und beschäftigt er auch sein mag. Freitags trägt er Schwarz« usw.[37]. Er ist ein eifriger Anhänger des Frauenkultes und gründet zur Verteidigung der Frauen den »Orden vom grünen Schild mit der weißen Dame«, was ihm das Lob der Christine de Pisan einträgt. Auch sie ist eine der bemerkenswerten Erscheinungen aus der ersten Hälfte des 15. Jahrhunderts. Zu den bedeutenden Persönlichkeiten der nächsten Generation gehört Jean du Bueil, der ein halbes Jahrhundert nach Boucicaut lebte, Feldhauptmann der Jeanne d'Arc war, später in den großen Adelsaufstand der »Praguerie« und in die »Ligue du Bien Public«, die sogenannte Liga für das gemeine Wohl, verwikkelt war und 1477 starb[38]. Gemeinsam mit drei Gefolgsleuten schrieb er unter dem Titel »Le Jouvencel« (Der Junker) eine Art ritterlichen Erziehungsroman, in den viele autobiographische Elemente eingeflossen sind. »Le Jouvencel« betont ausgiebig die Notwendigkeit, »dem Hochmut, dem Neid und der Habsucht« zu widerstehen, predigt Mäßigung und Großmut gegen den besiegten Feind...

Auch die manchmal etwas zweideutigen Freuden der »höfischen Liebe« sind unter diesem Aspekt zu sehen. Ihre Regeln sind zu dieser Zeit bereits altehrwürdig; sie stammen aus dem 11. und 12. Jahrhundert, also aus der frühen Zeit des Feudalsystems und seiner Wertordnung. Die Glanzzeit der höfischen Liebe ist das 13. Jahrhundert mit seinen Heldenepen von Tristan, Lanzelot und Parzival. Manche aber pflegen sie auch noch im 15. Jahrhundert, in dem, namentlich an den Höfen von Burgund, Anjou usw. eine chevalereske Mode (mit Betonung der höfischen Liebe) ausbricht. Von Boucicaut heißt es: »Allen Frauen diente er, alle ehrte er aus Liebe zu der einen. Seine Rede war anmutig, höfisch und furchtsam vor einer Dame[39].« Um 1400 gibt es lebhafte literarische Debatten um die große Liebe und die flüchtige Liebelei. Aber all dies ist in seiner Überfeinerung wohl nur noch ein Nachklang der großen Hingabefähigkeit des 13. Jahrhunderts.

Unleugbar ist jedenfalls, daß ein Mensch vom Range des Gilles de Rais die Wahl zwischen mehreren Entscheidungen hatte. Zunächst – und dies scheint mir die fundamentale Entscheidung, von der alle weiteren abhängen – für oder gegen eine nüchterne Einschätzung seiner realen gesellschaftlichen Situation. Dies hieß: entweder neue Verantwortlichkeiten oder totales Scheitern. Zweifellos hat er das Scheitern gewählt, den zielstrebigen Sturz in den Abgrund. Aber er hatte noch eine zweite Entscheidung zu treffen: zwischen der atavistischen Gewalt, die zur Tradition seiner Klasse gehörte, und dem ästhetischen Raffinement, der Pflege von Bildung und Wissen. Man kann wohl mit einigem Recht sagen, daß zeitweilig beide Tendenzen nebeneinander bestanden (wie bei Boucicaut, Richemont oder Bueil, um nur einige Beispiele zu nennen) und seine brutale Gewalttätigkeit ihn nicht hinderte, dem Ästhetizismus zu huldigen, Literatur und Kunst zu genießen und sich eine kleine, aber erlesene Bibliothek aufzubauen, von der wir durch ihre Veräußerung im Jahre 1435 wissen (sie enthielt u. a. Werke von Sueton, Valerius Maximus, Ovid und dem heiligen Augustinus). Daraus mit Huysmans zu folgern, Gilles de Rais sei einer der »kultiviertesten« und »künstlerisch empfänglichsten« Menschen gewesen, scheint mir aber durch nichts gerechtfertigt. Ich glaube im Gegenteil, daß es sich bei seinem Kult des Luxus, der Kirchenmusik und des Kunstsammelns mehr um die großspurige Laune eines übermäßig reichen und ausschweifenden Feudalherren handelt, der seiner Geltungssucht frönt, aber keine tiefe Befriedigung daraus zieht. Die Verunsicherung seiner Klasse und die Triebkräfte des eigenen Charakters lassen ihn Genuß eher in Schreckenstaten finden, in der Gewalt, im Verbrechen.

4. Kapitel: Die Geistlichen und das Feudalsystem

Die politischen Prälaten

Der Sturz des Baron de Rais, sein Prozeß und seine Hinrichtung sind zunächst das Werk eines einzigen Mannes. Und dies in so hohem Maße, daß die späteren Legenden, wie man sie in der Bretagne findet, Jean de Malestroit, den Bischof von Nantes, zum Sieger in einer Art von Zweikampf gegen Gilles de Rais machen. Der mächtige, ehrgeizige und habgierige Prälat, der zynische und berechnende Jurist steht in diesem sonderbaren Duell einem naiven, schamlosen, verschwendungssüchtigen, eher ungebärdigen als ambitionierten und in der letzten Phase leichtgläubigen und verzagten Gilles de Rais gegenüber.

Wie verlief der Weg dieses Jean de Malestroit, der 1440 Gilles de Rais Einhalt gebietet? Immerhin verkörperte er eine beträchtliche Macht im Herzogtum Bretagne[1]; sie war so beträchtlich, daß er sogar Herzog Johann V. selbst zu beherrschen vermochte, in dessen Politik Malestroit etwa die gleiche Rolle spielte wie später Richelieu für Ludwig XIII. Das mag eine etwas gewagte These sein, aber es ist schwierig, ein endgültiges Urteil über die umstrittene Persönlichkeit Johanns V. zu fällen, der 1402 im Alter von zwölf Jahren in Rennes gekrönt wurde und 1442 im Schloß von La Touche in Nantes starb. Die Chronisten der Zeit waren sich der Vorteile seiner bedächtig taktierenden Politik wohl bewußt, die der unter seinem Vorgänger arg heimgesuchten Bretagne die verheerendsten Auswirkungen des Hundertjährigen Krieges ersparte, und überschütteten ihn mit Lobeshymnen: »Er mehrte sein Vermögen und hinterließ ein wohlhabendes Land« (Jean de Saint-Pol). Und der »Mönch von Saint-Denis« rühmt an ihm Wohlgesonnenheit, Milde, gute Sitten, Friedfertigkeit und eine gewisse Freigebigkeit. Er rechnet es ihm hoch an, daß er seine Untertanen »im Glück des Friedens und der Ruhe des Wohlstands« erhalten habe. Dieser Zustand materiellen Gedeihens, den das Herzogtum fast ein halbes Jahrhundert genoß, scheint wohl wesentlich das Ergebnis der Politik von Johanns wichtigstem Ratgeber Malestroit gewesen zu sein.

Bei allen unvermeidlichen Wechselfällen, die sie durchläuft, beruht Malestroits Politik auf einer sehr einfachen Maxime. Er handelt nach den Grundsätzen solider Haushaltsführung im Interesse der Mehrung der Einkünfte des Landes, des Herzogshauses und seines eigenen Hauses. Diese drei Interessen ergänzen einander vollkommen. Was aber garantiert am besten Wachstum und Gedeihen? Sicherheit, äußerer und innerer Friede. Und dazu natürlich eine gewisse Portion List, um die Beutegier der Nachbarn auszutricksen und ihnen, wo es geht, etwas wegzuschnappen. Das führt einerseits zum Ausbau einer soliden, gut funktionierenden Verwaltung und andererseits zu einer maßvollen Außenpolitik, die das Herzogtum vor allzu kostspieligen Abenteuern zu bewahren sucht, aber sich die Neutralität oder das Überwechseln von einem Lager ins andere so teuer wie möglich bezahlen läßt. Wenn einer solche Ziele über dreißig Jahre lang kontinuierlich verfolgt, muß er Erfolg damit haben.

Jean de Malestroit war der sechste Sohn von Jean de Châteaugiron-Malestroit und entstammte dessen dritter Ehe mit Jeanne de Dol, Herrin von Combourg. Als jüngster Sproß der Familie schlägt er die geistliche Laufbahn ein; 1405 ist er bereits Bischof von Saint-Brieuc. In rascher Folge häuft er geistliche und weltliche Ämter, wobei er eine eindeutige Begabung für Geldgeschäfte an den Tag legt. Zur gleichen Zeit, als er zum Bischof von Saint-Brieuc ernannt wird, gehört er einer dreiköpfigen Finanzkommission an, und von ihr gelangt er noch im gleichen Jahr 1405 in den »Großen und Geheimen Rat« des Herzogs. Während der gesamten Regierungszeit Johanns V. bleibt er in seinen Diensten; nur ein Jahr nach ihm ist er 1443 gestorben.

Ungewöhnlich rasch steigt er auf: 1406 ist er Generalgouverneur der Finanzen der Bretagne, 1408 erster Präsident des Rechnungshofes, einige Monate später Kanzler und seit 1409 Schatzmeister und General-Steuereinnehmer. Der Aufstieg beginnt also 1405, als Johann V. erst fünfzehn Jahre alt ist. Der Einfluß, den dieser Prälat und Finanzexperte gewinnt, ist kennzeichnend für die Machtstellung der hohen Beamten der Fürsten in dieser Epoche des wirtschaftlichen und gesellschaftlichen Wandels und läßt sich leicht aus den Umständen der Zeit und der Interessenlage des Herzogs erklären.

Die Diplomatie des behutsamen Lavierens, die die Regierungszeit Johanns V. zum Vorteil des Landes kennzeichnet und die Ursache des Wohlstandes der Bretagne ist, kann zu einem guten Teil Jean de Malestroit zugeschrieben werden. Er nimmt aktiven Anteil an den diplomatischen Initiativen des Herzogs und wirkt dabei stets auf einen Kompromiß hin. Das trägt dem Land nicht immer Ruhm ein, aber oft einen finanziellen Vorteil. 1409 zum Beispiel nimmt Malestroit an einer Geheimkonferenz mit dem Herzog von Burgund teil und erreicht, daß Johann V. für sein Ausscheren aus der Partei der Armagnacs eine Entschädigungszahlung von zwanzigtausend écus d'or erhält. 1418 vermittelt Malestroit noch einmal zwischen dem Dauphin und dem Herzog von Burgund. Wie üblich, erweisen die Verhandlungen sich als schwierig; vorübergehend wird Malestroit sogar vom Dauphin gefangengesetzt, aber gegen ein Lösegeld von zehntausend Franken wieder freigelassen, und an der Schnelligkeit, mit der das geschieht, zeigt sich, wie unentbehrlich er für Johann V. ist. Malestroit sucht daraufhin die Annäherung an England und fährt 1419 und 1420 nach London. Die Folge davon ist die Anerkennung des Vertrages von Troyes – der Heinrich V. von England die französische Königskrone durch die Bretagne verschaffen soll.

Diese Hinhaltetaktik ist für ihn nicht immer ganz einfach. 1426 nimmt ihn der Konnetabel Richemont im Schloß von La Touche bei Nantes gefangen, weil er ihn für seine Niederlage gegen die Engländer bei Saint-James-de-Beuvron verantwortlich macht. Wieder einmal verspricht Malestroit zu vermitteln und erkauft seiner Freilassung mit einer diplomatischen Mission zum Herzog von Burgund, die eine Wiederannäherung an den Dauphin bringen soll. Sie bleibt jedoch erfolglos. In den folgenden Jahren setzt Malestroit die Politik des Lavierens zwischen dem Regenten Bedford und Karl VII. fort. 1432 wird er durch den Herzog von Alençon – möglicherweise im Auftrag Karls VII. – abermals gefangengesetzt und auf Betreiben Johanns V. und des Regenten wieder freigelassen. In den nächsten Jahren gehen die Intrigen zugunsten Englands weiter. Zweifellos war Malestroit in erster Linie für die pro-englische Haltung der Bretagne in den Jahren 1408 bis 1432 verantwortlich. Diese Haltung widersprach zwar einer alten profranzösischen Tradition des bretonischen Adels (Du Guesclin, Clisson, Richemont), aber man kann sagen, daß sie den Wohlstand des Landes gefördert hat.

Nach 1432 nimmt die diplomatische Aktivität Malestroits ab, nicht aber die außerordentliche Geschicklichkeit und Besitzgier dieser Persönlichkeit, deren Devise lautet: »Non male stridet domus quae numerat nummos« (wo man Geld anhäuft, ist man gegen Unheil gefeit). Von Anfang an ist seine Vorgehensweise eindeutig, denn er ist zugleich Generalgouverneur der Finanzen, der die Verfügungsgewalt über die gesamten Ausgaben hat, und erster Präsident des Rechnungshofes, der – diese Aufgaben kontrolliert. Als Geschäftsmann kennt er keine Skrupel. Auf besonders krasse Weise wird das deutlich, als er infolge seiner Ämterhäufungen beschuldigt wird, er habe Unterschlagungen begangen und sich schamlos bereichert, indem er »besagte Finanzen unmäßig zum eigenen Vorteil an sich gerissen« habe: es gelingt ihm am 24. März 1426, sich formelle, vom Herzog unterzeichnete Zahlungsbelege zu verschaffen, die ihn gegen alle Anschuldigungen decken, auch gegen die, von den englischen Nachbarn »Weinkrüge« erhalten zu haben, von denen nicht nur weitverbreitete Gerüchte zu melden wissen, sondern auch der biedere Konnetabel Richemont (vor allem in einem Brief an den Herzog von Burgund aus demselben Jahr 1426).

Dies also ist der Mann, der, seit 1419 Bischof von Nantes, den Kampf mit Gilles de Rais aufnimmt. Chronisten und Legende, aber auch manche Historiker (der Abbé Bossard muß sich in dieser Hinsicht Kritik gefallen lassen) sehen in ihm den Vollstrecker der göttlichen Gerechtigkeit an einem großen Verbrecher: der Bischof übernimmt das Richteramt, zu dem die Kirche Frankreichs im Bund mit dem Volk die Vollmacht zu haben glaubt.

Die Wirklichkeit sieht anders aus. Man muß zunächst wissen, daß Malestroit und Gilles de Rais schon miteinander Bekanntschaft gemacht haben: als Käufer und Verkäufer der Güter des Barons. Wie wir gesehen haben, ist Malestroit mit dem Vermögen seines Herrn auf eine recht eigennützige Weise umgegangen, und wahrscheinlich war er von den Engländern bestochen (sein Testament enthält ein bedeutendes Vermächtnis an die Kathedrale von Nantes zugunsten Heinrichs VI., das, wie so oft in dieser Zeit, eine Art Rückerstattung mehr oder minder unrechtmäßig erworbenen weltlichen Besitzes darzustellen scheint). Die Verkaufsakten sind sehr präzise: in den Jahren vor der Verhaftung des Barons und dem Prozeß gegen ihn erwirbt Malestroit direkt von Gilles de Rais und für sich selbst zahlreiche Ländereien wie Prigné, Vüe, Bois-aux-Tréaux oder Saint-Michel-de-Sénéché, und zwar zu den äußerst günstigen Bedingungen, zu denen Gilles, wie wir wissen, seine Güter verschleuderte.

Der Bischof von Nantes, der nach zeitgenössischen Aussagen sein Leben 1443 »sehr reich an Gold und Silber« beschloß, war ganz offensichtlich darauf aus, sich Besitztümer des verschwenderischen Barons anzueignen, und insofern sind die Folgen des Prozesses nur Besiegelung und krönender Abschluß eines Werkes, das bereits Jahre zuvor begonnen hat. Wie bewußt die Hintergedanken waren und wie sorgsam das Vorgehen zwischen Malestroit und dem Herzog abgestimmt war – wie zweifellos in zahlreichen anderen Fällen auch –, zeigt sich daran, daß Johann V. seinem ältesten Sohn schon vierzehn Tage *vor* der Verhaftung des Barons Besitzungen schenkte, die Gilles de Rais erst als Folge des Prozesses verlieren sollte.

Es ist also, auf der einen Seite, völlig unbestreitbar, daß der Prozeß Teil eines ganz und gar eigennützigen Manövers des Bischofs ist. Seine Verleumder gehen so weit, diesbezüglich sogar die Prozeßführung selbst mit sehr präzisen Vorwürfen anzufechten.

Dies ist weitgehend die Argumentation Salomon Reinachs zu Beginn des 20. Jahrhunderts, aber auch der späteren Parteinahmen für Gilles de Rais. Diese These stützt sich auch auf die ersten Reaktionen des Barons, der seine Richter als »Simonisten« und »Hurenböcke« beschimpft.

Der erstgenannte Vorwurf, der der Simonie, zielt sehr genau, aber er ist zu dieser Zeit nicht ungewöhnlich. Betrachtet man die Vorgeschichte Malestroits, der es so erfolgreich verstand, sein kirchliches Amt mit finanziellen Zuständigkeiten zu verquicken, so entbehr er auch nicht der Berechtigung. Zumindest darf man davon ausgehen, daß der Prozeß von einem in Geldangelegenheiten äußerst gewieften Mann eingefädelt wurde. Eine eingehendere Analyse der Situation läßt den Prozeß als eine Episode des für diese Epoche so bezeichnenden Kampfes um den Grundbesitz erscheinen, an dem auch die Geistlichkeit alles andere als unbeteiligt ist.

Der höhere Klerus war stets auch eine weltliche Macht, die darum kämpft, ihre Stellung zu behaupten oder zu verbessern. Seine Macht ist im Laufe wechselnder Epochen vielleicht schon größer gewesen, aber seine Ziele bleiben unverändert und sind im 15. Jahrhundert eindeutig zu erkennen. Zu Ende des 14. Jahrhunderts muß klar unterschieden werden zwischen den höheren Rängen der kirchlichen Hierarchie (die, wieder einmal, von der Verquickung ihrer priesterlichen und weltlichen Funktionen zu profitieren und die gesellschaftliche Krise zur Mehrung ihrer Macht auszunützen versuchen) und der Gesamtheit der Geistlichen, der Mönche und Pfarrer, die die Folgen der Krise (Hunger, Verwüstung, Entvölkerung) mit voller Wucht zu spüren bekommen und nicht nur ihre Einnahmequellen verlieren (Abgaben, die das Volk leisten muß, ein Teil des Zehnten), sondern auch Abstriche an ihren Funktionen hinnehmen müssen (Verlust des Rechtes auf die Stola bei bestimmten gottesdienstlichen Handlungen).

Der höhere Klerus – Dechanten, Archidiakone, Bischöfe, Äbte – hat einen völlig anderen Lebensstil. Er ist inzwischen mit beträchtlichem Grundbesitz ausgestattet, der jeden Prälaten zugleich zu einem vollständig in die Feudalordnung integrierten weltlichen Herrn macht. Zu dieser aus dem Grundbesitz erwachsenden Machtstellung kommt noch eine Autorität besonderer Art hinzu, die sich aus den priesterlichen Funktionen ergibt: Autorität über den niederen Klerus (Priesterweihe, Kirchenweihe, Rechtsprechung über Geistliche), aber auch Autorität über die Gesamtheit der Gläubigen, die auf subtile Weise geistliche Belange (Segen spenden und Sakramente austeilen) mit gewissen richterlichen Funktionen, wie der Androhung der Exkommunikation verquickt. Vermehrt werden Macht und Autorität durch die Erschließung beträchtlicher Einnahmequellen, die ihrerseits wieder einer Vermischung der Funktionen zu verdanken sind: zu den Einkünften aus Herrschaften, Lehnsgütern, Alloden, Bannrechten und Marktrechten kommen ein Viertel des Zehnten, die Erbschaften der Geistlichen und die Stiftungen der Gläubigen hinzu. Die Verwaltung des Ganzen erfordert dann einen Behördenapparat mit Beamten in seelsorgerischer Funktion (Koadjutor, Generalvikar) und in juristisch-finanzieller (Kanzler, Offizial, Notare, Archidiakone).

Der hohe Klerus ist auf diese Weise fest eingebunden in die weltliche Gesellschaft. Er lebt in Schlössern und Palästen, er ist umringt von Rittern und Vasallen, geht zur Jagd oder führt Kriege, kann ohne weiteres ein ausschweifendes Leben führen (Nikolaitismus) oder aus priesterlichen Funktionen materiellen Gewinn schlagen (Simonie). Er rekrutiert sich im allgemeinen aus der Adelsklasse: Prälaten werden die jüngsten Söhne aus guten Familien oder Vettern und sonstige Verwandte, und sie führen ein Leben, das dem ihrer Brüder und Vettern auf den benachbarten Adelssitzen ziemlich gleicht. Einträgliche Kirchenämter werden vielfach in der Familie gehalten (Nepotismus).

Dieses Bild eines besitzgierigen und ruhmsüchtigen höheren Klerus, der zusammen mit den Feudalherren nach oben gelangt ist und mit ihnen in einem Boot sitzt, ist durch viele zeitgenössische Zeugen belegt, vor allem durch kritische Literaten und Kirchenreformer. Gerson etwa schreibt: »Wo findet man heute noch einen Bischof, der sein Amt nicht durch Ehrgeiz und Habgier erlangt hat?« Oder Nicolas de Clémanges: »Wenn in unseren Tagen jemand das Hirtenamt übernimmt und sich der Seelsorge weiht, dann ist mit keinem Wort vom Dienst an Gott und der Erbauung und dem Seelenheil der Gläubigen die Rede; das einzige, was zählt, ist die Höhe der Einkünfte.«[2]

Die Prälaten der Zeit bestätigen diese Kritik vollkommen durch ihr Verhalten. Schon bevor Malestroit nach einem Teil der Güter des Gilles de Rais – den in der Bretagne gelegenen – griff, verfügte er über ganz beträchtliche Einnahmequellen unterschiedlichster Herkunft, die durch ihre wohldosierte Mischung sicher und verläßlich waren. Die Bischofspfründen waren an sich schon sehr stattlich. Hinzu kommen seine Bezüge als Generalschatzmeister, Präsident des Rechnungshofes und Kanzler, die Geschenke und Zuwendungen, die er von seinem Herzog, von Fürsten, die ihn empfangen, oder für seine diplomatischen Missionen erhält, möglicherweise auch Geheimzahlungen der Engländer und schließlich verschiedene Unterschlagungen. Alles zusammen erlaubt ihm eine nicht skandalöse, aber würdige Prachtentfaltung und Freigebigkeit: er kann Juwelen kaufen, dem Herzog Geld vorstrecken und den Kirchen seiner Diözesen Saint-Brieuc und Nantes beträchtliche Zuwendungen machen. »In utraque variis ac magnificis donationibus cultum multipliciter auxiit«, lautet die Inschrift seines Epitaphs in der Kathedrale von Nantes (in beiden Diözesen hat er durch vielfältige und großzügige Schenkungen den Gottesdienst in mannigfacher Weise gefördert).

Seine finanzielle Macht kommt der eines Fürsten gleich. Der Herzog überschüttet ihn denn auch mit Beteuerungen der Freundschaft, der Hochschätzung und Vertrautheit. »Vielgeliebter und getreuer Ratgeber« nennt der Herzog ihn 1406 und 1410; im Jahre 1413 ist er der »überaus geliebte und getreue Ratgeber«, 1416 »Gevatter« (also Taufpate), 1422 gar »Vetter« und von 1426 an wird er stets unmittelbar nach den Brüdern des Herzogs genannt.

Malestroit gehört einer Kaste an, die man die der »politischen Prälaten« nennen kann und für die sich in der damaligen Epoche weitere herausragende Beispiele anführen lassen. Es ist natürlich verlockend, eine Parallele zu dem Ankläger in dem anderen spektakulären Prozeß der Zeit zu ziehen, an dem Gilles de Rais in gewisser Hinsicht sein Verhalten orientiert haben mag. Ich meine Cauchon, der die Untersuchung gegen Jeanne d'Arc geführt hat.

Cauchon kommt von der Universität, wo er sich in den Auseinandersetzungen um das Schisma beizeiten als Anhänger der These der »via substractionis«, des »Gehorsamsentzuges«[3], hervorgetan hat. Als gerissener Intrigant gehört er der Delegation an, die nach Avignon geschickt wird, um Benedikt XIII.[4] zum Verzicht auf die Tiara aufzufordern. Politisch steht er auf der Seite der Burgunder, nimmt an der Reformbewegung der sogenannten »Cabochiens«[5] teil und wird 1414 von den siegreichen Armagnacs aus Paris vertrieben. Cauchon bleibt den Burgundern treu und erhält dafür seinen Lohn. Er vertritt den Herzog 1415 auf dem Konzil von Konstanz und erhält 1418 nach der Rückkehr der Burgunder nach Paris den Titel eines königlichen Petitionsmeisters. Nun häuft er kirchliche Pfründen: Kaplan von Saint-Étienne-de-Toulouse, Archidiakon von Chartres, Chalon und Beauvais, Kaplan der Kapelle der Herzöge von Burgund, Päpstlicher Rat und Schützling Martins V., zu dessen Wahl er beigetragen hat, und Wahrer der Universitätsprivilegien. 1420 ist er Bischof von Beauvais. Zugleich ist er aber auch Ratgeber des Regenten Bedford und gehört dem Kronrat des jungen Königs Heinrich VI. an. Nach dem Prozeß gegen Jeanne d'Arc setzt er seine Karriere im Dienst des Königs von England fort, vermittelt später zwischen diesem und dem König von Frankreich und versteht es, bis zu seinem Tod im Jahre 1442 eine angesehene Stellung zu behaupten.

Malestroit und sein Zeitgenosse Cauchon sind als »politische Prälaten« durchaus keine Einzelfälle. Neben anderen Beispielen wäre etwa Louis de Luxembourg anzuführen, der ebenfalls proburgundische Kanzler Heinrichs VI. Er war Bischof von Thérouanne, residierte aber in Paris und wurde später Erzbischof von Rouen und dann von Ely – ein prunkliebender Mann, von den Engländern großzügig besoldet. Der »Bürger von Paris« nennt ihn »einen Mann voller Saft und Kraft und sehr verhaßt beim Volk, denn man sagte insgeheim und oft auch offen, daß es nur an ihm liege, wenn es keinen Frieden gebe in Frankreich; darum hat man ihn und seine Komplizen nicht weniger verflucht als einst den römischen Kaiser Nero«. Aber man findet die Beispiele nicht nur auf burgundischer Seite: man könnte auch Louis d'Harcourt anführen, den Bischof von Narbonne und Ratgeber Karls VII., der Güter in der Normandie besaß.

Auch die Karriere des Jacques Jouvenel des Ursins (1410–1457)[6] gehört hierher. Er hat sie 1437 mit 26 Jahren als Ratgeber und Advokat des Königs im Parlement von Paris begonnen. Im Jahre 1441 erlangt er mit dem Archidiakonat von Paris seine erste Pfründe. 1443 ist er Schatzmeister der Saint-Chapelle, 1444 Ratgeber des Königs, dann Erzbischof von Reims und 1445 geistlicher Präsident des Rechnungshofes. Die Parallele zur Laufbahn Malestroits springt in die Augen. Sie wird noch deutlicher, wenn man weiß, daß er Ende der vierziger Jahre auch diplomatisch aktiv war. 1449 muß er die Erzdiözese Reims an seinen Bruder Jean abtreten; er wird dafür Bischof von Poitiers und erhält zum Ausgleich für den Rangunterschied den Titel eines »Patriarchen von Antiochien«, das Recht, weiterhin das Pallium zu tragen, und etwas später zusätzlich auch noch die Diözese Fréjus, die er in der Folge gegen das Priorat von Saint-Martin-des-Champs in Paris eintauscht; der Zweck all dieser Ämterhäufungen und Tauschaktionen ist, ihm zumindest das gleiche Einkommen zu garantieren. »Söldlinge« nennt Nicolas de Clémanges diese politischen Prälaten, denen er vorwirft, sich zwar von der Kirche bezahlen zu lassen, aber dem König zu dienen.

Die Verquickung geistlicher und weltlicher Funktionen und der unterschiedlichsten Interessen ist symptomatisch für den Geist der Zeit. Die Haltung Cauchons und Malestroits, die im Namen hoher und wichtiger Ziele und frommer Ideale, die sie auf den Lippen führen, zugleich rein politische oder Besitzinteressen verfolgen, mag zweideutig scheinen. Und in der Tat ist die Epoche tief gespalten. Ein Widerspruch unvereinbar gegensätzlicher Tendenzen beherrscht das Bewußtsein des ausgehenden Mittelalters: auf der einen Seite der fromme Elan, die Askese, das Streben nach heiligmäßigem Leben, wie es in den ernsthaften Reformbestrebungen, den großen Konzilien und der »Devotio moderna« zum Ausdruck kommt, auf der anderen Seite ein Hang zu extremer, zügelloser Sinnlichkeit, der die »Sünder« dieser Zeit zu den größten und schaudererregendsten der Geschichte macht. Und oft findet man beide Tendenzen bei ein und demselben Individuum. Dem Widerspruch zwischen Moralismus und Profitstreben bei den politischen Prälaten entspricht die Mischung aus Frömmigkeit und Ausschweifung bei ihren Rivalen, den Feudalherren.

Der Verfall des religiösen Lebens im 15. Jahrhundert

Schon bei einer ersten Analyse des religiösen Gefühls im 15. Jahrhundert erkennt man unschwer den Ausdruck tiefer Verachtung für die hohe wie niedere Geistlichkeit, verbunden mit einer weitverbreiteten – und geduldeten – Zerrüttung im Lebenswandel der Priester.

Beispiele für Verachtung und unterschwelligen Haß, gespeist aus einem wiederauflebenden Neuheidentum oder aktuellen Skandalen, lassen sich zahllos anführen. Monstrelet berichtet in seinen Chroniken von den Umständen der Inbesitznahme des Bistums von Tournai im Jahre 1434. Es gab zwei Kandidaten, den des Papstes (und des französischen Königs), Jean d'Harcourt, und den des Herzogs von Burgund, Jean Chevrot. Letzterer ließ am Bischofssitz einen Magister der Theologie namens Vivien als seinen Stellvertreter einsetzen. Die Bürger von Tournai begaben sich in die Kirche, »wo besagter Vivien auf dem Bischofsthron saß«, rissen ihn »mit Gewalt herunter und zerfetzten ihm das Chorhemd und die übrigen Kleidungsstücke. Es gab sogar einige, die ihn in ihrer Wut am liebsten zum Tode befördert hätten.« Unterschwelliger Haß, der nur auf eine Gelegenheit wartet, sich offen auszutoben. Mit Wollust hört das Volk zu, wenn die Laster der Pfaffen gegeißelt werden. »Es gibt kein besseres Mittel, die Andacht rege zu erhalten, wenn die Zuhörer schläfrig werden oder wenn es ihnen zu warm oder zu kalt ist«, bemerkt Bernardin von Siena[7]. »Alles wird dann sogleich munter und wohlgemut.« Kritisch sind Reformer wie Nicolas de Clémanges nicht nur gegenüber ehrgeizigen und habgierigen Prälaten, sondern auch gegenüber den Pfarrern: »Überall nur böse und erbärmliche Menschen, deren ruchloses Leben sie in Elend und Schande führt. Daher kommt es, daß der gesamte geistliche Stand verunehrt und mit Schimpf beladen ist.« Das ist eine besonders schroffe und unbarmherzige Kritik; sie steht jedoch nicht allein und zeigt jedenfalls, in welchem Licht manche Zeitgenossen den Klerus sehen.

Die Zeitumstände, Krieg und Kirchenspaltung haben mit beigetragen zur Zerrüttung der Geistlichkeit und zum Verfall der Kirchen und Klöster. Immer wieder wurden im Krieg Kirchen und Klöster geplündert und verwüstet, oder die Geistlichen flohen und überließen sie dem Verfall[8]. Zahlreiche Zeugnisse aus dem ganzen Land lassen ein trostloses Bild der Zerstörung und des Brachliegens des religiösen Lebens vor uns erstehen. »Was soll ich von den Kirchen sagen?« fragt Nicolas de Clémanges am Ende seines Lebens. »Not, Verwüstung und schändliche Verfolgung haben die Herrin der Welt zur Witwe gemacht.«

Auch die Bretagne und das Poitou bleiben nicht verschont von dem allgemeinen Niedergang, der zu einem erheblichen Teil auf die Plünderungen durch Wegelagerer und die Soldateska zurückzuführen ist. »Ich glaube, daß es im 14. Jahrhundert in Frankreich keine einzige Kirche, kein Kloster und kein Hospital gegeben hat, die nicht zerstört oder zumindest durch das allgemeine Elend in Mitleidenschaft gezogen worden wären und nicht die Verwüstung ihrer Besitzungen, den Raub ihres Mobiliars, den Schwund ihrer Einnahmen, den Rückgang der Almosen oder Zusammenbruch der Ordnung zu beklagen gehabt hätten«, schreibt Denifle[9]. Beispiele ließen sich auch für die Baronie de Rais oder aus deren unmittelbarer Nachbarschaft anführen. So befand sich zum Beispiel die Abtei der Chorherren von Fontenay-le-Comte »in einer schrecklichen Lage, nachdem das Poitou wieder unter die Oberhoheit des Königs von Frankreich gekommen war. Der Abt ... verließ das Kloster und nahm einen großen Teil des Besitztums mit sich, so daß die Mönche in ihren verwüsteten Zellen kaum mehr etwas zum Leben hatten und nahe daran waren, sie aufzugeben. Du Guesclin hat sie schließlich gerettet« (1372)[10]. Geplündert wurde auch in Saint-Savin-sur-Gartempe und in Fontevrault, wo man »Frauen und sogar Nonnen entführte«. Und in der Umgebung von Machecoul waren Kirche, Klostergebäude und Besitzungen des Benediktinerklosters Notre-Dame auf der Île Chauvet »1381 in einem verheerenden Zustand, tam propter guerrarum turbines ... quam maris tempestatum et incursus« (durch Kriegswirren ... wie durch Stürme und Sturmfluten des Meeres). Die Liste der Verwüstungen im unteren Poitou ist lang, und auch der Sittenverfall der Weltpriester hat erhebliche Ausmaße angenommen: »Mönche und Geistliche folgten allzu oft dem Beispiel der Laien. Sie gingen ins Wirtshaus und tranken sich voll, trugen ein Schwert oder andere Waffen am Gürtel und vergnügten sich mit leichtlebigen Frauen. Nachdem sie getrunken hatten, gab es Streit und Schlägereien, die übel ausgingen und manchmal mit Mord und Totschlag endeten.« So fielen z. B. am Himmelfahrtstag des Jahres 1386 zwei Mönche des Benediktinerklosters von Sainte-Croix-de-Talmond mitten in der Nacht über ihren Abt her, und dieses Attentat ist kein Einzelfall. Eine Untersuchung der Verhältnisse im Bistum Nantes ergibt das gleiche Bild: verfallende oder restlos dem Erdboden gleichgemachte Kirchen, andere so stark beschädigt, daß keine Messen mehr gelesen werden können, und ein so drastischer Rückgang der Einnahmen, daß sie nicht mehr ausreichen, Pfarrer und Rektoren zu ernähren.

All das findet seinen Ausdruck in schweren Verstößen gegen die »kirchliche Disziplin«, die zu einer Art »materieller und geistiger Anarchie« führen: Priester und Weltgeistliche laufen davon, Bischöfe erfüllen ihre Residenzpflicht nicht, militärische und seelsorgerliche Rollen geraten durcheinander, Pfarrer greifen zu den Waffen, unterhalten selbst bewaffnete Banden, führen Strafaktionen durch und erliegen der »ansteckenden Verrohung der Sitten«[11]. Will man das alles in ein Bild fassen, so dürfte es in etwa dem des halbbarbarischen Rußland zu Beginn des 17. Jahrhunderts mit seinen trunksüchtigen und geilen Mönchen entsprechen, wie Mussorgsky es in seinem »Boris Godunow« auf die Bühne gebracht hat.

Zumindest in den vom Krieg oder der umherziehenden Soldateska verwüsteten Gebieten und den umliegenden Regionen kann man also einen beträchtlichen Niedergang des geistlichen Standes feststellen. Nimmt man den Eindruck der machtgierigen, in größtem Prunk lebenden »politischen Prälaten« hinzu, von denen wir gesprochen haben, ferner die Nachwirkungen des Großen Schismas, so fällt es leicht, sich die tiefe Erschütterung des Bewußtseins vorzustellen, die sowohl beim Klerus wie bei der gesamten Bevölkerung das Vertrauen in die Religion ins Wanken bringt.

Gibt es Gegenkräfte gegen diesen allgemeinen Niedergang? Zunächst sind da einzelne Geister, die dem Zerstörungsprozeß Widerstand zu leisten versuchen. Das bedeutendste Beispiel ist Jean Gerson (1363–1429). Er stammt nicht, wie die schlimmsten der »politischen Prälaten«, aus einer adligen Familie. Er ist ein Bauernsohn und heißt eigentlich Jean Charlier; Gerson wurde er unter Anspielung auf sein Heimatdorf in der Champagne genannt. Der »illustre Kanzler von Paris« (seit 1395) war »ein Mann von außergewöhnlicher Bildung«, wie Jean de Montreuil[12] und viele andere Zeitgenossen bezeugen, die die Schlichtheit seines Lebensstils, seine Rechtschaffenheit, sein umfassendes Wissen und seinen erzieherischen Sinn rühmen. Gerson, Prediger am Hof Karls VI. (damit antiburgundisch eingestellt und übrigens einer der wenigen an der Pariser Universität, die gegen den Prozeß gegen Jeanne d'Arc protestierten), entwickelt eine massive Kritik am Lebenswandel der Geistlichen seiner Zeit: »Was soll dieser üppige fürstliche Glanz? Was gewinnt die Kirche an dem überflüssigen Prunk der Prälaten und Kardinäle, der sie fast vergessen läßt, daß sie Menschen sind? Und was ist das für ein Zustand, daß einer 200 Pfründen hat und der andere gar 300? Daher kommt es doch, nicht wahr, daß der Gottesdienst vernachlässigt wird, daß die Kirchen verarmen, daß es ihnen an würdigen Männern und Lehrern gebricht und daß den Gläubigen ein schlechtes Beispiel gegeben wird ... Warum müssen die Kanoniker der Kathedralen gestiefelt und gespornt einhergehen und im kurzen Gewand; warum haben sie den Priesterhabit abgelegt und kleiden sich wie Soldaten, schwingen den Wurfspieß und üben sich im Waffenhandwerk? Denn auch die Bischöfe ziehen das Chorhemd aus, vergessen ihre Bücher und greifen zu den Waffen; sie ziehen in die Schlacht wie weltliche Herren ... Macht doch die Augen auf und schaut hin, ob nicht die Nonnenklöster den Häusern der Kurtisanen gleichen und die heiligen Stifte der Chorherren den geschäftigen Märkten, ob nicht die Kathedralen zu Räuber- und Mörderhöhlen geworden sind! Haben nicht manche Priester unter dem Vorwand, es sei zu ihrer Bedienung, die Gewohnheit angenommen, sich Konkubinen zu halten?«[13]

Gersons Philippika zeigt, wie weitverbreitet diese Verfallserscheinungen sind. Auf der anderen Seite finden wir eine neue Art postthomistischer religiöser Praxis, die auf einer ebenso empfindsamen wie brüderlichen Mystik gründet. Die Empfindsamkeit ist für die damalige Zeit in der Tat etwas Ungewöhnliches; Gerson z.B. fällt mit seinem Interesse für die religiöse Erziehung der Kinder (»Sur la manière de conduire les enfants à Jesus-Christ«) völlig aus dem Rahmen. Aus dieser Haltung erwächst das Bemühen um eine gewisse Verinnerlichung des religiösen Lebens. Es handelt sich um die »Devotio moderna«, die vor allem in den Niederlanden und in Deutschland Verbreitung findet und ihr Vorbild in der zwischen 1424 und 1427 geschriebenen »Imitatio Christi« hat, einem einflußreichen Traktat, der der Innerlichkeit des einzelnen, der Meditation und Gewissenserforschung den Vorrang gibt vor liturgischen Feiern und der öffentlich zur Schau getragenen frommen Haltung.

Doch diese mystische Strömung scheint ebenso die Angelegenheit einer Minderheit zu bleiben wie das Streben nach dem ritterlichen Ideal im Adel. Kritischer Sinn und frommer Eifer bewährt sich hier im gelebten Leben einzelner vorbildhafter Menschen; zahlenmäßig fällt diese Gegenströmung kaum ins Gewicht.

Unterschiedliche Reaktionen im Volk

Aus heutiger Sicht ließe ein so weitgehender Verfall des religiösen Lebens eine antiklerikale und sogar atheistische Reaktion erwarten. Und in der Tat findet man in dieser Zeit Beispiele für Atheismus. Einige seien hier zitiert. Froissart erwähnt einen tapferen Ritter, der im Angesicht des Todes zu sagen wagt: »Ich glaube und sage, daß es, wenn wir sterben, nichts mit der Seele ist ... Ich habe diese Meinung gehegt, seit ich zu Verstand kam, und werde sie halten bis ans Ende.«[14] Diese Worte spricht der Hauptmann Bétisac zu seinen Begleitern, »edlen Herren«, nachdem er sein Gewissen erforscht und versichert hat, er glaube überhaupt nicht an die Dreifaltigkeit und einen »Gottessohn«, der »geruht hätte, sich so weit herabzulassen, daß er von den Himmeln in den menschlichen Leib einer Frau herabgestiegen wäre« (handelt es sich etwa um pure Mysogynie?). Es gibt weitere Beispiele. Hugues Aubriot, Profoß von Paris, ein fanatischer Antipapist, glaubt nicht an die Eucharistie, feiert nicht Ostern, geht nicht zur Beichte und lacht darüber. Jacques du Clerc berichtet von Edelleuten, die ganz bewußt die Letzte Ölung verweigern. Huizinga, dem wir diese Beispiele entlehnen, sieht darin mehr ein Zeichen von Unglauben als von Atheismus und meint, daß es sich um wenige Einzelfälle handelt.

Wir müssen uns die damalige Zeit ganz im Gegenteil als von intensiver religiöser Aktivität erfüllt vorstellen. Nach einem berühmten Wort Huizingas ist sie »völlig durchtränkt von religiösen Vorstellungen in all ihren Lebensäußerungen«. Doch die Krise der Geistlichkeit, deren Ausmaße wir aufzuzeigen versucht haben, löste erbitterte, übersteigerte emotionale Reaktionen aus, die in den meisten Fällen doppeldeutig erscheinen.

Noch einmal zeigt diese Epoche ihren Hang zum Exzeß. Während die Kirche vielfach ein niederschmetterndes Bild ihrer selbst, ihrer Einheit, ihrer Zukunft und ihrer Diener vermittelt, drängt das Volk mit übersteigerter Inbrunst zu den Symbolen und Bildern eines vernachlässigten Kultes. Es ist eine Epoche der Fälschungen: falsche Priester, falsche Heilige, falsche Feste, falsche Reliquien (auch falsche Verbrecher und falsche Büßer?). Die klaren Geister, wie der schon erwähnte Gerson, Nicolas de Clémanges oder Pierre d'Ailly[15], erheben ihre Stimme gegen Verfälschungen des Gottesdienstes (etwa die »Narrenfeste«[16]), gegen die inflationäre Vermehrung der apokryphen Schriften, ungehörige Gebete und ganz allgemein gegen schamlose, ketzerische oder auch bloß groteske Ausschweifungen der Einbildungskraft. Einige dieser Aspekte schimmern auch in den Anfechtungen des Gilles de Rais durch; man denke etwa an die Hinwendung zum Aberglauben und die häufige Beschäftigung mit dem Dämonischen.

Aberglaube, Glaube an die Wirksamkeit von Zauberei und ein exzessiver Reliquienkult sind kennzeichnend für diese Epoche und selbst bei Männern zu finden, die als besonders gebildet gelten wie etwa Ludwig XI. (der Gilles de Rais 1440 traf) oder später Jean Bodin. Die Beschäftigung mit magischen Praktiken ist außerordentlich weit verbreitet, auf allen Ebenen der gesellschaftlichen Hierarchie. Mit magischen Prozeduren hat man versucht, den wahnsinnigen König Karl VI. zu heilen; sein Bruder Ludwig von Orléans schwankt zwischen wüstester Ausschweifung und Momenten mystischer Ekstase. (Jean Petit[17] wirft ihm vor, aus Knochen eines Gehenkten, der in Montfaucon bei Nacht vom Galgen geholt worden sei, ein magisches Pulver bereitet zu haben, das er unter dem Hemd auf der Haut trug. Genau das gleiche, unter ähnlich pittoresken Umständen, wird auch von Gilles de Rais berichtet.)

Unter dem Gesichtspunkt einer Analyse der gesellschaftlichen Kräfteverhältnisse frappiert an diesem Hang zur Magie (auf den wir noch ausführlicher zurückkommen werden) vor allem die Haltung, die die Geistlichkeit dazu einnimmt. Die Kirche, im 13. Jahrhundert noch skeptisch, hat den Glauben an die Magie durchaus nicht verworfen und damit entsprechenden Praktiken einen Riegel vorgeschoben; sie verurteilt im Gegenteil die Zweifler. Sie nimmt selbst Zuflucht zur Magie, verfolgt nun im 15. Jahrhundert die Skeptiker und appelliert wider alle Vernunft und wider ihre eigene Tradition immer wieder an das Irrationale. Von Guillaume Edeline, einem Doktor der Theologie und Professor an der Pariser Universität, wird berichtet, er habe den Hexensabbat in einer Predigt für ein bloßes Hirngespinst abergläubischer Leute erklärt. Er wird verhaftet und dem Inquisitionsgericht vorgeführt. Unter der Folter gesteht er, Waldenser zu sein und auf den Teufel zu hören, und wird lebenslänglich eingekerkert[18].

Ähnlich steht es mit der Verehrung der Heiligen, die bei jeder Gelegenheit angerufen werden und Wunder tun sollen. So soll die heilige Apollonia, der bei ihrem Martyrium die Zähne ausgerissen wurden, gegen Zahnschmerz helfen, der heilige Rochus gegen die Pest und der heilige Christophorus gegen Unfalltod (ein langlebiger Kult!). Es gibt zahlreiche »heilige Nothelfer« (ihre Zahl schwankt zwischen fünf und vierzehn oder fünfzehn), zu denen so ausgiebig gebetet wird, daß man sich schon Krankheits- oder Todesgefahr auszusetzen meint, wenn man einen dabei vergessen hat. In diesem Kult geht auch der des Schutzengels auf, gegen den nicht einmal Gerson seine Stimme erhebt. Erst die Reformation wird die

Kirche – zum Teil wenigstens – von dieser Flut abergläubischer Vorstellungen reinigen, die das 15. Jahrhundert *urbi et orbi* beherrschen. Mehr noch: die die Kirche für ihre Zwecke benutzt. Unfähig, eine klare Haltung einzunehmen und eine schlüssige Antwort zu geben, klammert sie sich an magische Positionen, um ihre Macht zu behaupten.

Sie nimmt damit auch eine Drohhaltung ein: mit der Wiederbelebung des Aberglaubens werden Hölle und Verdammnis ausgiebig beschworen. Kein Mensch zweifelt an der Existenz des Teufels, den manche mit ausschweifender Genauigkeit beschreiben. Was macht es schon, wenn diese Beschreibungen einander widersprechen! Der Teufel tritt eben in vielerlei Gestalt auf; er ist allgegenwärtig und kann sich beliebig verwandeln. Man kennt nicht Tag noch Stunde ...

Dies alles gehört wohl zu den Schrecken einer grausamen Epoche. Die Geistlichkeit aber schürt noch den krankhaften Mystizismus, um Angst und Verwirrung des Volkes ausnützen zu können. Man mag mit Philippe Ariès der Meinung sein, daß die Menschen auf dem Höhepunkt der »makabren Epoche« weder mehr noch weniger Angst vor dem Tode hatten als zuvor. Freilich beziehen sich sehr viele Werke der Literatur (weniger der Malerei oder Musik) auf den Tod und erweisen ihm Reverenz. Eine ganz eigenständige Leistung des 15. Jahrhunderts aber ist der Dialog mit dem Tod, und zwar in einem sehr direkten, konkreten, realistischen Stil. Es sind gerade heiter-gelassene, dem Frühhumanismus verpflichtete Geister, die sich diesem Thema zuwenden. Jean Gersons »Totentanz« (um 1423) läßt einen Toten mit verschiedenen Personen Zwiesprache führen: Papst, Kaiser, Kardinal, König, Patriarch, Konnetabel, Erzbischof, Ritter, Bischof, Schildknappe, Abbé, Vogt, Herr, Bürger, Kanonikus, Händler, Kartäuser, Soldat, Mönch, Wucherer, Arzt, Verliebter, Advokat, Spielmann, Pfarrer, Bauer, Seiler, Kind, Herzog, Einsiedler. Und auch der Autor selbst ist dabei und schließlich ein »König, den die Würmer fressen«[19].

Auf einem alten Fresko im Campo Santo von Pisa ist diese »makabre« Gesprächsrunde dargestellt. 1408 ließ der Herzog von Berry das Thema in der Église des Innocents in Paris als Skulptur ausführen. Das war noch vor dem erst 1424 entstandenen berühmten »Totentanz« im Beinhaus auf dem Cimetière des Innocents, einem Fresko, wie man es auch in Klöstern (La Chaise-Dieu) oder Kirchen (Kermaria, Basel, Lübeck u. a.) findet. Im 18. Jahrhundert wurde das Werk zerstört – eine schauerlich groteske, schreckenerregende Darstellung des ekstatisch tanzenden Todes, der Papst und Kaiser, Edelmann und Bauer, Mönch, Kind und Narr mit sich zieht; auch Gerson hat ja, genau zur gleichen Zeit, Personen aller Stände in seinen »Totentanz« aufgenommen.

Man darf sicher sein, daß die Geistlichen das Volk wie der Tod selbst auf den Kirchhof der Unschuldigen Kinder geführt haben, um es die Wonnen des Todesschauers in ihrer ganzen Fülle schmecken zu lassen. Daß er gerade den Unschuldigen Kindern geweiht war, ist ebenfalls kein Zufall, denn damit ließen sich Gefühl und Einbildungskraft der Menschen zusätzlich ansprechen. Am Ort herrschte lebhafte Aktivität, denn man begrub hier Reiche und Arme, Bürger und Adlige gleichermaßen, freilich nur für kurze Zeit, so daß ständig Umbettungen von Leichen und Skeletten nötig wurden, die man der neugierigen Menge ausgiebig zur Schau stellte. Der Friedhof war somit zugleich ein Ort, wo man sich traf, wo gepredigt wurde, vor allem von Bettelmönchen, wo Prozessionen stattfanden und manchmal sogar Feste, wie das »Tagebuch eines Bürgers von Paris« wiederholt hervorhebt[20]. Man könnte etwa die Predigten erwähnen, die der Bruder Richard 1429 auf dem Friedhof der Unschuldigen Kinder hielt, ein »Mann von großer Weisheit und geschickt im Reden, der gute Lehre aussäte zur Erbauung seines Nächsten«. »Etwa um fünf Uhr in der Frühe« begab er sich an diesen reizenden Ort, und »seine Predigt dauerte bis zwischen zehn und elf Uhr, und immer waren fünf- oder sechstausend Menschen da. Zum Predigen stand er auf einem hohen

Totentanz aus einer mittelalterlichen Handschrift: Der Tod und die Bäuerin.

Gerüst mit den Beinhäusern im Rücken, an der Stelle, wo sich der Totentanz befindet.« Der Erfolg seiner Predigten war unter diesen Umständen so groß, daß er die Träger der Macht beunruhigte; der Mönch mußte unter großem Wehklagen des Volkes – die Männer verbrannten Tische, Karten und Spiele – die Stadt verlassen. Dann freilich erfuhr man, daß er nach Troyes gegangen war, zu den Armagnacs also, und damit war im damals proburgundischen Paris die ganze moralische Wirkung seiner schönen Predigten dahin[21].

Das schauerlichste und erbaulichste Schauspiel des Todes aber bieten die Geistlichen in Form der Passion Christi, die mit großer Ausführlichkeit vorgestellt wird, mit allen Details menschlichen Leidens und körperlicher Qual, mit denen das ganze Volk sich identifizieren kann. Identifikation ist kein zu starkes Wort. Jean Gerson erzählt aus seiner Kindheit, daß sein Vater sich einmal mit ausgebreiteten Armen wie ein Gekreuzigter an die Wand stellte und zu ihm sprach: »Siehst du, mein Sohn, so ist der Gott gekreuzigt worden, der dich geschaffen und erlöst hat.« Dieses Bild hat Gerson nicht mehr losgelassen und stand noch vor ihm, als sein Vater genau zur Stunde der Feier der Erhöhung des Kreuzes starb. Dies ist mehr als nur ein Bild oder eine bloße Erinnerung, die für sich allein steht. Die Prediger greifen immer wieder zu solchen Mitteln: sie unterbrechen ihre sehr langen Predigten (die mehrere Stunden dauern können, wie im Falle des Bruders Richard) und bleiben mit zum Kreuz ausgebreiteten Armen unbeweglich in Verzückung stehen. Solche manchmal überaus abwegige Analogien sind damals gang und gäbe; sie zeigen, wie tief das Bewußtsein des Volkes von mystischen Vorstellungen geprägt ist. Eine Nonne etwa, die ein Bündel Holz in die Küche trägt, bildet sich ein, das Kreuz zu tragen; eine Blinde, die ihre Wäsche wäscht, hält das Waschhaus für den Stall in Bethlehem und den Zuber für die Krippe[22].

In den Predigten, in den sehr realistischen Darstellungen von Passion und Kreuzigung, den Anfängen der »lebenden Bilder« und theatralischen Passionsspiele geht man sehr ins Detail. Man erlebt die Bilder intensiv und versenkt sich mit Wonne in den Anblick der Leidenswerkzeuge: Lanze, Hammer, Nägel, Schwamm. Auch in den der fünf Wunden, und eine umfangreiche Literatur über dieses Thema wie auch über das »heilige Blut« entwickelt sich. Die Passionen schwelgen in Bildern der Grausamkeit und genügen doch noch immer nicht dem Bildhunger der Zeit, denn man fügt auch noch die Passion Mariens hinzu, den Kult der »Sieben Schmerzen«, zeigt die gramgebeugte Gottesmutter unter dem Kreuz oder bei der Grablegung in so pathetischer Haltung wie nur möglich.

In zweierlei Hinsicht können wir einen Einfluß dieses Passionskultes auf das Verhalten des Gilles de Rais annehmen. Einmal durch die Gewöhnung an den Anblick äußersten Leidens, der – erlittenen oder anderen zugefügten – Qualen, und diesen Gewöhnungseffekt muß man vor dem Hintergrund eines allgemeinen Klimas roher Gewalt sehen. Und zweitens durch die stets naheliegende Versuchung, sich mit der Passion Christi in ihrem heilbringenden Aspekt zu identifizieren. So wie man von einer »Passion der Jeanne d'Arc« gesprochen hat, die von ebenso pharisäischen Henkern wie Christus gemartert und zu Tode gequält wird, so ist es auch nicht abwegig, von einer »Passion des Marschalls Gilles de Rais« zu sprechen. Und es ist durchaus möglich, daß Gilles de Rais vom Augenblick seines Geständnisses an den Wunsch hatte, seine Verbrechen und seine exemplarische Bestrafung als Teilhabe an der Passion Christi zu sehen. Indem er seine Infamie akzeptiert, gliedert er sich wieder ein in die Gemeinschaft der Gläubigen und der Sünder. Die exemplarische Haltung, die er dann einnimmt, bis hin zu den ermutigenden Worten an seine Komplizen, als seien sie die Schächer aus der Kreuzigungsgeschichte, die väterliche Haltung, die er dabei an den Tag legt – all das sind Hinweise darauf, daß er sein Verhalten, ganz so, wie man es ihm oft in seiner Kapelle nahegelegt hat, an dem Christi orientiert.

Die Haltung der Geistlichen

Mehrfach schon haben wir festgestellt, daß das Pathos, mit dem das Volk die Todesangst erlebt, von der Geistlichkeit nachdrücklich gefördert wurde.

Es handelt sich natürlich nicht um eine völlig neue Einstellung. Die Zeit ging lange schwanger mit dem Thema des Totentanzes. Schon seit dem hohen Mittelalter finden wir eine Tradition des »Contemptus mundi«, der die Hinfälligkeit der menschlichen Kreatur betont, die Vergänglichkeit des Fleisches, hinter dessen anmutiger Erscheinung schon zu Lebzeiten, in der vollen Blüte, die Schrecken der Verwesung lauern. Die Umrisse des Totentanzthemas zeichnen sich bereits in der Glanzzeit des 13. Jahrhunderts ab mit der Geschichte von den »Drei Lebenden und drei Toten«, die, wie man annimmt[23], orientalischen Ursprungs ist und in der zweiten Hälfte des 13. Jahrhunderts im Abendland Verbreitung findet. Trotz gewisser Anzeichen nimmt das Thema nur sehr allmählich Gestalt an, um dann gegen Ende des 14. Jahrhunderts seine volle Blüte zu erleben: das Fresko aus dem Campo Santo von Pisa stammt aus dem Jahr 1380, der »Respit de la Mort« des Pariser

Dichters Jean Le Febvre (»Je fis de Macabré la danse«) aus dem Jahre 1376, Gersons bereits erwähntes Gedicht aus der Zeit um 1423, die Skulpturen des Cimetière des Innocents aus dem Jahr 1425. Eine theatralisch-tänzerische Darstellung des Themas ist seit 1396 in Caudebec in der Normandie bezeugt; vor dem Herzog von Burgund wurde 1449 in Brügge und 1453 in Besançon ein Totentanz gespielt. Die Fresken von La Chaise-Dieu werden auf die Zeit um 1470 datiert[24].

Die Geistlichen haben das Thema vielleicht nicht erfunden, aber sie haben es mit Feuereifer aufgegriffen, es in Gottesdienst und Predigt eingebaut; sie haben so für seine weite Verbreitung gesorgt und es zugleich weidlich ausgeschlachtet. Die Prediger malen das Bild des Todes in lebhaften Farben und versuchen, damit die Gemüter zu erschüttern; sie stellen den Tod dabei als eine unmittelbare Drohung dar, die dem armen Sünder nur noch eine knappe Frist läßt vor dem schrecklichen Ende.

Im Augenblick des Todes wollten die Priester die gequälten Existenzen fester denn je in der Hand haben; statt einer Kunst, gut zu leben, lehrten sie die Kunst, gut zu sterben – die »ars bene moriendi«. Theologen und Universitätslehrer gaben für die Pfarrer Traktate über diese »ars moriendi« heraus; zahlreiche Beispiele, die sich wohl wechselseitig beeinflußt haben, lassen sich aus dieser Zeit anführen: der »Tractatus de bono ordine moriendi« des Prager Kanonikus Johann von Mies (1407), ein der Kunst des Sterbens gewidmeter Flügel des Triptychons »Opus tripartitum« von Jean Gerson (1408), das »Scire bene mori« des Prager Benediktiners Johann von Kastl (1410), das Nikolaus von Dinkelsbühl zugeschriebene »Speculum artis bene moriendi« und viele weitere aus den folgenden Jahrzehnten. Bezeichnend ist dabei die innere Übereinstimmung zwischen diesen Texten, der gleichzeitigen allgemeinen Ungewißheit des Lebens und der Entwicklung einer Ikonographie und Literatur des »Makabren«.

All diesen Texten gemeinsam ist die Darstellung des nahenden Todes als eines Kampfes zwischen den Kräften des Guten und des Bösen, der in der Brust des Sterbenden tobt, und des Priesters als des unentbehrlichen Beistandes der himmlischen Mächte in diesem Kampf gegen die letzten Versuchungen des Bösen; er kennt die Methoden des Kampfes gegen die Listen und Ränke des Teufels und stärkt den Sterbenden mit Litaneien und trostreichen Gebeten. Anschauliche Darstellungen dessen, was den Sterbenden im Jenseits erwartet: der Hölle, des Fegefeuers, des Paradieses, sollen ihm dieses letzte Ringen widerstreitender Triebe noch deutlicher machen.

Vor allem die großen Orden und die Klöster – denen auch die

meisten der zitierten Theologen angehören – nehmen sich der Verbreitung dieses Todeskultes an. Es handelt sich um eine regelrechte emotionale Ausbeutung, die die Prediger den Bedürfnissen und der Gefühlslage der jeweiligen Gemeinschaft, die sie ansprechen, geschickt anzupassen wissen. Überliefert sind sozusagen nur die Umrisse des Bildes, das die Prediger des 15. Jahrhunderts wie Vinzenz Ferrer, Olivier Maillard oder Bernardin von Siena detailreich ausschmückten. Sie alle, so fragmentarisch auch unser Wissen über sie ist im Verhältnis zu ihrer mutmaßlichen Wirkung, wenden sich überwiegend an die Emotionalität der Menschen, versuchen mehr aufzuwühlen als zu belehren und die Gläubigen zu sofortiger und exemplarischer Buße zu treiben. Bernardin von Siena etwa, ein missionierender Wanderprediger, beginnt seine Predigt »De morte« mit einem aufrüttelnden Zitat aus der Apokalyse (20,12): »Und ich sah die Toten, beide, groß und klein, stehen vor Gott, und Bücher wurden aufgetan.« Nur der erste Teil dieser Predigt, der von den Umständen des Todes selbst handelt (»vidi mortuos«), ist erhalten; der Rest dürfte von dem gehandelt haben, was nach dem großen Gericht kommt, von Lohn und Strafe. Im weiteren Verlauf wird ausgiebig auf andere Texte verwiesen, auf die heiligen Schriften, aber auch auf profane Literatur, auf Cicero und Seneca, ja sogar auf die Sagenüberlieferungen des Altertums. Verwiesen wird ebenso auf zeitgenössische bildliche Darstellungen des Todes, die den Zerfall des Körpers drastisch vor Augen rükken.

Wenn ich die Intensität, mit der die Priester und Prediger das Thema von Tod und Erlösung behandeln, so nachdrücklich hervorhebe, so möchte ich damit zeigen, daß die skandalöse Lebensführung der Prälaten und ihre Anhäufung gewaltiger Reichtümer, daß der Zerfall der Kirchen, das Schisma, das Groteske der Predigten vor dem Hintergrund von Beinhäusern und die vielfältigen Krisenerscheinungen des religiösen und mystischen Lebens nicht zu einer inneren Abwendung des Volkes von den Geistlichen geführt haben. Ganz im Gegenteil: manchmal mit Klugheit, manchmal mit Theatralik, manchmal auch mit beidem gelingt es der Geistlichkeit, ein Volk an der Kandare zu halten und gefügig zu machen, das in allen Schichten tiefer denn je in einer manchmal rührenden, oft aber schlichtweg töricht anmutenden Frömmigkeit versinkt.

Ein Volk unter dem Joch der Frömmigkeit

Betrachtet man den Prozeß gegen Gilles de Rais unter dem Gesichtspunkt einer Auseinandersetzung zwischen einem großen Feudalherrn und einem hohen Prälaten, so wird sein Sinn ziemlich klar. Meines Erachtens muß man ihn auf zwei Ebenen verstehen.

Die erste Ebene, die bereits von den »skeptischen« Historikern des 18. Jahrhunderts klar gesehen wurde, ist die einer Abrechnung, und zwar durchaus im finanziellen Sinne des Wortes: auf der einen Seite ein ehrgeiziger, skrupelloser und zynisch genialer Prälat, auf der anderen ein haltloser, verschwenderischer, beschränkter Feudalherr ohne jedes politische Gespür. Malestroit kommt dem Verschwender auf die Schliche (was nicht gerade schwer war), überwacht ihn, ködert ihn, läßt die Falle zuschnappen, bringt ihn in seine Gewalt, kompromittiert ihn und bringt ihn schließlich zu Fall mit Hilfe eines Verfahrens, das ihm (im Prinzip natürlich zum Vorteil seines Herrn, des Herzogs) die Möglichkeit gibt, sich schlicht und einfach seines Vermögens zu bemächtigen. Es handelt sich also um eine Episode im Kampf um die Macht zwischen einem hohen Geistlichen, dessen weltliche Herrschaft unangefochten ist, der sie aber ausbauen will, weil Macht nach mehr Macht verlangt, und einem großen Feudalherrn. Der Feudalherr unterliegt.

Hinter dieser fast schmutzigen Affäre aber gibt es noch eine zweite Ebene. Hier geht es für den Bischof von Nantes darum, seine Herde wieder fest in den Griff zu nehmen, eine Bevölkerung, die durch die Katastrophen (auch spiritueller Art) der vergangenen Jahrzehnte orientierungslos geworden ist. Die Leichtgläubigkeit dieses Volkes, sein »Panurgismus«, wird ausgenützt mit den ekstatisch theatralischen Mitteln der damaligen Zeit: die Verhaftung des Barons, seine exemplarische Reue und seine spektakuläre Hinrichtung sollen zu einem jener großen Augenblicke werden, der die verstreute Herde zur Einheit des »Volkes Gottes« schweißt.

Und in dieser Hinsicht erfüllt Gilles de Rais seine Aufgabe mit musterhafter Leichtgläubigkeit und Willfährigkeit. Wie auch immer es um seine dämonologischen Bestrebungen bestellt gewesen sein mag, deren Bedeutung wir noch näher ergründen müssen – nie fällt Gilles aus der Rolle des Frommen, der sich strikt an die Regeln und Vorschriften der Kirche hält. Selbst als er zu Beginn des Prozesses die Anklage der Ketzerei noch zurückweist, erklärt er sich bereit, die Zuständigkeit des kirchlichen Gerichts und des Inquisitors – für diesen Punkt – anzuerkennen. So felsenfest ist er also überzeugt, im wesentlichen nicht vom christlichen Glauben abgewichen zu sein.

Seine Haltung scheint in der Tat der eines rechtschaffenen Gläubigen zu entsprechen, und seine Frömmigkeit kam – selbst in den schlimmsten Phasen seiner Ausschweifungen – nie ernstlich ins Wanken. Ehe er der verführerischen Dienstwilligkeit seiner Vettern und Domestiken überlassen wurde, hatte seine Erziehung zunächst in der Hand zweier Geistlicher gelegen, Georges de la Borzac und Michel de Fontenays, die ihn gewiß in der Verehrung der Heiligen und der Furcht vor dem Teufel aufgezogen haben. Zwischen zehn und zwanzig hat er zwar zweifellos eine Periode der Zügellosigkeit durchlebt, doch dann kreuzte Jeanne d'Arc seinen Weg. Auf den zweideutigen Beiklang dieser Beziehung zwischen dem Homosexuellen Gilles und der Jungfrau Johanna, zwischen dem Haudegen und dem Soldatenmädchen, haben wir schon hingewiesen: das zweifellos Außergewöhnliche dieser Begegnung wird dadurch jedoch nicht verdunkelt. Johanna, die sich von ihren Stimmen, ihren Vorahnungen und ihrem schlichten, tiefen Glauben führen ließ, mußte auf die rauhen Kriegsleute ihrer Umgebung, die sie zweifellos verehrt haben, als Vorbild und als eine Art Verkörperung des Übersinnlichen wirken. Es ist durchaus nicht abwegig, in der Verhaftung, Verurteilung und Hinrichtung Johannas eine Art Herausforderung an das Übernatürliche und Göttliche zu sehen, das sich so lange Zeit – immerhin eineinhalb Jahre – in ihrer Person inkarniert hatte.

Auch während der Jahre seiner Verbrechen, von 1432 bis zu seinem Ende, legt Gilles de Rais weiterhin eine (vielleicht schon auf Abwege geratene) fromme Haltung an den Tag: durch den augenfälligen Luxus seiner Kapelle, die er überall hin mitnimmt, was auf regelmäßigen Besuch der Messe hinweist, und durch fromme Stiftungen, die zumindest zu zwei Anlässen nachweisbar sind. Am 26. November 1432, elf Tage nach dem Tod seines Großvaters Craon, bedachte er das Spital von Loroux-Botterau »zum Wohle der armen Reisenden, die hier vorüberziehen«; es handelt sich dabei, ganz im Stil der Zeit, um eine Wiedergutmachungsleistung post mortem an dieser caritativen Stiftung, deren Einkünfte sein Großvater räuberisch beschnitten hatte. Die zweite dieser Stiftungen ist die den »Heiligen Unschuldigen Kindern« geweihte Kapelle in Machecoul, die Gilles am 26. März 1435 gründete und reich dotierte. Die Gründungsurkunde ist erhalten[25]; sie enthält sehr genaue Vorschriften darüber, wie die Erben nach dem Tod des Stifters den Fortbestand der Stiftung zu sichern haben. An dieser juristischen Sorgfalt läßt sich die Bedeutung ablesen, die Gilles diesem frommen Werk beimaß. Möglicherweise ist sie als Sühneleistung zu verstehen, aber dieser Wille zur Sühne unterstreicht nur noch die fromme Attitüde, die Gilles nie abgelegt hat.

Gläubig bleibt Gilles selbstverständlich auch bei seinen Teufelsbeschwörungen; gewiß folgt er da einem Aberglauben, aber mit dem festen Willen, sich nicht von der Gemeinschaft der Gläubigen loszusagen, nicht abzufallen von seinem Glauben, der mit einer Teufelsbeschwörung durchaus zu vereinbaren ist. Als er in Tiffauges unter Anleitung eines Beschwörers den magischen Kreis betritt, steht er Todesängste aus, aber er »erinnert sich eines Gebets an Unsere Liebe Frau, das mit dem Wort ›Alma‹ beginnt«, und betet es sogleich. Und bei allen Versuchen, mit dem Teufel einen Pakt zu schließen, »steht fest, wie er beteuerte, daß er stets, was auch immer er dem Teufel versprochen haben mochte, seine Seele und sein Leben ausgenommen hat«[26] – womit er nicht nur die Risiken mied, die Doktor Faustus einging, sondern auch seine Anhänglichkeit an die christliche Gemeinschaft bewies.

Stets beschäftigt ihn der Gedanke, sich zu ändern, sich zu bessern. In einem Brief an Karl VII. spricht er von der Absicht, Karmeliter zu werden – eine Lösung, die tatsächlich mancher lasterhafte Feudalherr wählte, um sich am Ende seines Lebens von seinen Sünden loszukaufen. Einige Wochen vor seiner Verhaftung nimmt er inmitten der Menge in großer Demut die Kommunion. Und unablässig quält ihn die Reue, denn er erwägt – ebenfalls kurz vor der Verhaftung – »sein schlimmes Leben aufzugeben und nach Jerusalem zum Heiligen Grab unseres Herrn und Heilandes und zu anderen Leidensstätten des Erlösers zu pilgern und alles zu tun, was er nur könne, um von der Barmherzigkeit seines Erlösers die Vergebung seiner Sünden zu erlangen«[27].

Wie man sieht, handelt es sich um eine Haltung, die er schon immer hatte und sich nicht erst durch die dramatischen Umstände des Prozesses abnötigen ließ, so sehr dieser Prozeß auch zu einem Akt pathetisch beispielhafter Buße wurde. So war er zum Beispiel sehr besorgt, keinen Meineid zu schwören. Durch die Anklageschrift in die Enge getrieben, weigert er sich, einen Eid zu leisten, obwohl er »einmal, zweimal, dreimal, viermal« dazu aufgefordert wird. Er kann in Wut geraten und seine Richter beschimpfen, aber er schwört nicht falsch, denn das wäre gegen den Schöpfer, an den er innig glaubt. So zeigt auch das Verfahren der Exkommunikation, das am 13. Oktober gegen ihn eingeleitet wird, eine sofortige und nachhaltige Wirkung: um die Aufhebung der Exkommunikation zu erlangen, legt er schon zwei Tage später ein erstes Geständnis ab. Dennoch nötigt ihm erst die Verwirrung, in die die Konfrontation mit den Zeugen der Anklage, darunter seinen engsten Vertrauten, ihn stürzt, ein vollständiges Geständnis ab. Es trägt ihm zum Abschluß des Prozesses am

Die Hinrichtung des Gilles de Rais.

25. Oktober abermals die Exkommunikation ein, deren Aufhebung er wiederum »auf Knien bittend unter Seufzern und Wehklagen« erfleht. Unter diesen Umständen wird ihm die Wiederaufnahme in die Kirche gewährt, und diese Barmherzigkeit seiner Richter ist für ihn das Entscheidende. Sie gab ihm die Kraft zu der beispielhaft erbaulichen Büßerhaltung, mit der er, fast von Wahn umnebelt, in den Tod schritt und die auf die gewaltige Volksmasse, die sich zur Hinrichtung eingefunden hatte, einen außerordentlichen Eindruck machte.

Für die Bemühungen, das Volk bei der Stange zu halten, war der Prozeß gegen Gilles de Rais geradezu ein Glücksfall; er wirkte stärker als alle Predigten. Wie der Bischof von Nantes das Verfahren geführt und eine so spektakuläre Unterwerfung erzwungen hatte – daraus ließ sich für ihn und mit ihm für die ganze Kirche unschätzbarer Gewinn ziehen. Sich allein schrieb er das Verdienst zu, den gefährlichen Verbrecher dingfest gemacht zu haben; er war damit zum Beschützer der Armen und Elenden, der Witwen und Waisen geworden, wie die Legendenbildungen der Folgezeit zeigen. Und der Ruhm, der daraus zu gewinnen war, war um so größer, als es sich bei dem bestraften Bösewicht um eine hochstehende Persönlichkeit handelte, die sich allerhöchster Gunst erfreut hatte, der des Königs von Frankreich vor allem, dessen Marschall Gilles gewesen war, und offensichtlich sogar des Herzogs der Bretagne, der ihn zu seinem Leutnant gemacht hatte – ganz abgesehen davon, daß er einer nahezu allmächtigen Gesellschaftsklasse angehörte. Malestroit und mit ihm die Kirche konnten sich also eines gewissen Mutes rühmen, daß sie gewagt hatten, einen solchen Mann zu Fall zu bringen. Der größte Erfolg für die Kirche lag aber in den Umständen, unter denen der Baron seine Hoffart ablegte und sich zum demütigen armen Sünder erniedrigte, die Tugend preist und unter Gebeten zu dem Gott Malestroits und seiner Priester willig den Tod annimmt: sie hatte damit ein lebendes, aus dem Leben gegriffenes Mysterienspiel von ebenso theatralischer wie erbaulicher Wirkung. Dies ist denn auch der Grund, über den Schrecken seiner Mordtaten hinaus, warum der Fall Gilles de Rais so rasch und so ausgiebig propagandistisch ausgeschlachtet wurde: für den Klerus des 15. Jahrhunderts war der Baron der ideale Sünder, er war genau das, was diese Zeit der Exzesse, des Mystizismus und einer krankhaft übersteigerten, theatralischen Frömmigkeit brauchte.

Ich füge ohne jede Polemik hinzu, daß diese propagandistische Ausschlachtung durch die Kirche sehr lange gedauert hat – nämlich bis heute. Im Charakterbild des verbrecherischen Barons ist eine gewisse Dichotomie eingetreten. Auf der einen Seite ist er in travestierter Gestalt zum »Blaubart« der Sage geworden, mit dem man neugierige kleine Kinder erschreckt und der die Erinnerung an Ereignisse wachhält, die zu schauerlich sind, um gänzlich aus dem kollektiven Gedächtnis gelöscht zu werden. Auf der anderen Seite steht der erbauliche Büßer Gilles de Rais, den die Kirche in ihren Schoß zurückholte und fast zu einer Art Vorbild, wenn auch – immerhin – nicht zu einem Heiligen machte. So hat sich der Jugendhilfeverein von Machecoul, der Ende des 19. Jahrhunderts gegründet wurde, ausgerechnet den Namen »La Gilles de Rais« gegeben – und dies eben zu der Zeit, als genauere Untersuchungen ein doch eher bedrückendes Licht auf die berühmte Person warfen. Unter den Paradoxien des Nachlebens des Barons ist diese nicht die geringste.

5. Kapitel: Inquisition, Recht, Prozeß

Eine Gerichtsaktion auf vier Ebenen

Eines vor allem fällt auf an dem Ende des Barons Gilles de Rais: die außerordentliche Schnelligkeit, mit der er zu Fall kommt. Es ist ein jäher Sturz: Verhaftung am 15. September, Geständnis am 21. Oktober, Hinrichtung am 26. Oktober. Militärischen Widerstand hat er nicht geleistet; vielleicht, weil er glaubte, über dem Gesetz zu stehen, denn gemessen an seinen sonstigen Verbrechen war das Vergehen, für das er ins Gefängnis geworfen wurde, geringfügig. Wie wir gesehen haben, gab es ja genügend Beispiele für Verhaftungen, Entführungen und Einkerkerungen, aus denen man sich durch Zahlung einer hohen Geldbuße oder eines reichlichen Lösegeldes freikaufen konnte. Darauf mag auch der Marschall Gilles gerechnet haben, als er sich widerstandslos in Machecoul arretieren ließ. Eine andere Erklärung, die mit verborgeneren, weniger offensichtlichen Motiven rechnet, könnte darin gesucht werden, daß Gilles sich unter dem Druck des unbewußt in ihm arbeitenden Schuldgefühls, seines Verbrecherlebens müde, selbst der weltlichen und geistlichen Gerichtsbarkeit ausgeliefert hat. Wir werden uns mit dieser Hypothese noch eigens beschäftigen. Es gibt aber auf jeden Fall eine einleuchtende objektive Erklärung dafür, daß dieser große Verbrecher nach seiner Verhaftung und den ersten Verhören so schnell und so spektakulär zusammenbricht. Sie liegt in der unerbittlichen, niederschmetternden und beeindruckenden Härte, mit der die Gerichtsaktion durchgeführt wurde.

Auf vier Ebenen wurde gegen Gilles vorgegangen; vier verschiedene Institutionen waren damit befaßt, ihn zu stellen, Beweise seiner Schuld aufzuspüren, ihn zu verhören, zum Geständnis zu zwingen und zur Unterwerfung zu nötigen. So unerhört auch seine Verbrechen waren – in seinem Prozeß steht er der Allmacht der Justiz als hilflos vereinzelter Mensch gegenüber, der rasch in die Knie geht; man vergleiche damit die Widerstandskraft der Jeanne d'Arc, die zehn Jahre zuvor vor einer nicht minder machtvollen, aber eher subtiler agierenden Gerichtsinstanz stand.

Gegenüber Gilles de Rais manifestiert sich die Macht der Justiz in vierfacher Gestalt.

Da ist zunächst die weltliche Gerichtsbarkeit, die jedoch in den Ermittlungen und in der Prozeßführung eher in den Hintergrund tritt[1]; sie erscheint in erster Linie als der »weltliche Arm«, dem die kirchliche Autorität den Schuldigen zur Strafe übergibt. Zwar handelt es sich um einen Prozeß unter dem Vorsitz des »edlen und weisen Herrn Pierre de l'Hôpital, Präsident der Bretagne«, »eingesetzt von unserem obersten Herrn, dem Herzog«, also vor dem höchsten weltlichen Gerichtshof des Herzogtums. Doch im großen und ganzen dominiert die kirchliche Autorität; die von ihr eingeleitete geheime Untersuchung, einsetzend mit der Affäre von Saint-Étienne-de-Mer-Morte, geht den weltlichen Ermittlungen voraus, die sich weitgehend auf die gleichen Anklagepunkte und die gleichen Zeugenaussagen stützen. Vor das geistliche Gericht wird Gilles zuerst zitiert, und vor ihm bricht er zusammen. Immerhin kommt der »weltliche Arm« der geistlichen Gerichtsbarkeit bei der Verhaftung (15. September) zu Hilfe.

Diese Zweigleisigkeit des Vorgehens durch die Gerichtsbarkeit des Herzogs und des Bischofs bis zum Endurteil bedeutet vor allem einen verschärften Druck auf den Angeklagten zu dessen Nachteil. Er muß die gesamte Prozedur zweimal durchstehen: Ermittlungen, Prozeß, Zeugenaussagen, Verhöre. Von der Verlesung der Anklageschrift an (8. Oktober 1440) nimmt Präsident de l'Hôpital auch an den Verhandlungen des kirchlichen Gerichtes teil; zweimal übrigens, am 15. und 20. Oktober, versucht Rais, allerdings vergeblich, seinen Ausschluß vom kirchlichen Verfahren zu erwirken.

Die kirchliche Gerichtsbarkeit ist also die zweite Autorität, der Rais gegenübersteht; sie tritt jedoch mit dem Anspruch einer moralischen Person auf. Dies allerdings weniger im Sinne der personalen Begegnung wie zwischen Sünder und Beichtvater, der den Sünder »in seinem Innersten« richtet (freilich auch harte oder aufsehenerregende Strafen auferlegen kann wie Schenkungen, öffentliche Buße oder Pilgerfahrten); entscheidend ist vielmehr die Vermengung der Ebenen in Anklage und Prozeß, die einen unablässigen moralischen Druck auf den Angeklagten erlaubt, insbesondere mit der Drohung des Ausschlusses aus der Gemeinschaft der Gläubigen, die jeden Christen zu schrecken vermag.

In gewissen Fällen kann der Bischof oder der päpstliche Legat in der Tat die Strafe der Exkommunikation über den Schuldigen verhängen, der mit dem Ausschluß aus der Kirche dann praktisch auch aus der Gesellschaft ausgestoßen ist, denn mit dem Entzug der Sakramente verliert er den Kontakt mit der Gemeinschaft aller Christen (Kirchenbann). Die feierliche Verkündung der Exkommunikation und ihre Folgen »erga omnes« – mit einem Exkommunizierten darf niemand Beziehungen unterhalten – geben ihr auch gesellschaftlich eine außerordentliche Wirksamkeit. Sie ist eine exemplarische Strafe, aber glücklicherweise keine gänzlich unwiderrufliche; durch eine möglichst feierliche und öffentliche Buße, durch Sündenbekenntnis, Almosen, Fasten, Gebete, Pilgerfahrten konnte der Schuldige die Aufhebung des Kirchenbannes und seine Wiederaufnahme in die Gemeinschaft der Gläubigen erlangen.

Die geistliche Verurteilung und die damit verbundene Sanktion stellen also einen nicht minder unerbittlichen Eingriff dar als die gerichtlichen Aktionen im engeren Sinne. Die Widerstandskraft des Barons bricht angesichts der Drohungen der kirchlichen Autorität als moralischer Instanz zusammen, die äußerst geschickt beide Ebenen zu vermengen versteht und damit auf die Entschlossenheit oder Verstocktheit des Verdächtigen einen ungeheuren Druck ausübt.

Die Verwirrung wird noch dadurch erhöht, daß die geistliche Autorität zugleich von innen her wirken kann, indem sie die Beichte in das Verfahren einbezieht; sie kann auf diese Weise Geständnisse erlangen (möglicherweise vor mehreren Personen abgelegt), die dann im regulären Prozeß wiederholt und gesichert werden. Dieses Verfahren, das sehr geschickt zugleich einen Druck von außen und, über das Gewissen des Angeklagten, von innen ausübt, wird im Falle des Gilles de Rais mit großem Erfolg angewendet. Wir werden uns in diesem Kapitel auf das kirchliche Gerichtsverfahren konzentrieren, denn die von der kirchlichen Autorität in Gang gesetzten Mechanismen, verstärkt durch die Autorität der Inquisition, haben im Prozeß gegen den Marschall Gilles de Rais die mächtigste Wirkung ausgeübt und seine Unterwerfung erzwungen.

»Ratione materiae« hatte die Kirche ein breites Feld des Zugriffs: Rechtshändel, die die Sakramente berühren, Testamente, die fromme Vermächtnisse enthalten, kirchliche Besitzungen und Benefizien, Eidesleistungen und Gelöbnisse, schließlich Verbrechen, die einen religiösen Aspekt haben, fallen unter ihre Zuständigkeit. Ein weites Feld also, dessen Abgrenzungen sehr extensiv ausgelegt wurden: zu den Punkten, die die Sakramente betreffen, zählen auch Heiratsangelegenheiten, einschließlich der damit verbundenen vermögensrechtlichen Regelungen, und dies ist eine wahre Fundgrube für Streitfälle, denn in der Kunst, Ehesachen zu Geldangelegenheiten zu machen, sind Feudalgesellschaft und bürgerliche Gesellschaft einander ebenbürtig. Anhand der damals so häufigen frommen Vermächtnisse werden auch die Testamente einbezogen. Man sieht also: die Kirche dehnte ihren Kontrollanspruch über Vermögenstransaktionen und einen beträchtlichen Teil des Grundbesitzes sehr weit aus, wobei diese Kontrolle letztlich natürlich im Interesse einer Wahrung und Mehrung des kirchlichen Besitzes ausgeübt wurde.

Bekanntlich wurde Gilles zunächst unter der Anklage eines Angriffs auf Kirchengüter verfolgt: er hatte die Heiligkeit des Gotteshauses verletzt und an geweihtem Ort einen »tonsurierten Geistlichen« bedroht. Das Delikt war offenkundig und unter Umständen begangen, die der Kirche ein unzweifelhaftes Zugriffsrecht gaben. Später wird sich dies als Vorwand erweisen. Im Verlauf des Prozesses stützt die Anklage sich dann auf den Vorwurf des Kindermordes und der Sodomie, Anschuldigungen, die zunächst auf Gerüchten im Volk beruhen, denen der Bischof von Nantes mit einer Ermittlung in seiner Diözese systematisch nachgeht. Es handelt sich um Verbrechen gegen Getaufte und um Verbrechen gegen die Sittlichkeit; für beide aber beansprucht die Kirche, neben der weltlichen Gerichtsbarkeit die zuständige Instanz zu sein.

Die kirchliche Aktion wird jedoch von dem Bischof von Nantes, in dessen Diözese die Verbrechen begangen wurden, nicht allein getragen. Malestroit ruft vielmehr auch den Repräsentanten der Inquisition in Frankreich an und bringt damit neben seiner eigenen gerichtlichen sowie moralischen Autorität und der weltlichen Gerichtsbarkeit noch eine vierte Ebene ins Spiel. Die Natur des Verfahrens wird dadurch verändert; der Prozeß wird zu einem Inquisitionsprozeß und damit nach Regeln von besonders unbarmherziger Härte geführt. Gilles de Rais, verdächtigt, sich magischen Praktiken ergeben zu haben, die als Ketzerei gelten, wird der Häresie angeklagt und der Gerichtsbarkeit des »Bruders Jean Blouyn, Vikar des Inquisitors gegen die Ketzerei im Königreich Frankreich«[2], unterstellt. Dies bedeutet eine erhebliche Einschränkung seiner Rechte und Verteidigungsmöglichkeiten, eine überaus rigorose Prozeßführung mit vielen Zwangsmitteln und die Anwendung sehr raffinierter abkürzender Verfahren, um Geständnis, Unterwerfung und Bestrafung herbeizuführen.

Der Inquisitionsprozeß

»Der Apparat steht seit zweihundert Jahren zur Verfügung und funktioniert ausgezeichnet: das in jeder Diözese der bischöflichen Gewalt beigeordnete Inquisitionsgericht.«[3]

Am Ursprung der Inquisition steht ein Machtkampf zwischen Papst und Bischöfen. Bis zum 13. Jahrhundert gehörte es zu den Aufgaben des Bischofs, seine Pfarreien zu überwachen, Häretiker ausfindig zu machen und Verdächtige durch sein Gericht aburteilen zu lassen. Notfalls stützte er sich auf den »weltlichen Arm« (vgl. das zweite Laterankonzil von 1139), der im allgemeinen rasch bereit war, auf widerspenstige Köpfe einzuschlagen. Der Papst begnügte sich mit allgemeinen Richtlinien, wie die Bischöfe bei der Ketzerjagd zu verfahren hatten; sie wurden vor allem bei den Konzilen erlassen.

Im 12. Jahrhundert entwickelten sich die Ketzerbewegungen der Waldenser und der Katharer aus der gleichen Wurzel: Neubesinnung auf die »Schriften« und Suche nach einem beispielhaft christlichen Leben. Auch die Wirkungen waren die gleichen; sie bestanden vor allem darin, daß Waldenser wie Katharer sich dem priesterlichen Anspruch entzogen und Papst und Prälaten den Gehorsam verweigerten. Der Kampf gegen diese beiden wichtigsten Ketzerbewegungen wurde nun je nach Land und Diözese mit sehr unterschiedlichen Mitteln geführt. Erste Kreuzzüge gegen Ende des 12. Jahrhunderts waren wenig erfolgreich. Auf dem vierten Laterankonzil von 1215 bemühte sich Papst Innozenz III. zum ersten Mal um eine Gesamtregelung der Maßnahmen gegen die Ketzer. Der Pariser Vertrag von 1229 dann, der die Unterwerfung des Grafen von Toulouse, Raimunds VII., besiegelte, sah eindeutig die Einrichtung der allgemeinen Inquisition vor.

In der Tat hatte Rom angesichts der Unwirksamkeit der bis dahin mehr oder minder zufällig von den einzelnen Diözesen ergriffenen Maßnahmen entschieden, dem Kampfeseifer der Bischöfe durch die Einsetzung einer »Inquisition durch Legaten« nachzuhelfen; Abgesandte des Papstes hatten innerhalb der Diözesen in allen Fällen einzugreifen, die mit Häresie zu tun hatten. Im November 1229 erließ ein vom päpstlichen Kardinallegaten Romanus von S. Angelo einberufenes Konzil ein sehr präzises Reglement, das die Grundlage für den Inquisitionsprozeß bildete. Diese Regelungen wurden erweitert durch die »Statuten des Heiligen Stuhls«, die der Papst im Februar 1231 allen Fürsten und Erzbischöfen Europas übersandte. Die seit der zweiten Hälfte des 12. Jahrhunderts angewandten Maßnahmen waren in diesem Reglement zusammengefaßt. Damit es nicht toter Buchstabe blieb, schuf sich der Papst aus dem Dominikanerorden (Predigerorden) ein Instrument zur praktischen Durchsetzung. Dieser Bettelorden hatte sich zu Beginn des 13. Jahrhunderts, durchaus mit dem Segen des Papstes, vor allem aus Initiativen des hl. Dominikus (Domingo de Guzmán, † 1221) entwickelt. 1232 wandte sich Papst Gregor IX. mit der Bulle »Ille generis« an die Bischöfe und erklärte: »Wir haben beschlossen, den Predigerorden gegen die Ketzer in Frankreich und den angrenzenden Provinzen auszusenden, und wir bitten und ermahnen euch, ... sie freundlich aufzunehmen, gut zu behandeln und zu unterstützen.« 1235 wird Robert »le Bougre«, ein abtrünniger Katharer, zum ersten Generalinquisitor für das Königreich Frankreich ernannt. Das ist der Beginn der Inquisition; die Bischöfe unterwerfen sich[4].

Die Inquisition tritt also mit einem zweifachen Machtanspruch auf. Sie ist rechtsprechende Gewalt, eingesetzt vom Papst, dem das gesamte Verfahren (Urteil, Berufung) über die Köpfe der Bischöfe hinweg untersteht. Und sie ist eine Gewalt, die allein der Kirche verantwortlich ist und niemals den Fürsten: diese müssen sich ihr unterwerfen und sich damit begnügen, lediglich für die Vollziehung der Strafe als ausführendes Organ herangezogen zu werden.

Eine solche Konstruktion muß zu verheerenden Konsequenzen führen. Zunächst Untersuchungsinstanz, wird der Inquisitor immer mehr zum Richter und Rächer, der sich unter allen Umständen und um jeden Preis durchsetzt, auch ohne jede Kontrolle, außer der Roms, das weit entfernt ist und erst spät eingreift. Es kommt daher zu furchtbaren Exzessen, namentlich im Kampf gegen die Katharer im 13. Jahrhundert. Eine Art Dialektik entwickelt sich so zwischen den zur Maßlosigkeit neigenden Inquisitoren und dem Widerstand der verfolgten Bevölkerung, die bei den Weltgeistlichen manchmal Toleranz, wenn nicht gar Unterstützung findet. Aus diesen Gegensätzen und Widersprüchen geht eine genau festgelegte Verfahrensordnung hervor. Die früheste Kodifizierung geht auf die Jahre 1244 bis 1254 zurück; sie ist das Werk von vier Dominikanern, die das Vergnügen hatten, im Languedoc zu wüten. Etwas später, um 1320, verfaßt der Inquisitor von Toulouse, Bernard Gui, den berühmt gewordenen Traktat »Practica officii Inquisitionis«. Für unsere Zwecke greifen wir auf ein Werk zurück, das ungefähr zur Zeit der Geburt des Gilles de Rais entstand, das nicht minder berühmte »Manuel des Inquisiteurs« (Handbuch der Inquisitoren), das 1376 der katalanische Dominikaner Nicolau Eymerich verfaßte, der von 1357 bis 1392 Generalinquisitor von Katalonien war.

Dieses Werk ist überaus präzise. »Eymerich schreibt nichts aus eigener Erfindung: er liest, vergleicht, kollationiert, stellt zusammen. Es gibt keine einzige Zeile in seinem Handbuch, die nicht auf die Schriften der Bibel, auf Konzilstexte, kaiserliche oder päpstliche Erlasse verwiese, keine ›persönliche‹ Überlegung, die nicht aus Zitaten der Heiligen Schrift oder der Patristik bestünde.«[5] Täuschen wir uns auch nicht über den räumlichen Wirkungsradius Eymerichs, auch wenn er in spanischen Gebieten tätig war; sein Traktat wendet sich »an alle Inquisitoren und an alle Theologen, Juristen und Kirchenrechtler, die zu konsultieren sie nützlich finden könnten«[6]. Für die gesamte christliche Welt wird dieses Handbuch zur Autorität; es faßt für die gesamte Zeitspanne, in der die Ketzerjagd so verheerend gewütet hat, die Vorschriften für das Inquisitionsverfahren zusammen[7].

Gestützt auf die Autorität zahlloser dogmatischer Schriften und Konzilsbeschlüsse, zieht Eymerich die Grenzen der Häresie und der kirchlichen Kompetenz außerordentlich weit: »Alles, was in Wort oder Tat, in ausgeführter Handlung oder bloßem Vorsatz einen Lehrsatz oder einen Brauch berührt, den Christus, die Kirchenväter, die Konzile und die Päpste verdammt haben, fällt in die Zuständigkeit der Inquisition.«[8]

Häretiker sind also »alle, die an sie glauben, die ihnen helfen oder sie begünstigen oder schützen«. Der Traktat »behandelt auch die Verdächtigen, die übel Beleumundeten, die Waldenser oder Armen von Lyon, die falschen Apostel, die Begarden, die Fraticelli, den Dritten Orden des hl. Franziskus oder die Bußbrüder, die *Magier und Zauberer*, die Gotteslästerer, die Exkommunizierten, die Abtrünnigen vom Glauben, die Juden, alle Ungläubigen und alle Missetäter in Glaubenssachen«.

Man sieht da schon, in welcher Hinsicht Gilles de Rais betroffen ist. Er ist sehr tief betroffen, denn jenseits aller Glaubensinhalte ist der Ketzer vor allem der Asoziale; er ist der, der sich widersetzt, der die Kühnheit hat, die kirchlichen und gesellschaftlichen Konsequenzen seiner »Neigungen« auf sich zu nehmen. Er hat also, auch ohne die Scheußlichkeiten seiner Kapitalverbrechen, die er außerdem begangen hat, Anrecht auf ein gerichtliches »Sonderverfahren«, nicht anders als Jeanne d'Arc, deren Prozeß ja formal ein Hexenprozeß ist, auch wenn es sich im Grunde natürlich um einen politischen Prozeß handelt. Gilles de Rais hat sich also nicht nur (für Vergehen gegen das allgemeine Recht) der kirchlichen Autorität zu stellen, sondern zusätzlich auch noch (für das Vergehen der Ketzerei) dem Vertreter der Inquisition.

Es ist unbedingt nötig, sich genau klarzumachen, welche Art von gerichtlichem Halseisen sich da um Gilles de Rais geschlossen hat. Wäre er nur von der Gerichtsbarkeit des Herzogs verfolgt worden – wo gewissermaßen seine Standesgenossen über ihn geurteilt hätten –, dann wäre es ihm sicher gelungen, die Zeugenaussagen als Böswilligkeit der »Habenichtse« abzutun, sich des Beistandes seiner Freunde zu versichern und sich, wahrscheinlich mittels einer saftigen Geldbuße, mit dem Herzog, seinem Gevatter, zu arrangieren. Jeder hätte bei diesem Handel seinen Profit gehabt. Die kirchliche Gerichtsbarkeit aber, noch dazu im Bündnis mit dem Inquisitor, war von anderer Art. Da gab es kein versöhnliches Sich-Arrangieren. Der Bischof als »Judex ordinarius« amtete im Namen Gottes, um geheiligte Prinzipien zu wahren, und fühlte sich für sein Gericht dem Schöpfer verantwortlich. Und so habgierig und eigennützig Männer wie Malestroit und Cauchon auch gewesen sein mögen, so waren sie doch ohne Zweifel gläubig.

Das Verfahren vor dem kirchlichen Gericht hatte im Verlauf des 13. Jahrhunderts seine feste Gestalt gewonnen. Die »großen Fälle« – zu denen Gilles de Rais zweifellos schon seines Ranges wegen gehörte – waren den Bischöfen vorbehalten, die es durchgesetzt hatten, daß der Archidiakon vom 12. Jahrhundert an nach und nach seine richterlichen Funktionen verlor. Dagegen hatten sie sich vom 13. Jahrhundert an einen sehr ernstzunehmenden Verbündeten beigesellt: den »Promotor« (»promovens«), der die Rolle des heutigen Staatsanwaltes spielte. In unserem Fall handelt es sich um Magister Guillaume Chapeillon, Promotor am kirchlichen Gericht von Nantes, »Priester und Rektor der Pfarrkirche St. Nikolaus in Nantes«. Im Prinzip übt der »Promovens« im 14. Jahrhundert bereits ein festes Amt aus. Ihm fällt die Aufgabe zu, die Anklagepunkte zu verlesen; er greift in aller Form in das Verfahren ein, indem er Gilles zum Beispiel ermahnt, die Wahrheit zu sagen und den Eid darauf zu leisten; er wacht über die Einhaltung der Verfahrensregeln; beim Verhör jedoch hält er sich zurück, es bleibt »dem Herrn Bischof und Stellvertreter des Inquisitors« überlassen, der hier in eigener Zuständigkeit handelt. Danach tritt der Promotor wieder in Funktion: er läßt die Zeugen vorführen, läßt die Authentizität der Beglaubigungsschreiben des Bruders Inquisitor feststellen und befiehlt den Notaren und Schreibern die Abfassung der Sitzungsprotokolle. Sein Mitwirkungsrecht geht immerhin weit genug, um »mit Nachdruck zu verlangen, daß zur weiteren Klärung und Erhellung der Wahrheit die Folter angewendet wird«. Die Entscheidung darüber hat jedoch der Bischof oder der Inquisitor zu fällen. Hat der Angeklagte gestanden und ein Schuldbekenntnis abgelegt, so ist es wiederum der Promotor, der das Ende der Verhandlung beantragt, worüber in letzter Instanz wieder der Bischof und der Inquisitor entscheiden.

Noch am Ende des Mittelalters bestehen drei Typen der Prozeßordnung nebeneinander. Die älteste ist der sogenannte Akkusationsprozeß, bei dem zwei Privatpersonen einander gegenüberstehen: der Kläger oder Antragsteller und der Beklagte; die Initiative liegt beim Kläger. Dieses Verfahren konnte nur für Privatsachen wie Diebstähle oder Beleidigungen gelten; seine Tücke lag darin, daß der Kläger, wenn er seine Anschuldigung nicht beweisen konnte, nach dem Talionsprinzip selbst die Strafe oder Geldbuße erlitt, die er für den Beklagten forderte. Dieser Nachteil führte neben anderen – vor allem dem, daß der Prozeß zu einem Instrument der Privatrache entartete – nach und nach dazu, daß diese Verfahrensart außer Gebrauch kam. Offiziell stellte sie jedoch weiterhin das Grundmodell des Verfahrensrechts dar, auf das jederzeit wieder zurückgegriffen werden konnte.

Eine andere Verfahrensart war der aus dem römischen Recht stammende Denunziationsprozeß. Er konnte auf zweierlei Art in Gang kommen: durch die »denunciatio publica«, erhoben durch eine Amtsperson, die Delikte zu melden hatte – etwa durch den Bischof, der bei der Visitation seiner Diözese von Straftaten Kenntnis erhielt und »ex officio« handelte –, oder durch die »denunciatio privata judicialis«, die jedermann erheben konnte, der in seinen Interessen verletzt worden war; der Richter jedoch hatte zu entscheiden, ob er die Angelegenheit weiter verfolgte. Neben der öffentlichen oder privaten »denunciatio« gab es die Möglichkeit der »diffamatio«, eine kirchliche Neuerung, die ursprünglich nicht dem römischen, sondern dem germanischen Recht entstammt. Wer in Verdacht geraten ist, kann »diffamiert« und für ehrlos erklärt werden. Dies geschieht in unserem Fall durch den ersten Brief des Bischofs von Nantes vom 29. Juli 1440 nach Abschluß der Untersuchung über die »Gerüchte«, die gewissermaßen die »denunciatio« darstellen; es geschieht offenbar insgeheim, denn Rais scheint nicht zu wissen, daß er bereits auch wegen seiner Morde und sexuellen Vergehen verfolgt wird. Die Denunciatio stellt in der Tat weniger »ein vollständiges Verfahren als eine besondere Art der Verfahrenseröffnung« dar[9].

In diesem Stadium gibt es für den »Diffamierten« noch eine Möglichkeit, die Aussetzung des Verfahrens zu erwirken, und zwar durch den Reinigungseid. Hier setzt der Einfluß des germanischen Rechtes sich durch. Die Kirche allerdings zögert, die Formel der »purgatio canonica« zu übernehmen: die Aufforderung an den Angeklagten, mit einem feierlichen Eid auf die Bibel zu schwören, daß er unschuldig ist. Zwar geht die Kirche davon aus, daß niemand es wagen würde, einen Meineid zu leisten, aber sie ist der Ansicht, daß es nicht dem Angeklagten zukommt, den Reinigungseid zu fordern, sondern allein dem Richter, der seine Entscheidung in Abwägung der Schwere des Verbrechens und der Glaubwürdigkeit der »denunciatio« trifft; schließlich verlangt sie, daß der Angeklagte »compurgatores« (Eideshelfer) beibringen muß, die gemeinsam mit ihm seine Unschuld beschwören. Wieder einmal stoßen wir hier auf die quasi magische Bedeutung der Zahl sieben, denn sieben Eideshelfer fordert gegen Ende des 13. Jahrhunderts Eudes Rigaud, damals Bischof von Rouen.

In diesem Kontext wird die Bedeutung der Eidesleistungen verständlich, die von Gilles de Rais vom Beginn seines Prozesses an gefordert werden. Zwar handelt es sich nicht im eigentlichen Sinne um Reinigungseide, aber der Sinn ist der gleiche: der Angeklagte wird mit seinem Gewissen und mit Gott konfrontiert; wird er es wagen, einen Meineid auf das Evangelium zu leisten und im Angesichts Gottes zu lügen? Es handelt sich übrigens, wie wir noch sehen werden, um eine entscheidende Etappe im Verlauf eines Ketzerprozesses.

Das Verfahren der »denunciatio« hatte seine Nachteile, und zwar vor allem in dieser Phase der »Purgation«, wo ebenso mit der Möglichkeit gerechnet werden mußte, daß ein Schuldiger falsch schwören könnte, wie mit der, daß es einem Unschuldigen an »Compurgatores« fehlen könnte. In diesem Zusammenhang entwickelte Papst Innozenz III., ursprünglich in der Absicht, die skandalösen Mißgriffe von Bischöfen und Prälaten zu sanktionieren, das Verfahren des Inquisitionsprozesses. Es gab dem Richter die Möglichkeit, von sich aus tätig zu werden, wenn er der öffentlichen Meinung Hinweise auf ein Verbrechen entnahm, und die Untersuchung an sich zu ziehen durch »Sammeln aller Beweismittel« (vgl. das Dekretale vom 22. September 1198, das an den Erzbischof von Mailand gerichtet ist; die dort aufgestellten Grundsätze werden bekräftigt und weiterentwickelt in dem Dekretale »Licet heli« vom Dezember 1199).

Dieser gesamte Apparat wird gegen Gilles de Rais in Gang gesetzt. Alle Möglichkeiten der Ermittlung und Beweiserhebung werden ausgeschöpft: Denunziationen führen zur »diffamatio«, diese erlaubt eine »inquisitio cum prosequente« (mit dem Promotor), Beweismittel werden zusammengetragen. Im Anschluß daran kann der Bischof, der die Funktionen der geistlichen Autorität, der Ermittlungsinstanz (denn er leitet die Untersuchung) und des Richters vereint, den Angeklagten (»reus«), der in diesem Stadium noch nur »diffamiert« ist, vor das Gericht zitieren. Er verfaßt jetzt, als Resümee der »Diffamatio«, die »Capitula inquisitionis«, mit der die Anklagepunkte festgelegt werden; im Prinzip kann die Anklage danach nicht mehr auf weitere Punkte ausgedehnt werden. Daher die überaus weitgefaßte, übrigens auch vage Formulierung einiger Anschuldigungen in diesem Verfahrensstadium.

Im Falle Gilles de Rais umfaßt der Vorführungsbeschluß, der im Namen des Bischofs von Nantes unterzeichnet ist, aber Gilles zum Zeitpunkt seiner Verhaftung nicht notwendig bekannt war, drei Hauptanklagepunkte, die der »diffamatio publica« entnommen sind: 1. die Ermordung von Kindern, 2. das »schändliche und abscheuliche Verbrechen der Sodomie, begangen auf verschiedene Weise und mit unerhörten Perversionen, die ihrer Monstrosität[10] wegen hier nicht näher bezeichnet werden können, aber zu gegebener Zeit auf lateinisch erläutert werden«; 3. »daß er mehrmals und oft die verwerfliche Teufelsbeschwörung betrieben und dafür gesorgt hat, daß sie begangen wurde, daß er den Teufeln Opfer dargebracht und Verträge mit ihnen geschlossen hat und andere

Vergehen und Untaten auf das schimpflichste begangen, indem er mit Irrlehren die Majestät Gottes beleidigte, unseren wahren Glauben entstellte und unterhöhlte und anderen ein verderbliches Beispiel damit gab.«

Mit diesem letzten Anklagepunkt geschieht eine Verschiebung von entscheidender Bedeutung und schwerwiegenden Folgen. Sie gibt erstens dem Bischof als moralischer Autorität eine erhöhte Macht, denn sie erlaubt ihm ein sofortiges Urteil darüber, ob Gilles de Rais noch der Gemeinschaft der Gläubigen angehört oder nicht – und dies war, wie wir gesehen haben, für diesen großen Feudalherren wie auch für seine Standesgenossen und seine Leibeigenen eine Existenzfrage. Zweitens erlaubt diese Verschiebung der Anklage dem Bischof, einen Vertreter der Inquisition zum Verfahren beizuziehen: auf diesem Anklagepunkt beruht die Beteiligung des »frommen Bruders Jean Blouyn vom Orden der Predigtbrüder, Baccalaureus der Heiligen Schriften, Stellvertreter des frommen Bruders Guillaume Mérici vom gleichen Orden der Predigtbrüder, Professor der Theologie und Inquisitor gegen die Ketzerei im Königreich Frankreich, abgesandt vom Apostolischen Stuhl durch den genannten Bruder Guillaume und als Inquisitor eingesetzt für das Gebiet der Stadt und Diözese Nantes«[11]. Das Verhör wird also gleichzeitig durch den furchteinflößenden Bischof Malestroit und den nicht minder furchteinflößenden Inquisitor Blouyn geführt werden, die beide ihr Gefolge von Gerichtsbeamten, Notaren und Schreibern aller Art mitbringen, den Promotor nicht zu vergessen. Drittens schließlich unterliegt das Verfahren damit den Regeln des Inquisitionsprozesses, wie er gegen Ketzer geführt wird, und damit stehen die härtesten Zwangsmittel zu Gebote; wir werden noch sehen, wie die Verteidigung des Angeklagten dadurch erschwert, ja praktisch unmöglich gemacht wird.

Es kommt mir darauf an, den planvollen Machiavellismus dieses Arrangements zu unterstreichen, mit dem Malestroit sich sämtliche Trümpfe sicherte: Geheimverfahren der Diffamatio, vorheriges Einverständnis mit dem Herzog (der noch vor der Prozeßöffnung die erst noch zu beschlagnahmenden Güter des Barons verteilt), Neutralität des Königs von Frankreich (der es zuläßt, daß Richemont Tiffauges besetzt) und schließlich und vor allem das niederschmetternde Schauspiel eines Tribunals, dem die Mitwirkung des schreckenerregenden Inquisitors ein Höchstmaß an Suggestivkraft verleiht. Alles das ist mit äußerster Sorgfalt vorbereitet worden.

Bruder Blouyn übt die ihm vom »Inquisitor gegen die Ketzerei im Königreich Frankreich« übertragenen Funktionen schon recht lange aus. Die Ernennungsurkunde stammt vom 26. Juli 1426. Der

Bischof geht mit dem Bruder Inquisitor ein enges Bündnis ein und weiß die zusätzliche Macht, die seine Anwesenheit ihm einbringt, geschickt zu nutzen. Die Vorladung des Barons Gilles de Rais vor das kirchliche Gericht geschieht in vollem Einklang mit der Mission des Dominikaners. Der Bischof schreibt: Wir wollen nicht, daß »solche Verbrechen und eine solche Krankheit der Ketzerei«, die sich, »wenn sie nicht alsogleich ausgemerzt wird, wie eine Krebsgeschwulst ausbreiten würde, durch Vertuschung oder Nachlässigkeit mit Stillschweigen übergangen wird.«
So also wird die Wendung ins Werk gesetzt, die das Verfahren für den Angeklagten noch aussichtsloser erscheinen läßt und ihn gegenüber seinen durchtriebenen und verschlagenen Richtern noch hilfloser macht. Genauso – der Vergleich ist in diesem Punkt durchaus nicht abwegig – wurde mit Jeanne d'Arc verfahren. Sie wurde zitiert vor das »kirchliche Gericht unter Vorsitz des Bischofs von Beauvais, in dessen Diözese Jeanne d'Arc aufgegriffen wurde« (»ratione loci« gab es bei ihr in der Tat ein Zuständigkeitsproblem); sie wurde angeklagt und »öffentlich diffamiert«, erstens Männerkleidung getragen zu haben, zweitens Morde begangen zu haben und drittens, »zur Täuschung und Irreführung des gemeinen Volkes vorgegeben zu haben, sie sei von Gott gesandt und wisse von seinen geheimen Ratschlüssen, und dazu andere höchst gefährliche, verwerfliche und unserem katholischen Glauben abträgliche Irrlehren...« Im weiteren Verlauf werden diese Anschuldigungen genauer qualifiziert als »Aberglauben, Irrlehren und andere Verbrechen der Gotteslästerung«[12]. Den Vorsitz im Prozeß gegen Jeanne d'Arc führt zwar vom 9. Januar 1431 an der Bischof Cauchon, doch der Vize-Inquisitor, der Dominikanerbruder Jean le Maistre, nimmt an dem Verfahren teil und läßt sich seine Vollmacht am 4. März durch den Generalinquisitor des Königreichs Frankreich, Magister Jean Graverent, ausdrücklich bestätigen.
Ehe wir uns im einzelnen mit den Zwangsmaßnahmen und Rechtsbeschränkungen befassen, die die Anwesenheit des Inquisitors möglich macht, sei an dieser entscheidenden Phase der Einleitung des Prozesses noch aufgezeigt, mit welcher Geschicklichkeit und welchen Kunstgriffen die Unterwerfung des Barons unter die Zuständigkeit dieses aus mehreren Instanzen zusammengesetzten und äußerst gefährlichen Gerichts erlangt wird.
Gilles gerät von einer Falle in die andere. Zunächst fühlt er sich über das Gesetz erhaben; niemand wird es wagen, ihn zu arretieren. Nach dem Skandal von Saint-Étienne-de-Mer-Morte ist er zwar gefährdet, aber er baut immer noch auf die Freundschaft seines Herrn, des Herzogs, und sucht ihn deshalb im Juli 1440 in Josselin auf. Wir wissen nichts über diese Begegnung, aber es ist

anzunehmen, daß Gilles getäuscht wurde und genug freundliche Worte zu hören bekam, um beruhigt nach Machecoul zurückzukehren, freilich nicht, ohne unterwegs noch einmal eine Reihe von Verbrechen zu begehen (in Josselin, Vannes und Nantes). Als er schließlich am 15. September verhaftet wird, führt ihn diesmal Malestroit teuflisch hinters Licht, indem er aus seinem bedrohlichen Aktenbündel nur den Vorwurf der »ketzerischen Irrlehre« hervorzieht. Gilles dürfte wohl geglaubt haben, er, der doch stets ein so gläubiger Katholik geblieben ist, würde sich von diesem Vorwurf leicht reinwaschen können; über den dummen Zwischenfall von Saint-Étienne-de-Mer-Morte würde man sich dann arrangieren. Folglich akzeptiert er die Zuständigkeit des Bischofs und des Bruders Blouyn, unterwirft sich also dem gefährlichen Inquisitionsverfahren. Damit ist die Falle endgültig zugeschnappt. Am 19. September klagt ihn der Promotor vor dem Bischof der Häresie an; Blouyn ist nicht anwesend. Gilles erklärt darauf von sich aus, er wolle »in Person vor dem Herrn Bischof von Nantes und jedem anderen kirchlichen Richter wie auch vor jedwelchem Inquisitor gegen die Ketzerei erscheinen, um sich von solchen Anschuldigungen (nämlich der Häresie) reinzuwaschen«.

Der Bischof setzt nun seine Maschinerie in Gang. Die folgende Sitzung des diesmal vollständig besetzten Gerichts, einschließlich Inquisitor, wird für den 28. September anberaumt. Gilles selbst ist bei dieser Sitzung nicht anwesend; man begnügt sich damit, die Zeugen vorzuführen, deren Aussagen – mit Ausnahme des Vorwurfs der Ketzerei – den Gesamtbereich der Anklage abdecken, insbesondere das Verschwinden von Kindern. Am 8. Oktober 1440 erscheint Gilles zum zweiten Mal vor Gericht. Im Verlauf der Verhandlung kommt es zu dem, was damals »litis contestatio« hieß: der Angeklagte hat zu erklären, ob er die Anklage als begründet anerkennt oder zurückweist. Hier wird Gilles de Rais zum ersten Mal mit dem gesamten Umfang der gegen ihn erhobenen Anklage konfrontiert. Er ist zunächst völlig niedergeschmettert, streitet aus Angst und Selbsterhaltungsinstinkt alles ab und weigert sich, irgend etwas zu beschwören. Bei der dritten Vorführung schließlich am 13. Oktober werden ihm alle 49 Anklagepunkte vorgelesen. Jetzt endlich hat er begriffen, wie das Verfahren läuft. Er läßt seiner Wut freien Lauf, der Wut eines großen Feudalherrn, der von juristisch weitaus Schlaueren hereingelegt worden ist. Er antwortet »voll Hochmut und Stolz«, lehnt seine Richter – also den Bischof und den Inquisitor – ab, die er als »Simonisten und Hurenböcke« beschimpft, und verlangt andere an ihrer Stelle. Das Gericht bleibt völlig ruhig. Der Bruder Blouyn zieht seine Beglaubigungsschreiben hervor, »die mit rotem Wachs auf anhängendem Pergamentstreifen gesiegelt waren« (dem Siegel des Inquisitors). Und da Rais hartnäckig bleibt, erklärt man ihn angesichts der Schwere der Belastung durch die Zeugenaussagen »der ›Contumacia‹ (Mißachtung des Gerichts bzw. Uneinsichtigkeit) überführt; sodann wurde er schriftlich exkommuniziert«.

Zwei Tage später, am 15. Oktober, ist Gilles bereit, das Gericht anzuerkennen, eingeschüchtert durch das Verfahren und niedergeschmettert durch die Strafe der Exkommunikation; er bittet die Richter um Verzeihung für seine Beschimpfungen und bequemt sich nach und nach zu ersten Geständnissen. Diese rasche Unterwerfung und die fortschreitende Geständnisbereitschaft scheinen mir ebensosehr ein Erfolg des überaus wirksamen Inquisitionsverfahrens wie der Geschicklichkeit des Kanzler-Bischofs zu sein.

Einige Besonderheiten der Inquisition

Wer der Häresie angeklagt ist, »des furchtbarsten Verbrechens, dessen ein Mitglied der Gemeinschaft der Gläubigen sich schuldig machen kann« (weil er ihre Grundlagen unterminiert oder in Frage stellt), der sieht ein überaus imponierendes repressives Arsenal auf sich gerichtet und ist Verfahrensweisen ausgeliefert, die im Vergleich zu unserem modernen Recht kaum etwas Menschenfreundliches oder auch nur Maßvolles haben. »Sehr folgenschwere Abweichungen«[13] vom gewöhnlichen Recht werden nicht nur geduldet, sondern geradezu empfohlen. Versuchen wir, die wichtigsten aufzuzählen.

Es geht darum, einem Prozeß, der durch Anklage, Denunziation oder eine Ermittlung[14] in Gang gekommen sein mag – letzterer muß eine »eindeutige Information« zugrunde liegen –, das besondere Verfahren des Ketzerprozesses aufzupfropfen. Das Handbuch, an das wir uns halten, das des braven Bruders Eymerich, beginnt mit einer allgemeinen Regel, die absolut unzweideutig ist: »Halten wir sogleich fest, daß das Verfahren in Glaubenssachen *summarisch, einfach und unkompliziert zu sein hat, ohne heftige Szenen und ohne große Auftritte von Advokaten und Richtern.*« Darin liegt eine Erklärung für die abgekürzten Verhandlungen im Prozeß gegen Gilles de Rais, insbesondere für die Eilfertigkeit, mit der Bischof und Inquisitor zur Exkommunikation und zur Androhung der Folter greifen.

Für den Fall der Einleitung eines Prozesses durch eine Ermittlung gibt Eymerich an, daß schon zwei Zeugen, sofern sie zu den »braven und ehrlichen Leuten« gehören, »volljährig und integer«

sind, »ausreichen, um die Existenz eines bösen Rufes zu beweisen«. Im Falle des Gilles de Rais ergaben die verfügbaren Zeugenaussagen – vor der Eröffnung des Prozesses durch die »litis contestatio« – nur einen Verdacht auf Verbrechen und Kindsentführungen. Der »böse Ruf« umfaßt aber auch den Vorwurf der Häresie, zumindest nach der Aussage des Priesters Eustache Blanchet, der sehr beflissen beteuert, daß er Tiffauges verlassen habe, sobald er von Teufelsbeschwörungen Kenntnis erhielt. An seinem Zufluchtsort begegnete er 1439 einem gewissen Mercier, Kastellan von La Roche-sur-Yon, der von Gerüchten zu berichten weiß, die in der Gegend von Nantes und Clisson verbreitet waren; danach habe Gilles de Rais »Kinder in großer Zahl getötet oder töten lassen und mit ihrem Blut eigenhändig ein Buch geschrieben ... und mit diesem Buch konnte niemand mehr ihm irgendeinen Schaden zufügen«. Von Rais bedrängt, der ihm mißtraut, erinnert Blanchet die Gefolgsleute des Barons daran, daß das »Gerücht über sie sehr stark« gewesen sei. Man kann also annehmen, daß diese Aussage bereits im Juli 1440 der Anklage wegen Ketzerei zugrunde lag, und wenn sie nicht erwähnt wurde, so deshalb, weil ein hinhaltendes Taktieren mit dem Verschweigen belastender Zeugenaussagen damals zulässig war.

Für die Behandlung der Zeugenaussagen sieht Eymerich in seinem »Handbuch der Inquisitoren« in der Tat eine Vielzahl von Abweichungen vom gewöhnlichen Recht vor. Sie können zahlenmäßig beschränkt werden, wie wir schon sahen, »damit der Angeklagte sich nicht einbilde, er könne leicht einen Zeugen zurückweisen, denn im Inquisitionsverfahren wird *niemals ein Zeuge zurückgewiesen,* außer im Falle von Todfeindschaft. Jedermann hat das Recht, für den Glauben Zeugnis abzulegen.« Und Eymerich setzt noch die folgende gefährliche Erläuterung hinzu: »Jedermann, selbst die Ehrlosen, die Verbrecher nach gemeinem Recht und ihre Komplizen, die Meineidigen, die Exkommunizierten und alle Missetäter, was immer sie verbrochen haben.« Es gibt nur eine einzige Ausnahme: wenn einer dem Angeklagten bereits physisch nach dem Leben getrachtet hat und »in gleicher Absicht seinem Feind das Verbrechen der Ketzerei anlastet«[15].

Dies erklärt auch den Zusammenbruch des Barons nach den – freiwilligen oder erzwungenen – Geständnissen seiner Vertrauten: ihr Zeugnis war praktisch unwiderlegbar. Zum Verfahren des Inquisitionsprozesses ist übrigens noch anzumerken, daß der Angeklagte (»reus«) auch dann, wenn ihm der Inhalt der ihn belastenden Zeugenaussagen bekannt ist, möglicherweise die *Namen der Zeugen oder Denunzianten* nicht kennt, die damit vor Drohungen seinerseits oder späterer Rache geschützt werden sollen.

Man sieht also, in welchem geduldig und kunstreich gesponnenen Intrigengewebe der Angeklagte sich gefangen, ja buchstäblich umgarnt fand; angewendet wurde dieses Verfahren in allen europäischen Territorien, in denen die Inquisition praktiziert wurde. So naiv Gilles de Rais auch sein mochte, so war ihm doch klar, wie grenzenlos einsam und hilflos er diesem furchtbaren Gericht gegenüber in dieser Situation war. Der einzige Ausweg, der ihm noch blieb, war die Ablehnung seiner Richter. Wir haben aber gesehen, wie geschickt die Sache so eingefädelt war, daß Gilles sogar selbst die Anwesenheit des Inquisitors verlangt hatte, um sich von dem Vorwurf der Häresie reinzuwaschen. Um ihn danach noch mit Erfolg abzulehnen, müßte ein »schwerwiegender Verdacht« gegen den Inquisitor vorgebracht werden können, sei es hinsichtlich der Rechtmäßigkeit seiner Amtsführung (Blouyn aber übte das Amt, wie wir sahen, bereits seit 14 Jahren aus), sei es wegen einer bestehenden persönlichen Feindschaft (ganz im Gegensatz zu Malestroit hatte Blouyn dazu keinerlei Anlaß), sei es wegen Verfahrensmängeln. Entsprechend bleiben die Ablehnungsanträge des Barons ohne Erfolg; sie werden als »nichtig« abgetan.

Hier stellt sich die Frage nach dem Recht auf einen Verteidiger im Inquisitionsprozeß. Im Gegensatz zu weitverbreiteten Behauptungen war die Beiziehung eines Anwaltes nicht ausgeschlossen. Eymerich bemerkt dazu: »Die Bewilligung einer Verteidigung für den Angeklagten gehört ebenfalls zu den Ursachen eines schleppenden Prozeßverlaufs und eines verzögerten Urteilsspruchs. Dieses Zugeständnis ist manchmal notwendig und manchmal überflüssig. Wenn der Angeklagte sein Vergehen gesteht – ob nun durch die Zeugen überführt, die ihn denunziert haben, oder nicht – und wenn sein Geständnis mit den Vorwürfen übereinstimmt, dann ist es unnötig, ihm einen Verteidiger zu bewilligen, um wider die Zeugen zu reden. Letztlich ist sein Geständnis beweiskräftiger als die Aussagen der Zeugen. Wenn er aber sein Verbrechen leugnet, wenn Entlastungszeugen da sind und er nach einem Verteidiger verlangt, dann muß er sich verteidigen können, ob man ihn nun für unschuldig halten mag oder für verstockt, für unbußfertig oder böse, man wird ihm also juristischen Beistand gewähren. Man wird ihm einen rechtschaffenen und unverdächtigen Anwalt zuweisen, der im bürgerlichen wie im kanonischen Recht bewandert und ein tief gläubiger Mensch ist...[16]«

Es war also auch bei der Anklage der Ketzerei nicht unmöglich, einen Anwalt beizuziehen. Bei Gilles de Rais war das nicht der Fall; offenbar hatte er keine Entlastungszeugen, und er scheint das auch selbst nicht einmal erwogen zu haben. Man muß im übrigen wissen, daß es den Berufsstand der Advokaten im 14. und 15. Jahrhundert zwar schon gab[17], daß man sich ihrer aber im Strafprozeß, der sehr zügig und starr ablief, noch nicht allzu oft bediente. Sie begnügen sich im wesentlichen damit, die Einhaltung der sehr präzisen Formvorschriften zu prüfen. Auch bei der Beurteilung der Glaubwürdigkeit der Zeugenaussagen und der Beibringung von Gegenzeugen spielen sie eine Rolle; dagegen halten sie kein Plädoyer, das im Strafprozeß unbekannt ist, wo auf das Verhör nach kurzer Beratung sofort das Urteil folgt. Natürlich kann der Anwalt für den Angeklagten die Rolle eines moralischen Beistandes spielen; in Ketzerprozessen ist diese Rolle jedoch sehr eng eingegrenzt. Die »Handbücher« äußern sich dazu äußerst vorsichtig oder geradezu machiavellistisch. Gilles hatte keinen Anwalt, dies sei noch einmal betont; er hatte weder Beistand noch Fürsprecher, war stumm und allein mit seinem Gewissen, das ihn kaum zum Widerstand ermutigen konnte.

Bleibt also zum Inquisitionsprozeß noch die Frage der Folter, der »peinlichen Befragung«, zu klären. Die Einführung dieser Praxis in das Recht, namentlich das kanonische, ging nicht ohne Widerstände vor sich, und zwar aus vielfältigen Gründen. Es scheint, daß sich die Folter zum Teil im Zusammenhang mit der Entwicklung der Inquisition im 13. Jahrhundert durchgesetzt hat, und sie vor allem bestimmt das abstoßende Bild, das diese Institution späteren Jahrhunderten hinterließ: mit der Bulle »Ad extirpanda« vom 15. Mai 1252 autorisierte Papst Innozenz IV. den Gebrauch der Folter im Ketzerprozeß. Diese Anordnung wurde in den folgenden Jahren leider mehrmals bestätigt: durch den Nachfolger Alexander IV. am 30. November 1259, dann wieder durch Clemens V. in einem Dekret des Konzils von Vienne im Jahr 1311, das Eymerich ausdrücklich zitiert. Zur Zeit eben dieses Papstes, der seine Residenz 1309 nach Avignon verlegte, wurde die Folter in den Prozessen gegen die Templer (1305–1310) in der bekannten Weise angewendet – diese wenigen Angaben mögen genügen, um zu zeigen, daß die Folter ebenso ein gut kirchlicher wie ein gut französischer Brauch ist.

Allerdings wurde die »peinliche Befragung« nicht nur in Häresieverfahren angewendet. »Zumindest seit Ende des 14. Jahrhunderts«[18] hat man sich ihrer auch im gewöhnlichen Strafprozeß bedient, dem Vorbild des Heiligen Offiziums folgend, wie vermutet werden darf. Aufgrund von Untersuchungen über das Strafregister des Châtelet in Paris und das von Saint-Martin-des-Champs[19] hat Y. Bongert gezeigt, daß der Gebrauch der Folter damals »sehr häufig geworden war« und daß sie bei folgenden Delikten angewendet wurde: Mord, Brandstiftung, Vergewaltigung, Straßenräuberei, Verrat (Hinterhalt), Ketzerei und »Bougrerie« (ein Ausdruck, der die dreifache Bedeutung von Häresie, Bestialität und Sodomie hatte). Ich möchte an das traurige Beispiel des in Ungnade gefallenen Großkaufmanns Jacques Coeur erinnern, der 1452 in seinem Prozeß beinahe die Folter erduldet hätte: schon auf den Bock gebunden, beteuerte der Unglückliche, »daß er alles gestehen würde, was man wolle, wenn man ihn nur losbände«. Und tatsächlich hat er von diesem Augenblick an alles gestanden, was man nur wollte[20].

Dennoch war die Folter bei Ketzerprozessen am häufigsten, und hier wurden ihre Techniken zur Vollendung gebracht. Sie sind außerordentlich raffiniert. N. Eymerich macht darüber mehrfach sehr genaue Angaben: Bischof und Inquisitor »können foltern gemäß den Dekretalen von Clemens V.«. Hinsichtlich des Rechtes zum Foltern gibt es »keine genauen Regeln«, sondern nur sehr weitgefaßte Hypothesen: die Folter ist zulässig, wenn der Angeklagte zögernde, widersprüchliche oder unentschiedene Antworten gibt, wenn Zeugenaussagen ihm Ketzerei anlasten (»eine einzige Zeugenaussage genügt«, sie »hätte vor einem weltlichen Gericht nicht das gleiche Gewicht«); wenn keine Belastungszeugen vorhanden sind, genügen auch schwerwiegende Indizien. Einzige Einschränkung: »Nicht gefoltert werden darf, wenn nur die Diffamatio ausgesprochen wurde, wenn nur ein einziges Zeugnis ohne Diffamatio oder ein einziges Indiz vorliegt; jede dieser Bedingungen genügt für sich allein noch nicht zur Rechtfertigung der Folter.«

Bischof und Inquisitor können also über die Anwendung der Folter entscheiden, wenn der Beschuldigte »nicht zum Geständnis bereit ist und im Verlauf des Prozesses nicht der Ketzerei überführt werden konnte. Wenn dieser Beschuldigte auch unter der Folter nichts gesteht, ist er als unschuldig zu betrachten ... Das Urteil über die Anwendung der Folter ergeht folgendermaßen: Wir, der Inquisitor etc., den Prozeß bedenkend, den wir gegen dich führen, und erwägend, daß du unstet in deinen Antworten bist, aber genügend Indizien gegen dich vorliegen, um dich der Tortur zu unterziehen: damit endlich die Wahrheit aus deinem Mund hervorgehe und du die Ohren deiner Richter nicht weiter beleidigest, erklären, beschließen und befinden wir, daß du an jenem Tage zu jener Stunde der Folter unterworfen wirst.«

Die Folter wurde zur Überführung der Ketzer eingeführt, aber sie ist hier noch sinnloser als in jeder anderen Art von Prozeß (wo es etwa auf präzise Auskünfte, beispielsweise Namen ankommt). Denn damit die Folter aufhöre, wird jeder über seine Glaubensüberzeugungen auszusagen bereit sein, was immer man von ihm verlangt. Daß der Angeklagte die unter der Folter abgelegten Geständnisse an einem Ort, »wo es keinerlei Anzeichen von Folter gab«, noch einmal wiederholen mußte, war als Vorsichtsmaßnahme eine pure Formalie. »Man liest ihm dort das unter der Folter abgelegte Geständnis vor und fährt mit den Verhören fort, bis man die volle Wahrheit aus seinem Mund erlangt hat.« Widerruft er sein Geständnis, so wird erneut gefoltert, mit der Möglichkeit einer Abwandlung und Steigerung der Methoden, wie wir noch sehen werden. Das Verfahren läßt dem Angeklagten keine Chance; aus heutiger Sicht ist es absolut unerträglich: »Die Grenzlinie zwischen Schuld und Unschuld wird durch die Fähigkeit gezogen, physischen Schmerz zu ertragen: das ist der sicherste Weg, den robusten Übeltäter freizusprechen und den schwachen Unschuldigen zu verurteilen.«[21] Verstehen kann man den Gebrauch der »peinlichen Befragung« im späten Mittelalter allenfalls aus dem Glauben an die Möglichkeit einer göttlichen Intervention zugunsten der Unschuldigen und zum Nachteil der Schuldigen ...

Die Folterung wird überaus eindrucksvoll inszeniert; N. Eymerich hat das detailliert beschrieben. Während die notwendigen Werkzeuge bereitgestellt werden und man den Angeklagten zu entkleiden beginnt, drängen ihn der Bischof und der Inquisitor »entweder in eigener Person oder durch den Mund eines inbrünstig Gläubigen, ein freiwilliges Geständnis abzulegen«. Doch ganz naiv fährt Eymerich fort: »Die Henker treten unverzüglich in Aktion, aber ohne Freudigkeit, sondern wie unter dem Eindruck eines gewissen Unbehagens.« Während der nunmehr vollständigen Entkleidung gehen die Ermahnungen weiter. Dann erst beginnt die eigentliche Prozedur, und Eymerich legt großen Wert auf das allmähliche Fortschreiten von Frage zu Frage und die ebenso allmähliche Steigerung der zugefügten Folterungen, auch auf die Möglichkeit, dem Angeklagten »die Instrumente« zu zeigen, die später noch angewendet werden können. Aber wie behutsam man auch zu Werke gehen mag, erreichen die Qualen doch bald ein entsetzliches Ausmaß, denn verboten ist nur, den Angeklagten physisch zu verstümmeln oder in Lebensgefahr zu bringen (»citra membri diminutionem et mortis periculum«). Die Folterqualen waren »jedermann bekannt«[22]. Es gab vier Hauptarten der Folter[23]: erstens die Auspeitschung, die als die harmloseste Form galt, zweitens der Bock, auf den der Verdächtige gebunden wurde, drittens der Wippgalgen, der darin bestand, daß man das Opfer an einem Strick festband und entweder ins Wasser oder bis ein paar Fuß über dem Boden fallen ließ, viertens die glühenden Kohlen, die nicht näher beschrieben zu werden brauchen. Später verwendete man noch andere Hilfsmittel wie etwa die »Spanischen Stiefel« (eine Art hölzerner Schraubstock, in den die Beine des Opfers gepreßt wurden) oder die Wasserprobe – die »Badewanne« von heute. Das ganze wird zu einem höchst einschüchternden Zeremoniell, immer wieder unterbrochen durch Pausen, durch mahnendes Zureden, Drohungen, fromme Reden und das Ächzen und Wimmern des Gefolterten.

Wie wir bereits wissen, wurde auch Gilles de Rais durch den Promotor, den Bischof und den Inquisitor die »peinliche Befragung« angedroht, nachdem er zunächst jeden Kontakt mit den Belastungszeugen abgelehnt hatte, aber auch nichts gegen sie persönlich vorbringen konnte (in keinem Fall eine Todfeindschaft, die die Ablehnung des Zeugen begründen konnte). Die Entscheidung darüber wird am 20. Oktober 1440 gefällt: beschlossen wird, »besagten Gilles zur Folter oder kanonischen Befragung zu schicken«. Und angesichts der Folterwerkzeuge im unteren Saal der Tour Neuve, wo das Gericht tagt, verlangt Gilles einen Aufschub, um zur Beichte zu gehen und zunächst vor dem Beichtvater, dann auch öffentlich ein volles Geständnis abzulegen. Zweifellos müssen die aufgebauten Folterapparate ihn tief erschreckt haben. Dennoch hat man sich mit gutem Grund gewundert, daß ein kriegserfahrener Feldherr vor der Androhung körperlicher Schmerzen so rasch kapitulieren konnte. Meiner Ansicht nach läßt sich diese Kapitulation eher als das Ergebnis einer »Gewissensprüfung« verstehen: fromm, wie er war, konnte Gilles nicht glauben, daß Gott ihm unter der Folter beistehen würde und die Wahrheit verborgen bleiben könnte. Im übrigen war er moralisch längst gebrochen.

Es muß noch hervorgehoben werden, daß sein hoher Stand Gilles keineswegs vor der Folter schützte: »Bei dem furchtbaren Verbrechen der Ketzerei gibt es keinerlei Privileg abweichender Behandlung: jedermann ohne Ausnahme kann gefoltert werden.« »Omnes torqueri possunt« – natürlich im höheren Interesse des wahren Glaubens. Die einzigen Ausnahmen, die es dennoch gibt, haben nichts mit dem gesellschaftlichen Rang zu tun, sondern mit dem Alter und körperlichen Zustand des Angeklagten: nicht gefoltert werden dürfen Kinder unter vierzehn (sie werden nur ausgepeitscht!), Greise und schwangere Frauen – bis zur Niederkunft; danach steht nichts mehr im Wege!

Ganz allgemein kann man also feststellen, daß im Verlauf eines Ketzerprozesses so gut wie alle Mittel der Druckausübung, der Einschüchterung und der Knebelung des Angeklagten erlaubt sind. Man setzt ein Tribunal von sicheren, schlauen und raffinierten Männern ein und läßt sie mit Menschen aus dem Volk wie auch mit »Gebildeten« ganz nach Belieben verfahren – so ausgepichten »Professionellen« gegenüber wird jeder zum hilflosen Dilettanten. Um so mehr, als diese »Professionellen« auch vor den heuchlerischsten Tricks und Finten nicht zurückschrecken, selbst falsche Zeugen einsetzen oder Spione in die Zellen einschleusen, die sich in das Vertrauen der Verhafteten einschleichen – alles dies, um nur ja das so heiß ersehnte Geständnis zu erhalten. Man brauchte schon eine außergewöhnliche Seelenstärke, Selbstsicherheit oder auch einfach Blindheit, um solchen Manövern standzuhalten, die manchmal sehr lange währten (gewisse Prozesse ziehen sich endlos hin), manchmal brutal waren (wie im Falle des Gilles de Rais), manchmal unterbrochen durch vorübergehende Erleichterungen, manchmal zusätzlich erschwert durch physische oder moralische Gewalt, die auch die Angehörigen nicht verschonte.

Über die Urteile in Inquisitionsprozessen

Dem Ketzerprozeß haftet etwas Totalitäres an: entweder wird der Angeklagte für schuldig befunden und hat dann ein extrem hartes Urteil zu erwarten, oder er wird für unschuldig erklärt und freigelassen. Dies ist das Ergebnis einerseits der Simplizität des mittelalterlichen Strafverfahrens, das in der Frage der Schuld keine Abstufungen und Nuancierungen kennt, und andererseits des theokratischen Anspruchs: »Außerhalb der Kirche gibt es kein Heil.«

Die Todesstrafe wird daher sehr leicht gegen Ketzer verhängt, und auch Gilles de Rais wird wegen dieses Vergehens – ebenso wie wegen seiner tatsächlichen Verbrechen – dem »weltlichen Arm« zur Hinrichtung übergeben. Mit erschreckender Bedenkenlosigkeit wird damals und leider noch für lange Zeit das Todesurteil gefordert: nicht nur für Mord, sondern auch für Hexerei, Häresie, »Bougrerie« (»schändliche Unsittlichkeit«, vor allem Sodomie und/oder Bestialität), für Verrat und Majestätsbeleidigung (dabei handelt es sich vor allem um Leute, die ins feindliche Lager überwechseln oder die damals so zahlreichen Brunnenvergifter, bei denen man nie genau weiß, ob es sich nicht um eine Ausgeburt der Volksphantasie handelt), ferner für Vergewaltigung, Raub, Brandstiftung (absichtliches Niederbrennen der Ernte), Zuhälterei, Falschmünzerei und in vielen Fällen auch für einfachen Diebstahl. Die Galgen brauchten also kaum leerzustehen.

Von der Gefängnisstrafe wurde dagegen damals noch wenig Gebrauch gemacht: im Strafregister des Châtelet fand Bongert ein einziges Beispiel[24]. Wenn eingekerkert wird, so häufig im Sinne einer vorbeugenden Haft bis zum Urteilsspruch. Diese vorbeugende Haft konnte in dieser Zeit der summarischen Untersuchung und des beschleunigten Verfahrens sehr kurz sein. Sie konnte aber auch, namentlich in Ketzerprozessen, als Druckmittel – deutlicher gesagt: als moralische Folter – eingesetzt werden, um den Verdächtigen zu einem Geständnis oder zu Denunziationen zu zwingen. Daher weiß man die Einkerkerung in feuchten Verliesen mit sadistischen Wächtern im Mittelalter sehr wohl zu schätzen – wie in späterer Zeit auch.

Bei der Verurteilung selbst gab es, sofern man der Todesstrafe entrinnen konnte, mehrere Möglichkeiten. Zum Beispiel Verstümmelungen wie das Abschneiden des Ohres für kleine Diebstähle (eines Huhnes etwa oder von Wein!); auch das Abhacken der Hand oder des Fußes ist »nicht unbekannt«, wird aber sehr unterschiedlich gehandhabt. In den Strafregistern des Châtelet und von Saint-Maur-des-Fossés finden sich zwei Beispiele für das Abschneiden der Zunge und eines für das Ausstechen der Augen. Möglicherweise ist das Mittelalter in dieser Hinsicht nicht allgemein so barbarisch, wie man behauptet hat und wie sich heute einige rückständige Länder darstellen. Dafür gibt es entehrende Strafen; dazu zählt der Tod am Galgen, aber auch die öffentliche Auspeitschung, die Brandmarkung mit dem glühenden Eisen, der Pranger und das Halseisen. Häufig wird die Verbannung ausgesprochen, die in etwa unserer heutigen Abschiebung entspricht, ebenso die Zerstörung des Hauses des Schuldigen. Bleibt noch eine Strafart, an der sich die religiöse Mentalität der Zeit ablesen läßt: die Bußwallfahrt zu einer der zahllosen Wallfahrtsstätten; auf diese Weise wurden meist Beleidigungen oder Gewalttaten gesühnt.

Die Todesstrafe konnte auf verschiedene Weise vollzogen werden; jede dieser Todesarten hatte ihre – oft symbolträchtigen – Besonderheiten und entsprach einer genau festgelegten Kategorie von Verbrechen. Mit Enthauptung etwa wurden Vergehen des Verrats und der Majestätsbeleidigung geahndet. Die häufigste Form der Todesstrafe war das Hängen; sie wurde für zahlreiche Vergehen angewandt, zu denen als banalstes der Diebstahl gehört. Der Delinquent oder Dieb wurde entkleidet an einem Galgen aufgehängt; da man Frauen aus Gründen der Schicklichkeit nicht gern entkleiden mochte, steckte man sie in ein weites Hemd, das unter den Knien zugebunden wurde. Jean Chartier etwa macht in seiner »Chronique française du Charles VII«[25] viel Aufhebens von der Aufhängung einer Frau am Galgen im Jahre 1449; man habe sie »völlig kahlgeschoren und in ein langes Gewand gesteckt, das unter den Knien um beide Beine mit einem Strick zugebunden wurde«. In anderen Fällen wurde das Hängen durch zusätzliche Greuel verschärft. Juden zum Beispiel hängte man manchmal zwischen zwei Hunden an den Füßen auf. Vergewaltiger wurden vor dem Hängen zum Entzücken der Menge geschleift. Auch die Leichen der Selbstmörder schleppte man zum Galgen (außer wenn es sich anerkanntermaßen um Wahnsinnige handelte). Mörder wurden mit gefesselten Händen aufgeknüpft. Gehängt wurden auch die Brandstifter, die die Ernte angezündet hatten, und die Wegelagerer und Straßenräuber. Man hängte viel, man hängte gern...

Gilles wurde für all seine Verbrechen zunächst gehängt und anschließend verbrannt: die Verbrennung bei lebendigem Leibe oder nach dem Tode war gefordert bei den schwersten oder auch schändlichsten Verbrechen, bei »Bourgrerie«, Zuhälterei, Kindermord und selbstverständlich Hexerei und Häresie. »Zu Staub« wurde so der ganze Körper, der gesündigt hatte, und mit ihm das Hirn, das so abscheuliche Gedanken gehegt hatte; nichts blieb von dem Feind des Volkes, dem Außenseiter, dem selbständigen, unkontrollierbaren Geist. Daß man solche Leute verbrannte, drückt sehr wohl die Entschlossenheit aus, sie vollständig und ein für allemal auszulöschen; das Hängen hat dagegen zwar einen ausgesprochen makabren, aber auch erbaulicheren Aspekt.

Es gab aber noch andere, womöglich noch scheußlichere Strafen – die sadistische Phantasie der Menschen und insbesondere derer, die Recht sprechen, ist schier unerschöpflich. So zum Beispiel das Rädern, Schinden, Vierteilen oder auch das Eingraben bei lebendigem Leib, eine Strafe, die man bei verschiedenen Vergehen wie Diebstahl oder Kindermord und vor allem gegen Frauen verhängte, die lebend begraben und anschließend gehängt wurden. Eine schauerliche Bestrafung war auch der siedende Wasserkessel, in den man Falschmünzer warf, um den verbrühten Leib anschließend am Galgen zur Schau zu stellen. Und um diese alles andere als phantasierte Übersicht abzuschließen: den Vatermördern vor allem drohte das »Säcken«, bei dem man den Verurteilten in einen Ledersack einnähte, häufig zusammen mit einem Hahn, einem Hund, einem Affen oder einer Schlange, und dann ins Meer oder in einen Fluß versenkte. Auch gegen Kindermörder konnte diese Strafe verhängt werden.

So phantasievoll das späte Mittelalter im Ausdenken schrecklicher Strafen ist, die in keinem Verhältnis zur Schwere des Vergehens stehen; so wenig es dabei über die Persönlichkeit des Täters und den Grad der wirklichen oder vermeintlichen Schuld nachdenkt – so fest steht es mit beiden Beinen auf dem Boden, wo es um Geld oder Grundbesitz geht, um das, was die Besitzenden, die Geistlichen, Bürger, Edelleute und Fürsten am allermeisten interessiert. Es findet Haftstrafen zu aufwendig und kostspielig, aber den Vorteil von Vermögensstrafen weiß es wohl zu schätzen und schöpft ihn gründlich aus.

So waren auch im Falle des Gilles de Rais die »Geldstrafen«

beträchtlich – dies war ja der eigentliche Spielgewinn, wäre es wohl auch im Falle einer etwaigen Rehabilitierung gewesen. Die Beschlagnahmung des Vermögens durch den Fiskus konnte generell sein, sich also auf den gesamten beweglichen und unbeweglichen Besitz erstrecken, oder partiell, je nach der Art des Deliktes. Ein entscheidender Aspekt dieser Affäre, mit dem wir uns schon ausgiebig befaßt haben, war der Zugriff auf die Überreste des Vermögens des Barons. Die Beschlagnahme aller seiner Länder außer denen, die seiner Frau gehörten, wurde sofort verfügt. Als Regel galt allerdings, daß der Einzug des Gesamtvermögens nicht auf Kosten der unschuldigen Erben des Verbrechers geschehen sollte. Um die heißbegehrten Festungen von Ingrandes und vor allem Chantocé prozessierten nacheinander die durchaus eigennützigen Ehemänner der Gilles-Erbin Marie de Rais, erst Prégent de Coëtivy, dann André de Laval-Lohéac, und, nach dem Tod der kinderlos verstorbenen Marie (1457), der jüngere Bruder des Barons, René de Laval, der auch das »Memorandum der Erben« verfaßte, um das Vermögen seines Bruders zurückzuerlangen.

Gilles traf also eine spektakuläre dreifache Strafe: Einzug seines gesamten Vermögens, Galgen und Scheiterhaufen. Dennoch schätzte er sich glücklich, ein zweifaches Privileg zu genießen: er durfte als erster sterben, vor seinen beiden Komplizen, denen er so ein besseres Beispiel geben konnte, und es war ihm vergönnt, daß das Feuer »weder den Leib (noch) die Eingeweide« verzehren sollte, sondern der Leichnam vom Scheiterhaufen genommen und an einem vornehmen Platz in geweihter Erde bestattet wurde. Henriet und Poitou dagegen wurden »gehängt und so verbrannt, daß sie vollständig zu Asche wurden«, dies freilich »mit großer Bekümmernis und Wehklage« über ihre Untaten.

Wir sind also ans Ende gelangt mit unserer Aufgliederung des juristischen Arsenals, von der geschickt eingefädelten geheimen Untersuchung des Herrn Bischof von Nantes bis zur Beschlagnahmung der Güter des Barons; nun kann festgestellt werden, welche Elemente für das Verhalten des Verbrechers in seinen letzten Wochen eine wenn nicht ausschlaggebende, so doch nachhaltige Rolle gespielt haben.

Es handelt sich zunächst um eine ausgeklügelte, genau festgelegte formalistische Prozedur. Wenn man versucht hat, Gilles zu einem Gebildeten zu machen, so wird man ihn schwerlich zu einem Juristen machen können: er hat keine Ahnung von den strengen Regeln, die seinen Prozeß zu einem Labyrinth aus Formeln und Zwängen machen, er kennt nicht das Gesetz dieses Spiels, dessen Komplexität nur einige Kleriker, Schreiber und spezialisierte Notare durchschauen. Wir stoßen hier auf eine grundlegende Eigentümlichkeit des Gesetzes: seine Komplexität ist entscheidend für die Wächter der Ordnung. Seine Handhabung besorgen willige Funktionäre als zuverlässige Helfershelfer. Das Individuum, ob Delinquent oder nicht, wird unter das Joch gebeugt.

Das Verfahren mag schwerfällig und umständlich scheinen, aber es ist in seiner zielstrebigen Unerbittlichkeit vollkommen logisch. Kommt noch das Inquisitionsverfahren hinzu, ist der Angeklagte in einer ausweglosen Lage; allein und physisch wie moralisch vollkommen hilflos steht er unbarmherzigen, allmächtigen Richtern gegenüber. Dies ist die zweite Grundeigentümlichkeit des Verfahrens: seine auf exemplarische Wirkung berechnete furchtbare Maßlosigkeit.

Bei den Richtern handelt es sich um äußerst wendige, durchtriebene und abgefeimte Rechtsgelehrte, die sich darauf verstehen, auch den abgebrühtesten Delinquenten und den wortgewaltigsten Ketzer zu Fall zu bringen. Bedenkenlos greifen sie im Namen von Recht und Sitte zu List und Tücke; jeder Trick ist erlaubt, um den Schuldigen zur Reue zu zwingen. Das Recht hat immer recht.

Schließlich aber: dieses juristische Spiel findet statt auf der Bühne des stets emotional überhitzten, theatralischen und zum Exzeß neigenden ausgehenden Mittelalters. Die Menge hat ihren Anteil daran – zu Tränen erschüttert, tobend, erschauernd und schließlich unterworfen. Die Strafen sind ein furchtbares und erhebendes Schauspiel, und die Reue des Verurteilten entspricht den Dimensionen des Dramas, das für ihn geschrieben wurde und an dem er mitgeschrieben hat.

Man kann dies alles faszinierend finden. Ich finde die gesamte Inszenierung von Prozeduren und Machenschaften vor allem schreckenerregend. Angewandt auf Gilles de Rais, hat sie offensichtlich dazu beigetragen, ihn einzuschüchtern und in die Knie zu zwingen, bis er reumütig in den Schoß der Kirche und der etablierten Ordnung zurückkehrte. Angewandt auf ein weniger schuldiges, eher »der Unschuld verdächtiges« Individuum, würde ein solcher Apparat mit seiner Mischung aus Grausamkeit und Mystizismus, aus Zynismus und gutem Gewissen, aus Tücke und Scharfsinn in meinen Augen die vollkommene Illustration des Systems darstellen, mit dem die gesellschaftliche Ordnung, die des Herzogs und des Bischofs, das Individuum niederwalzt – so hoffärtig und unmoralisch der Herr von Rais auch gewesen sein mag.

Es ist dasselbe System, das, unter ganz anderen Umständen, den Sieg über Jeanne d'Arc davontrug. Die Jungfrau von Orléans setzte der ebenso geschickt gehandhabten wie umfassenden Einkreisung, dem zähen Machtdruck allerdings einen ganz anderen Widerstand entgegen als der erbärmlich schwache Baron. Halt und

Stütze fand sie vielleicht in ihrem schwärmerischen Mystizismus, vor allem jedoch in ihrer Überzeugung und ihrem doch oft erstaunlichen Vertrauen in die eigene Sache, in ihre Unschuld, ihre Wahrhaftigkeit, ihr Recht. Stark und von glühendem Eifer beseelt, drückt sich hier, dies müssen wir einräumen, eine andere Persönlichkeit aus als im Zerfall und Niedergang des Gilles de Rais.

Dritter Teil: Von dunklen Mächten

6. Kapitel: Die Opfer: Die Kindheit

Über die beiden dominierenden Klassen, den Adel und die Geistlichkeit, die über Macht und Kultur verfügen, war es relativ leicht, genaues Quellenmaterial zusammenzutragen und eine Vielzahl von Hypothesen zu formulieren; unendlich weniger bekannt ist uns dagegen die Lage des Volkes, all derer, die ihr Leben nicht mit Kriegführen oder Beten verbrachten. Zum Mißlichen im Geschick des armen »Landmannes« gehört auch, daß er kaum Spuren hinterläßt, von sich, seiner Art zu leben, seinem Denken und Fühlen, als einzelner wie als Gruppe. Dies gilt erst recht für die Kinder aus dieser großen, rechtlosen und von der geschriebenen Kultur ausgeschlossenen Schicht, über deren Lage uns nur wenig genauere Informationen unterrichten. Erst in neuerer Zeit haben die Historiker begonnen, sich für die Situation der Familie und der Kindheit zu interessieren, der Kindheit vor der Französischen Revolution und – was uns hier vor allem interessiert – vor der Renaissance.

In diesem Kapitel, das den Opfern des schlimmen Barons gewidmet ist, möchte ich die Situation der Kinder in der ersten Hälfte des 15. Jahrhunderts untersuchen und zu verstehen versuchen, wie es möglich war, daß innerhalb eines relativ begrenzten Territoriums und während einer ziemlich langen Zeit – mindestens acht Jahre, vielleicht mehr – Hunderte von Kindern verschwinden und von dem Vampir-Baron auf so schauerliche Weise »konsumiert« werden konnten. Ausgangspunkt der Überlegungen sind die Zeugenaussagen zum Prozeß: jene, die der Bischof von Nantes bei der Visitation in seinen Pfarreien gesammelt hat, jene sehr genauen, die die Kommissare des Herzogs Johann V. der Bretagne im Verlauf der von Jean de Toucheronde geführten Ermittlungen zusammentrugen, und jene, die im Prozeß selbst zur Sprache kamen. Sie geben Aufschluß über die Art der Opfer, ihre sozialen Verhältnisse und ihre Beschäftigungen, über die Umstände, unter denen der Baron sie verführen und zu sich locken konnte, manchmal auch über ihre Wünsche und Bedürfnisse. Ausgehend von dieser ersten Analyse werde ich versuchen, die Lage der Kinder und Jugendlichen aus ärmlichen Verhältnissen im ausgehenden Mittelalter zu beleuchten.

Die Opfer des Gilles de Rais

Los pels ac blonds	Er hatte blonde Haare
E gent fo faïsonatz	Ein wohlgeformtes Gesicht
E los ueilh vers	Und grüne Augen
Coma falco mudatz	Wie ein Falke nach der Mauser
La gola fresca	Einen frischen Mund
Cum rosa en estat	Wie eine Rose im Sommer
Blanc coma neus	Schneeweiße Haut
Et ac genta la fatz	Und ein liebliches Antlitz[1]

Die Zeugenaussagen sind präzise genug, um ein Bild der typischen Opfer des Barons zu zeichnen, wobei gewisse Übertreibungen und Unwahrscheinlichkeiten auszuscheiden sind, die späte Chroniken, Legenden und allzu phantasiebegabte Historiker beigesteuert haben.

Das gilt zum Beispiel für den Vorwurf der Ermordung von Kleinkindern – ein Vorwurf, der im Mittelalter sehr häufig ist, aber gegen Gilles de Rais zu Unrecht erhoben wurde; er hatte keinen Grund, kleine Kinder zu opfern, außer vielleicht dem Teufel. Ich finde nur eine einzige Zeugenaussage in dieser Richtung: François Prelati sagte aus, er habe »ungefähr vor einem Jahr« (also 1439) »im Saal des Schlosses von Tiffauges ein sechs Monate altes Kind ermordet auf dem Boden liegen sehen; Gilles de Sillé sei dabei gewesen, und er glaube, daß besagter Sillé das Kind getötet habe«[2].

Von diesem Einzelfall abgesehen, sprechen alle übrigen Aussagen, sowohl die der Kläger, die über das Verschwinden von Kindern berichten, als auch die der Angeklagten, des Barons selbst und seiner Komplizen und Freunde, dafür, daß es sich um Kinder im Alter von mindestens sieben und selten mehr als 16 Jahren handelte. In den Klagen der Eltern, Vormünder und Nachbarn verschwundener Kinder ist niemals von Mädchen die Rede; immer heißt es Knaben oder ganz allgemein »Kinder«. Nur in den Aussagen der Komplizen des Barons kommen auch Mädchen vor. Die beiden Kammerdiener Henriet und Poitou geben an, Gilles habe »oft die Knaben und Mädchen, die er um Almosen betteln sah, zu seiner Lust« gewählt. Aber oft gingen die Kinder der gleichen Familie gemeinsam zum Betteln; die Aussage der beiden Kammerdiener kann also auch so verstanden werden, daß der Baron zwei Brüder oder Bruder und Schwester zu sich lockte, seine »schändliche Unzucht« dann nur mit einem von beiden Kindern trieb, das ihm am meisten zusagte – und das war sicher der Knabe –, anschließend aber beide umbrachte, um keine Zeugen zu haben.

Es handelt sich also in der Mehrzahl der Fälle um heranwachsende Knaben, die sehr sorgfältig ausgesucht wurden. Ihr gemeinsames Merkmal ist durchweg körperliche Schönheit. In dieser Hinsicht ist der sensuelle Aspekt der Dinge für die Menschen des 15. Jahrhunderts völlig klar. Man gerät in Erregung über Knaben »im Pagenrock«. Poitou, der ebenso wie vermutlich auch Prelati der Geliebte des Barons war, und die anderen Vertrauten des Gilles de Rais sind ständig und mit überwiegend homosexuellem Interesse auf der Suche nach schönen Knaben. Mit welchem Wohlbehagen schildert Poitou den unglückseligen Bernard Le Camus, einen »sehr schönen Jüngling von etwa fünfzehn Jahren, der bei einem gewissen Rodigo in Bourgneuf wohnte« – der »gewisse Rodigo« bestätigt übrigens den körperlichen Liebreiz des jungen Mannes und macht dazu genauere Angaben über seinen Namen und die Umstände, unter denen er ihn aufnahm. Oder auch Brestois, der kam, »um französisch zu lernen«: mit welcher Lust hat der Priester Blanchet dieses schöne arme Kind aufgespürt, assistiert von Poitou – er war »sehr schön und sehr begabt«. Die gleichen Worte kehren in den Aussagen von Henriet und Poitou ständig wieder: »ein schöner junger Knabe aus La Roche-Bernard«, »ein hübsches Kind«; der Page Prelatis war »ebenfalls sehr schön«.

Auch die Eltern und Nachbarn der verschwundenen und ermordeten Kinder sprechen von der Schönheit – mit Angst und Schrecken. »Schön wie ein Engel« war der Sohn einer Frau, nach den Worten des benachbarten Herbergswirtes, der wohl viele Menschen gesehen hatte, sogar »einer der schönsten im ganzen Land«. Einem anderen Nachbarn war unter den um Almosen bettelnden Kindern ein gewisser Knabe aufgefallen, der »sehr schön war« – und bald darauf verschwand. Später werden die Schilderungen ausführlicher: in Machecoul verschwindet ein achtjähriger Knabe, der »sehr schön, sehr weiß und sehr begabt« ist, in Saint-Cyr-en-Rais ein anderer, »schön und weiß«, in Nantes ein Zwölfjähriger, wiederum »sehr schön«. Daß immer wieder die weiße Haut hervorgehoben wird, ist auffällig – das Mittelalter war für diese Eigenschaft sehr empfänglich, und vor allem Frauen gebrauchen alle möglichen Kunstgriffe, um die Blässe ihrer Haut zu bewahren oder zu steigern[3].

Für einen Knaben oder Jüngling war es im Herrschaftsbereich des Barons also gefährlich, schön zu sein. Gilles suchte seine Opfer und Liebesobjekte mit allen Mitteln. Zunächst unter den Pagen seiner Gefolgsleute, wie im Falle des unglücklichen Pagen Prelatis. Nie allerdings unter den Knaben seines Chores. Die Aussagen Henriets sind da eindeutig: »Er sagte aus, daß Gilles, wenn er keine Kinder nach seinem Geschmack fand, mit den Knaben seines

Chores Unzucht trieb, aber er tötete sie nicht, noch ließ er sie töten, denn sie waren verschwiegen in diesen Dingen.« Henriet nennt Namen: »Perrinet, Sohn von Madame Jean Briand in Nantes, ... war der Liebling des Angeklagten, den er zärtlicher liebte als alle anderen.«

Abgesehen von den Möglichkeiten, die seine unmittelbare Umgebung ihm bot, suchte der Baron seine Opfer auf zweierlei Art: entweder ging er selbst auf Beutefang, oder er sandte seine Komplizen aus, um mögliche Opfer aufzuspüren, zu verführen und ihm ins Haus zu bringen.

Wie er selbst beim Beutefang vorging, geht aus den Prozeßunterlagen klar hervor: »Der Herr (von Rais) wählte sie selbst aus, wenn sie um Almosen bettelten.« Kleine Bettler erschienen in der Tat sehr zahlreich unter den Fenstern der Schlösser von Machecoul und Nantes; wahrscheinlich auch in Chantocé und Tiffauges, doch für diese beiden Orte, die nicht der Gerichtshoheit des Bischofs von Nantes unterstanden, fehlen nähere Angaben fast völlig. Vermutlich diente das Verteilen von Almosen auch genau dem Zweck, Kinder anzulocken, um unter ihnen lohnende Opfer auszusuchen: Er »fragte sie, woher sie kamen, und wenn sie nicht am Ort wohnten und angaben, weder Vater noch Mutter zu haben, und wenn sie ihm wohl gefielen, dann hieß er sie hereinkommen ins Schloß von Machecoul«[4].

Rais und seine Komplizen – »manchmal wählte Gilles selbst nach seiner Laune, manchmal ließ er Sillé, Henriet oder ihn, den Zeugen (Poitou), sie auswählen und heimlich auf sein Zimmer bringen«[5] – gingen also nicht ohne eine gewisse Vorsicht zuwege. Sie griffen lieber auf umherirrende verlassene Kinder zurück, als das Risiko einzugehen, sich mit Klagen der Familien herumschlagen zu müssen. Und offensichtlich waren auch die Gerüchte über verschwundene Kinder und über die Untaten des Barons zu vage, um streunende Kinder von der Annäherung an das Schloß des Vampirs abzuschrecken – ausgenommen natürlich in der allerletzten Zeit (1440).

Aber die armen Bettelkinder genügen dem unersättlichen Gilles nicht. Und so schickt er seine Häscher aus nach schönen Knaben, an denen er sich gütlich tun will, so etwa auf die Jahrmärkte von Nantes und Machecoul, wo mehrere Händler über verschwundene Kinder klagen. Seine Leute bieten den Knaben an, als Pagen in den Dienst des reichen Herrn zu treten, und manchmal lassen diese sich durch die Aussicht auf Luxus, Unterkunft und vor allem Nahrung – Brot und Fleisch – verlocken und gehen mit, ohne ihre Eltern oder Beschützer zu verständigen. Ein Fall wird ausführlich geschildert, der bereits erwähnte des bei Guillaume Rodigo in

Bourgneuf-en-Rais untergebrachten Jugendlichen. Nachbarn haben beobachtet, wie Poitou mit leiser Stimme auf den Jungen einredete. Es ist alles wie in einem der Märchen, die man ungehorsamen Kindern erzählt: der arme Kerl weigert sich, die Versprechungen Poitous preiszugeben, »läßt sein Wams, seine Hosen und seine Mütze zurück und geht im Hemd davon« – auf Nimmerwiedersehen. Sein Erzieher Rodigo gibt ihn aber nicht auf: er geht zu den Leuten des Barons und bietet bis zu vierzig Talern für die Rückgabe seines Schützlings, »worauf Poitou und Eustache (Blanchet) ihm antworteten, daß sie ihm das Kind gern zurückgäben, wenn sie nur wüßten, wo es sei, sie fürchteten aber, es sei nach Tiffauges gegangen, um Page zu werden«.

Die Spürhunde des Barons durchkämmen das Land nach Kindern, die allein zu Hause geblieben sind, um auf kleinere Geschwister aufzupassen, oder Vieh hüten oder Äpfel pflücken – das Jagdrevier ist die Welt der kleinen Leute, die nicht wagen, den Mund aufzumachen, weil der große Herr alle Gewalt über sie hat; sie fürchten, mißhandelt oder ins Gefängnis geworfen zu werden. So bleibt es bei einem dumpfen Murren; auch lassen die Leute sich durch allerlei fadenscheinige Gründe beschwichtigen: die Kinder sind durch ein zufälliges Mißgeschick verlorengegangen oder als Pagen nach Pouzauges gekommen, oder die Engländer haben Kinder als Geiseln gefordert ...

Die in ihrer schlichten Kargheit oft erschütternden Zeugenaussagen enthalten auch einige Angaben über die Art der Leute, die der Baron aussandte: »eine Alte, die ein graues Kleid und eine schwarze Haube von geringem Wert trug«; im Prozeß wird sie als Perrine Martin identifiziert, die im Volk nach dem Namen eines Raubvogels allgemein »La Meffraye« genannt wurde. So sehr diese Figur einem Schauermärchen entsprungen zu sein scheint – sie wird in mehreren Zeugenaussagen erwähnt. Soweit man weiß, ist sie im Gefängnis von Nantes verschwunden; ihr Geständnis ist nicht erhalten. Ein anderes Detail, das der Volksphantasie Nahrung gab: die Komplizen des Barons, Gilles de Sillé vor allem, verkleideten sich manchmal, um bei ihren Nachstellungen nicht allzu leicht erkannt zu werden. So durchstreifte Sillé die Wiesen um Machecoul »im wehenden Mantel und mit einem Etaminschleier vor dem Gesicht«, ehe er sich an einen armen Hütejungen heranmachte, den man schon im Auge hatte, weil er manchmal Milch aufs Schloß brachte[6].

Das Persönlichkeitsbild der gefangenen Kinder läßt sich also etwa so eingrenzen: es sind in der Regel arme Kinder bzw. Kinder von Armen, es handelt sich um Knaben zwischen neun und zwölf Jahren, sie sind furchtsam und unterernährt, aber schön müssen sie sein. Angelockt werden sie durch Almosen oder die Aussicht auf ein bequemes Leben – Page im Schloß zu sein mußte für sie die kühnste aller Hoffnungen bedeuten. Einige konnten so verschwinden, ohne daß man sich sonderlich beunruhigte. Zwei Fragen zumindest müssen angesichts dieses gemeinsamen Persönlichkeitsprofils vieler der Opfer gestellt werden: die nach den Lebensbedingungen der Armen im 15. Jahrhundert und die nach der damaligen Familienstruktur.

Elend und Bettelei im 15. Jahrhundert

Wir werden hier nicht versuchen, ein soziologisches Gesamtbild der Armut im abendländischen Mittelalter zu entwerfen. Das Thema wird jetzt allmählich mit zunehmender Gründlichkeit untersucht[7]. Offenbar hat die fortschreitende Pauperisierung bereits in der zweiten Hälfte des 13. Jahrhunderts eingesetzt; angesichts des Elends muß der Klerus, dem eine gewisse regulierende Funktion zukommt, für die weniger Armen die »Pflicht zum Almosen« festlegen. Die Mildtätigkeit nimmt vielerlei Gestalt an: »Liebeswerke« der Diözesen, Pfarreien und Abteien; Spitäler und Orden, die sich der Krankenpflege widmen; Ermahnungen an die Reichen und Adligen, »Almosen zu geben«; barmherzige Stiftungen usw.

Von der Mitte des 15. Jahrhunderts an verschärften wirtschaftliche Faktoren, Epidemien und Kriege die Armut. Es kommt zu Bewegungen, die nicht mehr so leicht zu kontrollieren sind wie in den vorangegangenen Jahrhunderten, und zwischen 1360 und 1440 zu regelrechten Aufständen. Jetzt treten Arme auf in fordernder oder drohender Haltung; sie begnügen sich nicht mehr damit, das Mitleid der Reichen zu erregen, sondern machen ihnen Angst. Man beginnt, unter den Bettlern zwischen »guten Bettlern« und »bösen Bettlern« zu unterscheiden – eine Unterscheidung, die man in England zum Beispiel in der berühmten Verserzählung »The Vision of William concerning Piers the Plowman« von William Langland findet (um 1380). Ein Fall für sich sind die Schäfer und Hirten, Einzelgänger, die unstet umherziehen, sich wild und verwegen geben und den biederen Bürgern nicht recht geheuer sind. Der Nichtseßhafte, der Vagabund ist übel beleumundet; er ist der Fremde, den man nicht kennt, womöglich ein Verbrecher oder mit einer ansteckenden Krankheit behaftet. Ausreißer aller Art, Deserteure, flüchtige Schuldner, Verbannte oder Arbeitslose bildeten damals ein besonders zahlreiches Heer von Vagabunden.

Gewiß, es wird zum »Almosengeben« aufgefordert, und die

barmherzigen Stiftungen der Diözesen, Pfarreien und Klöster, aber auch die von Laien, zu denen die Kirche nachdrücklich mahnt, erfüllen weiterhin ihre ausgleichende Funktion im sozialen Gefüge. William Langland, der eine Rechtfertigung für die Bettelei nur etwas widerstrebend in den Heiligen Schriften findet, geißelt leidenschaftlich »den Prälaten, der das Erbe Christi nicht verteilt«; er sei »ein Verräter wie Judas, und auch jener, der das Hab und Gut der Armen in Christo verschwendet, ist ein schlechter Hauswalter«. Man weiß, wozu Gilles de Rais das Almosengeben nutzte ...

Im allgemeinen kommen die barmherzigen Stiftungen in dieser Zeit der Nachfrage der Hilfesuchenden kaum nach. Resignieren und sich abfinden, das Elend der Welt und den Reichtum einiger weniger als gottgewollt hinnehmen, sich fügen in die ziellose Wanderschaft von einem verarmten Städtchen zum nächsten – das ist gewöhnlich das Los der Armen. Auch darin kann man eine Erklärung dafür finden, daß das Verschwinden von Kindern manchmal so wenig Aufsehen erregte; man darf nicht übersehen, daß es ja auch bedeutete, daß ein Mund weniger zu füttern war.

Tatsächlich sind es im Prozeß gegen Gilles eher die Nachbarn oder andere nicht unmittelbar zur Familie gehörige Personen, die über verschwundene Kinder von Armen aussagen. Ein Beispiel für viele: J. Lemeignen, seine Frau und Freunde aus Saint-Étienne-de-Montluc sagen als Zeugen über das Verschwinden eines »sehr schönen« Knaben aus, Sohn eines Armen aus ihrer Pfarrei namens Guillaume Brice. »Seine Mutter«, sagen die Zeugen, »war Bettlerin und ging tagaus, tagein um Almosen.« Auch das Kind wurde entführt, als es um Almosen bettelte. Von den Eltern selbst aber fehlt jede Aussage. Die in den Prozeßprotokollen unmittelbar folgende Aussage stammt von einem gewissen Guillaume Fouraige, seiner Frau und Nachbarn und bezieht sich auf die Entführung eines Armenkindes, das von Couëron nach Machecoul gegangen war »in der Absicht, dort Almosen zu empfangen, wegen der Mildtätigkeit, die man dort damals der Sitte entsprechend übte«. Ein Nachbarkind war mitgegangen und kam allein zurück. Die Mutter des verschwundenen Kindes, die bei der Weinernte arbeitete, erscheint nicht als Zeugin.

Über das Ausmaß des Elends in der Bevölkerung innerhalb der uns hier interessierenden Region lassen sich brauchbare Schätzungen für Nantes beibringen[8]. Die Stadt hatte in der zweiten Hälfte des 15. Jahrhunderts ungefähr vierzehntausend Einwohner; der Anteil der Notleidenden läßt sich aufgrund der Kopfsteuer für die Pfarrei St. Nicolas auf annähernd zwölf Prozent beziffern. Außer dem Hospiz Saint-Clément verfügt die Stadt noch gegen Ende des

15. Jahrhunderts über kein Krankenhaus; das Spital wird erst zu Beginn des 16. Jahrhunderts in bescheidenem Rahmen errichtet und nimmt im übrigen nur Schwerkranke auf. Solange es in Betrieb ist, ist es mehr eine Zufluchtsstätte für das Leiden; nur jeder vierte Kranke verläßt das Haus lebend.

Es ist eine verachtete Bevölkerung, oft resigniert, manchmal aufrührerisch, entwurzelt und zu allem, auch zum Schlimmsten bereit. Zahlreiche Beispiele für Scheußlichkeiten, die in und von dieser elenden Masse begangen wurden, lassen sich anführen; der Schritt vom eher unterwürfigen, aber auch schon wenig vertrauenerweckenden armseligen Bettler zum Betrüger und Straßenräuber ist oft nur klein. So gab es im 15. Jahrhundert die »Kaimans«, gefährliche Verbrecher, die – nicht anders als die Kinderfänger des Herrn von Rais – auf Märkten und Messen, auf öffentlichen Plätzen oder bei den großen Bußwallfahrten Kinder entführten, »um der Lust willen, ihnen die Augen auszustechen, die Beine oder Füße abzuschneiden. Eine Frau gestand, ein kleines Kind mit Nadelstichen geblendet zu haben«[9].

Es ist vor allem eine Schicht, die nichts zu verlieren hat und auf das Schlimmste gefaßt ist. Anschauliche Belege dafür finden sich etwa in dem »Tagebuch eines Bürgers von Paris«. Im Jahre 1440, in dem Gilles de Rais noch immer wütet, schreibt er: »In der Île-de-France hausten Menschen, die schlimmer waren als die Sarazenen, wie man an den Schandtaten sieht, deren sie sich schuldig machten. Sie waren frech genug, Neugeborene und Kleinkinder zu rauben, auf die sie bei ihren Streifzügen stießen. Sie schlossen sie in Kästen ein, wo sie verhungern mußten, wenn ihre Eltern nicht ein hohes Lösegeld zahlten.«

Wir wollen uns hier nicht endlos mit der Aufzählung derartiger Greueltaten aufhalten. Aber es muß betont werden, daß sie überaus häufig vorkamen – Zeichen einer ungemeinen Verrohung und Verelendung. Lesen wir weiter im »Tagebuch eines Bürgers von Paris«, so stoßen wir auf noch andere Beispiele: Im Jahre 1441 »hängte man einen Schurken, der die Gewohnheit hatte, kleine Kinder, ja Wickelkinder zu entführen und sie ins Feuer zu werfen, wenn das Lösegeld ausblieb. Er war ein wahrer Herodes.« Oder 1448: »Zu dieser Zeit wurden Bettler, Räuber und Mörder verhaftet. Unter der Folter (die also nicht nur bei Inquisitionsverfahren angewendet wurde!) oder auf andere Weise gestanden sie, Kinder entführt und den einen die Augen ausgestochen, den anderen die Beine oder Füße abgeschnitten zu haben. Diese Schlächter traten in Begleitung von Frauen auf, um die Familien wirksamer zu täuschen. Sie blieben drei oder vier Tage im Haus, um ihren Fang zu ködern. Schließlich, wenn Markttag war oder auch anders, entführten sie die Kinder und quälten sie so, wie ich es geschildert habe.« Und 1449 schließlich als Epilog zu diesem traurigen Kapitel: »Ende März wurden einige dieser mörderischen Bettler gefangen, und sie gaben weitere an. Zwei dieser Verbrecher, ein Mann und eine Frau, wurden am 23. April in der Nähe der Windmühle an der Straße nach Saint-Denis gehängt. Mehrere aus dieser Bande wurden in den Kerker geworfen. Man erzählte, sie hätten sich zum Spott einen König und eine Königin gewählt. Es wurde ihnen nachgewiesen, daß sie Kinder verstümmelt hatten. Es gab zahlreiche Räuberbanden in Paris und anderswo.«

Die Beispiele zeigen: in der Grausamkeit des Verbrechens um des Verbrechens willen trifft sich das Bandentum der Bettler und Vagabunden auf seltsame Weise mit der Selbstherrlichkeit der Aristokraten, die meinen, ihnen sei schlechthin alles erlaubt. Der entscheidende Unterschied – von dem Sonderfall Gilles de Rais abgesehen – liegt darin, daß die Adligen meist straflos bleiben, nicht belangt werden können, während bei den räuberischen Bettlern die Repression mit äußerster Härte zuschlägt; wir haben schon gesehen, wie schnell die Todesstrafe verhängt wird. Die Rechtfertigung der Todesstrafe – wie übrigens jeder Strafe – durch ihre exemplarisch abschreckende Wirkung wird in der damaligen Zeit durch die Fakten nachdrücklich widerlegt: je mehr verurteilt wird, um so mehr Verbrecher gibt es. Also straft man noch grausamer. Drei Falschmünzer zum Beispiel werden lebendigen Leibes in einem Kessel gekocht. Die gevierteilten Leiber der Gehenkten werden an den vier Ecken der Stadt oder des Marktfleckens öffentlich zur Schau gestellt. 1443 löst Jacques Coeur einen Teil des Problems auf seine Weise, indem er »die Müßiggänger, Vagabunden und andere Gauner« gewaltsam auf einer Galeere fortschaffen läßt; Karl VII. dagegen schafft in Grundzügen eine allgemeine Polizei.

Diese verstörte Zeit bringt ein Riesenheer von mittellosen und hoffnungslosen Hungerleidern hervor, die ebenso bereit sind, sich zu Schandtaten hinreißen wie sich als Opfer mißbrauchen zu lassen; letzteres ist selbstverständlich der häufigere Fall. In dieser gedrückten, verzweifelten Bevölkerung, gebückt unter dem argwöhnischen Blick der besserbemittelten Nachbarn, die nach »Sicherheit und Ordnung« rufen, aber die Stimme noch nicht allzu sehr zu erheben wagen, wütet der schreckliche Herr von Rais, die Taschen voll Gold und getrieben von aberwitzigen Gelüsten.

Gebrochen zwar in seiner aussichtslosen Lage, bleibt das Volk freilich nicht immer stumm. Es gibt Beispiele von Protest – ziemlich schüchtern wie im Falle des »Tagebuchs eines Bürgers von Paris«, reichlich verspätet wie bei den Zeugenaussagen gegen den Baron von Rais im September 1440, manchmal aber auch in kraftvoller Rede in einigen literarischen Werken, die damals einen gewissen Widerhall fanden. Wir haben bereits an die Balladen über die Katastrophe von Poitiers erinnert, deren anklagender, adelsfeindlicher Ton ein Pendant zu den Aufständen und der Jacquerie der Jahre 1360 bis 1380 bildet. Etwas später, bereits zur Zeit der Untaten des Gilles de Rais, nämlich 1422, veröffentlicht der Patriot und Dichter Alain Chartier seinen berühmten »Quadrilogue invectif« (Vierfache Schmährede), in dem, der Zeitmode entsprechend, vier symbolische Gestalten ihre Meinung sagen und dazu auch der Autor selbst, der nach der Niederlage von Azincourt 1415 bereits sein »Livre des quatre Dames« (Buch der vier Frauen) geschrieben hatte, worin vier Frauen das Los ihrer toten, gefangenen, geflohenen oder verschollenen Liebhaber beweinen.

Die Vierzahl besteht im »Quadrilogue« aus der Personifikation Frankreichs und seinen drei Kindern Ritter, Volk und Pfaffe. Frankreich als Mutter empört sich über die Niederlagen: »Ja, schlaft nur im Schmutz wie die Säue und verbringt euer Leben in Sünde und Schande. Je mehr ihr darin verharrt, desto näher rückt der Tag eurer Vernichtung.« Da endlich ergreift das Volk das Wort und erhebt sich. Ihm ist nichts geblieben als »die Stimme zum Schreien: seine einst von Wohlstand strotzende Mutter« ist nicht wiederzuerkennen. Und das Volk klagt: »Ich bin wie der Esel, der die Last nicht abwirft, die ihn erdrückt.« Doch seine Klage wird noch konkreter: »Die Arbeit meiner Hände nährt die feigen Müßiggänger ... Im Schweiß meines Angesichts und mit der Mühsal meines Leibes erhalte ich ihr Leben, und sie verspielen mein Gut im Krieg mit ihrer Verderbtheit.« Und schließlich der berühmte Satz: »Von mir leben sie, und ich muß für sie sterben.«

Gegenüber diesen reichlich kühnen Attacken klingen die Rechtfertigungsversuche der beiden anderen Stände bei Alain Chartier wenig überzeugend. Der Pfaffe rühmt seine Gelehrsamkeit, der Ritter seinen Edelmut; der größte Teil der Rechtfertigung des Ritters aber bezieht sich auf seine wirtschaftliche Lage: »Wir können nicht von der Luft leben, und unsere Einkünfte reichen nicht aus, die Kriegslasten zu tragen, doch der Fürst erhält nichts von seinem Volk, um uns zu zahlen.« Absichtlich läßt Chartier den Ritter in seiner Verteidigungsrede sich selbst bloßstellen: »Während wir so unseren Dienst leisten an der Gemeinschaft, *leben wir von dem Hab und Gut, das wir finden,* und ich verlasse mich auf Gott zur Entlastung meines Gewissens.«

Die Bedeutung dieses Dokuments liegt nicht nur in seiner Tendenz, der offensichtlichen Parteinahme für das ausgebeutete Volk. Sie liegt auch darin, daß dieser Text einen überaus großen Erfolg erlebte und seine Botschaft bis in die engere Umgebung des »Fürsten« drang. Alain Chartier war nämlich zwischen 1410 und 1430 Notar und Sekretär Karls VII. und hatte in dieser Eigenschaft zahlreiche diplomatische Missionen zu erfüllen. Er war zwar ein Mann von höfischer Kultur – er ist auch der Verfasser der eleganten Ballade »La Belle Dame sans mercy« (Die schöne Dame ohne Gnade) –, aber ein unabhängiger Kopf; nach 1428 ist er, wahrscheinlich unter dem Einfluß La Trémoilles, des intrigierenden Verwandten des Gilles de Rais, in Ungnade gefallen und mußte in die »schmerzende Verbannung«.

Damit mag es genug sein. Die starken Worte, die Alain Chartier findet, zeigen immerhin, daß das von räuberischen Grundherren ausgeblutete Volk aus seiner bald resignierten, bald grausamen Verzweiflung doch eine dumpfe Klage hören ließ, die es zum tragischen Chor verklärt an dem Tag, an dem es fasziniert und befriedigt den Baron de Rais sterben sieht. In den Augen des Volkes stirbt er zugleich für seinesgleichen, seien sie Grundherren oder Räuber.

Überlegungen zur Familienstruktur im frühen 15. Jahrhundert

Hier erhebt sich eine Frage, die mir entscheidend scheint. Auch wenn Gilles de Rais seine Opfer in der Regel in ärmlichen, unterdrückten Bevölkerungsschichten fand – wie war es möglich, daß er unangefochten so viele Kinder entführen und umbringen konnte? Wieso hat sich nicht schon vor den allerletzten Monaten ein heftiges Murren gegen seine Untaten erhoben? Wir dürfen an diese Frage nicht mit den Vorstellungen von heute herangehen, wo jede Entführung, jedes Verschwinden eines Kindes allgemeine Empörung auslöst; die Menschen der Zeit des Gilles de Rais müßten uns sonst unverständlich bleiben oder unglaublich verroht erscheinen.

Einige neuere Arbeiten könnten es nahelegen, eine Erklärung für dieses lange Schweigen in der damaligen Familienstruktur zu suchen, die wesentlich weniger »atomisiert« war als die »moderne Familie«, eine größere Gemeinschaft umfaßte. Daran ist gewiß etwas Wahres. Doch bevor ich auf diese Erkärung zurückgreife, möchte ich die heutige Auffassung etwas genauer ausleuchten, die manchmal dazu neigt, das Gefühl der Elternliebe zu vernachlässigen und die besondere Stellung der Altersgruppe der Sieben- bis Achtzehnjährigen zu verkennen, in der Gilles de Rais seine Opfer fand.

Warum gerade diese Altersgruppe der späten Kindheit und frühen Jugend? Man nimmt heute an[10], daß das Erwachsenenalter damals übergangslos an die frühe Kindheit anschloß, die mit dem vollständigen Erlernen der Muttersprache, also spätestens im Alter von sieben Jahren endete; daß Kindheit und Jugend erst in nachmittelalterlicher Zeit »erfunden« wurden, da sie in der Kleidung etwa erst vom 16. Jahrhundert an als eigenständiges Lebensalter erkennbar werden. Die Ikonographie, so werden wir belehrt, unterscheidet dieses Lebensalter erst ganz am Ende des Mittelalters, so etwa in dem »Hochzeits-Kapitell« der Loggia des Dogenpalastes von Venedig, das um 1424 entstand und überdies in einem Land, das den übrigen europäischen Gebieten in der Entwicklung der Sozialstruktur weit voraus war.

Eines ist gesichert: die Bindung an die Familie lockert sich schon im Alter von sieben oder acht Jahren; offenbar ohne größere Schwierigkeiten wechseln die Kinder aus der mütterlichen Obhut in die Position eines Lehrlings – bei einem angesehenen Meister, im Gesinde eines Verwandten oder auch im Rahmen der Dorfgemeinschaft, die damals noch geschlossener und intakter ist als in späterer Zeit und für die Kinder und Heranwachsenden eine wichtige Erziehungs- und Sozialisationsfunktion hat.

In der Tat spielen bei der Suche nach den verschwundenen Kindern und der Klageerhebung Vormünder (wie der schon erwähnte Rodigo aus Bourgneuf), Nachbarn und Verwandte eine bedeutende Rolle; das geht auch aus den Zeugenaussagen zum Prozeß gegen Gilles de Rais hervor. Und alle Untersuchungen zeigen, wie groß die Mobilität der Kinder und Jugendlichen war, die vom Alter von sieben, acht Jahren an sehr häufig ihre Erziehung und Bildung außerhalb der Familie fanden – zum Beispiel auch im Schloß des nächsten Feudalherrn, der eine Schar kleiner Pagen und junger Domestiken beschäftigte. Hierin könnte eine weitere Erklärung dafür liegen, daß es Gilles de Rais so leicht fiel, Kinder zu sich zu locken: es galt als Beitrag zu ihrer Erziehung, wenn er sich ihrer annahm, und ihr Verschwinden war den Eltern gegenüber mühelos damit zu erklären, daß sie jetzt in einer anderen, weiter entfernten Residenz für ihn arbeiteten.

Weniger sicher scheint mir zu sein, daß Eltern ihre Kinder deshalb so frühzeitig weggaben, weil die Gefühlsbindung schwach und oberflächlich war; nach Philippe Ariès waren »Gefühle zwischen Ehegatten, zwischen Eltern und Kindern keine unabdingbare Voraussetzung für die Existenz wie für das Gleichgewicht der Familie; um so besser, wenn sie sich zusätzlich einstellten«[11].

Für die Region, die uns hier beschäftigt, den Westen Frankreichs, ist die Existenz solcher Gefühlsbindungen belegt durch die Entschiedenheit, mit der die örtlichen Gewohnheitsrechte auf der Gleichheit der Erbrechte aller Kinder bestehen. Für die Bretagne und das Anjou – im Unterschied zum Norden und Süden Frankreichs – vertritt das im 16. Jahrhundert kodifizierte Gewohnheitsrecht »mit Nachdruck einen grundsätzlichen und uneingeschränkten Egalitarismus, der für Knaben und Mädchen in gleicher Weise gilt... Denn das Gewohnheitsrecht verbietet jedem, der nicht von Adel ist, irgendeinen seiner potentiellen Erben testamentarisch besser oder schlechter zu stellen als die anderen«[12]. Im Poitou herrscht »für beweglichen Besitz wie für Erbschaft« bei Nichtadligen die gleiche egalitäre Tendenz wie in der Bretagne. Daraus lassen sich zwei Schlußfolgerungen ziehen: Man hatte in dieser Gegend (für die wir schon im ersten Kapitel eine Neigung zum Legalismus festgestellt haben) einen ausgeprägten Sinn für Gleichberechtigung, und man hatte eine positive Einstellung zu Kindern, denen man – nicht zuletzt wegen der hohen Sterblichkeit in allen Altersgruppen, auch in der Generation der Eltern – früh einen hohen Wert beimaß. Diese Wertschätzung wird schon in der Zusammensetzung der Hausgemeinschaft (»houseful«[13]) erkennbar, die sich von der modernen Familienstruktur in zweierlei Hinsicht unterscheidet: einmal durch die Offenheit der Familie im engeren Sinne nach außen und zum anderen durch den Einfluß, den die Außenwelt – in der Regel die Dorfgemeinschaft – auf die Mitglieder der Familie ausübt.

Zunächst die Offenheit: im späten Mittelalter und noch lange darüber hinaus umfaßt der Haushalt zahlreiche Personen, die in sehr unterschiedlichem Grade miteinander verwandt sind, einander manchmal sehr fern stehen. Da hat z. B. ein Elternteil Kinder aus mehreren Ehen; eheliche Verbindungen sind der hohen Sterblichkeit wegen recht kurzlebig, dauern im Durchschnitt nur zehn Jahre, oft weniger, und Wiederverheiratungen der Witwer, aber auch der Witwen, sind häufig. Zu diesen Halbbrüdern und Halbschwestern kommen Kinder von näheren oder entfernteren Verwandten hinzu, die in die Hausgemeinschaft aufgenommen wurden, weil ihre Eltern gestorben sind, oder aus anderen Gründen. Sehr oft werden aber auch ganz fremde Kinder in die Familie eines Bauern oder Handwerkers aufgenommen, um im Gesinde zu dienen oder das Handwerk zu lernen, und diese fremden Kinder werden kaum anders behandelt als die eigenen.

Diese ganze Hausgemeinschaft verhält sich durchaus nicht wie eine Familie von heute. Ihre einzelnen Mitglieder sind nicht im gleichen Maße abgegrenzte Individuen, und das gilt vor allem für die Kinder. Man lebt in großer Promiskuität, und das um so mehr, als die Zeit hart ist und arm das Land, von dem man sich nährt. In einem einzigen Zimmer hauste die gesamte Großfamilie, einschließlich der Verwandtschaft, meist auch einschließlich des Gesindes (das man manchmal aber auch zum Vieh verwies), und in diesem einen Raum spielten sich alle Szenen des Alltagslebens ab, auch die allerintimsten.

Einer immerhin hat schon im frühen 15. Jahrhundert an dieser Situation Anstoß genommen: Jean Gerson, ein Mann, der seiner Zeit voraus war, jedenfalls als Ausnahmeerscheinung gelten muß. In seinem Werk »De confessione mollicei« stellt er einige Verhaltensregeln für jenes Lebensalter auf, das uns hier beschäftigt: die Kinder zwischen sieben und fünfzehn. Er wünscht vor allem, daß die Beichtväter bei den »kleinen Sündern« von zehn, zwölf Jahren (zur Beichte gehen kann man nach den kirchlichen Vorschriften ab acht) das Schuldgefühl wecken; er verurteilt die Masturbation (»peccatum mollicei«) als eine Sünde, die an Sodomie grenzt und den Knaben »seine Jungfräulichkeit sicherer verlieren läßt, als wenn er im gleichen Alter schon Frauen beiwohnte«; er rät den Erziehern zu Keuschheit und Nüchternheit im Umgang mit den Kindern, empfiehlt Wachsamkeit gegenüber ihren Spielen und wendet sich gegen die Promiskuität, vor allem beim Schlafen in einem einzigen gemeinsamen Bett.

Trotzdem wurde diese Promiskuität beibehalten, zumindest bis zum Ende des Ancien Régime und zum Beginn der industriellen Revolution und der damit verbundenen Bevölkerungsexplosion. »In den ärmeren Gegenden von Westfrankreich mußte sehr häufig ein einziges Bett die Last der ganzen Familie tragen, wobei die Strohmatratze auf einem hölzernen Block lag und mit einigen Federbetten bedeckt war. Wenn ein Familienmitglied krank wurde, teilte es weiterhin das Bett mit den anderen.«[14] Die Zeugnisse, auf die diese Aussage sich stützt, stammen zwar aus etwas späterer Zeit, aber die große Unbeweglichkeit der Menschen und der Sitten des Landes erlaubt es bis zu einem gewissen Grad, die Beschreibung auf das 15. Jahrhundert zu übertragen.

Wir müssen das Haus, den Bauernhof dieser Zeit also, als eine sehr offene Lebensgemeinschaft ansehen, in der es gewiß nicht an Gefühlswärme fehlt, in der die Existenzbedingungen aber wesentlich unpersönlicher sind als heute: eine Geburt oder ein Todesfall berühren diese Lebensgemeinschaft nicht in ihrer Substanz.

Die Außenwelt, die Dorfgemeinschaft zumal, übt ihren Einfluß auf eine von Region zu Region unterschiedliche Weise aus. Wo man in geschlossenen Siedlungen wohnt, steht die Dorfgemeinschaft in osmotischem Austausch mit der Großfamilie. Sie läßt sie in sich aufgehen mit allen ihren Freuden und Zwistigkeiten. In Gegenden mit Streusiedlung dagegen – und das trifft für unseren Fall zu – ist die Kontrolle durch die Dorfgemeinschaft weniger offenkundig, aber sie ist dennoch nicht minder wirksam. Die

Dorfgemeinschaft läßt der einzelnen Großfamilie zwar eine größere Unabhängigkeit, aber sie übt ihre Macht durch kollektive Veranstaltungen von rituellem Charakter wie Feste, Wettkämpfe und Rügebräuche, die dem gesellschaftlichen Leben seinen Rhythmus aufprägen und dafür sorgen, daß das Herkommen gewahrt wird und alle sich einem geschlossenen System dörflicher Gesetze, Regeln und Verpflichtungen unterwerfen. Spuren dieser uralten Macht der Kollektivität haben sich für bestimmte Höhepunkte des individuellen Lebens bis heute erhalten, etwa in der Form der »Charivaris«, des Mummenschanzes am Polterabend.

Damit konnte die Kollektivität die Familie von Erziehungsaufgaben entlasten, wenn die Kinder sieben Jahre alt geworden waren und das Lernalter erreicht hatten – bei der hohen Kindersterblichkeit blieb das eine Minderheit –: Kinder, die noch nicht erwachsen genug waren, um in den Krieg zu ziehen und sich zu schlagen, und auch noch zu unentwickelt, um die schweren Arbeiten zu übernehmen oder selbständig Verantwortung zu tragen. Das Recht erkannte diese Latenzzeit durchaus an, denn es verbot für Kinder unter fünfzehn, also vor der Pubertät, die Anwendung der Todesstrafe und der Folter (so vor allem im Inquisitionsprozeß). Man begnügte sich mit der Prügelstrafe, und von ihr machte man reichlich und hemmungslos Gebrauch: Prozeß und Hinrichtung des Gilles de Rais gaben Eltern und Erziehern, örtlicher Überlieferung zufolge, ausgiebig Gelegenheit dazu.

Es gab also eine Art Lehrzeit für die sieben- bis fünfzehnjährigen Kinder unter sehr lockeren Bedingungen, aber gleichwohl unter der Autorität der Erwachsenen. Diese Lehrzeit konnte in der eigenen Familie absolviert werden, bei Verwandten oder Bekannten, in der Dorfgemeinschaft oder der jeweiligen gesellschaftlichen Klasse. Je nach sozialer Herkunft konnte diese Lehrzeit sehr unterschiedlich ausfallen.

Für die Kinder und Jugendlichen aus adligen Familien kennen wir sie ziemlich genau. Die ersten sechs oder sieben Jahre ihres Lebens verbrachten sie in der Obhut von Frauen; für die religiöse Erziehung und den ersten Unterricht wurde vielleicht auch ein Priester hinzugezogen. Danach scheinen sie vom 14. Jahrhundert an Lesen und Schreiben gelernt zu haben. Man brachte ihnen Latein bei und manchmal auch eine lebende Fremdsprache. Die Kenntnisse blieben oft rudimentär; Gilles de Rais, der zwei geistliche Lehrer hatte, scheint jedoch einen ordentlichen Unterricht genossen zu haben. Sehr zeitig lehrte man die jungen Adligen die drei spezifischen körperlichen Aktivitäten ihrer Klasse: Reiten, Jagen und Kämpfen. Eine (kostspielige) Ausrüstung gab man ihnen zwar erst relativ spät, nämlich wenn sie stark genug waren,

Waffen zu tragen und sich ernstlich zu schlagen, doch bereitete man sie beizeiten mit Spielen, Wettkämpfen, Schießübungen usw. auf die künftigen Feldzüge und Turniere vor. Schließlich wurde durch verschiedene Gesellschaftsspiele, durch Tanz, Gesang und Instrumentalmusik die Kunst zu gefallen entwickelt; die Spuren dieser Erziehung findet man noch in der unleugbar sehr ausgeprägten Vorliebe des Gilles de Rais für die Kirchenmusik und den Chorgesang von Knabenstimmen.

Die Lehrzeit der jungen Adligen spielt sich also in der Kollektivität ab. Ebenso die der künftigen Geistlichen. Sie beginnt zeitig und zielt vor allem auf die Kenntnis des Lateinischen ab, der Sprache, in der die Bibel – in der Übersetzung des hl. Hieronymus, der Vulgata – und die liturgischen Texte gelesen werden. Weiter reicht die theologische Bildung vieler Geistlicher nicht; manchmal nicht einmal so weit.

Über diese Anfangsgründe hinaus führen jedoch die damals recht zahlreichen Kollegien und die bekanntlich von der Kirche kontrollierten mittelalterlichen Universitäten, deren Zahl sich im 15. Jahrhundert vervielfacht; zur Zeit des Gilles de Rais wird gerade die Gründung der 1462 eröffneten Universität von Nantes vorbereitet. In den kirchlichen Schulen, die in jeder Diözese – so etwa in Nantes – dem Chorregenten der Kathedrale unterstellt sind, lernt man Gesang und Musik, den Psalter, das Stundengebet und das Alphabet[15]. Das Externat ist die Regel; die Hauptschwierigkeit liegt also im Zugang zu den damals nur spärlich vorhandenen Büchern. Bibliotheken waren der Luxus von Klöstern, Bistümern, Universitäten, manchmal aber auch von reichen Feudalherren und Bürgern; Gilles de Rais folgt als großer Adliger also auch hierin dem Brauch der Zeit.

In der Schule mußten die Texte im Chor auswendig gelernt werden. Die Disziplin war äußerst streng. Die Rute wurde häufig gebraucht – und auch hier zeigt sich, daß man zwischen Kindern und Erwachsenen sehr wohl einen Unterschied machte. Außer den bischöflichen Schulen und den Kanoniker-Kollegien nahmen sich zum Teil – einem nur noch geringen freilich – auch die Klöster des Unterrichts an.

Hier gilt es ein doppeltes Phänomen festzuhalten, das für das 15. Jahrhundert kennzeichnend ist: einerseits nimmt die Zahl der Schulen zu, andererseits werden sie zunehmend auch für Schüler geöffnet, die nicht die geistliche Laufbahn einschlagen. Neben den Schulen der Diözesen und Kirchen findet man solche auch bei Hospitälern, bei Zünften und Bruderschaften. Ein städtisches Schulwesen nimmt allmählich Umrisse an. Die Stiftskirche des Gilles de Rais verfügte über einen »maistre d'escolle«, einen Schulmeister. Man hat sogar schon die These aufgestellt, der Bildungs- und Alphabetisierungsgrad sei im 14. und 15. Jahrhundert höher gewesen als in der ersten Hälfte des 19. Jahrhunderts.[16]

In zahlreichen Zeugenaussagen zum Prozeß gegen Gilles de Rais, wird hervorgehoben, daß die Kinder »zur Schule gingen«. Zur Entführung des zehnjährigen Colin aus La Roche-Bernard, Sohn der Perrine Loessart, heißt es zum Beispiel, er sei »eines der schönsten Kinder des Landes, das sehr gut lernte«. Beispiele finden sich in großer Zahl. Daß es »zur Schule ging«, heißt es etwa von einem achtjährigen Kind aus Machecoul und von einem vierzehnjährigen aus der Pfarrei Notre-Dame-de-Nantes. Allgemein finden sich in Berichten aus der Regierungszeit Ludwigs XI. äußerst zahlreiche Hinweise darauf, daß Menschen zur Schule gingen oder um 1440 Schüler gewesen waren. In anderen Zeugenaussagen wiederum heißt es, daß die Kinder »sehr begabt« waren; hier handelt es sich vor allem um Kinder, die mit sieben bis neun Jahren außerhalb der Familie bei Nachbarn oder Freunden als Dienstboten untergebracht worden waren. Darüber wurden regelrechte Dienstverträge abgeschlossen, die sich über einen längeren Zeitraum bis zum Alter von vierzehn oder achtzehn Jahren erstreckten. Dies war im Mittelalter ein weitverbreiteter Brauch, der für die betreffende Familie durchaus nichts Ehrenrühriges hatte. Die Verträge schlossen ein, daß die Kinder etwas lernten, eventuell auch zur Schule gehen sollten und dafür gewisse Dienstleistungen zu übernehmen hatten, wie Betten machen, bei Tisch servieren, Schreibarbeiten verrichten oder Gesellschaft leisten; daher kommt es übrigens, daß das französische Wort für Knabe (garçon) auch die Nebenbedeutung Diener hat. In beiden Fällen, beim Schulbesuch wie bei der Lehre bei einem »Herrn«, beweisen die Zeugenaussagen jedoch ein offenkundiges Interesse an den Ausbildungsbedingungen der Heranwachsenden.

Auf dem Land war es nicht immer möglich, die Kinder einem Handwerker in die Lehre zu geben. Doch man trug dem Alter Rechnung, in dem das Lernen zu beginnen hatte. Jean de Brie hat das unter Karl V. in seinem »Guten Hirten« (»Le bon berger«[17]), am Beispiel eines Hütejungen beschrieben. Nachdem er betont hat, daß ein Meister nicht vom Himmel fällt, sondern junge Leute erst einmal lernen müssen, schreibt der Autor: »Dies ist sicher und gewiß: als er erst acht Jahre alt war, also in einem Alter stand, wo die Kinder nur Flausen im Kopf haben, ihre ersten neuen Zähne bekommen und *noch keiner vernünftigen Überlegung fähig sind*, erhielt unser Jean de Brie aus Villiers-sur-Rougnon den Auftrag, die Gänse und Gänseküken des Dorfes zu hüten. Er hat sie eineinhalb Jahre lang treu und redlich gehütet und sie gegen Bussard und

Waldkauz, gegen Elstern und Krähen und andere Raubtiere verteidigt. Er erwies sich dabei als so tüchtig, daß man ihn in die Stadt Nolongne unweit von Villiers brachte und ihn dort die Schweine hüten ließ. Ein Jahr lang hütete er sie nach besten Kräften und trieb sie mit Stockschlägen auf die Felder.« Man erfährt, daß Jean, »der noch ziemlich klein war«, einige Mühe hatte, die Tiere »im Zaum zu halten oder wieder einzufangen«.

Dann kommen die nächsten Stufen seiner Lehre: »Er stieg auf in den Ehren des Bauernlebens und erhielt den Auftrag, die Pferde beim Pflügen zu führen vor dem Fuhrknecht, um sie anzutreiben, wie Vergil es in seinen ›Bucolica‹ lehrt.« So geht die »Laufbahn« des Lernens für den Hütejungen weiter, Stufe um Stufe und mit manchen Zwischenfällen. Vom Hilfs-Fuhrknecht wird er zum Kuhhirten, dem für zwei Jahre »zehn Milchkühe des Landgutes von Nolongne« anvertraut werden. Eines Tages stößt ihn eine seiner Kühe zu Boden; er wird krank, wird gesundgepflegt und hat nun »24 geduldige und unschuldige Schafe« zu hüten, »die keine Schläge und Verletzungen austeilen«. Man nimmt also Rücksicht auf seine Vorlieben und Probleme. Durch das neue Amt sieht er sich aufgewertet und fühlt sich wie der »Schutzherr« seiner Schafe. »Aber weil Jean nicht adlig war und auch keine Familie hatte« (die Bedeutsamkeit dieses doppelten Mangels gilt es festzuhalten), »konnte er nicht selbst Schafe halten, sondern sie nur hüten und bewachen.« So wächst unser Jean »an Alter und Erfahrung für das Hüten der Tiere«. Mit elf Jahren wird er Schafhirt; mit vierzehn ist er es immer noch, aber jetzt werden ihm »zweihundert trächtige Mutterschafe« anvertraut.

Und dann kommt in aller Naivität der Schluß: »Schließlich aber, da man nur Stufe um Stufe zu den höheren Ehren aufsteigt und weil gute Stellen immer denen gegeben werden, die sich durch Wissen, Umsicht und gute Sitten als würdig erwiesen haben, wurde unser Jean de Brie ohne jede Bestechung als Schaffner und Verwalter des Gutes von Messy eingesetzt, das dem Herrn Matthieu de Ponmolain gehörte, damals Herr über Le Teuil und Ratgeber unseres Königs und Herrn bei den Untersuchungen seines Parlement in Paris.« So gelangt man also schließlich in das »Alter, wo man mitreden darf« (»discussio plena« – wohl zu unterscheiden vom »annus discretionis«, dem, was wir heute das »Alter der Vernunft« nennen); es ist das Alter, in dem unserem sanftmütigen Jean de Brie, der ein so guter Lehrling war, die volle Verantwortung übertragen wird.

Von all diesen Kindern kann man sagen, daß sie eine deutlich abgehobene eigenständige Altersgruppe bilden – ob es sich nun um Schüler handelt oder Hausdiener, um Hirten oder Lehrlinge, ob sie unter der Aufsicht ihrer Familien stehen, die für heutige Begriffe nachlässig oder anarchisch gewesen sein mögen, aber es nicht an Gefühlswärme fehlen ließen, oder unter der eines Vormundes, der die Aufgabe der Familie übernahm, oder unter der der Dorfgemeinschaft, die über die Einhaltung des Herkommens und der Bräuche wacht. Ihr Status unterscheidet sich deutlich von dem der früheren Phase unter der vielleicht laschen Aufsicht der Frauen. Die Lehrzeit ist anders als heute, weit weniger persönlich und individuell, aber sie wird auf jeden Fall als Übergangsperiode anerkannt, und die Eltern, die Vormünder oder auch die Gemeinschaft fühlen sich verantwortlich für die Entwicklung und Ausbildung der heranwachsenden Kinder.

Das Interesse an den Kindern und die Stetigkeit der erzieherischen Fürsorge kommt klar in den Klagen der Eltern zum Ausdruck, die ihre Aussagen über das Verschwinden der Kinder mit ehrlicher Trauer und unter vielen Tränen machen. Auch die Vorsichtsmaßnahmen des Barons und seiner Fänger zeigen sehr wohl, daß man sich eigene oder anvertraute Kinder nicht so einfach wegnehmen ließ, ohne zu fragen, was aus ihnen wurde.

Neben diesen Kinder-Lehrlingen, die emotional durchaus nicht von ihrer Umwelt abgeschnitten waren, gibt es jedoch noch eine andere, überaus zahlreiche Gruppe schrecklich verlassener Kinder, und ihre besondere Stellung müssen wir noch einmal hervorheben. Es handelt sich um verlorengegangene oder ausgesetzte Kinder, um Findelkinder, deren Eltern unbekannt oder verstorben sind. So klar es scheint, daß die Verwandtschaft sich um die Erziehung und Entwicklung der über siebenjährigen Kinder kümmert, so klar scheint andererseits, daß Geburt und Frühkindheit ganz anders bewertet wurden als heute. Die Gleichgültigkeit Montaignes ist eines der zahlreichen Beispiele dafür. Es gibt dafür einen sehr banalen Grund: die Kindersterblichkeit war überaus hoch.

Um uns mit diesem simplen Hinweis auf eine Katastrophe, die im allgemeinen wie eine Selbstverständlichkeit hingenommen wird, nicht einfach zu begnügen, seien die Sterblichkeitsraten gegen Ende des 14. und zu Beginn des 15. Jahrhunderts in Erinnerung gerufen (zu einer spürbaren Verbesserung kommt es erst nach 1430). Zwischen 1401 und 1425 starb jedes vierte Kind innerhalb der esten zwölf Monate seines Lebens. Außerdem waren die Kleinkinder besonders anfällig für die zahlreichen Krankheiten und Seuchen: Pocken, Tuberkulose, Keuchhusten, Masern, und auch die Pest raffte die Jungen noch grausamer dahin als die Alten. Man hielt sich jedoch an gewisse Regeln in der Aufzucht der Kinder, so etwa an eine lange Stillzeit. Nur die Kinder von

Adligen und Reichen wurden Ammen übergeben, aber auch hier gab es Ausnahmen, denn Christine de Pisan dichtet:

> Von meiner Mutter froh genährt,
> die mich einst hielt so lieb und wert,
> daß sie mir selbst die Brust gewährt.

Vom Stillen abgesehen gab man besonders ausgewählte Kost, schützte vor Luftzug, mied allzu häufige »verweichlichende« Bäder oder auch »phlegmatische« Nahrung, wie etwa Fisch, hielt feste Schlafenszeiten ein usw.[18] Doch alle Vorsichtsmaßnahmen halfen wenig; durch Kriege, Not und Elend wuchs die Unsicherheit im 14. und 15. Jahrhundert, und die Zahl der Waisen und ausgesetzten Kinder nahm ganz erheblich zu. Und zwar in einem solchen Ausmaß, daß man in der zweiten Hälfte des 14. Jahrhunderts, zuerst in den fortgeschrittensten Ländern wie Italien und in den großen europäischen Städten, spezielle Häuser für elternlose Kinder bauen mußte. In Paris wurde 1363 das Hôpital de Saint-Esprit-en-Grace für diesen Zweck geschaffen; es nahm Waisen und Findelkinder im Alter von bis zu neun Jahren auf, im Jahre 1409 lebten dort fünfzig Kinder[19]. Auch ein Stab von »Gard'orphènes« (Waisenhütern) wurde eingerichtet, deren Aufgabe es war, sich der Waisenkinder anzunehmen und sich um ihr etwaiges Erbe zu kümmern. In Hospitälern und Kirchen, so etwa auch in Notre-Dame in Paris, gab es bestimmte Stellen, die »Lits Notre-Dame«, wo Waisen und Findelkinder aufgenommen wurden.

Es gab also zu dieser Zeit ein besonderes Kinderelend, das schlimmer war als in der vorangegangenen ruhigeren Epoche, schlimmer auch als in späteren Zeiten erhöhter sozialer Verantwortlichkeit. Paarweise oder auch in Scharen irrten Kinder durchs Land. Sie stellten bereits den Hauptanteil der Teilnehmer an dem tragischen »Kinderkreuzzug« von 1212. Schon damals, zu Beginn des 13. Jahrhunderts, handelte es sich um »sozial Ausgestoßene, um bettelarme junge Kleriker, besitzlose Nachgeborene, Domestiken, Verwahrloste, Deklassierte, mit einem Wort: um Arme«[20]. Im Unterschied zur Depression des 14. und 15. Jahrhunderts soll damals jedoch die große Zahl herrenlos umherirrender Kinder die Folge eines Geburtenüberschusses gewesen sein, eines demographischen Aufschwungs, der auf andere Art zu einer Krise der Familienstrukturen führte. Ohne jeden Zweifel hat Gilles de Rais auch unter diesen armen Kindern seine Opfer gefunden. Und natürlich hat niemand nach ihnen gefragt, wenn sie verschwanden; niemand stand im Prozeß auf und beschwor ihren blutigen Schatten.

Unsere Zeit scheint himmelweit entfernt von solchen Zuständen und ist es doch weniger, als wir uns einbilden – sie ist es nur, wenn wir die vielfältigen Tragödien in weiten Teilen der Erde bewußt ignorieren. Immer wieder stößt man auf empörende Nachrichten über Kinderhandel. So wurde z. B. 1980 ein Amerikaner namens Moreira angeklagt, er habe dutzendweise neugeborene Kinder von Prostituierten »gekauft«, um sie in den Vereinigten Staaten adoptieren zu lassen. Ein ähnlicher Kinderhandel spielte sich zwischen 1978 und 1980 zwischen Brasilien und den Vereinigten Staaten ab; dreiunddreißig Kinder aus armen Familien aus dem Nordosten Brasiliens sollen davon betroffen gewesen sein[21]. Warum dieser Kinderhandel? Um Kinder loszuwerden, die unerwünscht sind, gar nicht erwünscht sein können, sondern nur eine Last darstellen. Die Käufer oder Entführer versprechen goldene Berge in den reichen Industrieländern: Amerika, England, Deutschland. Das sind ganz ähnliche Verlockungen wie im 15. Jahrhundert das Angebot des reichen und mächtigen Barons Gilles de Rais, Kinder in eines seiner prächtigen Schlösser aufzunehmen – streunende Bettelkinder, aber auch andere schöne Kinder, denen es nicht ganz so schlecht ging, die mehr Unterstützung bei Eltern und Lehrherren fanden: Kinder von Bauern, Handwerkern oder Kleinbürgern.

Pagen und Diener am Hof des Baron von Rais

Dies ist immer wieder deutlich geworden: Der Glanz, der von Schlössern wie Machecoul, La Suze, Tiffauges oder Chantocé ausging, der demonstrative Luxus, der dort herrschte, mußte Kinder, die hier anklopften, faszinieren; in einem solchen Schloß leben zu dürfen mußte für sie eine unwiderstehliche Verlockung sein. Auch wenn sie nicht zu hoffen wagten, unmittelbar in den Dienst dieses großen Herrn zu treten – obwohl die Herkunft Henriets und Poitous, seiner ominösen Kammerdiener, ganz und gar unbekannt ist –, so konnten sie doch auf ein paar Brosamen von seinem Tisch rechnen, einen schwachen Abglanz seines Wohllebens, ein bißchen mehr Sicherheit, wenn auch nur vorübergehend, und mit der Aussicht auf eine nicht ganz so trostlose gesellschaftliche Stellung.

Zunächst ist es die Hoffnung auf ausreichendes Essen, die die meisten der armen Kinder anlockt, sie ihre Ängste vergessen läßt und all die Warnungen, die ihnen zumindest im Pays de Rais, wo der Baron seine letzten Untaten beging, zuteil geworden sein mögen. Die Hoffnung auf Brot also in einer Zeit, in der Getreide das Agrarprodukt schlechthin und die entscheidende Nahrungsquelle ist. »Dem Kind ein Stück Brot in die Hand und einen Furz in den Hintern«, lautet ein hübsches Sprichwort von damals. Es gibt zahllose Sprichwörter ähnlicher Art: »Besser Brot auf dem Tisch als ein Wappen an der Wand«; »Wer kein Brot bringt, braucht gar nicht zu kommen«[22]. Viele Kinder haben sich tatsächlich durch die Aussicht auf Brot verführen lassen. Oder auch auf ein Stück Fleisch, das schon zum Luxus gehört; auf Gewürze, Obst, Wein und alles, woran der große Herr sich Tag für Tag gütlich tut.

Für den Dienst an seinem Hof und die Bedienung seines Gefolges braucht Rais schon im gewöhnlichen Alltag ein wahres Heer von Domestiken: bei den endlosen und üppigen Mahlzeiten, die aus vielen Gängen bestanden, »servierten ihm seine Küchenmeister und Diener gar köstliches Fleisch«. Bei den zahlreichen höfischen Festen aber, wie sie eine zunehmend strenge Etikette in dieser Zeit vorschreibt, wird das Dienerheer noch um ein Vielfaches vermehrt. Diese Feste werden mit äußerster Sorgfalt vorbereitet. Professionelle Kräfte und freiwillige Helfer jeder Art werden gebraucht. Und sie strömen herbei, um auf ihre Kosten zu kommen bei einem Gelage, zu dem jeder Vorwand recht ist: das berühmte »Gelöbnis des Fasans« etwa, mit dem Herzog Philipp von Burgund sich verpflichtete, nach Jerusalem zu ziehen, der Empfang eines Gesandten, den man prunkvoll bewirten will, der Aufbruch zu einem Feldzug oder die Heimkehr von der Jagd, Hochzeiten und Festlichkeiten aller Art. Und jedesmal finden sich Nichtstuer, Schmarotzer und Habenichtse in so großer Zahl ein, »daß man ein ganzes Dorf damit bevölkern könnte«.

Für den Ablauf solcher Festlichkeiten gab es strenge Regeln, die in der Praxis vermutlich recht lässig gehandhabt wurden, lässig bis zur Zügellosigkeit. Für einen jungen Burschen, der sich da mehr oder minder zufällig anheuern ließ oder auf Wunsch seiner Familie mithalf oder abenteuerlustig sich als »Diener« einschmuggelte, konnte das die Gelegenheit sein, eine Anstellung in der unmittelbaren Umgebung des Feudalherrn zu erlangen. Handschriften aus dem 15. Jahrhundert[23] zeigen, mit welcher Sorgfalt das »Régime pour tous serviteurs« (Anweisung für alle Bediensteten) abgefaßt wurde; jeder junge Bursche, der sich bei einem adligen Herrn verdingt hatte, konnte Gewinn daraus ziehen, wenn er geschickt war und sich an die Anweisungen hielt. Vor allem galt:

> Willst du ein guter Diener sein,
> so fürchte und liebe den Herren dein,
> mußt brav, bescheiden und gutwillig sein.

Beim Essen setzt sich der Diener nie an den Tisch seines Herrn. Er nimmt sich in acht, nicht zu fluchen, keine unanständigen Worte zu gebrauchen und weder Klatsch noch Verleumdungen zu verbreiten. Er hält sich sauber und beträgt sich anständig, bleibt stets höflich und meidet »die Wirtshäuser, die Bordelle und das Würfelspiel«. Er unterwirft sich völlig dem Willen seines Herrn und dient ihm mit Freuden und treuer Hingabe.

> Ob Sommer oder Winterszeit,
> sei früh am Tag zum Dienst bereit,
> zu langer Schlaf ist Müßigkeit.

Es folgten drei bildhaft ausgedrückte Regeln, an die jeder Diener sich halten soll. Erstens muß er den »Eselsrücken« machen können, das heißt, er muß die »Bürde und Last« der Wünsche seines Herrn geduldig tragen. Zweitens muß er einen »Schweinsrüssel« haben, das heißt »mit Appetit essen, was er bekommt«, ohne zu mäkeln. Drittens schließlich werden »große, breite Kuhohren« verlangt, die gut aufnehmen, was der Herr sagt:

> Gibt es einmal böse Worte,
> schilt er dich und ist ergrimmt,
> sei beileibe nicht verstimmt.
> Schweige still zu seinen Schnurren,
> hör ihn an ganz ohne Murren,
> mach die Ohren groß und weit.

Schließlich werden genaue Anweisungen gegeben, wie die Tafel gedeckt wird und wie man serviert, wie man um die Ehre des Herrn besorgt sein muß, wenn er eine Beziehung zu einer Frau hat, sei sie »bürgerlich, Fräulein oder Dame«, und wie verschwiegen man zu sein hat, wenn man Mitwisser von Geheimnissen wird, vor allem als Sekretär eines Geistlichen oder Juristen. Den Dienern (d.h. Beamten) eines »Herzogs, Fürsten, Grafen, Marquis, Barons oder Vicomte oder irgendeines anderen Grundherren« wird empfohlen, den Interessen des Volkes zu dienen, die Erhebung neuer Steuern zu verhindern und in allen Geschäften des Herrn einen mäßigenden Einfluß auszuüben. Wer all diese Regeln genau befolgt, wird es weit bringen:

> Befolgst du diese Regeln gern,
> wirst du vielleicht einst selbst zum Herrn.
> Dann dienen andre dir mit Fleiß,
> und du gewinnst dir Ehr und Preis.

Und auch der Seele ew'ges Heil
wird dir am Ende dann zuteil.

Anweisungen dieser Art sind aus dem Mittelalter zahlreich erhalten. Viele von ihnen handeln vom Verhalten bei Tisch und bei den häufigen Festmählern, die, wie wir gesehen haben, »im Mittelpunkt des gesellschaftlichen Lebens stehen«[24]. Es sind Regeln des höfischen Anstandes, die sich in erster Linie an die jungen Adeligen bei Hofe, zunehmend auch an die bürgerliche Oberschicht wenden, und wir finden sie ziemlich überall: in England (»The Babee's Book«), in Deutschland (die »Tischzuchten«), in Frankreich, in Italien. Sie müssen auch am Hof eines so vornehmen Herrn wie Gilles de Rais gegolten und logischerweise das Verhalten seiner Dienerschaft geprägt haben, deren Los weitaus beneidenswerter war als das der armen Hirten, die nicht so viel Glück hatten wie Jean de Brie, sondern ungehobelte Bauern blieben mit groben Manieren, für die die zitierten Anstandsbücher nur Verachtung übrig haben.

Gilles de Rais gab seinem Hof noch eine zusätzliche Attraktion, der er ganz besondere Sorgfalt widmete und die mehr als alles übrige dazu angetan war, die Bauernkinder der Umgebung und die vorüberwandernden kleinen Bettler zu verführen: seinen Knabenchor. Er wählte dazu Kinder mit glockenreinen Stimmen, und er hätschelte sie wie Pagen, ja wie kleine Prinzen; manche wurden geradezu fürstlich belohnt für ihr Talent. Sie genossen den Glanz ihrer Auftritte und konnten sich ganz der Kunst des Gesanges hingeben und eine Musikkultur pflegen, die sich in Frankreich seit Guillaume de Machaut[25] außerordentlich verfeinert hatte. Sie hatten aber auch die Gelegenheit, etwas zu lernen, denn der Chor des Gilles de Rais verfügte, wie wir gesehen haben, über einen »Schulmeister«, und das war eine kostbare Errungenschaft in einer Zeit, in der die Kluft zwischen der kleinen Minderheit derer, die lesen und schreiben konnten, und den übrigen eine enorme Bedeutung hatte, ebenso wie auch die Kenntnis oder Nichtkenntnis des Lateinischen; in allen damaligen Prozessen wird das deutlich. Man kann also davon ausgehen, daß eine Stellung am Hofe des Barons sehr geschätzt und sehr gesucht war.

In diesem Zusammenhang scheint uns das Ausmaß und die Zahl seiner Verbrechen, aber auch die Mauer des Schweigens, die sie so lange umgab, wenigstens teilweise verständlich zu werden. Gewiß muß beides zunächst mit der Machtstellung des großen Herrn erklärt werden und seinem sozialen Rang, der ihn unangreifbar hinaushebt über die Niedrigkeit des gemeinen Volkes. Von Bedeutung ist jedoch auch, daß die Lebensbedingungen der Familien und die der Kinder und Heranwachsenden wesentlich anders waren als heute. Ein Lehrling, Schüler oder junger Dienstbote hatte eine weitaus lockerere Bindung an seine Eltern, und diese waren bei weitem nicht so besorgt um ihn. Ohne weiteres konnte ein Knabe das Elternhaus verlassen und in den Dienst eines Vormundes, eines Meisters oder, besser noch, eines über alle Lockmittel verfügenden adligen Herrn treten; das galt als normal und war erwünscht. Das Verschwinden eines Kindes war angesichts der großen Entfernungen, der Möglichkeiten von Unfällen und der allgemein hohen Sterblichkeit leicht zu erklären.

Vor allem aber fand Gilles de Rais ein Reservoir potentieller Opfer in den streunenden Bettelkindern; hier konnte er sich mühelos bedienen, und das macht ihn gewiß nicht weniger abstoßend. Zweifellos schon seit dem Hochmittelalter, jetzt aber in weit größerer Zahl irrten sie in Gruppen, paarweise oder auch einzeln umher, verlassene, verlorene, völlig mittellose Kinder, wie wir sie aus den in späterer Zeit umgeformten Märchen kennen oder wie Villon sie in seinem »Vermächtnis« beschreibt, das 1456, also nur wenige Jahre nach dem Tod von Gilles de Rais entstanden ist:

> Kleine Kinder (...), arme Waisen,
> keine Schuh und nichts zu beißen,
> preisgegeben, mittellos,
> wie der Wurm so nackt und bloß.[26]

Kamen diese kleinen Bettler, die überall Gefahren umlauerten, die jederzeit eine Epidemie hinwegraffen konnte, an einer der Residenzen des Barons vorüber, waren sie allein und noch dazu schön und begehrenswert, so war ihr ohnehin tragisches Schicksal auf grauenvolle Weise besiegelt. Die »heiligen unschuldigen Kinder« – ein besonderer Kult war ihnen geweiht, dem auch Gilles de Rais seinen Tribut zollte, der gleiche Gilles de Rais, der diese Kinder in seinem mörderischen Wahn verstümmelte und zerstückelte. Als ein Bild der Verzweiflung bleiben sie im Gedächtnis.

7. Kapitel: Von dunklen Mächten: Alchemie, Hexerei, Aberglaube und Teufelskult

Oft hat man das Mittelalter gleichgesetzt mit Okkultismus, ja Obskurantismus. Die Gleichung geht nicht ganz auf, denn okkultistische Praktiken sind so alt wie die Welt, und die Blüte der magischen Geheimwissenschaften setzt in West- und Mitteleuropa erst mit dem mystischen Elan des Hochmittelalters im 12. und 13. Jahrhundert ein. Um diese Zeit entwickeln sich Disziplinen wie Geomantie, Hydromantie (die Lehre vom Wasser), Chiromantie, Nekromantie, Alchemie, Astrologie usw. Geistlichkeit und Amtskirche waren beunruhigt, manchmal wohl auch in Versuchung geführt durch das muntere Treiben; es kommt, zusätzlich zur Ketzerverfolgung, zu ersten repressiven Maßnahmen. 1317 verurteilt eine päpstliche Bulle, von der noch die Rede sein wird, die Goldmacher; 1327 wird in Florenz der berühmte Astrologe und Dichter Cecco d'Ascoli als rückfälliger Ketzer lebendig verbrannt. Mit Astrologen und Alchemisten freilich ging die Inquisition ansonsten vergleichsweise nachsichtig um; um so unbarmherziger setzte sie ihr ganzes Arsenal von Foltermethoden, Verfahrenskniffen und Schreckensurteilen gegen die »Hexerei« ein. Vor allem, wie die Geschichte gezeigt hat, gegen die von Frauen betriebene Hexerei.

Mit den unerlaubten magischen Praktiken, die die Anklage ihm so nachdrücklich zur Last legt, ist Gilles de Rais also im Grunde nur der Mode seiner Zeit gefolgt und ihren spezifischen Versuchungen erlegen. Man muß jedoch bei diesen »unerlaubten« Praktiken, die zum Teil auf alte Überlieferungen zurückgreifen, manchmal auch Neues erfinden, nach Art und Grad genauer unterscheiden. Schon sehr früh hat sich Gilles de Rais außerhalb der Gesetze im engeren Sinn gestellt – unter dem Schutz seiner gesellschaftlichen Stellung als großer Feudalherr, die ihm Sonderrechte gab. Nur schrittweise und begrenzt hat er sich jedoch von der Gemeinschaft der Gläubigen entfernt und die Kirche herausgefordert und sich damit das furchtbare Verdikt der Häresie eingehandelt.

Ich unterscheide drei Aspekte in der Beschäftigung des Barons mit irrationalen dunklen Mächten, die ihm zunächst »Wissen, Macht und Reichtum« verschaffen sollen, dann aber darüber hinaus auch neuartige Erfahrungen und vielleicht das Vorrecht auf übernatürliche Begegnungen und Erkenntnisse. Zunächst handelt es sich um fast banale Aktivitäten, die im Rahmen des Üblichen bleiben und sich in jedem Fall rechtfertigen lassen: all das, was mit der Kunst der Alchemie zusammenhängt. Verdächtiger macht er sich mit zauberischen Praktiken, aber auch sie dürften meiner Einschätzung nach in der damaligen Zeit und in der Gegend, mit der wir es zu tun haben, ziemlich weit verbreitet gewesen sein. Größer werden Risiko und Anspruch mit den Teufelsbeschwörungen.

Die Alchemie

Zunächst müssen wir feststellen, daß die Alchemie durchaus keine verbotene Kunst und auch kein Vorrecht der »happy few« gewesen ist. Sie ist vielmehr im ganzen ausgehenden Mittelalter sehr weit verbreitet[1].

Nach heutigen Maßstäben ist die Kunst der Alchemie nichts anderes als Verwandlung von Metallen: die Kunst, unedle Metalle zu Gold zu machen. Die Herstellung und der Besitz von Gold – das gilt als Ausgangspunkt und oberstes Ziel. Die Suche nach dem Gold finden wir in allen Mythen und Legenden; dieses Metall übte schon immer eine mythische Faszination aus, und Wagners »Rheingold« ist dafür nur ein besonders eindringlicher musikalischer Ausdruck.

Dennoch zielte die klassische Alchemie auf viel mehr als bloßes »Goldmachen«; sie wollte alle von Gott in der Natur verborgenen Geheimnisse lösen und damit letztendlich dem Menschen zur Glückseligkeit verhelfen. Im Spätmittelalter, einer der Blütezeiten alchemistischer Betätigung, gehen praktische Zielsetzungen (Goldherstellung) und mystisch-naturphilosophische Spekulation parallel nebeneinander her.

Die Geschichte der Alchemie und die Rolle, die sie für das ausgehende Mittelalter gespielt hat, sind vielfach behandelt worden[2]. Da es uns hier nur darum geht, das Verhältnis des Barons von Rais zur Alchemie seiner Zeit zu klären, können wir uns mit einem kurzen Überblick begnügen.

Schon das früheste Altertum kannte die Faszination des Goldes, und auch die Versuche, andere Metalle in Gold zu verwandeln, begannen sicher schon frühzeitig, wahrscheinlich im 13. und 14. Jahrhundert vor Christus in Ägypten (Hermes Trismegistos und der Gott Thot), wenn auch einschlägige Rezepte erst aus der Zeit des Hellenismus (um 250 v. Chr.) überliefert sind. Die Geheimwissenschaften entwickeln sich in vielfältige Richtungen, werden im klassischen Griechenland zur Metaphysik, zu Mysterien für Eingeweihte oder umgekehrt zur wissenschaftlichen Disziplin – je nachdem, wie in unterschiedlichen Kulturen der unersättliche Wille des Menschen sich äußert, die Natur zu zwingen und ihr ihre Geheimnisse zu entreißen, die er bald mit Philosophie oder Astrologie, bald mit Physik, Metallurgie oder Medizin entschlüsseln zu können meint.

Nicht nur der vorderasiatische und mediterrane Raum, auch das alte China kennt Alchemie und Astrologie. Das aus der Antike überkommene Erbe gerät – trotz verwandter mythologischer Vorstellungen bei Kelten und Germanen – im frühmittelalterlichen Westen allerdings weitgehend in Vergessenheit, während es in Byzanz und im Judentum nie ganz aufgegeben wurde. Erst die Araber, die im 7. Jahrhundert Ägypten erobern und dort die große alexandrinische Wissenschaftstradition des Hellenismus und der Spätantike kennenlernen, greifen die alchemistische Forschung wieder auf und lassen eine Blütezeit der Alchemie entstehen.

Seit dem 12. Jahrhundert werden die alchemistischen Texte der Araber ins Lateinische übersetzt, was zu einer neuen Entfaltung der alchemistischen Wissenschaften führt. Die Reconquista in Spanien und die Begegnung zwischen arabischer, byzantinischer und lateinischer Kultur in Süditalien – denken wir an Friedrich II. – haben zu ihrer Verbreitung beigetragen. Der Kalifat von Córdoba befindet sich im Schnittpunkt griechischen Denkens, islamischer Religion (mit ihrer Vergötterung des Wissens) und jüdischer Kabbala und bietet damit einen günstigen Nährboden für die medizinische, astrologische und alchemistische Forschung. Gelehrte aus England, Frankreich, Italien reisen nach Spanien, um die dort gesammelten Handschriften zu studieren. In Toledo bildet sich im frühen 12. Jahrhundert die berühmte Übersetzerschule heraus, ein »internationaler« Kreis von Gelehrten. Zu ihm zählt etwa der Engländer Robert von Chester, der später Abt in Pamplona wird; er übersetzt nicht nur – gemeinsam mit Hermann von Carinthia – den Koran, sondern verfaßt 1144 auf der Basis älterer arabischer Texte den »Liber de compositione alchemiae«, eines der ersten Werke, mit dem die alchemistischen Erkenntnisse der Zeit eine weitere Verbreitung im Abendland finden. Die Entwicklung setzt sich besonders in Spanien und Sizilien (Palermo) im 12. und 13. Jahrhundert fort.

Ehe wir uns der Zeit des Gilles de Rais zuwenden, können wir bereits einige in sich widersprüchliche Eigentümlichkeiten der Alchemie festhalten, die dazu angetan waren, das Interesse des Barons zu wecken. Zunächst handelt es sich um eine Kunst für Gebildete, die eine gewisse Gelehrsamkeit und den Umgang mit Manuskripten, mit Schriften mehr oder minder esoterischen Charakters voraussetzt; Rais hat sich, wie wir aus seinen eigenen Aussagen und aus denen von Zeugen im Prozeß wissen[3], schon 1426 einen alchemistischen Traktat für seine Bibliothek verschafft. Es handelt sich aber auch um eine Kunst für Eingeweihte, und dieser exklusive Charakter entsprach gewiß der Geisteshaltung des Barons, der sich für einen Ausnahmemenschen hielt und seine Herkunft auf eine Sagengestalt zurückführte. Ihre Ziele sind vielfältig und phantastisch zugleich; es geht um die Entdeckung des »Lebenselixiers«, um Kommunikation mit dem Jenseits, um ein Vordringen zu den Quellen aller *Lust* und aller *Macht* – all das konnte einen so herrischen und dabei so leichtgläubigen Menschen wie Gilles de Rais schon faszinieren. Schließlich aber versprach die Kunst der Alchemie, an die so viele kluge Köpfe geglaubt hatten, und noch immer glaubten, außer »Wissen und Macht« auch noch *Reichtum*, nämlich Gold, und das konnte Gilles dringend brauchen, nachdem er sein Vermögen mit prahlerischen Festen und ausschweifendem Gepränge so irrsinnig verschwendet hatte.

Wie verhält sich Gilles de Rais zu den Alchemisten seiner Zeit? Man kann seine stümperhaften Versuche der geduldigen und manchmal erstaunlichen Forschungsarbeit des Bürgers Nicolas Flamel gegenüberstellen, eines berühmten und sehr umstrittenen Mannes, dessen Schriften zu einem großen Teil als apokryph gelten. Flamel war um eine gute Generation älter als Gilles; er lebte ungefähr von 1330 bis 1418[4].

Nach Aussage seines zwischen 1399 und 1413 verfaßten Tagebuches, dessen Authentizität allerdings entschieden angezweifelt wird, soll ihm am 17. Januar 1382 die Verwandlung von Quecksilber in Silber gelungen sein, am 25. April desselben Jahres dann die Herstellung von Gold. Was immer es mit diesem Erfolg auf sich haben mag – der alternde Schriftsteller und seine Frau (»Dame Pernelle«) erweisen sich jedenfalls in den folgenden Jahren als äußerst mildtätig und freigebig, geben reichlich Almosen, bauen Häuser. Sie gehören zu den Notabeln. Man hat inzwischen nachgewiesen, daß ihre Freigebigkeit auch durch den Erfolg ihres Handelsunternehmens, wenn nicht gar durch Hochstapelei zu erklären ist. Jedenfalls sind Flamel und seine Frau in die Legende eingegangen; sogar das »Lebenselixier« sollen sie gekannt haben, was La Pernelle nicht hinderte, schon 1398 das Zeitliche zu segnen; Flamel selber beschloß seine Tage als friedlicher Bürger und guter Christ im Jahre 1418. Eine ganze Mythologie hat sich später, im 16. Jahrhundert, um diese Gestalten gerankt, vor allem um die angeblich geglückte Metallveredelung.

Dieser neugierige, gewissenhafte, gelegentlich großherzige und bei aller für seine Zeit beachtlichen Vorurteilslosigkeit gläubige Büchermensch war wohl weniger von dem Wunsch besessen, um jeden Preis Reichtümer zu erlangen, als von dem Verlangen, Geheimnisse zu entschlüsseln und in das verborgene Wesen der Dinge einzudringen. Und er hat dabei weder die Ehrfurcht vor Gott noch die Achtung vor seinen Dienern verloren, machte nicht viel von sich her, brauchte keinen leeren Prunk, gebärdete sich weder als Heiliger noch als Narr.

Der große Feudalherr, der sich auf alchemistische Forschungen einläßt, kennt diese Bescheidenheit nicht, nicht diese Geduld des Suchens nach geheimer Erkenntnis, die damals möglich scheinen mochte. Wenn es Gemeinsamkeiten zwischen Flamel und Gilles de Rais gibt, wozu in meinen Augen zumindest die Leichtgläubigkeit und der Mut gehören, sich über königliche und zum Teil auch kirchliche Verbote hinwegzusetzen, so bestehen doch auch tiefgreifende Unterschiede, und zwar nicht eben zum Vorteil des Barons.

Man darf jedoch nicht vergessen, in welchem Klima all diese Alchemisten arbeiteten. Diese symbolreiche und in mehrfacher Hinsicht zwielichtige Kunst ist einerseits verdächtig, manchmal sogar verboten, andererseits ist ihre Praxis weit verbreitet. Und auch die Verbote sind in sich so widersprüchlich wie ihre Motive; sie entspringen ja weniger einer grundsätzlichen Ablehnung des Okkultismus als einer Sorge vor Falschmünzerei, die damals, wie wir schon sahen, mit äußerster Strenge bestraft wurde. Dies ist der Hintergrund der ersten offiziellen päpstlichen Verurteilung der Alchemie durch Johannes XXII. im Jahre 1317. Dieser Papst war selbst in der Kunst der Alchemie bewandert, hinterließ einen Traktat über die Transmutation der Metalle und dazu ein Vermögen zweifelhaften Ursprungs und äußert sich in seiner Bulle »Spondent quas non exhibet« als ausgesprochener Experte: »Die Alchemisten betrügen uns und versprechen, was sie nicht besitzen. Sie halten sich für wissend und fallen doch selbst in die Grube, die sie anderen graben. Auf lächerliche Weise spielen sie sich als Meister auf und können doch immer wieder nur zitieren, was andere vor ihnen geschrieben haben. Und obwohl sie nicht zu entdecken vermögen, was auch andere nicht fanden, meinen sie immer noch, es in Zukunft einmal finden zu können. Ihre Verwegenheit geht zu weit, denn auf diese Weise prägen sie falsches Geld und betrügen das Volk. Wir verfügen, daß alle diese Menschen auf ewig des Landes verwiesen werden, ebenso wie auch jene, die Gold- und Silbermünzen fälschen oder mit den Betrügern übereinkommen, ihnen dieses Gold zu bezahlen.«

Trotz dieses Verbotes hat Johannes XXII. jedoch nicht nur die eigenen Versuche fortgesetzt; er hat auch beispielsweise dem englischen Geistlichen John Dastyn, der an die Möglichkeit glaubte, durch Kombination natürlicher Substanzen neue Stoffe herzustellen, und überzeugt war, »der rote Schwefel sei ein Elixier, mit dem man Quecksilber in echtes Gold verwandeln kann«, die Erlaubnis erteilt, seine Experimente weiterzuführen.

Die Monarchen verhalten sich in dieser Hinsicht vorsichtig. Den König von England etwa veranlaßt gegen Ende des 14. Jahrhunderts die Vielzahl der Retorten im Lande zu einer Einschränkung der alchemistischen Praxis: sie bedarf jetzt einer besonderen Lizenz, die nur wenigen frommen Männern erteilt wird – natürlich in der Hoffnung, daß sie das Gold finden werden, mit dem die Fortsetzung des Krieges gegen Frankreich bezahlt werden kann. In Frankreich nimmt Karl V. im Frühjahr 1380 eine wesentlich strengere Haltung ein: er verbietet die Alchemie, ordnet die Zerstörung der Laboratorien an und bedroht jeden mit Gefängnis, der diese mit Magie gleichgesetzte Kunst weiterhin betreibt. Ein Exempel wird auch sogleich statuiert: ein gewisser Jean Barillon, bei dem alchemistische Apparate gefunden werden, wird ins Gefängnis geworfen und am 3. August 1380 zum Tode verurteilt, glücklicherweise (und bezeichnenderweise?) jedoch begnadigt. Trotz gelegentlicher Anwandlungen von Strenge bleibt die Verordnung von 1380 ein Fetzen Papier; sogar für den Bruder des Königs, den Herzog von Anjou, sollen Alchemisten gearbeitet haben.

Allen Verboten und Strafandrohungen zum Trotz ist die Alchemie nach wie vor weit verbreitet. Zeitgenossen und Historiker bezeugen, daß es Alchemisten, echte oder falsche, in allen Schichten der Bevölkerung, auf allen Ebenen der mittelalterlichen Gesellschaftspyramide gab. Vorab bei den Geistlichen, den Prälaten und ranghohen Äbten, aber auch in der niederen Geistlichkeit, bei Mönchen mehr als bei Weltpriestern; so manche Klosterzelle barg ein Laboratorium. Sodann bei Adligen und Fürsten, nicht zuletzt den Herrschern selber; König Alfons X. von Kastilien, genannt »der Weise« und Autor des »Schlüssels der Weisheit« (1284) war Alchemist, und schon bald nach dem Verbot Karls V. ließ sich Karl VI. in einem Stockwerk des Schlosses von Vincennes ein Laboratorium einrichten; die Kaiserin Barbara von Cilli wiederum, die zweite Frau Kaiser Siegmunds, fälschte ganz einfach Münzen, die sie »alchemistisch« nannte. Es ist wohl eine schlichte Tatsache, daß zahlreiche Feudalherren und Monarchen davon träumten, ihre Schatzkammern mit Münzen aus »philosophischem« Metall zu füllen.

So konnte denn auch La Trémoille im Rechtsstreit mit Coëtivy seinen Vetter Gilles de Rais in diesem Punkt – und es war wohl der einzige, wo er es konnte – durchaus verteidigen: »Zu dem Vorwurf, daß (Rais) die Alchemie betrieben habe, sagte er, das mache noch keinen Verschwender, denn man wisse von größeren Herren, die als überaus klug gelten, daß sie ebenfalls die Alchemie betrieben. Das berühre die Verträge nicht[5].«

Aber auch den dritten Stand erfaßt die Leidenschaft für die Alchemie, vor allem natürlich die Bankiers und Finanzleute. Ihr Luxus hatte zwar letztlich nichts mit Alchemie zu tun, aber man nannte ihre prunkenden Paläste gern ein »Philosophenhaus« (so etwa im Falle des Jacques Coeur). Sie nährten Gerüchte, indem sie ihre Fassaden mit zahlreichen »kabbalistischen« Symbolen schmückten. Nicolas Flamel ist ein Beispiel dafür, daß auch Handwerker und einfache Bürger sich an alchemistischen Versuchen beteiligten. Daneben stehen die Glasbläser und »Goldmacher«, Gaukler und arme Schlucker, die von Jahrmarkt zu Jahrmarkt ziehen, mehr oder weniger heftig abgelehnt von den wahren Alchemisten, in deren Augen sie nur Herumtreiber und Scharlatane der übelsten Sorte sind[6].

Gilles de Rais steht also durchaus nicht allein, sondern befindet sich in großer Gesellschaft, auch wenn er, als im Dezember 1439 der Dauphin Ludwig nach Tiffauges kommt, in aller Eile die alchemistischen Öfen zertrümmern muß, die er in seinem Schloß aufgestellt hat; manch anderem ist es ähnlich ergangen. Und wenn man annimmt, daß die Legenden über die Erfolge Nicolas Flamels schon eine gewisse Verbreitung gefunden hatten, versteht man leichter, daß Gilles die Hoffnung auf Reichtum durch die Goldmacherkunst für nicht ganz unbegründet halten konnte. Er unterscheidet sich in dieser Hinsicht nicht von seinen Zeitgenossen.

Der entscheidende Unterschied zwischen Flamel und Gilles de Rais liegt in der Zielsetzung. Für Gilles wie für die meisten weltlichen wie geistlichen großen Herren, die sich der Alchemie ergeben, ist der Hunger nach Gold praktisch das alleinige Motiv. Ursprünglich aber verstehen die Alchemisten sich als Philosophen, die nach Erkenntnis streben (mathematischer, astronomischer, medizinischer usw.), und ihr Werk ist heilig, das Laboratorium quasi ein Altar (daher der Name: Lab-Oratorium). Finden sie wirklich Gold, so werden sie es nicht für sich behalten; an den Legenden, die sich um Flamel ranken, ist das noch zu erkennen. Rais vertritt gewissermaßen die Vulgärform der Alchemie, die den Gaunern und Betrügern, den Schatzgräbern, Wucherern und Falschmünzern näher steht als den Forschern.

Das läßt sich besser verstehen, wenn man nicht von dem individuellen Fall, sondern den ökonomischen Bedingungen der Zeit ausgeht. In einer Gesellschaft, »in der der Gebrauchswert der Dinge zugunsten ihres Tauschwertes an Bedeutung verlor«[7], stieg der Bedarf an Gold mit der Intensivierung der Handelsbeziehungen; auch die Lebenshaltungskosten stiegen beständig, und damit ent-

Alchemistisches Diagramm aus dem Traktat des Pseudo-Lullus.

stand ein fühlbarer Mangel an Münzen und Edelmetallen, der zu diesem fieberhaften Bemühen um eine Transmutation von Metallen beigetragen haben mag.

Das mag auch die recht abenteuerliche Art der alchemistischen Betätigung des Barons erklären. Wie Nicolas Flamel beginnt er mit der Lektüre alter Folianten, die er 1426 bei einem im Gefängnis gelandeten Ritter aus dem Anjou entdeckt hat. Gilles war noch sehr jung, erst zweiundzwanzig Jahre alt, als er diese Entdeckung machte, und sie hat den künftigen Verbrecher sofort fasziniert. Doch mit dem »Buch Abrahams«, das sich für die Grübeleien und Spekulationen Nicolas Flamels als so fruchtbar erwies, hatte dieses Manuskript sicher nichts gemein. In seiner Vermengung von Alchemie und »Teufelsbeschwörungen« kann es nur ein Werk grobschlächtiger Vulgarisierung gewesen sein. Gilles hat auch keinen Versuch gemacht, es kritisch zu prüfen; er hat sich lediglich mit dem Text vollgesogen, ihn gelesen und sich vorlesen lassen. Da ihm jeder wissenschaftliche Sinn abging, stand seine Beschäftigung mit der Alchemie von Anfang an im Zeichen der Magie und ging damit am Wesen der Sache vorbei.

Immerhin aber läßt er sich durch das Handbuch sowie durch seine Kontakte und Unterhaltungen mit anderen schon bald zu praktischen Versuchen ermuntern, die von der Verfestigung des Quecksilbers ausgehen. Sie begannen zweifellos noch in einer weniger exzentrischen Phase (1426 bis 1432), wurden aber bis zu seinem Lebensende fortgeführt, wie das Vorhandensein einer Laboreinrichtung im Jahre 1439 beweist.

Im Gegensatz zu den echten großen Alchemisten wiederum ist Gilles jedoch nicht imstande, die Versuchsarbeit selbst auszuführen. Darum muß er alle möglichen »Experten« der Geheimwissenschaften zu Hilfe rufen; an Kandidaten ist kein Mangel, doch in der Regel erweisen sie sich als simple Hochstapler. Goldschmiede sind darunter, Ärzte und mehr oder minder zweifelhafte Geistliche; am Ende baut Gilles vor allem auf Lombarden und Italiener, wenn sie nur gut Latein sprechen und hübsche Kerle sind. So etwa im Falle François Prelatis, den der Priester Eustache Blanchet ziemlich zufällig aufgestöbert hat; Blanchet war gerade »in seinen Geschäften« in Florenz und erhielt den Auftrag, dort nach einem Mann zu suchen, »der in der Kunst der Alchemie erfahren ist und die Teufel zu beschwören versteht; den solle er ihm schicken, und er werde ihn dafür belohnen«[8]. Prelati vergaß nicht, »ein Buch über Beschwörungen und die Kunst der Alchemie« mitzunehmen; offenbar genügte es ihm jedoch nicht als Nachweis seiner Fähigkeiten, denn unterwegs kaufte er von einem »bretonisch sprechenden Bretonen« noch »ein in schwarzes Leder gebundenes Buch, halb aus Papier, halb aus Pergament, das vollgeschrieben war und rote Titel und Initialen hatte. Es enthielt Teufelsbeschwörungen und verschiedene weitere Fragen über Medizin, Astrologie und andere Dinge«[9].

Der Leser wird bemerkt haben, daß alle diese »Experten« die Alchemie mit Teufelsbeschwörungen und Magie vermengen. Das erhöht den Reiz des Geheimnisvollen bei den alchemistischen Versuchen, stellt jedoch eine Abirrung vom wahren Weg des echten Eingeweihten dar, dessen Arbeit auf physikalische und philosophische Erkenntnis zielt. Gilles erscheint hier also nicht als Gebildeter oder gar »Forscher«, sondern bloß als ein abergläubischer Einfaltspinsel, der sich auf diesem Gebiet wie auf anderen von seinen Helfershelfern manipulieren und hereinlegen läßt.

Magie und Hexenwahn im Land des Gilles de Rais

Sehen wir also das 13. bis 15. Jahrhundert von der Leidenschaft für alchemistische Versuche erfaßt – die im 14. Jahrhundert, als die großen Vermögen wanken und der Handelsaustausch sich neu entwickelt, durch benennbare ökonomische Faktoren genährt sein mag –, so dürfen wir andererseits das Spätmittelalter nicht für eine Zeit halten, die mehr als andere im Bann von Magie und Hexenglaube stand. Denn magische Bräuche und Teufelsbeschwörungen gab es auch schon in früherer Zeit, und sie haben sich in der Folge eher noch stärker entwickelt; Hexenprozesse sind im 16. und 17. Jahrhundert weitaus häufiger.

Über die früheren Zeiten schreibt Michelet in seinem berühmten Werk »Die Hexe«[10] gleich zu Beginn: »Gewisse Autoren versichern uns, kurz vor dem Sieg des Christentums sei an allen Küsten des Ägäischen Meeres eine geheimnisvolle Stimme vernehmbar gewesen: ›Der große Pan ist tot‹ . . . ›Der Tag ist nahe‹, sagt das Evangelium; ›die Stunde ist da‹, sagen die Kirchenväter. Aus dem Zusammenbruch des römischen Reiches und dem Einfall der Barbaren schöpft Augustinus die Hoffnung, daß es bald keinen anderen Staat mehr geben werde als den Gottesstaat. Und doch, wie wenig ist diese alte Welt zum Sterben bereit, wie zäh will sie weiterleben! Wie Ezechiel bittet sie um Aufschub, um eine Stunde Frist.« Diese berühmten Sätze beschwören die Zählebigkeit alter Glaubensvorstellungen an Götter, »die im Herzen der Eiche wohnen oder in der schäumenden Tiefe des Wassers«.

»Und wer sagt dies? Die Kirche sagt es, und sie widerspricht sich selbst. Sie behauptet den Tod dieser Götter und empört sich zugleich, daß sie noch am Leben sind. Jahrhunderte lang gebietet sie ihnen mit der drohenden Stimme ihrer Konzilien zu sterben . . . Und wie? Sie leben noch immer?«

Tatsächlich werden an zahlreichen Orten und bei den mannigfaltigsten Anlässen irrationale Mächte in vielerlei Gestalt beschworen, auf dem Land vor allem, wo sie in Bäumen und Gehölzen hausen, in Quellen und Fluren. Wir möchten hier versuchen – was vielleicht nicht immer ganz deutlich ist –, Magie und Hexenglaube von den Teufelsbeschwörungen zu unterscheiden, die enger mit dem Christentum zusammenzuhängen scheinen, wenn auch einem irregeleiteten Christentum. Bei manchen Riten und Formen von Aberglaube scheint es sich jedoch um ein Wiederaufleben oder Fortleben von Praktiken oder genauer von Glaubensvorstellungen zu handeln, die mit dem Christenglauben des Mittelalters ebenso wenig zu tun haben wie mit unserer heutigen Rationalität. Indem Gilles de Rais solchem Kult im Doppelsinn des Wortes Opfer darbringt, knüpft er

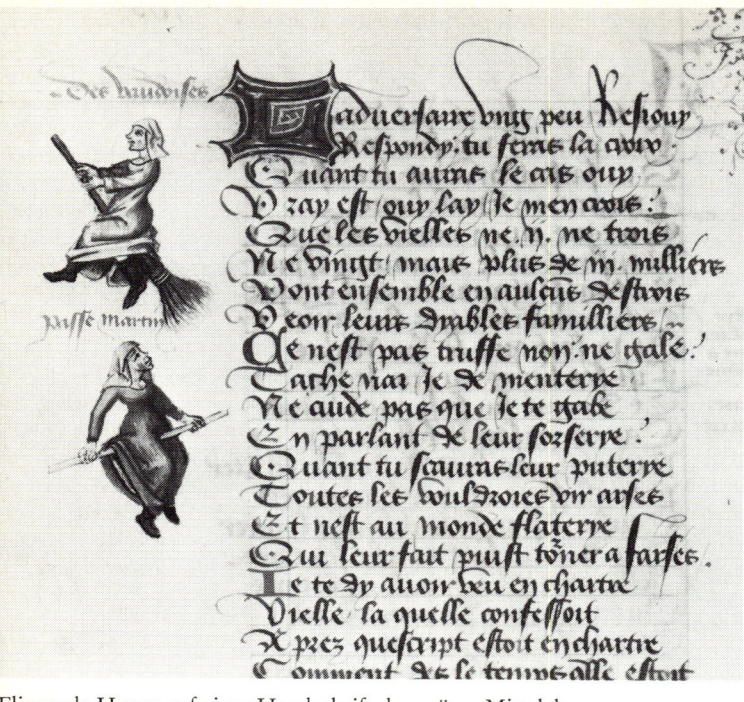
Fliegende Hexen auf einer Handschrift des späten Mittelalters.

an alte Traditionen und Einstellungen an, die ganz global als »heidnisch« angesprochen werden können.

Michelet vertritt in seinem Buch »Die Hexe« die These, daß all diese magischen Bräuche, wie schwarze Messen, Hexensabbat, Teufelspakte oder Verwünschungen, die Rache der alten griechischen, römischen und keltischen Götter sind, Residuen ancestraler Mythen im Bewußtsein, die der christlichen Indoktrination trotzten, deren Einfluß letztlich nur oberflächlich gewesen sei, zumindest in abgelegenen Gegenden, Waldgebieten vor allem, und bei naturnahen Menschen (Frauen!). Diese These entspringt teilweise einem zugleich romantischen und antiklerikalen Impuls. Ihr schließen sich übrigens zahlreiche klerikal eingestellte Historiographen des Hexenwesens an, die hier regelrechte antichristliche Vereinigungen nach Art der Freimaurer und gleichsam als deren Vorläufer am Werk sehen. An Überzeugungskraft gewonnen hat sie durch ethnologische Arbeiten unseres Jahrhunderts, vor allem die von Margaret Murray. Diese Autorin stellt die Behauptung auf, »im tiefsten Grunde« sei Europa dem Kult des Gottes Janus treu geblieben, der mit seinem Doppelgesicht und den Hörnern vor allem den Rhythmus der Jahreszeiten und den Wechsel von Tod und Wiedergeburt in der Vegetation symbolisiert. Der Glaube an diesen Gott mit all den Mythen und Legenden, die ihn umranken – Dämonen aller Art, Metamorphosen, Scharen von Zwergen, Elfen und Feen, die an zahlreichen magischen Orten hausen –, habe neben dem Christentum und manchmal sogar innerhalb des Christentums fortbestanden. Verfolgt von der Kirche, die von der Zählebigkeit dieser Mythen, Glaubensvorstellungen und Kulte wußte, habe eine Gemeinschaft von Hexern die alten Fruchtbarkeitsriten auf die Spitze getrieben und der Kirche zum Trotz Satan angebetet[11].

Das erinnert an Formulierungen aus Freuds Essay »Der Mann Moses und die monotheistische Religion«. Er schreibt dort über »die Völker, die ... erst in späthistorischen Zeiten Christen geworden sind, oft durch blutigen Zwang dazu getrieben«: »Man könnte sagen, sie sind alle ›schlecht getauft‹, unter einer dünnen Tünche von Christentum sind sie geblieben, was ihre Ahnen waren, die einem barbarischen Polytheismus huldigten[12].« Das ist hart gesagt, aber vielleicht nicht unbegründet. Differenzierter äußert sich ein heutiger Historiker. Im Lichte der inzwischen ausgewerteten Quellen erkennt Jean Delumeau einen »religiösen Synkretismus, der vor allem auf dem Lande lange Zeit zu einer Überlagerung alter Vorstellungen mit dem von der Kirche verkündeten neuen Glauben führte«. Trotzdem betrachtete das Volk sich als »christlich und hatte nicht das Gefühl, einer von der Kirche verurteilten Religion anzuhängen«[13]. Diese Formulierung trifft sehr genau die Haltung des Barons Gilles de Rais, der durchaus nicht den Eindruck hatte, widerchristlichen Praktiken zu huldigen und sich von der Gemeinschaft der Gläubigen loszusagen, wohl auch viel zu viel Angst hatte bei dem, was er tat, um sich die Frage, ob er sich damit aus der Kirche ausschloß, überhaupt zu stellen.

An der recht ausführlichen Schilderung seiner Taten in den Prozeßakten fällt jedoch auf, daß einige seiner Obsessionen, der harmloseren jedenfalls im Vergleich mit seinen Verbrechen, mit vielen Ängsten, Vorurteilen und übernatürlichen Ahnungen nahe verwandt sind, die man in den waldreichen Gebieten Westfrankreichs häufiger und in stärkerer Ausprägung findet als anderswo.

Die Vendée, das obere Poitou und die westliche Bretagne gehören zu den ländlichen Regionen, in denen »Aberglaube« und Legende, Mondkult und Feenzauber und die Magie segenbringender oder unheildrohender heiliger Stätten besonders tiefe Wurzeln geschlagen haben (oder weniger erfolgreich bekämpft wurden). Alle

Quellen stimmen darin überein, die des 15. Jahrhunderts, die des 17., die des 19., die man ziemlich genau studieren und analysieren kann, und sogar noch die der Gegenwart, die keineswegs völlig versiegt sind: als 1969–1971 die Ethnologin Jeanne Favret eine Untersuchung über Hexenglaube und Hexerei in unseren Tagen anstellte, ging sie dazu in Waldgebiete des Departements Mayenne. In all diesen Gegenden ist die Existenz von »Magiern«, von Zauberern und Teufelsaustreibern und mehr oder weniger wundertätigen Heilkundigen auch heute noch bezeugt; zählebiger als anderswo haben sie sich hier erhalten.

Bezeichnend für diese Regionen wie für die »abergläubische« Mentalität des Gilles de Rais und der zeitgenössischen Hexer scheint die Existenz eines magischen Raumes zu sein, der einen Zugang zum Übernatürlichen bietet, und die anerkannte Macht gewisser Personen (der Teufelsbeschwörer), die über eine eigentümliche paranormale Fähigkeit verfügen, den Kontakt zu jener »jenseitigen Welt« herzustellen, die Huysmans so faszinierte; zum Ausdruck kommt diese Magie in erhebenden oder erschreckenden Wundererscheinungen zum Vorteil oder zum Schaden anderer Menschen an Leib und Leben oder Hab und Gut.

Wir wollen hier nicht versuchen, die Glaubenswelt dieser Region umfassend zu katalogisieren. Von Generation zu Generation hat die Überlieferung sich zunehmend verflüchtigt, und heute gibt es kaum mehr Legendenerzähler, die sie mündlich weitertragen. Die letzten Berichte von diesem Erbe aus unvordenklicher Zeit, die letzten großen Schrecknisse, meist individuelle Erlebnisse, wurden im vergangenen Jahrhundert aufgezeichnet. Heute sind nur noch Spuren wahrnehmbar in abergläubischen Zeichen und vagen Anspielungen auf Hexer oder verwunschene Orte. Wir können jedoch versuchen, den Fundus dieser magischen und schreckenerregenden Bilderwelt skizzenartig zu umreißen, aus der Gilles de Rais und seine Geisterbeschwörer schöpften – bald einfältig, bald raffiniert, was nicht unbedingt immer ein Gegensatz sein muß; die Übergänge jedenfalls sind fließend.

Zunächst gehören die Wälder der Vendée zu den Regionen, in denen Feen und Elfen zu Hause sind. Zahlreich sind die Berichte von weiblichen Fabelwesen, die unerwartet und schaudererregend an einsamen Orten erscheinen und erstaunliche Taten vollbringen. Die berühmteste dieser Feen ist Melusine, zu deren Spezialität Bauwunder gehören; im »Handumdrehen« soll sie die Festung Lusignan errichtet haben. Viele Flurnamen bei Gehölzen, Quellen oder Wegkreuzungen erinnern an Melusine und ihr wunderwirkendes Gefolge; da gibt es das Feenfeld oder den Dornbusch der weißen Frau, Spukhöhlen und verzauberte Flüsse und Quellen.

Der schönen Fee Melusine kann man das ganze Volk der Kobolde und Gnome zuordnen, der »fadets«, »fradets« oder »farfadets«, wie die Vettern der bretonischen »korrigans« in dieser Gegend heißen: sie treiben allerlei Schabernack, hinterlassen eine unwirkliche Spur im wilden Gras, verbergen sich in Höhlen und Grotten. »Von den waldigen Höhen bis zu den Dünen am Strand zweifelt niemand an der Existenz der ›fradets‹, und ihre Schlupfwinkel waren wohlbekannt.«[14]

Größeren Schauder erweckte der »Werwolf«, von dessen Existenz man nicht minder überzeugt war als von der von Elfen und Feen; noch im 19. Jahrhundert war der Glaube an den Werwolf sehr lebendig. Werwölfe sind Menschen, die sich vorübergehend, meist über Nacht, in Wölfe verwandeln. Das ist ein alter, zählebiger Aberglaube, der manchmal belächelt, manchmal aber auch unter fragwürdiger Mitwirkung der Kirche sehr ernst genommen wurde. Zur ersten Kategorie gehört Montaigne, der Titus Livius zitiert: »Ich sehe hier mehr Irrsinn als Verbrechen« und hinzufügt: »Auf mein Gewissen: ich hätte ihnen eher Nieswurz als Schierling verordnet.«[15] Manche Gerichte urteilen milde in Fällen von »Lykanthropie«, so etwa das Parlement von Paris im Jahre 1598 über Jacques Roulet, der Berufung gegen ein Urteil des Gerichtshofes von Angers eingelegt hatte; man befand, »daß in dem armen elenden Schwachkopf mehr Verblendung als Bosheit und Hexerei steckt«, und ließ den »Werwolf« einsperren, »damit er belehrt werde, aufgerichtet in seinem Gemüt und zur Erkenntnis Gottes geführt, den seine äußerste Armut ihn hat vergessen lassen«. Der zweiten, repressiven Kategorie müssen leider zahllose Verurteilungen, vor allem im 16. und 17. Jahrhundert, zugerechnet werden.

In der Vendée jedenfalls war man fest überzeugt, daß ein Mensch sich in ein Tier verwandeln kann – nicht nur in den Werwolf, auch in die »garache«, die Tiergestalt, die der Hexenmeister annimmt, wenn er zum Sabbat fährt, oder ihre katzengroße Verkleinerung, die »béliche«, in die zwiegehörnte »bête bigourne« oder in die »galipote«, wie die »garache« im Poitou heißt. Verständlicher wird in diesem Zusammenhang, daß der Baron, der in einem Land der Wälder und Sümpfe zu Hause ist, sich so leicht mit den Verwandlungskünsten des Teufels blenden läßt und so bereitwillig glaubt, daß Satan sich im Nu in einen Leoparden, eine wilde Bestie, einen brüllenden Vierfüßler und in eine »starke geflügelte Schlange von der Dicke eines Hundes« verwandelt habe.

Man könnte sich noch lange über all die Märchen und Legenden verbreiten, die noch bis an die Schwelle unseres Jahrhunderts »an langen Winterabenden« erzählt wurden und jahrhundertelang die Einbildungskraft der Leichtgläubigen genährt haben, am meisten vielleicht die furchtsamen Burschen nach einem guten Trunk. »Fast in jedem Dorf«, lesen wir noch zu Anfang unseres Jahrhunderts[16], »findet man einen Bauern, der den Werwolf gesehen hat, das schwere Schaf getragen hat oder dem Fräulein aus Paris mit seinem Hündchen begegnet ist (eine andere Legende, die vermutlich auf die Ermordung einer jungen Reisenden zurückgeht, die dann als Geist erschienen sei). In der ganzen Vendée erzählt man vom Werwolf und der Galipote, vor allem aber in den Waldgebieten, weniger in der Ebene, kaum in den Sümpfen des Südens. Die Garache scheint hauptsächlich die Gebiete südlich und westlich von La Roche-sur-Yon bis zur Küste hin heimzusuchen.« Noch 1902 kennt ein Märchenerzähler Geschichten von Knaben, die vor ein oder zwei Menschenaltern unter dem Druck einer gar nicht so schweren Schuld (kleiner Diebstahl) nachts zu »Werwölfen« wurden und wie Wahnsinnige durch die Felder rasten; erinnern wir uns an das sehr ähnliche Bild des Gilles de Rais, der, gebeugt von der Last seiner Schuld, sinn- und ziellos durch seine Ländereien irrt.

Die Kirche hat jahrhundertelang in fragwürdigen Manipulationen die einzige Möglichkeit gesehen, mit diesen schier unausrottbaren abergläubischen Vorstellungen aufzuräumen. Durch das Wecken von Schuldgefühlen bei möglichen Missetätern mußte die Kirche in die magische Prozedur integriert werden; so konnte sie den Delinquenten, Geistesgestörten oder Außenseiter moralisch und auch juristisch zur Rechenschaft ziehen. Sehr lange blieb es denn auch üblich, daß die Pfarrer beim »Asperges« zu Beginn der Messe entsprechende kirchliche »Abmahnungen« verlasen.

Diese Abmahnungen (»monitoires«, damals noch »mounitoires«, »moulitoires« oder auch »émollitoires«) erwähnt auch der Abbé Baudry: »Früher wandte sich der Pfarrer vor dem Asperges an das Volk und sprach: ›Ihr Exkommunizierten, Magier und Zauberer und alle, die die Hexerei betreiben, verlasset diesen Ort!‹«.[17] Und wenn nach einem Verbrechen der Täter noch nicht entdeckt war, aber innerhalb der Gemeinde vermutet wurde, »dann bestieg der Diener Gottes mit einer Kerze in der Hand die Kanzel und verlas zum letztenmal die Formel der Verwarnung mit all ihren schweren Drohungen. Wenn er mit Lesen fertig war, hielt er das Blatt in die Flamme und blies hinein, und im gleichen Augenblick erreichte das Urteil den Schuldigen, mochte er sich auch zehn Meilen entfernt befinden. Der Bann traf seinen Rücken schwer wie der Hammer den Amboß, und er war nun verurteilt, sieben Jahre lang *als Werwolf* umherzuirren und jede Nacht sieben Pfarreien heimzusuchen.« Möglicherweise kamen diese »Abmahnungen« erst nach der Zeit, die uns hier beschäftigt, in Gebrauch; sie zeigen jedoch, wie die Geistlichen alle nur erdenklichen Mittel einsetzten, um die Bevölkerung im Griff zu behalten und noch mit ihrem Aberglauben an sich zu binden. Hier wird etwas von den klerikalen Eigentümlichkeiten dieser Region sichtbar, die sich noch 1793 zeigten, als das ganze Volk hinter seinen Pfarrern gegen die Republik stand. Um deutlich zu machen, wie weit die Kirche in der Benutzung der Magie ging, zitiere ich als Beispiel eine solche »Abmahnung«, die ein Müller aus Chaillé 1901 geschildert hat. Vorausgegangen war die Entdeckung einer gräßlichen Mordtat: ein reicher Pächter aus Les Moutiers-les-Maufaits war mit der Mistgabel erstochen worden. Das zurückgelassene Mordwerkzeug legte die Vermutung nahe, daß der Mörder in der engsten Umgebung des Ermordeten zu suchen war. Aber man fand ihn nicht heraus, und er stellte sich auch nicht selbst. Also kündigte der Pfarrer an, er werde »eine Abmahnung halten«:

»Viele Männer waren zur Messe in die Kirche Saint-Vincent gekommen, aber weniger Frauen und keine Kinder und junge Mädchen; die schwangeren Frauen hatte man gewarnt, sie sollten nicht kommen, wenn sie fürchteten, einen Schrecken davonzutragen. Wie an anderen Sonntagen auch sang der Priester die Messe; aber nachdem er vor dem Altar stehend das Evangelium für den Tag verlesen hatte, bestieg er mit einer brennenden Kerze in der Hand und wie zur Totenmesse gewandet langsam die Kanzel. Er erinnerte an das Verbrechen, das auf der Straße nach Les Moutiers begangen worden war, und forderte den Täter auf, falls er sich unter den Anwesenden befinde, seine Missetat zu bekennen und Unseren Herrn um Verzeihung zu bitten. Niemand gab Antwort. Es war so still in der Kirche, daß man den Flug einer Mücke hätte hören können. Die Männer beteten ihren Rosenkranz, einige Frauen weinten, andere blickten in die Runde, ob nicht doch einer aufstehe, um seine Reue zu bekennen. Zum zweitenmal wiederholte der Priester seine Drohung. Wieder rührte sich niemand. Schließlich schleuderte der Priester seine Warnung zum drittenmal in die Menge, aber auch jetzt erhob sich der Schuldige nicht. Nun war der letzte Augenblick gekommen. Von seiner Kanzel herab verurteilte der Pfarrer den Mörder zu allen entsetzlichsten Höllenqualen, die er der Reihe nach aufzählte; danach hielt er einen Augenblick inne, während die Gemeinde betete. Dann blies er die Flamme der Kerze aus und schrie: ›Möge die Seele des Bösen dahingehen wie dieses Licht!‹ Sodann sang er das Requiem, und die Menge fiel schaudernd mit ein; dazu läuteten die Glocken mit zagem Ton das Gedächtnis der Sterbenden.«[18] Ob der Werwolf erschien und ob der Täter entdeckt wurde, ist nicht überliefert...

Wenn wir diesen Fundus an abergläubischen Vorstellungen

knapp skizziert und zugleich darauf hingewiesen haben, wie die kirchliche Macht jahrhundertelang darauf reagiert hat, wollen wir natürlich weder die regionale Folklore bereichern noch gar uns über sie lustig machen. Wir wollen nur die Leichtgläubigkeit des Barons Gilles de Rais etwas verständlicher machen, dessen überlieferte Teufelsbeschwörungen in engem, symbiotischem Zusammenhang mit Bräuchen stehen, die gerade in dieser Gegend besonders lebendig waren. Einiges an ihm, das heute komisch anmutet, erscheint so etwas weniger einfältig.

Dürfen wir gar darüber lachen? Die neuesten Arbeiten über das Fortleben der Hexerei gerade in diesen waldreichen Regionen[19] halten sich frei von einer Haltung überheblicher Geringschätzung, die in derartigen Praktiken nur hilflose Versuche »rückständiger« und »leichtgläubiger Bauern« sehen will, ihre Not mit »geheimen« und »sinnlosen« Ritualen zu wenden, die »aus einer anderen Zeit stammen« (aus dem Mittelalter nämlich). So vermeidet die Ethnographin Jeanne Favret, die den heutigen Spuren der Hexerei in den Wäldern der Mayenne nachgegangen ist, vereinfachende und herablassende Erklärungen. Sie hat vor allem das Problem der »Lebenskraft« untersucht, die gewisse Individuen sich angeblich zuschreiben (oder zugeschrieben haben). Man glaubt, daß sie anderen einen Teil ihrer Lebenskraft zu entziehen versuchen, um den Überschuß für sich selbst zu nutzen, und ihre Kraft mit der anderer messen (der Hexer und der Enthexer gehören zusammen); das Ganze ist ein Kampf, bei dem es um den Ruin, die Verstümmelung oder gar den Tod einer Person geht: entweder des Behexten oder des Hexers oder des Enthexers. Selbst in so knapper Vereinfachung zeigt dieses Modell noch, wie komplex die geistige Situation von Menschen ist, die sich heute entweder aus Naivität (und dafür gibt es zahlreiche Beispiele[20]) oder aus Bindung an eine alte Tradition, von der sie sich nicht lösen konnten, der Hexerei ergeben. Die geistige Situation eines Gilles de Rais und seiner Komplizen in der ersten Hälfte des 15. Jahrhunderts mag ähnlich komplex gewesen sein.

Einfältige oder auch geistesgestörte Menschen, die in einer anderen Welt mit einer anderen Logik leben, findet man in der Tat und ebenso schlaue Betrüger, die ihre Leichtgläubigkeit auszunützen wissen; dazu gehören die zahlreichen »Beschwörer«, die sich von Gilles mit Geschenken überhäufen lassen, einen dämonischen Angriff vortäuschen und verschwinden. Aber man findet nur wenige Menschen, und schon gar unter den Männern der Kirche, die die Möglichkeit übernatürlicher Ereignisse bezweifeln. Alle strecken sie die Waffen, wenn sie mit oder gegen Gilles de Rais vor den unbekannten, ungreifbaren und furchterregenden Mächten der Finsternis stehen.

Satan

> Ich bin der Geist, der stets verneint! ...
> Ein Teil von jener Kraft,
> Die stets das Böse will und stets das Gute
> schafft.
>
> *Goethe, Faust I*

Gilles de Rais und seine Komplizen wie auch diejenigen, die ihn bloß ausnützten, schöpften aus dem Fundus der überlieferten abergläubischen Vorstellungen ihrer Zeit und ihrer Region. Einige Fakten, die uns heute unwahrscheinlich oder grotesk vorkommen, mögen damals in einem anderen Licht gesehen worden sein und anders gewirkt haben. Die Haltung der Kirche war in dieser Hinsicht äußerst zwiespältig; sie hat die Mächte des Übernatürlichen nicht geleugnet, sondern sie in ihr ebenfalls mit geheimnisvoller Mythologie durchsetztes Dogmengebäude einzubinden versucht. Daher nahm sie gegenüber den Formen von Magie und Aberglaube, mit denen sie sich ständig auseinanderzusetzen hatte, eine gleichermaßen duldsame wie feindselige Haltung ein.

Bei den magischen Praktiken kann man jedoch, auch wenn dieser Unterschied historisch gesehen nicht immer gegolten hat, zu unterscheiden versuchen zwischen solchen, die purer Aberglaube sind und in der Regel nicht vor die kirchlichen Gerichte kommen (dazu könnten verschiedene Arten von Feenzauber gehören, und dazu gehören die geduldeten okkulten Wissenschaften wie die Chiromantie), und anderen, die den christlichen Glauben und die Autorität der Geistlichen in Frage stellen und folglich als Ketzerei gelten.

Die Aktivitäten des Barons Gilles de Rais kreisen im wesentlichen um die Dämonenbeschwörung: der leichtgläubige Marschall versucht mit verschiedenen Mitteln, Kontakt mit dem Teufel aufzunehmen; er will, daß der »Fürst der Finsternis« ihm in irgendeiner Form erscheint und ihm Beistand leistet. Sein Ziel ist die Wiederherstellung seines schwindenden Reichtums, und dabei verstrickt er sich folgerichtig immer auswegloser. Zunächst wendet er sich an Alchemisten und läßt sich auf parawissenschaftliche Forschungen ein. Dann gräbt er tiefer im Fundus des Aberglaubens und hält sich nun an Satan, dessen Macht er allein noch zutraut, seinen Ruin abzuwenden.

Mittelalterlicher Teufelspakt: Satan hält die mit Blut geschriebene Versprechung.

In den letzten Jahren seines Lebens werden die Teufelsbeschwörungen immer häufiger und konkreter, um schließlich fast zu einer Obsession zu werden. Der Dämon scheint sich tatsächlich seiner Schwelle zu nähern, seine Anhänger und die Beschwörer zu schlagen, ihnen bald in Menschengestalt, bald als Tier in abenteuerlichen Metamorphosen zu erscheinen; der »böse Geist« hält ihn mit halben Versprechungen in Atem, läßt sich aber niemals fassen, sondern zwingt ihn zu immer inbrünstigerer Anrufung mit dem ganzen Einsatz seiner Glaubensbereitschaft, die dem Teufel ebenso gilt wie Gott. Daß er damit eine Haltung einnahm, die die Kirche auf das strengste verurteilte, mußte er freilich wissen, auch wenn diese Haltung damals weitaus verbreiteter war als zu anderen Zeiten – was für Gilles heißt: wesentlich näherliegend.

»Satanismus« ist in der Tat in den unterschiedlichsten Epochen der Kirchengeschichte aufgetreten, und nicht im 15. Jahrhundert, sondern im 16., dem der Renaissance und der beginnenden Neuzeit, werden der Satanskult und die daraus resultierenden aufsehenerregenden Hexenprozesse ihren Höhepunkt erreichen. Wie kommt es zu dieser Hinwendung zu Satan? Welche Bedeutung hat er in der ersten Hälfte des 15. Jahrhunderts? Und wie lassen sich mit Hilfe der ersten Antworten auf diese Fragen die Einstellung des Barons Gilles, seiner Komparsen, seiner Richter und des Volkes erklären? Hier liegen Grundprobleme für die Analyse der Geschichte von Gilles de Rais und seines exemplarischen Prozesses.

Die Frage, ob Satan existiert, wird durch den christlichen Glauben eindeutig bejaht[21]. In der Bibel erscheint er als mythisches Tierwesen oder in abstrakterer Form, aber stets als eine *Macht*, die sich dem göttlichen Willen widersetzt, als der böswillige Gegenspieler Jahwes. Auch in den Evangelien ist er existent, vor allem in der Geschichte von der Versuchung Jesu. Für die Kirchenväter, vor allem die »Wüstenväter«, existiert er entweder als Fürst der Finsternis oder als eine Wesenheit, die sich in zahllose unsichtbare böse Geister aufspaltet, die bei den verschiedensten Gelegenheiten in Erscheinung treten können und hinter denen sich vielleicht alte heidnische Gottheiten verbergen, deren manchmal bedrohliche Erinnerung nie ganz verblaßt ist.

Eine klare einheitliche Vorstellung von Satan läßt sich also nirgends finden, und seine Erscheinungsformen sind stets der jeweiligen Zeit zutiefst verpflichtet; dank seiner Herkunft als »gefallener Engel« kann er im übrigen auch in positiver Gestalt figurieren. Wenn also Prelati seinen Teufel »Barron« als verführerischen jungen Mann in prächtiger Kleidung erscheinen läßt, dann schmeichelt er damit nicht nur dem Narzißmus oder auch der Homosexualität des Barons von Rais, sondern wählt auch aus dem unermeßlichen und widersprüchlichen Arsenal satanischer Vorstellungen ein durchaus mögliches, keineswegs abwegiges Bild.

Dennoch sind derart gefällige Satanserscheinungen selten. Ob in der Skulptur oder der Buchmalerei, auf Kapitellen und Tympana oder in Fresken und Zeichnungen, in literarischen Beschreibungen oder der Theologie – gewöhnlich wird der Teufel als schreckenerregend dargestellt. So schon in einer der ältesten Satansdarstellungen, die wir kennen, der »Vision des heiligen Paulus«, einem Text, der spätestens im 4. Jahrhundert n. Chr. entstanden ist und starken orientalischen Einfluß zeigt. Insgesamt findet man in den ersten zehn Jahrhunderten nach Christus jedoch nur wenige bildliche Darstellungen des Teufels, obwohl die Frage nach der Natur, der Macht und der Bösartigkeit des Dämons bzw. der Dämonen von den Theologen ausgiebig erörtert wurde.

Zu einer ersten »Teufelsexplosion« kommt es im 11. und 12. Jahrhundert; ihr Schauplatz ist die romanische Kunst. Von nun an nimmt der Teufel konkretere Form an und schmückt in Menschen- oder Tiergestalt die Wände und Kapitele der Gotteshäuser. Diese Explosion wird jedoch gebändigt und ein wenig verharmlost durch die komischen, ja grotesken Züge der Dämonen, so daß sie keinen allzu ernsthaften Widerpart gegen den in majestätischer Ruhe thronenden Christus darstellen können.

Die weitere Entwicklung halluzinatorischer Bilder ist wesentlich bestimmt durch den systematischen Gebrauch des Teufels als Drohung in den Ketzerprozessen des 13. Jahrhunderts. Im 14. Jahrhundert dann fließen zahlreiche Quellen dämoniologischer Vorstellungen zusammen: die Anklagen gegen die Häretiker, die Templer vor allem, zu Beginn des Jahrhunderts, der Ausbruch der großen Ängste und Erschütterungen, der sich in Dantes »Divina Commedia« abzuzeichnen beginnt, das Ausufern abergläubischer Vorstellungen und Bräuche, die zunehmende allgemeine Verstörung des Bewußtseins, das Gefühl, die apokalyptische Endzeit zu erleben, wo in vielfältiger Gestalt »das Tier« erscheint: »Und ich trat an den Sand des Meers und sah ein Tier aus dem Meer steigen, das hatte sieben Häupter und zehn Hörner und auf seinen Hörnern zehn Kronen und auf seinen Häuptern Namen der Lästerung. Doch das Tier, das ich sah, war gleich einem Parder und seine Füße wie Bärenfüße und sein Mund wie eines Löwen Mund. Und der Drache gab ihm seine Kraft und seinen Stuhl und große Macht« (Offenbarung des Johannes XIII, 1 und 2). Bildliche Darstellungen des »Tiers« existieren praktisch erst seit dem 11. Jahrhundert[22].

Nicht zuletzt trägt auch die Alchemie selbst dazu bei, die Besessenheit von der Möglichkeit einer leibhaftigen Erscheinung des Teufels zu nähren. Zum Thema der Lykanthropie schreibt Jean Bodin 1580 in seiner »Démonomanie des sorciers«: »Wenn wir bekennen, daß die Menschen sehr wohl die Macht haben, einen Kirschbaum Rosen oder einen Kohlkopf Äpfel tragen zu lassen, das Eisen in Stahl zu verwandeln und das Silber in Gold und tausenderlei künstliche Steine zu schaffen, die mit den natürlichen streiten – können wir es dann seltsam finden, angesichts der gewaltigen Macht, die Gott ihm verliehen hat in dieser niederen Welt, daß Satan die leibliche Erscheinung in eine andere soll umwandeln können?«[23] Offenbar konnte alles dazu dienen, satanische Vorstellungen zu bestärken und zu steigern.

Keineswegs den geringsten Beitrag hat die Kirche selbst dazu geleistet, indem sie im Kampf gegen die Ketzer all jenen, die sie zu Anhängern des Teufels machen wollte oder die sich selbst dafür hielten, suggestive Bilder nahelegte, die sie manchmal sogar eigens erfand. Inquisition und Bettelorden verfolgten manche Bräuche, manche Vereinigungen und Sekten als »satanisch«, die durchaus nichts mit Teufelsanbetung zu tun hatten. Konrad von Marburg, der erste offizielle Inquisitor für Deutschland (1231) und ein entsetzlicher Fanatiker, und Papst Gregor IX. haben Verbrechen aufgezählt, die alle durch Magie verführbaren Gemüter wachrütteln sollten; beide glaubten sie an die Existenz einer Geheimgesellschaft, deren Novizen einer Kröte oder einem schwarzen Kater (vielleicht der »galipote« der Vendée?) den Hintern küssen und einem bleichen, eiskalten Mann huldigen sollten. Beide behaupten und beklagen, daß man Luzifer verehre und anbete, sich bei diesen Zeremonien perversen sexuellen Ausschweifungen hingebe und zu Ostern das Sakrament der Eucharistie nur darum empfange, um die Hostie desto besser schänden zu können (Päpstliche Bulle von 1233)[24]. Die Furcht vor Subversion, vor Ketzerei vor allem und ganz besonders vor den »strengen« Ketzerbewegungen wie Waldenser, Katharer oder Fraticelli treibt zu den maßlosesten Anschuldigungen gegen die Sektierer: gemeinsame Teufelsanbetung bei nächtlichen Liturgien, Kindermord, Kannibalismus und sexuelle Orgien. Ähnlichen Anschuldigungen waren schon die geheimen Zusammenkünfte der Frühchristen ausgesetzt gewesen, dann gewisse Häresien wie die Montanisten Phrygiens im 4. Jahrhundert, die armenischen Paulikianer im 8. und die Bogumilen im 11. Jahrhundert und immer wieder die Juden. Jetzt, im 13. Jahrhundert, tun sie erneut ihre Dienste.

Und das Ferment wirkt. Im 14. Jahrhundert gestehen die Templer unter der Folter, sie hätten ein Idol namens Baphomet angebetet und ihm zur Huldigung den Hintern geküßt, sie hätten sich der Sodomie ergeben, seien Satan untertan und bildeten eine Verschwörung in seinem Dienst, hätten Christus abgeschworen und das Kreuz bespien usw. (Prozeß von 1307 bis 1314). Danach nehmen die Anschuldigungen und bald auch die Straftatbestände zu, vor allem unter dem Pontifikat von Johannes XXII., der, wie wir gesehen haben, auch von der Alchemie fasziniert war und sie zugleich bekämpfte. Der Bischof von Troyes wird angeklagt, er habe seine Mutter vergiftet und die Königin von Frankreich durch Magie umbringen wollen; Enguerrand de Marigny, der führende französische Staatsmann unter Philipp dem Schönen, wird 1315 gehängt, weil er den König mit Hilfe der Magie zu töten versucht habe; der Bischof von Cahors wird 1316 angeklagt, Papst Johannes XXII. nach dem Leben getrachtet zu haben; der Gräfin von Artois wird 1317 der Prozeß gemacht, weil sie Gifttränke gebraut habe usw. Die Bulle »Super illius specula« des Papstes Johannes XXII. von 1326 bringt Magie, Hexerei und Häresie in einen engen Zusammenhang; sie behauptet, daß die Hexer den Teufel verehren und anrufen und Pakte mit ihm schließen.

So nachdrücklich beschworen, müssen die Hexer sich natürlich zeigen, 1335 inszenieren die Inquisitoren des Languedoc in Toulouse einen fulminanten Hexenprozeß. Mit Hilfe der Folter enthüllen sie die Existenz einer nächtlichen Anti-Kirche, deren Mitglieder Satan in Gestalt eines schwarzen Bockes anbeten, den »Sabbat« feiern, untereinander und mit dem Teufel Unzucht treiben, sich wie Bestien aufführen und neugeborene Kinder töten. Bald danach kommen die Hexentänze auf, die späteren »Veitstänze« (zweite Hälfte des 14. Jahrhunderts). Die Vorstellung einer satanischen Verschwörung nimmt in den Köpfen der Inquisitoren ebenso Gestalt an wie in denen der Hexer und der immer zahlreicher werdenden Sektierer und des Volkes. Der bereits mehrfach zitierte N. Eymerich behandelt in seinem »Handbuch der Inquisitoren« auch die Praktiken der Zauberei – eine »vielschichtige Angelegenheit«, wie er meint. Als häretisch denunziert werden diese Praktiken in mehrfacher Hinsicht: zunächst insofern die Verdächtigen »mit der Anrufung der Teufel einen götzendienerischen Kult mit ihnen treiben, sie anbeten, ihnen Opfer darbringen und abscheuliche Gebete an sie richten, sich ihnen untertan machen und ihnen Gehorsam geloben« usw., sich also der Idolatrie schuldig machen, was sehr detailliert beschrieben wird. Eymerich spricht hier von »latrie«, der er ferner den Kult der »dulie« gegenüberstellt, bei der der Teufel als Mittler und Fürsprecher bei Gott angerufen wird; eine Vermischung beider sieht er bei jenen, die zur Anrufung des Teufels »Kreise auf dem Boden ziehen, in deren Mitte sie ein Kind setzen« oder mit einem Buch in der Hand Gebete zum Teufel sprechen, wobei sie »einen Spiegel, ein Schwert, ein Gefäß oder einen anderen glänzenden Gegenstand vor ihn stellen«. Die letztgenannte Variante verdammt Eymerich am härtesten, weil sie den Teufel vergöttliche; alle drei aber beurteilt er als Ketzerei und nicht nur gewöhnliche Magie, weil der Teufel angerufen werde, denn »man kann nicht zugleich den Teufel anrufen und Gott verehren«[25].

Dieses Handbuch und verwandte Texte bilden die geistige Grundlage für die Anklage gegen Gilles de Rais; sie zeigen, daß er in dem von der Inquisition gewollten Sinne durchaus als Ketzer gelten mußte. Sie zeigen auch, daß er absolut nichts erfunden hat; alle seine Phantasien spiegeln überkommene Rituale wider, die sich gerade durch die Bekämpfung und juristische Kodifizierung konkret ausgeprägt und von Generation zu Generation weiter verbreitet haben. Zur Zeit des Barons ist diese Vorstellungswelt bereits in einem fortgeschrittenen Stadium, doch die Entwicklung geht weiter; Hexerei und Hexenprozesse nehmen ebenso zu, wie das juristische Instrumentarium sich verfeinert. Man hat in Europa zwischen 1320 und 1420 zwölf große Hexenprozesse vor den Inquisitionsgerichten gezählt, bereits vierunddreißig zwischen 1421 und 1486, dem Jahr der Veröffentlichung des »Malleus maleficarum«, des »Hexenhammers«[26], der die in Prozessen verwerteten Materialien systematisch zusammentrug, die weltlichen Gerichte zu engerer Zusammenarbeit mit den kirchlichen ermahnte, damit man des Unwesens besser Herr werde – eine Mahnung, die nur zu bereitwillig befolgt wurde –, und zum erfolgreichen Standardwerk wurde, auf das man sich immer wieder berief und das zahlreiche Neuauflagen erlebte. Während des ganzen 16. und auch noch des 17. und 18. Jahrhunderts entwickelte sich der Hexenwahn in diesem beschleunigten Rhythmus weiter. Bekanntlich war der Konnetabel Richemont ein großer Hexenverfolger, und das mag zum Teil seine Feindseligkeit gegenüber Gilles de Rais erklären.

Lassen wir diesen Wahn denen, die ihn ausgeschlachtet haben, und den zahllosen Werken, die darüber geschrieben wurden. Begnügen wir uns hier mit der Wirkung auf das Verhalten des Gilles de Rais: »Vierzehn Jahre lang«, wie er in seinem Prozeß sagt (womit er den Anfang auf die Begegnung mit dem alchemistisch interessierten Ritter in Angers rückdatiert), und an allen Orten (in Machecoul, in Tiffauges, in La Suze und 1434/35 auch im Haus »Zum Goldenen Kreuz« in Orléans) hat er Teufelsbeschwörungen betrieben. Er läßt Kreise auf dem Boden ziehen, in die er sich manchmal auch selbst hineinbegibt, und hält sich an die Eingebungen, Launen und Hirngespinste seiner jeweiligen Dämonenbeschwörer. Manchmal finden die Beschwörungen in geschlossenen Räumen statt, etwa einem Zimmer des Schlosses von Tiffauges, vermutlich auf Betreiben von Gilles de Sillé, der in den Jugendjahren des Barons einen entscheidenden Einfluß auf ihn hat. Später, im Sommer 1439, ist es Prelati, der im unteren Saal des Schlosses von Tiffauges mit magischen Kreisen und mancherlei Symbolen zu Werke geht. Ebensogut können die Beschwörungen aber auch im Freien stattfinden, so etwa, wiederum mit Prelati, auf einer Wiese zwischen Tiffauges und Montaigu, diesmal mit Hilfe von Weihrauch, einem Magnetstein und einem Buch, auf das Kreise gezeichnet werden.

Die Bevorzugung von Italienern entspricht dabei der Abwendung von der Alchemie und der Hinwendung zur reinen Magie. Prelati hat das sehr gut begriffen; er ist es, der aus der Fülle höllischer Geister wie Satan, Luzifer, Belial, Beelzebub oder Baphomet (den die Templer angebetet haben sollen) einen Dämon mit dem sonst nirgends belegten Namen »Barron« auswählt. Dieser »Barron« soll nach der Prozeßaussage Prelatis selbst bis zu zehn- oder zwölfmal »in Gestalt eines schönen jungen Mannes von etwa fünfundzwanzig Jahren« erschienen sein[27]. Ob nun Frechheit oder

Wahn – mit diesem gefährlichen Geständnis erweist Prelati sich als reichlich tollkühn, denn es handelt sich um direkten Umgang mit dem Teufel. Prelati erlebt einiges Mißgeschick mit diesem »Barron« und wird eines Abends tüchtig verprügelt – nach der Aussage Blanchets, der wieder einmal wie üblich nur nach dem Rechten gesehen haben will, ohne sich selbst zu beteiligen[28] –; Gilles de Rais aber kommt in der Selbstsuggestion nie weit genug für einen direkten Kontakt mit dem Teufel. Dennoch ist er es, der seiner strafwürdigen Absichten wegen des Verbrechens der Ketzerei schuldig gesprochen wird.

Ein kleiner Trost immerhin für Gilles de Rais: eines Tages in Bourges ist der Teufel Barron bereit, Prelati zu erscheinen, und übergibt ihm als Geschenk für Gilles »ein schwarzes Pulver auf einem Schieferstein«, das er »ständig bei sich tragen soll, denn wenn er das tue, werde ihm alles wohl gedeihen«. Willfährig gehorcht Gilles dem von Prelati übermittelten Auftrag des Teufels und füllt das Pulver in ein silbernes Medaillon. Ob er dieses glückbringende Pulver, das einem weitverbreiteten Aberglauben der Zeit entsprach, dann auch wirklich bei sich getragen hat, ist nicht bekannt; jedenfalls aber hat Prelati solche Amulette in einem Schrein in seinem Zimmer verwahrt[29] und auch am Hals getragen.

Das alles mag seltsam erscheinen, aber die offenkundige Naivität des Barons ist eben die seiner Zeit. Ein Dokument aus der Mitte des 15. Jahrhunderts zählt in aller Unschuld, aber sehr genau, die Fragen auf, die an den Teufel zu richten sind, wenn er irgendwo eine menschliche Gemeinschaft heimsucht[30]. Der Exorzist hat den Dämon nach strenger Regel folgendermaßen anzusprechen: Erstens: »Wie heißt du?« Sodann: »Was wünschest du und warum suchst du diesen Ort mehr heim als andere?« Es folgen dann mehrere Fragen nach der Identität der Personen, die vom Teufel heimgesucht wurden, und den Orten, wo dies geschehen ist. Schließlich wird nach den Sünden gefragt, »an denen du, Teufel, und deine Mitteufel euch am meisten erfreut«. Und: »Zu welchen Sünden vor allem wollt ihr verleiten, wenn ihr Sterbende versucht?«

Mir scheint, Fragen dieser Art geben uns einen Fingerzeig, wie die Teufelsbeschwörungen des Barons mit seinen Mordtaten zusammenhängen. Rais hat zwar zugegeben, dem Teufel Eingeweide toter oder von ihm ermordeter Kinder geopfert zu haben, aber es ist keineswegs sicher, daß er selbst den Wunsch danach hatte. Nach den verfügbaren Zeugenaussagen (von Prelati, Henriet und Poitou) waren solche Opferungen sehr selten, viel seltener als Mordtaten aus rein sexuellen Motiven. Es scheint, daß er die Vorstellung hatte (oder sich suggerieren ließ), der Folge seiner Verbrechen eine teuflische innere Logik zu geben, indem er sich einbildete, sie könnten Satan gefallen. Sein belastetes Gewissen (oder das seiner Komplizen) läßt ihn eine innere Verbindung suchen zwischen der Schwere seiner Schuld und der Nekromantie: der Teufel und der Tod gehören zusammen. Der Böse hat »zuweilen« die Gewohnheit, sich in die Leiber der Toten zu »kleiden« und »in ihnen zu erscheinen«. Vielleicht hat der Böse Gilles zu seinen Untaten getrieben. Oder hat Gilles sich gar mit Satan identifiziert, da die Teufel doch auf schauerliche Weise Menschen töten können? Der Name »Barron«, den der Beschwörer Prelati dem Teufel gibt, lädt zu gewissen Spekulationen in dieser Richtung ein.

Mit seinem Satanskult wie auch mit seinen alchemistischen Versuchen und ganz allgemein seiner Leichtgläubigkeit und seinem Aberglauben ist Gilles de Rais also ganz und gar ein Kind seiner Zeit. Viele seiner Einstellungen, die man heute als Naivität, ja als reine Dummheit bewertet, teilt er mit seinen Zeitgenossen, die mit den wirtschaftlichen Problemen dieser unheilvollen Zeit so wenig fertig wurden wie mit dem Hexenwahn oder den Unzulänglichkeiten und Halbherzigkeiten der Kirche. Es handelt sich also um eine der weniger unsympathischen Seiten dieser tief gestörten Persönlichkeit.

Zwei Abweichungen von der geläufigen Praxis müssen jedoch hervorgehoben werden. Zunächst das auffallend gute Gewissen, das Gilles bei der Verhaftung und noch während der ersten Prozeßtage an den Tag legt. Er hat, wie wir schon betonten, das Gefühl, über den anderen zu stehen, größere Rechte zu haben. Er kann es sich leisten, den Verboten des Königs von Frankreich zu trotzen, indem er in seinen Schlössern Retorten und alchemistische Öfen stehen hat. Er kann auch den Teufel oder das Jenseits zu Hilfe rufen. Angst hat er nicht davor, die Kirche herauszufordern, die doch schon manchen kleinen Zauberer oder großen Herren aus ähnlichen Gründen zu Fall gebracht hat; Angst hat er nur vor einer unerwarteten Begegnung mit Satan oder einem anderen Dämon wie bei jener Beschwörung mit Prelati, der ihn entweder hereinlegte oder selbst Angst bekam. In gesellschaftlicher Hinsicht gestattet er sich jedes Privileg, erweckt aber durchaus nicht den Eindruck, kirchlichen Verboten zu trotzen. Er beanspruchte, über den Gesetzen zu stehen, die die Geistlichkeit erließ, und dabei wäre es auch geblieben, wenn er nicht Geistliche in ihrem Besitz bedroht oder sie durch die Leichtfertigkeit, mit der er seine eigenen Güter verschleuderte, in Versuchung geführt hätte.

Zugleich aber treten in der Auswahl, die er aus dem überaus reichhaltigen dämonologischen Arsenal seines Jahrhunderts trifft (es wird später noch reichhaltiger sein), einige seiner tieferen Neigungen und Wesenszüge zutage. Meiner Ansicht nach wurden diese Eigenschaften von seiner Umgebung sehr geschickt und subtil ausgenützt, von seinen Freunden und Dienern ebenso wie von Fremden, die er zur Teilnahme an seinen Ausschweifungen und Teufelsbeschwörungen einlud. Er erscheint darin abergläubisch, furchtsam bis zur Feigheit, leicht zu beeinflussen und jeder Versuchung zugänglich. Deutlich wird auch, daß er kein ruhiges Gewissen hat, immer wieder von Reue gepackt wird und vor dem so heiß ersehnten Kontakt mit dem Teufel zurückschreckt. Zutage treten schließlich seine narzißtischen und homosexuellen Tendenzen, auf die wir noch zurückkommen, und ein Hang zum Morbiden, eine gewisse Nekrophilie, die ebenso zur persönlichen Charakterstruktur des Barons gehört, wie sie dieser unheilschwangeren Zeit der Gewalt und des Elends eigen ist. Noch in den Phantasien, die ihn zu Hexerei, theatralischen Teufelsbeschwörungen und nebulösen alchemistischen Versuchen treiben, spüren wir die Angst und Verwirrung seines labilen Charakters. Und er blieb sich wohl bewußt, daß ihn seine gesellschaftliche und rechtliche Sonderstellung, die ihn in seinem persönlichen Lebensstil, bei Gewaltakten und Verbrechen ebenso privilegierte wie in seinem Verhältnis zur Macht und den Mächtigen, zu einem tief gestörten Menschen in einer verstörten Zeit machte.

8. Kapitel: Eros und Thanatos

Eros: Die Homosexualität im 15. Jahrhundert

> Das Kreuz zu bespein war ihnen ein Muß, sie
> boten einander den Hintern zum Kuß ...
> Davon zu sprechen ist Schmach und Verdruß.[1]

Will man sich dem Thema Homosexualität und homosexuelle Praktiken im ausgehenden Mittelalter nähern, so drängt sich als erstes eine Bemerkung über die Diskretion der Historiker auf. Die ernsthaftesten und kühnsten Historiker haben sehr wohl darauf hingewiesen, worin heutige Sexualität (und vor allem Sexualangst) sich von der damaligen unterscheidet. Einige haben sich vergleichenden Studien zur Wahrnehmung des Körpers, vor allem des nackten Körpers, gewidmet; andere haben die jeweilige Sexualerziehung behandelt. Die verwegensten haben die Bedeutung der Jungfräulichkeit der Mädchen und die Kontaktaufnahme der Knaben mit Prostituierten untersucht, so etwa Norbert Elias in seiner Analyse der »Colloquia familiaria« des Erasmus, die nicht nur der sprachlichen Bildung der Jugend, sondern auch ihrer sittlichen Erziehung dienen sollten[2]. Zur Frage der Masturbation (»peccatum mollicei«) haben wir schon auf die Texte Jean Gersons verwiesen. Von der Homosexualität in dieser Zeit aber wissen wir wenig; ihre verborgene Existenz wird nur angedeutet mit dem heute nicht mehr gebräuchlichen Ausdruck »Sodomie«, der das Gemeinte als »Sünde Sodoms« ebenso verhüllend umschreibt wie die gleichfalls biblische Formel »Sünde Onans« die Masturbation.

Als zweite Vorbemerkung muß vorausgeschickt werden, daß das Mittelalter in sexuellen Dingen wie auch bei anderen Themen (den Tischsitten etwa, wie wir schon sahen) noch nicht die Prüderie einer späteren Zeit kennt. Diese kommt erst seit dem 17. Jahrhundert auf und gelangt zur vollen Entfaltung mit dem bürgerlichen 19. Jahrhundert, das die Frauen in Schnürleibchen zwängt, viele einst geläufige sexuelle Handlungen mit Tabus belegt, verbotene Lust in der Zensur genießt und manche Themen nicht mehr behandeln kann, ohne gewisse verpönte Wörter durch Pünktchen zu ersetzen (siehe die Auslassungen Bossards und Mauldes bei der Veröffentlichung der Dokumente des Prozesses gegen Gilles de Rais) oder ins Lateinische zu flüchten. So verfährt noch Krafft-

Ebing in seiner »Psychopathia sexualis«. Im 15. Jahrhundert noch hat man beim Prozeß gegen Gilles de Rais nur das Antlitz Christi verhüllt, und das wirkt auf mich eher theatralisch als erhellend.

Ich erhebe hier nicht den Anspruch, zu entschleiern, was jahrhundertelang schamhaft verschwiegen wurde. Ich möchte nur einen kleinen Beitrag zur Beantwortung der Frage leisten, ob das sexuelle Verhalten des Barons als völlig außerhalb der Norm liegend erscheinen mußte oder in gewisser Hinsicht doch weit verbreiteten Usancen entsprach.

Die freie Sexualität

Das 15. und 16. Jahrhundert kennen noch eine weit umfassendere sexuelle Freiheit als spätere Jahrhunderte, in denen Werte und Ideologie des Bürgertums dominieren: Nach Jos van Ussel wurzelt das »antisexuelle Syndrom« der jüdisch-christlichen Gesellschaften nicht in religiösen Lehren, sondern in der Verbürgerlichung der Gesellschaft und den neuen Strukturen menschlicher Beziehungen, die für das Bürgertum kennzeichnend sind[3]. Zu diesem »antisexuellen Syndrom« kann man neben der negativen Einstellung gegenüber Masturbation, sexuellen Spielen von Jugendlichen, vor- und außerehelichen Beziehungen, gewissen Stellungen beim Koitus und nicht-genitalem Verkehr auch die Verurteilung der Homosexualität rechnen.

Das ausgehende Mittelalter ist in all diesen Fragen keineswegs lax, aber es wahrt in den Beziehungen eine weitgehende Freiheit des Ausdrucks und des Verhaltens: Man berührt, liebkost und umarmt einander, schreibt van Ussel; Ammen und Eltern masturbieren kleine Kinder, um sie zu beruhigen. (Bezeichnend sind die ersten sexuellen Erfahrungen des späteren Königs Ludwig XIII. im 17. Jahrhundert, über die der wackere Leibarzt Dr. Héroard[4] ausgiebig berichtet: noch nicht ein Jahr alt, lacht er aus vollem Hals, wenn die Wickelfrau mit den Fingerspitzen seinen »Piepmatz« schüttelt, dessen wechselnde Zustände während der ganzen frühen Kindheit des künftigen Königs Gegenstand von Spielereien und Neckereien sind.) Erwachsene haben manchmal Beziehungen mit Jugendlichen, die man heute als sexuell bezeichnen würde. Die Masturbation wird erst seit Beginn des 18. Jahrhunderts von den Ärzten und noch später auch von der Kirche bekämpft. Voreheliche sexuelle Beziehungen sind institutionalisiert. (Dies scheint vor allem für das Land, namentlich in den Niederlanden, zu gelten; hier kennt van Ussel sich aus.) Studenten und Soldaten treiben,

was sie wollen. Die Geistlichen halten sich nicht sehr streng an den
Zölibat, und die gesamte Familie einschließlich der Dienerschaft
schläft nackt in einem einzigen gemeinsamen Zimmer. Auch gebadet wird gemeinsam und nackt. Bei Festlichkeiten stellt man
manchmal das schönste Mädchen des Dorfes nackt zur Schau. Das
sexuelle Vokabular ist sehr umfangreich. Und die Jugend hat keine
besondere Aufklärung nötig, denn was sie wissen will, lernt sie
von den Erwachsenen in unmittelbarer Anschauung[5].

Für diese weitgehende »Freizügigkeit« gibt es eine Fülle von
Belegen aus dem Spätmittelalter, wie etwa das »Évangile des Quenouilles« (Spinnrocken-Evangelium), eine Sammlung von 200 Sagen, oder die zahlreichen erotischen Geschichten dieser Zeit, die
»Cent nouvelles nouvelles« und andere bekannte große Texte wie
Boccaccios »Decamerone« oder der von Jean de Meung verfaßte
zweite Teil des Rosenromans (»Roman de la Rose«). Sammlungen
erotischer oder obszöner Scherzrätsel gibt es in Flandern – nach
einer manchmal weit zurückreichenden mündlichen Tradition –
seit dem 15. Jahrhundert; der erotische Humor war also damals
hoch entwickelt.

Eine Untersuchung über diesen erotischen Humor[6] hebt hervor,
daß es in den Rätseln nur selten um den weiblichen Busen geht, um
so ausgiebiger dafür um Anales – mag nun das Wort »Arsch«
Gelächter erregen oder die Sache selbst, mag auf die Ausscheidungsfunktionen angespielt werden (der Skatologie wird gern gefrönt) oder, wie in vielen Fällen, auf analen Verkehr. Diese verbale
Freizügigkeit setzt einen Kontrapunkt zur preziösen, sublimierten
Sprache der höfischen Kultur – einen volkstümlichen und aristokratischen zugleich, denn diese Sammlungen zirkulierten damals
in der Mitte des 15. Jahrhunderts im Norden Burgunds in Adelskreisen. Wieder stoßen wir auf die uns schon wohlvertraute Widersprüchlichkeit dieser Zeit, für die sich die hochgezüchtete
Empfindsamkeit der höfischen Liebe durchaus mit den derbsten
Zoten verträgt. Beides findet sich in Wort und Tat im gleichen
Milieu, ja sogar bei den gleichen Personen, ob Mann oder Frau.

Eine frauenfeindliche Zeit: Das »sündige Tier«

Weniger widersprüchlich als dieses Schwanken zwischen zotiger
Trivialität und höfischer Überfeinerung scheint mir die Virulenz
einer misogynen Strömung in dieser Epoche. Die Entwicklung der
höfischen Liebe und der gleichzeitig zur Entfaltung gelangenden
Marienverehrung macht gewisse Ambivalenzen offenkundig. So

offenkundig freilich auch nicht, daß sich nicht im 12. und 13. Jahrhundert zahlreiche Beispiele für die Emanzipation der Frauen anführen ließen, die sich um Land und Leute kümmern, während der Herr im Krieg oder auf Kreuzfahrt ist, oder, zur Zeit des wirtschaftlichen Aufschwungs der Städte, das Geschäft oder den Handwerksbetrieb führen, wenn der Mann auf Reisen oder verschollen ist – Beispiele, denen man auch noch die Führung großer Klöster durch herausragende Frauen, wie die hl. Hildegard von Bingen oder die Äbtissinnen des Doppelklosters Fontevrault (Mönche und Nonnen), zur Seite stellen kann.

Die Entstehungszeit des zweiten Teils des Rosenromans und zahlreicher erotischer Schwänke wie »Le Vallet aux douze femmes« oder »La femme qui servait cent chevaliers« markiert auch den Beginn zunehmender Angriffe auf das weibliche Geschlecht. Diese Schwänke haben eine antifeministische Tendenz: »Der bürgerliche Ton ist zum erstenmal klar vernehmbar in diesen volkstümlichen Reimerzählungen, die die Franzosen ›fabliaux‹ nennen und die sich so gut wie ausschließlich um die Sittenlosigkeit und Lasterhaftigkeit der Frau drehen. Die alten Weiber sind alle bösartige Hexen, verheiratete Frauen betrügen ausnahmslos ihre Männer, und die jungen Mädchen sind entweder einfältig oder durchtrieben.«[7] Gewiß sind einige dieser Erzählungen sehr alt und finden Parallelen überall und zu allen Zeiten; dennoch ist die Frauenfeindlichkeit ein hervorstechender Zug gerade des 14. und 15. Jahrhunderts.

Diese antifeministische Strömung provoziert vereinzelt natürlich auch eine Gegenbewegung, einige Apologien des so erbittert angeschwärzten Geschlechts wie Boucicauts berühmten »Miroir des Dames«. Christine de Pisan, die als Witwe von der Arbeit ihrer Feder leben mußte, war vielleicht das erste Beispiel einer freien Schriftstellerin. In ihrer »Cité des Dames«, ihrem »Livre des trois Vertus« und in zahlreichen Gedichten (»Lepistre ou Dieu Damour«, 1400) trat sie geistreich und temperamentvoll für die Sache der Frauen ein, nicht zuletzt gegen die Geistlichen, die die Frauen »mit Schmach überhäufen«, aber noch nie einem weiblichen Teufel begegnet sind und nie einer Frau, die mordet, schindet, brandschatzt und Völker unterdrückt. Christine de Pisan hat so gut wie alle Welt gegen sich, allen voran die Pariser Universität, die für den Autor des Rosenromans Partei ergreift, unterstützt von Gelehrten wie Jean de Montreuil und Gontier Col, beides Sekretäre des Königs. Außer Jean Gerson, den wir als rühmliche Ausnahme unter seinen Zeitgenossen bereits mehrfach zitiert haben, schlägt sich kaum einer auf ihre Seite.

Die Misogynie bringt auch die Ehe in Mißkredit, die mit unterschiedlicher Begründung abgewertet wird. Suspekt war sie gewissen theologischen Autoritäten ja schon immer gewesen, seit den Anfängen des Christentums, das hier das patriarchalische Erbe des Judentums und der griechisch-römischen Antike übernahm. Lang ist die Liste der »Kirchenväter«, die die Frau als »Pforte des Teufels« schmähen (Tertullian) oder wie die Heiligen Ambrosius und Hieronymus die Jungfräulichkeit preisen (»Ein Übel vergleicht man nicht dem Guten; mögen die verheirateten Frauen also ihren Stolz darin finden, hinter den Jungfrauen zurückzustehen«). Von Paulus reicht diese Liste bis zu Albertus Magnus, dem Lehrer des Thomas von Aquin.

Der theologische und klerikale Argwohn gegen das Weib ist uralt; hinzu kommen nun deftige populäre Schmähschriften. Mit Behagen schildern sie die Enttäuschungen des Ehelebens und die Tücke der Weiber, die alle ihre Ehemänner an der Nase herumführen und betrügen, sich widerwärtig aufführen und mit maßlosen Ansprüchen und zänkischem Wesen das Zusammenleben unerträglich machen. Eustache Deschamps zum Beispiel, ein pessimistischer Dichter (gestorben 1406) schreibt in seinem »Miroir du Mariage«: »Wer heiratet, der ist von Sinnen.« In den zwölftausend Versen dieses »Miroir du Mariage« rühmt er die Ehelosigkeit und versichert: »Die Ehe ist eine Hölle, ganz gleich, wer und welchen Standes die Frau auch sei.« Er geht sogar so weit, zu behaupten, daß »mit der Schönheit der Frau der Irrsinn und das Verderben des Mannes beginnt«. Die gleiche Ehefeindschaft findet man in den »Quinze joyes du mariage«, als deren Verfasser Gilles de Bellemère[8] gilt. Hart und knapp sagen es die Sprichwörter: »Wer ein Weib zu hüten hat, findet keine Stunde Ruhe«; »ein Weib haben heißt Trübsal blasen«; »wer der Ruh sich will bequemen, der hüte sich ein Weib zu nehmen«. Auch Ratschläge werden erteilt, die nicht minder kritisch klingen: »Erlaub dem Weib um keinen Preis der Welt, daß seinen Fuß es auf den deinen stellt. Denn hast du es dem sünd'gen Tier erlaubt, stellt es den Fuß dir morgen schon aufs Haupt.« Zitieren wir aus dieser endlosen antifeministischen Litanei zum Abschluß noch ein paar der Bosheiten des Humanisten Enea Silvio Piccolomini, der als Pius II. (1458–1464) später Papst wurde:

> Ein niedrig Wesen voller Trotz und Gift,
> grausam und stolz, das nach Verrat nur trachtet,
> vernunftlos nicht Gesetz noch Glauben achtet...
> unstet und flatterhaft, gemein und ränkisch,
> ein böses Schandmaul, gleißnerisch und zänkisch,
> voll Mißgunst, Ungeduld, voll Lug und Trug

und leicht betört, hat es an nichts genug.
Ihr höhnisch kecker Gier- und Lästermund
macht stets die freche Kuppelhexe kund[9].

Die Kirche selbst stimmt den Cantus firmus der Misogynie an. Dies ist der Zwiespalt des 15. Jahrhunderts: auf der einen Seite eine beträchtliche Freiheit des Ausdrucks und des Verhaltens im sexuellen Bereich, auf der anderen ein erbitterter Weiberhaß, der die Frau für die »große Hure« der Apokalypse hält und ihr gegenüber eine panische Berührungsangst entwickelt, als sei sie ein unheilbringendes, ja teuflisches Wesen.

Die Liebe ist ein übler Spaß,
sie ist nur ein verliebter Haß,
ein Lachen, ganz von Tränen naß,

dichtet Jean de Meung, der ja, wie wir sahen, noch nicht einmal der enragierteste unter den Antifeministen ist, die die Frau im buchstäblichen Sinne »verteufeln«[10].

Homosexuelle Praxis: Aussagen über Gilles de Rais

Diese Mischung aus sexueller Freiheit und erbittertem Weiberhaß gibt einen günstigen Nährboden ab für die Entwicklung der Homosexualität, die in der Charakterstruktur des Marschalls von Rais angelegt war. So jedenfalls sieht das Bild aus, das die Chronisten von ihm überliefert haben: »Er hatte keinen Umgang mit Frauen, sondern ergab sich den schändlichsten Ausschweifungen, die die Einbildungskraft sich ausmalen kann« (Dom Lobineau: Histoire de Bretagne, 1707).

Welche Bedeutung hatte damals die Homosexualität, und welche Reaktionen mögen die einschlägigen Gewohnheiten des Barons ausgelöst haben? Wie kann man hier zu einem Urteil gelangen? Selbstverständlich verfügen wir über keine Anhaltspunkte für eine quantitative Analyse. Ich neige jedoch zu der Annahme, daß der Mittelwert zu allen Zeiten nur geringen Schwankungen unterliegt; er wird jedenfalls in allen vorliegenden Schätzungen ziemlich gleich angesetzt, von Havelock Ellis[11] und noch älteren Untersuchungen bis zu den Sexualreports der Gegenwart. Demnach sind mindestens fünf Prozent aller Männer gewohnheitsmäßig homosexuell, und eine starke Minderheit hat homosexuelle Erfahrungen gemacht[12]. Die allgemeine Verwirrung im ausgehenden Mittelalter, die wir evoziert haben, und der starke antifeministische Affekt in Verbindung mit relativ großer Freiheit könnten die Vermutung nahelegen, daß homosexuelle Gelüste damals intensiver ausgelebt werden konnten; Gilles de Rais wäre dafür dann ein Beispiel.

Im Prozeß kommt das Thema auf zweifache Weise zur Sprache. Zunächst in der verklausulierten Rede der Juristen, die sich an die Klischees und Verdikte des kanonischen Rechtes halten. Da heißt es etwa, daß »Gilles auf abscheuliche und schändliche Weise das Verbrechen der Sodomie beging und mit den einen wie den anderen (den getöteten Kindern) Unzucht trieb, wobei er bei den Mädchen das natürliche Gefäß verschmähte«. Oder an anderer Stelle, daß er »mit diesen Kindern die widernatürliche Sünde der Sodomie beging und sie schimpflich mißbrauchte« (Artikel XV der Anklageschrift). Die »Sodomie« wird stets als ein »abscheuliches« oder »widerwärtiges« Laster bezeichnet (Artikel XXIX); die Anklageschrift kommt zu dem Schluß, Gilles sei »angeklagt und für schuldig erklärt, das widernatürlich sündhafte Verbrechen sodomitischen Verkehrs mit Knaben begangen zu haben«. So lautet das Verdikt des kirchlichen und des Inquisitionsgerichtes. Diese Haltung prägt auch das Urteil Malestroits: »Du, Gilles de Rais, der persönlich vor unserem Gericht erschienen ist: wir erklären dich für schuldig des Mordes und der widernatürlichen Unzucht mit Kindern beiderlei Geschlechts nach sodomitischer Art, und für dieses Vergehen (...) exkommunizieren wir dich« (es folgen die weiteren Strafen nach kanonischem Recht).

Ganz anders, naturgemäß weit weniger klischeehaft, erscheint die Homosexualität des Barons in den Zeugenaussagen seiner engsten Vertrauten. Zunächst werden die homosexuellen Gewohnheiten, denen er sich auch in Gegenwart von Zeugen hingab, in den Geständnissen von Henriet und Poitou recht genau beschrieben. Der Kammerdiener Poitou, der aus Pouzauges stammte und zum Zeitpunkt des Prozesses zweiundzwanzig Jahre alt war, gibt ganz offen zu, der Geliebte des Barons gewesen zu sein: »Der Zeuge sagte aus und erklärte, besagter Gilles habe einmal den fleischlichen Akt an ihm in der oben beschriebenen Weise vollzogen, und zwar sofort, nachdem er zu ihm auf sein Schloß gekommen war« (also Anfang 1437, Poitou dürfte ungefähr achtzehn gewesen sein). Wesentlich schlichter gibt er an, Gilles habe seine jungen Liebhaber »unter den Kindern seines Chores« ausgewählt, mit denen er »in der oben beschriebenen Weise« verfuhr, vor allem aber, wie er »gehört habe, mit dem jüngeren der beiden Söhne des Maître Briand aus Nantes«. Henriet, der andere Kammerdiener ist etwas genauer: eben jener zweite Sohn des Maître Briand war »der mignon, der Liebling des Angeklagten, den er mehr als alle anderen hätschelte«.

Der Ausdruck »mignon« klingt weitaus vertraulicher als all die abwertenden Termini des kanonischen Rechts. Er umschreibt wohl einen ziemlich alltäglichen Sachverhalt. Und eine ganz natürliche Intimität klingt wohl auch in der folgenden Aussage Henriets vor dem weltlichen Gericht durch: »Maître François Prelati ging oft in das Zimmer des Herrn (von Rais) und blieb dort ein oder zwei Stunden mit ihm allein.« In solcher Beschreibung wirken die homosexuellen Neigungen des Barons durchaus nicht extravagant.

Ganz im Gegenteil: es scheint, daß jene Feudalherren und übrigens auch Prälaten, die sich ihre »mignons« oder auch ein ganzes Gefolge mehr oder weniger effeminierter Jünglinge hielten, keineswegs Ausnahmeerscheinungen waren. Nach Nicolas de Clémanges schwelgten die Prälaten »in allen Wonnen der Sinnlichkeit: Wein, Schlaf, Feste, Musik, Spiele und *Gekose mit weibischen Jünglingen und Dirnen*«[13]. Wir haben schon gesehen, welchen Wert die Adelsklasse auf Kleiderprunk legte, auf prächtige Stoffe und bunten Flitter, auch wenn sie darin noch nicht so demonstrativ auftrumpft wie etwa die Zeit des französischen Königs Heinrich III. Es wimmelt an den Höfen aber auch von »sorglosen Kindern« und allerlei jungem Volk (etwa die Mitglieder der »Basoche«, der Gerichtsschreibergilde), das die mehr oder minder obszönen Mysterien, Farcen, Pantomimen und Sittenstücke spielt, die diese Epoche so liebt. Offenbar hat auch Gilles de Rais während seiner Glanzzeit in Orléans, Tiffauges und Angers solche Gespielen um sich geschart[14]. Sieht man einmal von dem kriminellen Aspekt der homosexuellen Gewohnheiten des Gilles de Rais ab, so erscheinen sie als eine Art »aristokratischer Zeitvertreib«, wie ihn Tarnowsky im zaristischen Rußland, in Sankt Petersburg, noch im 19. Jahrhundert beobachten konnte[15].

Welche Rolle spielte dieser »aristokratische Zeitvertreib« im ausgehenden Mittelalter? Hinweise finden sich mit schöner Regelmäßigkeit seit der Zeit der Kreuzzüge, also seit dem frühen 11. Jahrhundert. Man nimmt an, daß diese militärischen Expeditionen eine Zunahme der Homosexualität im Gefolge hatten – einmal wegen ihrer langen Dauer und wegen der Verführung, die naturgemäß von reinen Männergruppen ausgeht und unter Soldaten besonders virulent ist, zum anderen aber auch, weil die Kreuzfahrer Angst hatten, sich beim Verkehr mit orientalischen Frauen Lepra oder Syphilis zu holen und daher mit ihren sexuellen Bedürfnissen lieber unter sich blieben. Ob diese weitverbreitete Furcht vor den orientalischen Frauen nun begründet war oder nicht – sicher ist, daß es in geschlossenen Männergruppen (aber auch Frauengruppen) stets zu verstärkter Homosexualität kommt (Klöster, Gefängnisse, Armeen, Schiffsbesatzungen usw.). Ähnlich wie die Kreuzzüge könnten auch die langen Kriege des 14. Jahrhunderts, namentlich der Hundertjährige Krieg, homosexuelle Neigungen gefördert haben, zumindest in der Adelsklasse, in der sie aus verschiedensten Gründen den günstigsten Nährboden fanden. Dies wiederum hat eine kirchliche Gegenreaktion zur Folge, die im Jahre 1102, also nur zwei Jahre nach dem Tod des Guillaume de Roux, mit den Bannflüchen des Londoner Konzils zum Ausdruck kommt[16]. England hat auf diesem Gebiet eine alte Tradition; man sprach dort damals unter Anspielung auf die Nachfahren Wilhelms des Eroberers von der »normannischen Krankheit«, und diese Bezeichnung blieb lange üblich. Aber vielleicht handelt es sich doch um eine englische Krankheit, denn sie hat weder Richard Löwenherz verschont, der sich an der Gesellschaft seiner Minnesänger und des Bischofs von Ely, des enragierten Frauenhassers, und des notorischen Päderasten William Longchamp erfreute, noch im frühen 14. Jahrhundert König Eduard II., den Gatten der Isabelle de France, dessen widerspruchsreiches Porträt Marlowe der Nachwelt überliefert hat.

Die Kirche und die Homosexualität

Wir haben an das Londoner Konzil von 1102 erinnert, und tatsächlich erfahren wir von der ständigen Verbreitung der Homosexualität und ihrem zeitweiligen Überhandnehmen weitgehend nur durch die ablehnende Haltung der Kirche und ihrer Gerichtsbarkeit; unsere Kenntnis ist also gebrochen durch das Prisma der Repression. Dies gilt ja wohl generell für das Intimleben in fast allen seinen Aspekten: greifbar wird es nur dort, wo irgendein Skandal zur Einleitung eines Verfahrens führt oder eine allgemeine Reglementierung erlassen wird, die darauf schließen läßt, daß der »Sittenverfall« als besorgniserregend eingeschätzt wurde.

Die offizielle Haltung der Kirche gegenüber der »Sünde der Sodomie« ist im ausgehenden Mittelalter streng repressiv. Ihre Begründung ist komplex und mehrschichtig, wie es der Struktur des kanonischen Rechtes und der Vorliebe der Zeit für juristische Spitzfindigkeiten entspricht. Zunächst einmal hat man die Bibel einseitig gelesen und negativ interpretiert, mißdeutet auch hinsichtlich der Sünden Sodoms und Gomorrhas. Eine Verurteilung läßt sich nur aus dem 3. Buch Mose herauslesen, wo es in Kap. 18, Vers 22, heißt: »Du sollst nicht bei Knaben liegen wie beim Weibe, denn es ist ein Greuel«; in diesem Kapitel werden auch Inzest, Verkehr mit Tieren sowie das »Aufdecken der Blöße« verboten.

Zwei Kapitel weiter wird das Verbot noch einmal wiederholt und verschärft (Kap. 20, Vers 13): »Wenn jemand beim Knaben schläft wie beim Weibe, die haben einen Greuel getan und sollen beide des Todes sterben; ihr Blut sei auf ihnen.« (Im folgenden Vers heißt es, daß »mit Feuer verbrannt« werden soll, wer »ein Weib nimmt und ihre Mutter dazu«.) Ebenso kategorisch äußern sich die Paulus-Briefe; hinzu kommen die Kirchenväter: Tertullian, Johannes Chrysostomos und Basilius für die Mönche, der hl. Augustinus für die Nonnen.

Das römische Recht übernimmt das Anathema seit den Tagen des Kaisers Theodosius (4. Jahrhundert n. Chr.), der gegen Homosexuelle die Todesstrafe anordnet, und seit den »Novellae« zum Codex Justinianus (538 n. Chr.). Der Codex Justinianus beruft sich, wohl nicht ganz zu Recht, auf das 1. Buch Mose: »Denn die verderbliche und unausweichliche Folge dieses gottlosen Aktes (der an anderer Stelle auf Einflüsterungen des Teufels zurückgeführt wird) ist der Untergang ganzer Städte mit ihren Einwohnern«, wie die Heilige Schrift lehre; die Todesstrafe scheint ihm daher gerechtfertigt für Menschen, »die wider die Natur handeln und sich der schändlichsten Wollust ergeben«.

Neben der Bibel und den Kirchenvätern haben die theologischen Eiferer noch weitere Pfeile im Köcher. Da sind zunächst die Edikte der Konzile und Synoden von mehr oder minder großer Reichweite, die von Elvira in Spanien an (305–306) über Ancyra (314) und Tours (567, damals ging es um die Mönche) bis zu Paris (1212) und Reims (1214) in rascher und regelmäßiger Folge stattfinden. Mit Reims sind wir bereits im 13. Jahrhundert, einer Blütezeit des religiösen Lebens; doch es war offenbar notwendig, die Mönche zur Disziplin zu mahnen und an ihre Pflicht zu asketischem Lebenswandel zu erinnern: es wird ihnen verboten, zu zweit in einem Bett zu schlafen (was demnach vielfach üblich gewesen sein muß); die älteren Mönche müssen sich beim Umgang mit jüngeren in acht nehmen, und es wird sogar verlangt, zur Sicherheit die ganze Nacht über die Lampen brennen zu lassen[17]. Das dritte Laterankonzil schließlich (1179) nennt die »Sodomie« im damaligen Sinne als »incontinentia illa quae contra naturam est« in einem Atem mit dem Verkehr mit Tieren, also der Sodomie im heutigen Sinne.

Als letzte Quelle für die Verurteilung der Homosexualität sind nach den Konzilsbeschlüssen noch die Pönitentialien (Bußbücher) zu nennen, Verzeichnisse von Sünden und Bußen für die Hand des Beichtvaters und Vorläufer der berüchtigten Beichtbücher. In diesen Pönitentialien findet man zahlreiche Hinweise auf homosexuelle Praktiken. In zwölf Pönitentialien, die zwischen 569 und

1008 in England erschienen, beziehen sich bis zu zehn Prozent aller Fragen, die ansonsten eine Vielfalt von Themen abdecken, auf die Homosexualität. Dabei ergibt sich eine klare Steigerung vom gewöhnlichen Kuß über den wollüstigen Kuß bis zum Kuß mit Ejakulation (»emissio«), von Spielen von Kindern und Halbwüchsigen unter 20 Jahren zu homosexuellen Akten Erwachsener, von mutueller Masturbation zum Verkehr zwischen den Schenkeln und als Krönung all dieser erotischen Kontakte zur nicht näher definierten »fornicatio« und zur Fellatio. Letztere gilt als ein wahrhaft teuflisches Vergehen. Bei der Abstufung der jeweiligen Buße sind mehrere Faktoren von Bedeutung: das Alter, der Stand (Geistliche werden strenger bestraft und hohe Geistliche noch härter), der Grad der Verwandtschaft und das Geschlecht (am strengsten bestraft werden Nonnen, die einen künstlichen Penis verwenden). Die Pönitentialien sehen nur Kirchenstrafen vor: Ausschluß von den Sakramenten und aus der Gemeinschaft der Gläubigen für längere Zeit, wie bei Ehebruch, Mord oder Kindermord.

Wie man sieht, hat der »widernatürliche Akt« die Kirche unablässig beschäftigt, und sie hat an ihrer repressiven Haltung konsequent festgehalten. Und angesichts der Ausbreitung der Ketzerbewegungen fällt es ihr nicht schwer, zwischen der Abtrünnigkeit vom wahren Glauben und sexueller Abweichung eine Verbindung zu konstruieren. Homosexualität gilt nun als »heidnisch« oder »teuflisch«. Die schwerwiegendste und hartnäckigste Ketzerei leitet sich vom »Manichäismus« her (von Mani, dem persischen Theologen und »Religionsstifter« des 3. Jahrhunderts n. Chr.), der in vielfacher Form immer wieder auflebt, vor allem in Bulgarien (Bogumilentum). So gewöhnt man sich an, alle Ketzer »Bulgaren« zu nennen, und allen »Bulgaren« wird zugleich auch »Sodomie« vorgeworfen. Im Französischen wird der Bulgare zum »boulgre« und schließlich zum »bougre«, von dem sich die »bougrerie« herleitet, ein Amalgam, in dem die Ketzerei mit der »Sodomie« verschmilzt.

Der gleiche Vorwurf wird auch gegen die Katharer erhoben, die zwar gewiß häretisch waren, da sie grundlegende Dogmen und die kirchliche Autorität ablehnten, und sicher auch gefährlich, weil sie eine perfektionistische neue Moral predigten, aber keineswegs notwendig homosexuell. Ihre Moral war so keusch und asketisch, daß sie sogar die Fortpflanzung verabscheute, enthielt aber nichts, was die Homosexualität direkt begünstigt hätte. Sollte sie bei ihnen verbreiteter gewesen sein als anderswo[18], wie man ihnen vorwarf, so wäre das allenfalls als Folge einer rigiden Moral und des inneren Drucks einer verfolgten und daher auf sich selbst zurückgeworfenen Minderheit zu verstehen. Ob aber wahr oder falsch – der

Vorwurf liefert jedenfalls einen Vorwand für verschärfte Strenge, wie die »Livres di Jostice et di Plet« erkennen lassen, die im Jahre 1260 in Paris und Orléans entstehen[19]: »Wer der Sodomie überführt ist, soll die Hoden verlieren. Wird er rückfällig, soll er auch das Glied verlieren. Tut er es ein drittesmal, soll man ihn verbrennen ... Begeht eine Frau diese Sünde, soll sie beim ersten- und zweitenmal ein Glied verlieren, beim drittenmal aber soll man sie verbrennen.« In England kennt man im späten 13. Jahrhundert (1290) die grausame Strafe des lebendig Begrabens für Sodomie und Verkehr mit Tieren, aber auch für den Koitus mit einem Juden oder einer Jüdin. Daß Sodomiten lebendig eingegraben wurden, ist auch für Schottland überliefert.

Grausame Strafen: Verstümmelung. Aus dem Toulouser Rechtsbuch von 1296.

Von der Verfolgung der Katharer und anderer Ketzerbewegungen einmal abgesehen, scheinen so grausame Strafen im 13. Jahrhundert glücklicherweise nur selten auch tatsächlich verhängt worden zu sein; dafür spricht jedenfalls die Auswertung der Strafregister der Parlamente. Doch die Drohung mit dem Vorwurf der Sodomie bleibt stets zur Hand, und zu Beginn des 14. Jahrhunderts sind es die Templer, die ihn auf sich ziehen. Sie werden grauenhaft gefoltert. Die schändlichsten Verbrechen, die nun für mehr als zwei Jahrhunderte das Bild beherrschen, werden ihnen angelastet: Sodomie, Teufelsanbetung und Ketzerei; diese drei gehören immer zusammen. Bei den Templern mögen das Verbot jeglichen Kontaktes mit Frauen, ihre geheimnisumwitterten »Initiationsriten«, ihr besonderer Begriff von »Brüderlichkeit« (»Konfraternität«) und auch die Tatsache, daß sie ein reiner Männerbund waren, dem

Vorwurf der »Sodomie« zumindest teilweise und in einigen Fällen einen Anschein von Berechtigung gegeben haben.

All dies illustriert die Zwanghaftigkeit des kirchlichen Vorgehens gegen die »Sodomie«. Auch die Misogynie ist ja unter den Geistlichen weit verbreitet. Es ist also nicht weiter erstaunlich, wenn in Zeiten des Kampfes (gegen die Katharer, dann die Templer) und der Schmähungen (Philipp der Schöne beschuldigt seinen Feind, Papst Bonifaz VIII., der Sodomie) und erst recht in der offenen Krise mit ihrem blühenden Hexen- und Teufelswahn gerade dieser Anklagepunkt bei den Prozessen immer wieder besonderes Interesse findet. Da hat man Gelegenheit, gegen das Böse zu wüten. Und nicht zuletzt sind die Prozesse ja auch für das Publikum bestimmt. Da wird fleißig geredet und kommentiert, und manchmal schreitet man danach auch zur Tat.

Einige Fälle von Homosexualität im 15. Jahrhundert

Gilles de Rais ist nicht das einzige Beispiel. Es gibt da gewisse Feudalherren und Prälaten, die ins Gerede kommen, und »beschuldigt« wird auch Herzog Johann von Berry, jener dritte Sohn Johanns II., des »Guten«, für den das berühmte Stundenbuch »Les Très Riches Heures« geschaffen wurde. Aber auch im Prozeß gegen Jeanne d'Arc sieht man die latente Frage der Homosexualität deutlich durchschimmern; sie kommt auf angesichts der Hartnäckigkeit, mit der die Jungfrau sich weigert, ihre »Männerkleidung« abzulegen.

Die Unausrottbarkeit »sodomitischer« Praktiken kommt übrigens deutlich in den Pönitentialien des späten Mittelalters zum Ausdruck, die sich nicht mehr in erster Linie für den Lebenswandel der Mönche und Nonnen interessieren, sondern mehr noch für den des schlichten Bürgers und der Familien. Drei Sünden werden darin zum besonderen Problem: der »orale Verkehr« (»seminem in ore«), der »anale Verkehr« (»a tergo«) – eine neue Tendenz besteht darin, daß »Sodomie« nicht nur unter Männern, sondern auch zwischen Männern und Frauen verurteilt wird – und schließlich der Verkehr mit Tieren, der oft mit »bougrerie« in Verbindung gebracht und manchmal damit gleichgesetzt wird. Einer Untersuchung über die Verhältnisse in der Diözese von Cambrai im 14. Jahrhundert zufolge[20] gehörten »Sünden wider die Natur, begangen von Männern über zwanzig« ebenso wie Inzest mit nahen Blutsverwandten oder Beziehungen zu Nonnen zu den Fällen, die dem persönlichen Gericht des Bischofs vorbehalten waren.

War ein »Sodomit« dem »weltlichen Arm« ausgeliefert, so drohte ihm erhebliche Gefahr. Das Gewohnheitsrecht des Beauvaisis, aufgezeichnet von dem berühmten Rechtsgelehrten Philippe de Beaumanoir, sah für alle Fälle von »bougrerie« den Scheiterhaufen vor. Der Ausdruck »bougrerie« deckt zwar häretische Ansichten und sexuelle Perversionen gleichermaßen ab, doch scheint schon eine der beiden Voraussetzungen für das Todesurteil ausgereicht zu haben. Denn: »Wer sich gegen den Glauben versündigt, indem er Falsches glaubt und nicht auf den Weg der Wahrheit zurückkehrt, *oder wer Sodomie begeht,* der soll verbrannt werden und verwirkt all sein Hab und Gut.«[21]

Und tatsächlich sind auch Fälle von Todesurteilen gegen Homosexuelle bekannt. Das Strafregister von Saint-Germain-des-Prés verzeichnet 1306 einen gewissen Jehannot Chicot, der »wegen bougrerie verbrannt wurde und schuldig befunden vom Tribunal der Kirche«. Noch erstaunlicher ist der Fall von Robin Le Febvre, den das Register des Châtelet verzeichnet, ein »arger Räuber« und als solcher zum Galgen verurteilt. Er fürchtet aber selbst, die bereits verhängte Strafe könne der wahren Natur seiner Sünden nicht angemessen sein, und gesteht kurz vor der Hinrichtung, er habe mehrmals das Verbrechen der »bougrerie« begangen. Und von sich aus fordert er, »eines solchen Todes zu sterben, wie es in diesen Fällen Vernunft und Herkommen befiehlt«, damit er »vor Gott, dem Paradies und der Dreifaltigkeit Vergebung erlange«. Und so »wurde dieser Robin auf Reisigbündel gelegt und festgebunden, und das Feuer ergriff ihn und brannte ihn, er aber fuhr fort mit allerlei Geständnissen, und so wurde er gerichtet und verbrannt«.

Ebenfalls im Strafregister des Châtelet findet man einen weiteren Fall, der hinsichtlich des Schuldgefühls des Verurteilten ähnlich gelagert ist. Es handelt sich um Jaquet de Lymbois, der unter der Folter einige kleine Diebstähle gestand und zum Galgen verurteilt wurde. »Am 28. Mai des genannten Jahres (1390), einem Samstag, wurde er hinausgeführt, und als sein letzter Augenblick gekommen war, bekannte er, daß zu der Zeit, als der hochwürdige Bischof von Paris und Monsignore Ernauld de Corbie in Pavia in der Lombardei waren (also 1386), eine Windhündin des Herrn Bischofs läufig war, und eines Abends, als alle anderen Diener zum Tanz am Hofe des Herrn jenes Ortes gegangen waren, begann er mit dieser Hündin zu spielen, die in dem Hause, das der hochwürdige Bischof bewohnte, geblieben war, und er legte diese Hündin auf den Boden und hatte fleischlichen Verkehr mit ihr, aber nur ein einziges Mal. Außerdem bekannte er, als sie in der Stadt Avignon wohnten, habe er zehn- oder zwölfmal oder öfter fleischlichen

Verkehr mit einer Jüdin gehabt.« Dieses Geständnis in letzter Minute wurde damit belohnt, daß der reuige Sünder nicht gehängt, sondern verbrannt wurde[22].

Wo immer man die Verhältnisse eines Ortes eingehender analysiert, stößt man auf Fälle von Homosexualität. E. Le Roy Ladurie zum Beispiel hat eine umfassende Studie über das Dorf Montaillou in Okzitanien in den Jahren 1294 bis 1324 vorgelegt. Er beschreibt darin den Fall eines aus seinem Orden ausgeschlossenen Franziskaners namens Arnaud de Verniolles, der sich seit »einem Alter von zehn oder zwölf Jahren« an homosexuelle Spiele gewöhnt hatte; angefangen hatte es, als er zusammen mit einigen Mitschülern im Haus eines Geistlichen wohnte, der ihn unterrichtete. Er teilte das Bett mit einem anderen jungen Mann, der ihn jede Nacht koitierte. Später wurde er ein eingefleischter Homosexueller, dem es nie an Partnern fehlte; er fand sie überall, unter Schülern vor allem, angehenden Geistlichen, jungen Adligen, Lehrlingen und Bauern – die jungen Leute schlafen so gut wie überall miteinander, manchmal sogar auf einem Misthaufen –, überwiegend aber in »städtischen klerikalen und vergleichsweise besseren« Kreisen[23]. Die Aufmerksamkeit des Inquisitors Jacques Fournier, des späteren Papstes Benedikt XII., erregt dieser verkrachte Kleriker, der es nicht bis zur Priesterweihe gebracht hatte, damit, daß er es nicht lassen kann, falsche Messen zu lesen, und dieses Vergehens wegen wird er hauptsächlich verfolgt und nur zusätzlich dann auch wegen Homosexualität. Alles in allem: »Mit der gebotenen Zurückhaltung praktiziert, konnte Homosexualität in Pamiers offenkundig mit einiger Nachsicht rechnen. Es gab sowohl in Pamiers wie in Toulouse vorsichtigere Sodomiten, die als solche nie zur Rechenschaft gezogen wurden.«[24]

Weniger zahlreich sind die Belege für Homosexualität auf dem Lande, soweit sie nicht von einem niedrigen Adligen oder einem Schüler aus wohlhabender Familie begangen wird. Das dürfte freilich kaum daran liegen, daß homosexuelle Praktiken auf dem Lande weniger verbreitet waren als in der Stadt – was allein schon wegen des engen Zusammenlebens in der Großfamilie (Hausgemeinschaft) unwahrscheinlich ist –, sondern ganz einfach daran, daß sie hier kaum schriftliche Spuren in Gerichtsverfahren, Briefen oder literarischen Texten hinterlassen konnten.

Belegbar wird die Homosexualität, wenn es sich um Geistliche handelt oder wenn es zum Prozeß kommt. Zur ersten Kategorie gehört ein berühmter Fall aus der »Chronique scandaleuse« der Zeit Ludwigs XI.: Im Jahre 1478 war ein Mönch aus der Auvergne, ein Hermaphrodit, »schwanger mit einem Kind« – ein Hinweis darauf, daß sexuelle Beziehungen, also homosexuelle Beziehungen in den Klöstern gang und gäbe waren. »Der (oder die?) Unglückliche wurde ergriffen und vor Gericht gestellt.« Zur zweiten Kategorie sei noch ein Fall aus Jean Chartiers Chronik der Regierungszeit Karls VII. erwähnt. Der offizielle Historiograph des Königs, der sich sonst lieber mit den Wechselfällen des Hoflebens oder Waffentaten beschäftigt, berichtet folgendes:

»Verurteilung und Hinrichtung eines Sodomiten in Brügge.

Zu eben dieser Zeit geschah es in Brügge, daß ein gewisser Jacques Purgatoire Gott und dem himmlischen Gericht zum Trotz die abscheuliche Sünde der Sodomie, auch bougrerie genannt, begangen hatte; mit Zwang und Gewalt hatte er mehrere Personen von hinten kopuliert. Für diese Tat ließen ihn die Gerichtsherren ins Gefängnis werfen, und nachdem er ordnungsgemäß verhört worden war und sein Vergehen bekannt hatte, wurde er auf öffentlichem Platz abgemahnt, und damit er allen als abschreckendes Beispiel diene, verurteilte ihn das Gericht, auf dem für solche Fälle vorgesehenen Platz lebendig verbrannt zu werden. Zu diesem Zweck wurde er dem Henker der genannten Stadt übergeben und ausgeliefert, der in Gegenwart des Volkes seine Pflicht an ihm erfüllte, und das war für alle Welt ein nützliches und schönes Exempel.«[25]

An diesem Beispiel fällt auf, daß es sich nicht nur um einen gewöhnlichen Fall von Homosexualität, sondern um Vergewaltigung handelt. Man kann nur hoffen, daß in der Praxis der bloße Verkehr mit einer Person des gleichen Geschlechts nicht automatisch die Todesstrafe nach sich zog, sondern daß es sich, wo Todesurteile wegen Sodomie vollstreckt wurden, eher um einen erschwerenden Umstand in einem wegen anderer Verbrechen eingeleiteten Strafverfahren handelt. Auch hier wieder wird deutlich, wie schwer in Fragen des Intimlebens das tatsächliche Verhalten zu fassen ist.

Homosexualität, Hexerei und Dämonenglaube

Findet man also nur vereinzelte Fälle von Prozessen wegen »bougrerie«, bei denen die Delinquenten allen Schrecken des mittelalterlichen Strafvollzugs ausgesetzt waren, so läßt sich andererseits doch der Zusammenhang zwischen den verschiedenen Arten von Abirrungen erkennen, die Gilles de Rais zur Last gelegt werden; man muß wohl annehmen, daß sie sich parallel und in Verbindung miteinander entwickelt haben. So berechtigt das Mißtrauen gegenüber dem von der Kirche konstruierten Zusammenhang auch ist –

automatisch verworfen werden darf er nicht. Gewiß handelt es sich um Einstellungen von dreierlei Art, die strikt zu unterscheiden sind. Sie haben jedoch auch etwas Gemeinsames: in allen drei Fällen ist ein Gefühl erkennbar, die Norm zu verlassen und der »Natur« Gewalt anzutun. Allein schon damit, daß jemand sich auf Handlungen einläßt, die Gesetz und Sitte gleichermaßen verdammen, gerät er an den Rand der »offiziellen« Gesellschaft; der Schritt zu anderen Formen provokatorischen Verhaltens, etwa zu dem Versuch, Dämonen zu beschwören oder überirdische Erkenntnis zu erlangen, ist dann nicht mehr so groß.

An sich schon ist die Zeit des 14. bis 16. Jahrhunderts ein außerordentlich fruchtbarer Nährboden für exzentrische Bewegungen, für Aberwitz und Verirrungen jeder Art. Abgesehen von dem elitär auftrumpfenden Verhalten der Adelsklasse, der Kumpanei unter Soldaten und der allgemeinen Verunsicherung und Sittenzerrüttung durch Elend und Krieg gibt es einen elementaren Hang zu irrwitzig erscheinenden, provozierenden Akten, zum Übernatürlichen, Unerhörten und Jenseitigen in allen seinen Erscheinungsformen. Der Aberglaube lebt fort, und die vorchristlichen, heidnischen Mythen sind immer noch vorhanden, gegenwärtig am Herdfeuer, im Walddämmer, in den überlieferten Legenden; man braucht nur die Hand nach ihnen auszustrecken. In der Vendée etwa hat man die biblische Geschichte vom Untergang Sodoms und Gomorrhas assimiliert und auf zwei Städte in der näheren Umgebung übertragen, die zur Strafe für ihr Lasterleben und ihr Heidentum vom Meer verschlungen wurden: Herbauges und Belesbat. Vor allem Herbauges zeichnete sich der Sage nach im 6. Jahrhundert durch ein Übermaß an Luxus und Lasterhaftigkeit und durch die Zähigkeit aus, mit der es am Heidentum festhielt. Vergebens versuchte der hl. Martin von Vertou, die Stadt zu bekehren. Und die Legende weiß zu berichten, daß Gott die Stadt strafte und alle Einwohner in den Fluten umkommen ließ; nur einer, ein gläubiger Fischer, wurde verschont wie der biblische Lot. Eine ähnliche Legende rankt sich um Belesbat, das von Sanddünen verschüttet worden sein soll. Die Tatsache, daß die Bucht vom Bourgneuf in der Tat allmählich mit Schwemmsand zugeschüttet wurde, gibt dieser Legende einen Kern von historischer Glaubwürdigkeit; unterhalb des Sees von Grand Lieu im Norden der heutigen Vendée wurden übrigens durch Forschungsarbeiten Spuren einer Stadt »Herbadilla« gesichert[26].

Die Hinwendung zu traditionellem Aberglauben entspringt in einer »apokalyptischen« Zeit uralten Ängsten und tiefsitzenden Sehnsüchten; zeitlose Dämonen erwachen aus langem Schlaf. Die Hexerei, die zunächst als Widerstand gegen die Gebote der Geistlichen, als Ausbruch aus den Zwängen der Gemeinschaft zu verstehen ist, enthält oft auch Elemente eines nicht nur geistigen, sondern auch sexuellen Machtrituals. Ob man sie nun im Lichte moderner ethnologischer Forschungen betrachtet, die sie als einen Austausch von widerstreitenden und einander ergänzenden Kräften zwischen mehreren Personen (Hexer, Behexter, Enthexer) deutet, oder durch die »folkloristische« Brille der zeitgenössischen Kommentatoren – sehr häufig enthält der Rückgriff auf Zauberpraktiken gewisse sexuelle Elemente, einen Anteil von »sexueller Perversion«. Mehr oder minder indirekt bei der gewöhnlichen Hexerei, wo es etwa darum gehen mag, durch Flechten und Entflechten eines Zopfes einen Mann impotent zu machen oder Schwangerschaften zu verhindern, wird dieser sexuelle Aspekt sehr viel handfester bei der Beschwörung Satans, der selten weibliche Züge trägt, sondern gewöhnlich als tierartiges Wesen oder als Mann mit Hörnern, Hufen, Schwanz, behaartem Leib und monströsem Organ dargestellt wird. Der »Verkehr mit dem Teufel« ist mehr als eine Art donjuaneskes Bankett und anderes als der metaphysische Akt eines faustischen Paktes. Für den Volksglauben handelt es sich um fleischlichen Verkehr, und das ist es, was man den Hexern und Teufelsbeschwörern vorwirft.

In den Schriften der mittelalterlichen Dämonologen und den Berichten über Hexenprozesse wimmelt es von sehr detaillierten Beobachtungen über »incubi« (Buhlteufel, die Frauen beschlafen) und »succubi« (Buhlteufel, die sich von Männern beschlafen lassen); einige huldigen der Sodomie. Aberglaube und die Folgen übermäßiger Askese haben hier zu wahren Delirien der Einbildungskraft geführt. Die Sodomie scheint übrigens eines der besonderen Vorrechte des Teufels beim Hexensabbat zu sein. »Wenn das Bankett vorüber ist, hebt man die Tafel auf, und ein jeder belustigt sich auf seine Weise. Die einen machen einen Rundtanz, wobei jeder einen lebenden Teufel am Hintern hängen hat, die anderen genießen die Wollust der ›fornicatio‹, wobei jeder seinen Nachbarn oder seine Nachbarin erkennt. Zuletzt aber besitzt Leonhard (der ziegenköpfige Herr des Sabbats) alle seine Gäste, Weiber wie Männer, ohne Ansehen ihres Alters oder Geschlechts.« Nicht von ungefähr läßt der schlaue Prelati seinen Teufel als verführerischen jungen Mann erscheinen. Und niemand fand etwas dabei, daß der Teufel bald als wildes Tier, bald als nobler Herr auftritt und ebenso anziehend wie schreckenerregend ist.

Und Gilles de Rais weiß, warum er sich ausgerechnet aus Florenz den willfährigen Prelati holen läßt. Was er sucht und braucht, ist einerseits ein Alchemist, ein Gebildeter, ein Teufelsbeschwörer, zugleich aber auch ein Liebhaber von Knaben. Die Homosexualität hatte je nach Ort und Zeit vielfältige Namen; die »normannische Krankheit« hieß sie bei den Engländern, aber man sprach auch vom »florentinischen Laster«, wahrscheinlich wegen der Blüte der Künste und der Kultur im Quattrocento. Indem er sich durch den wendigen Priester Blanchet diesen charmanten Italiener besorgen läßt, gelingt Gilles auf ingeniöse Weise eine Synthese all seiner Tendenzen, marginaler Wesenszüge wie seines ureigensten, zuweilen kühnen Außenseitertums – wenn man von den Verbrechen einmal absieht –; er deckt damit einen ganz eindeutigen Teil seiner Persönlichkeit auf. Er »nimmt« seine homosexuelle Natur »an«, würden wir heute sagen – mit allen persönlichen und gesellschaftlichen Konsequenzen.

Gilles de Rais als Homosexueller

Ohne seine sexuellen Verbrechen hätte Gilles de Rais ein Homosexueller bleiben können, wie es sie zu allen Zeiten und auch zu seiner Zeit gegeben hat. Die Homosexualität kann auf sehr vielfältige Weise gelebt werden. Seine Fixierungen an bestimmte Handlungen und einen bestimmten Personentypus sprechen dafür, daß aus der Vielzahl möglicher Varianten zwei Tendenzen bei Gilles de Rais dominierten.

Zunächst einmal ist er Päderast; Rais scheint ausschließlich oder so gut wie ausschließlich an kleinen Knaben und Heranwachsenden interessiert zu sein. Die Päderasten bilden unter jenen Menschen, die ihre Sexualität nur mit dem eigenen Geschlecht leben, eine Gruppe für sich, der nur fünfzehn bis zwanzig Prozent aller Homosexuellen angehören sollen[27]. Möglicherweise hat die Bildung und Belesenheit des Barons seine Lust an kleinen Knaben beeinflußt, indem sie ihn glauben ließ, er folge dem Beispiel der Antike, namentlich der Griechen. Das ist aber wohl eine etwas naive Hypothese. Augenfälliger ist der Zynismus, mit dem Rais die Schönheit der Kinder, die oft das einzige ist, was sie haben, benutzt und rücksichtslos ausbeutet, bei den Kindern seines Chores wie bei den wandernden Bettelkindern oder denen, die er von Hause weglockt. Man muß wohl auch an den etwas morbiden Zug erinnern, der der Päderastie stets anhaftet; sie ist, wie R. Peyrefitte sagt, ein »Traum, Fata morgana einer ewig entschwindenden Liebe«. Gerade die Flüchtigkeit der Knabenliebe, die das Objekt ihrer Sehnsucht stets sich verwandeln und in Nichts auflösen sieht – seinen Kammerdiener hat Gilles nur ein einziges Mal zum Geliebten genommen, am Anfang seines Dienstes –, mag bei Gilles de

Rais dazu beigetragen haben, seine mörderischen Gelüste anzufachen.

Päderast auf der einen Seite, erscheint Gilles de Rais zugleich als ein betont männlicher, »hyperviriler« Homosexueller. Dies ist die Folge seiner rauhen Erziehung durch den brutalen Großvater Craon und der fast ausschließlich maskulinen Einflüsse seiner Jugend (Umgang mit aus der Normandie vertriebenen jungen Edelleuten, Haudegen und Waffenbrüdern). Wenig Interesse zeigt Gilles für seine Frau und seine Tochter, deren Hochzeit ihm trotz der Geldfrage offensichtlich gleichgültig ist (Brief an Bricqueville); um so mehr Geschmack findet er einerseits am Waffenhandwerk, in dem er zeitweise brilliert, und andererseits am Prunk der Empfänge und Lustbarkeiten. Er ist also ein Mann, der sich eindeutig in der Gesellschaft anderer Männer wohlfühlt: der von Soldaten, Geistlichen, Chorknaben. Frauen gehören nicht zu seinem Umgang; dafür hat er eine ausgeprägte Neigung, sich seiner Potenz in zur Schau getragener Männlichkeit zu versichern: auf der Bühne des Krieges, des Hoflebens, des gesellschaftlichen Gepränges – und nicht zuletzt in seinem Schlafzimmer. Charakteren seines Schlages, die sich immer wieder der Knabenliebe ergeben müssen, werden wir auf Schritt und Tritt im Werk des Marquis de Sade begegnen.

Dies aber ist auch der Moment des Umschlags, der einen anderen, schrecklicheren, gefährlicheren Zug seiner Persönlichkeit zum Vorschein bringt. In der Begegnung mit dem Objekt seiner Begierde, einem verschüchterten Kind, geblendet vom Glanz des großen Herrn und halb tot vor Angst vor seinem grausamen Wesen, bricht mehr in ihm auf als gewöhnliche sexuelle Phantasien, die er mit vielen Großen seiner Zeit und anderer Zeiten teilt: sein Todestrieb bricht sich Bahn. Denn Gilles de Rais ist nicht in erster Linie ein perverser Homosexueller; er ist vor allem ein tief gestörter Neurotiker, den ein innerer Zwang zu krankhafter Zerstörung treibt, besessen von der Lust am Untergang, an der Selbstvernichtung.

Thanatos: Gewalt und sexuelle Gewalt

Der Hang zur Gewalt ist nicht nur Gilles de Rais persönlich eigen; er ist vor allem eine Zeiterscheinung dieser außergewöhnlichen Epoche. Was die offiziellen Chroniken (Monstrelet), die Hagiographen der Könige und Feudalherren und intimere Aufzeichnungen wie das »Tagebuch eines Bürgers von Paris« für die Zeit der Jugend- und Mannesjahre des Barons zu berichten wissen, stellt eine endlose Kette von Gewalttakten dar, wie nur die allerbarbarischsten Geschichtsepochen sie kennen. Diese Gewalttätigkeit muß um so mehr schockieren, als sie sich auch in keineswegs ungebildeten Kreisen und bei kultivierten Menschen findet, die zugleich der Literatur, den schönen Künsten und der höfischen Liebe zu huldigen wissen. Daher dieser tiefe Schauder, wie ihn Huizinga in seinem »Herbst des Mittelalters« so anschaulich zum Ausdruck bringt: »So grell und bunt war das Leben, daß es den Geruch von Blut und Rosen in einem Atemzuge vertrug.«[28]

In dieser Zeit der Extreme wird Gilles de Rais 1404 geboren. An der Spitze des Landes steht ein König, der seit 1392 wahnsinnig ist: Karl VI. Er regiert in seinen luziden Momenten, während seine Brüder und Vettern sich die Vormundschaft streitig machen und die Königin Isabeau von Bayern hemmungslos wütet.

Drei Jahre alt ist Rais, als 1407 Gefolgsleute Herzog Johanns Ohnefurcht von Burgund mitten in Paris den Bruder des Königs, Herzog Ludwig von Orléans, ermorden. Die Mordtat stürzt die Hauptstadt in einen Strudel der Leidenschaften. Zwei Parteien stehen einander gegenüber: die Anhänger des Sohnes des Ermordeten, die »Armagnacs« (so benannt, weil der neue Herzog von Orléans die Tochter des Grafen von Armagnac geheiratet hat) und die »Bourguignons« (Burgunder). Letztere geben in Paris den Ton an

Das Massaker an den »Armagnacs« während des großen Bürgerkriegs in Paris (1418).

und fühlen sich so stark, daß Johann Ohnefurcht sich offen zu der Bluttat bekennen, den Tyrannenmord verherrlichen und die »Armagnacs« aus der Stadt vertreiben oder massakrieren lassen kann.

Zu dieser Zeit (1417) verwüsten die Söldnerbanden das Land, häufen sich Morde und Hinrichtungen ohne viel Federlesens. »Die Gerechtigkeit wurde mit Füßen getreten..., (und alle) begingen unvorstellbare Greuel, so daß das Volk in großer Angst und Not lebte.«[29] In Monstrelets Chronik häufen sich für diese Jahre die Berichte über Mordtaten, Straßenräubereien, Hinrichtungen, »großen Jammer« und Brände, bei denen manchmal »Kirchen völlig niedergebrannt und verwüstet werden«. Bezeichnend ist der bereits erwähnte Streit[30] zwischen den Herren Helion de Jacqueville und Hector de Savesnes, der ausgerechnet in der Kathedrale Notre-Dame-de-Chartres ausgetragen wird und damit endet, daß Jacqueville »innerhalb von drei Tagen starb«. Zur gleichen Zeit erlebt Gilles de Rais, wie sein Großvater vor seiner Festung Chantocé die durchreisenden Kaufleute schröpft und ausraubt.

1419 wird Herzog Johann Ohnefurcht seinerseits bei Montereau von den Armagnacs in einen Hinterhalt gelockt und ermordet. Gilles ist gerade 15 Jahre alt; vor diesem Hintergrund von mörderischem Wahn bereitet er sich auf die militärische Laufbahn vor. Die hemmungslose Brutalität bis zum nackten Verbrechen in der Kriegführung wie im privaten Alltag muß ihm nicht wie zu anderen Zeiten als ungeheuerlich, sondern als das Natürlichste der Welt erscheinen.

Nicht die Gewalttätigkeit an sich also kennzeichnet Gilles de Rais. Darin folgt er nur dem Beispiel zumindest vieler seiner Zeit, deren zügellose Brutalität für lange Zeit das Bild der Epoche bestimmt wie kaum je in der Geschichte der »zivilisierten« Welt. Seine Gewalttätigkeit, der er sicher auch als Kriegsmann skrupellos gefrönt hat, ist vielmehr vor allem geprägt durch sexuellen Sadismus.

Die Zeitumstände haben es dem Baron ziemlich leicht gemacht, seine grausamen Phantasien auch in Taten auszuleben. Aber sie erklären sie gewiß nicht allein. Rais gehört in die Reihe jener großen sexuellen Triebtäter, die von Blut und Tod fasziniert sind und im verbrecherischen Akt den Höhepunkt der Lust erreichen. Die Faszination des Bösen und die Lust am Töten kommen im Verlauf des Prozesses klar zum Ausdruck; wir brauchen sie nicht neuerdings durch Zitate zu belegen.

Rais befindet sich damit in der illustren Gesellschaft berüchtigter Mörder, die durch die besondere Grausamkeit ihrer Taten und die große Zahl ihrer Opfer zu »Nachruhm« kamen. Man hat ihn mit dem sagenhaften Ritter Blaubart identifiziert, aber auch mit großen Verbrechergestalten der Geschichte und der Legende verglichen: mit Erzsébet Báthory, seiner weiblichen Nacheiferin, mit dem Grafen Dracula, dessen geschichtliches Vorbild Großfürst »Vlad der Pfähler« ist, der von 1456 bis 1462 in der Walachei regierte. Und unleugbar besteht eine Ähnlichkeit der Charakterstruktur zwischen Gilles de Rais einerseits und Nazis des Zweiten Weltkriegs oder dem »Marschall« und selbsternannten Kaiser Bokassa (um ein zeitlich näher liegendes Beispiel zu wählen) andererseits.

Weitere Parallelen zum Verbrechertum des Barons lassen sich anführen; aus der Zeit der großen Texte über Gilles de Rais (Bossard und Huysmans), etwa der Fall des »Hirtenmörders« Joseph Vacher. 1869 geboren, soll er von dem halbverrückten Dirnenmörder »Jack the Ripper« fasziniert gewesen sein; 1893 begann er seine »Tour de France des Sexualverbrechens«. Er zieht als Landstreicher umher und überfällt immer wieder junge Hirten, vergewaltigt sie, schneidet ihnen mit einem Rasiermesser Kehle und Bauch auf und bringt ihnen Verstümmelungen bei. 1898 wird er verhaftet, gesteht vierzehn Morde, wird in Bourg-en-Bresse zum Tode verurteilt und am 31. Dezember 1898 guillotiniert.

Wenig später macht diesmal eine Frau durch Morde an kleinen Kindern von sich reden: Jeanne Weber, vom Volksmund, der die schauerliche Sensation liebt, das »Ungeheuer der Rue de la Goutte d'or« genannt; in dieser Straße nämlich hat sie 1905 gewohnt, bevor sie den Schauplatz ihrer Verbrechen in die Provinz verlegte. Diese Frau, die vermutlich ebenso tief gestört war wie der »Hirtenmörder«, erstickte Kinder, die ihrer Obhut anvertraut waren, zunächst ihre eigenen, dann die von Verwandten, schließlich auch fremde. Sie wurde für geisteskrank erklärt und interniert und starb 1918 in einem akuten Schub.

Näher verwandt mit dem des Barons Gilles de Rais, ihm geradezu bestürzend ähnlich, ist der Fall Friedrich Haarmanns in Deutschland, dessen Untaten im Voksmund noch durch den Gassenhauer vom »Massenmörder Haarmann« fortleben. Deutschland nach dem Ersten Weltkrieg, aus dem Gleichgewicht gebracht durch die Niederlage von 1918 und den Versailler Vertrag, durch die galoppierende Inflation, Massenelend und Arbeitslosigkeit, bringt einige große Kriminelle hervor wie etwa Bruno Lüdke, der 1944 verhaftet wird, neunundvierzig Morde gesteht und nach einem Eilverfahren hingerichtet wird, oder den berüchtigten »Vampir von Düsseldorf«, einen Sadisten, der eigentlich Peter Kürten hieß und dessen Gestalt Fritz Lang in seinem Film »M« verewigt hat. Dieser Verbrecher, dem neun Morde, davon zwei in Tateinheit mit Vergewaltigung, und sieben Mordversuche nachgewiesen wurden, wurde 1931 zum Tode verurteilt und hingerichtet. Haarmann, sein unmittelbarer Zeitgenosse, war der Sohn eines Lokomotivheizers und ehemaliger Unteroffizier. Wegen eines Sittlichkeitsdeliktes wurde er vorübergehend interniert, konnte aber fliehen. Kümmerlich schlug er sich nach 1918 durch in der Notzeit Nachkriegsdeutschlands. In Hannover versuchte er sich in verschiedenen Berufen, war Metzger und Kleiderhändler, Detektiv und Polizeispitzel. Wie Gilles de Rais – aber im Unterschied zu vielen hier zitierten Mördern – war er homosexuell, hatte jedoch einen festen Liebhaber namens Grans, der dann übrigens, wenn nicht der Komplize, so doch der Nutznießer seiner Verbrechen war.

Seine Verbrecherlaufbahn dauerte sechs Jahre: von 1918 bis 1924. Er verführt kleine Jungen, die er sich in der Bahnhofshalle von Hannover holt. Dort findet er hungrige, heimatlose Kinder, ganz ähnlich wie Gilles de Rais in Machecoul. Mit dem Versprechen, ihnen zu essen zu geben, lockt er sie zu sich. Dort hat er sexuellen Kontakt mit ihnen. Dann aber schlägt er zu. Nach den Aussagen der Polizei »erstickte Haarmann ganz in der Art jener leidenschaftlichen Geliebten, die ihren Liebhaber in die Schulter beißen, die Knaben im Augenblick der genitalen Umarmung, indem er ihnen mit den Kiefern die Kehle zudrückte, wobei er sie mit dem Gewicht seines Körpers wehrlos machte«. Abermals betreten wir eine Region des Grauens. Nachdem er sie mitten in der Wollust getötet hat, zerstückelt Haarmann die Leiber seiner Opfer. Ihre Kleider verschachert er als Trödler; sogar Stücke ihres Fleisches soll er als Metzger verkauft haben. Jedenfalls rühmt er sich dessen im Verlauf seines Prozesses, wobei er siebenundzwanzig Morde gesteht. Wie Gilles de Rais gehört er einem Persönlichkeitstyp an, der das Rampenlicht sucht; er kleidet sich mit ausgesuchter Eleganz und scheint den Ruhm zu genießen, den seine Greueltaten ihm einbringen, wie der Psychiater Dr. Schultz, der ihn als Gutachter befragte, beobachtet hat. Zum Tode verurteilt, wünscht er sich eine aufsehenerregende Hinrichtung, die auf dem Marktplatz von Hannover stattfinden soll vor einer riesigen Menschenmenge, zu der er sprechen will, und ein Denkmal soll die Erinnerung an ihn wachhalten als den »größten Verbrecher aller Zeiten«. Am 15. April 1924 wird er im Hof des Gefängnisses von Hannover hingerichtet[31].

Man hat darauf hingewiesen, daß diese Linie großer historischer Verbrechertaten mit der deutschen Nachkriegszeit oder Nazideutschland keineswegs endet, sondern sich weiter ziehen läßt bis heute. In den Vereinigten Staaten etwa steht der Fall John Gacy, der 1978 in Chicago zweiunddreißig Morde gestand, am Ende einer Folge schwerer Verbrechen von Homosexuellen (New York

1973, Houston in Texas 1976, Los Angeles 1977), die in ihrer Häufung eine Kontroverse auslösten; es gab abschätzige Urteile und auch Untersuchungen über »schwule« Zirkel, die mit gewissen Tendenzen wie dem Kult des sexuell hypervirilen Mannes oder den Klubs der Lederfetischisten oder Fetischisten gewisser sexueller Hilfsmittel diese Art von Kriminalität angeblich begünstigen. Aufgehängt an einer Polizeirazzia hat der 1980 von William Friedkin gedrehte Film »Cruising« diese Problematik popularisiert und kommerzialisiert.

Mir scheint es demgegenüber wichtig festzuhalten: Es gibt keinen zwingenden Zusammenhang zwischen Homosexualität und Kapitalverbrechen. Falls überhaupt eine Verbindung besteht, so liegt sie ausschließlich in dem quasi exhibitionistischen Zug, den man bei einigen großen Verbrechern ebenso findet wie bei gewissen Homosexuellen: verfolgt und aus der Gesellschaft ausgeschlossen oder freiwillig in einer marginalen Position, wollen sie, wenn sie erst einmal diskriminiert sind (oder sich selbst diskriminiert haben), ihr abweichendes Verhalten auch zur Schau tragen. Vielleicht mehr noch als seine heterosexuellen Konkurrenten in der Kriminalität hat der homosexuelle Verbrecher das Bedürfnis, ein krimineller »Star« zu werden, um das Gewicht seiner provozierenden Abweichung zu verdoppeln. Es gibt aber keinerlei Grund zu der Annahme, Homosexualität, selbst in ihrer hypervirilen Form, führe an sich schon zum Verbrechen.

Dies klarzustellen, ist mir wichtig, weil die These, Homosexualität führe zu Verbrechen jeder Art, noch vor kaum einem Menschenalter zahlreiche Anhänger fand. Was unseren Fall betrifft, so läßt etwa Marc Dubu in seinem Buch »Gilles de Rays, magicien et sodomiste« (sic!) die Kriminalität des Barons, wie übrigens schon der Titel andeutet, völlig zwangsläufig aus der sexuellen »Perversion« hervorgehen. Eine kleine Kostprobe mag zeigen, auf welchem Niveau diese Literatur sich hält: »Gilles faßt den Kopf des kleinen Pagen und preßt seine fleischigen Lippen auf die noch feuchten Lippen des Jünglings (es handelt sich um Perrinet ›Briart‹, wie Dubu fälschlich für ›Briand‹ schreibt), dessen violett umrandete Augen sich bei der brutalen, aber vielleicht heimlich ersehnten Liebkosung schließen! Ein mächtiges Gelächter erschüttert die Umstehenden. Sie sind in einem üblen Rausch, während der Marschall in dieser bestialischen Umarmung einschläft. Doch bald wird der Ritter von Sodom erwachen!«[32] Eine überreichliche Literatur hat das Thema im gleichen Stil weiter abgewandelt.

Die Verbrechen Gacys, Haarmanns, des Vampirs von Düsseldorf oder Landrus sind durchaus sexuelle Verbrechen in dem Sinne, daß sie dem Verlangen nach Lust entspringen, das diese Männer nur in Grausamkeit und Mord befriedigen können, so wie andere dazu die Transgression brauchen, die Verletzung eines Tabus, die trotzige Herausforderung oder auch die masochistische Unterwerfung oder alle möglichen Arten von Phantasien und Phantasmagorien, auf die jedermann ein Recht hat, solange er damit nicht Leib und Leben anderer Menschen gefährdet.

Als sexuelle Verbrechen faszinieren sie offensichtlich um so mehr, als sie grundlegende Tabus verletzen. Nicht nur an dem Widerhall, den dieser Verbrechertyp in der öffentlichen Meinung findet, auch an der unübersehbaren Literatur über die Verwandtschaft von Liebe und Tod läßt sich ablesen, daß es sich um eine universelle Obsession handelt. An dem Mythos eines Gilles de Rais oder dem bekannteren Draculas wie auch an zahllosen anderen Konstellationen von Blut, Tod und Grausamkeit offenbart sich ein mächtiges geheimes Verlangen, für dessen Unersättlichkeit auch die Warteschlangen vor den Horror-Kinos oder der Konsum der »sublimen« Literatur eines Marquis de Sade oder der sogenannten »Schundhefte« in Kiosken und Sex-Shops sprechen[33].

Ein Mensch wie Gilles de Rais hätte sich ohne weiteres damit zufriedengeben können, sich an Texten von Sueton oder grausamen Bildern aus der Bibel wie dem Bethlehemitischen Kindermord zu delektieren – einmal vorausgesetzt, daß er diese Art Phantasie-Lust gekannt hat. Wenn er sich damit nicht zufriedengab, sondern zur Tat schritt – im Rahmen einer Gesamtsituation, die wir zu erhellen versucht haben –, und wenn er darin so viel Ausdauer und provokatorische Energie entwickelt, so kann dies meines Erachtens nicht mit der eruptiven Triebkraft ungewöhnlich lebhafter sexueller Phantasien erklärt werden. Was ihn zum Ausnahmemenschen und zum Ungeheuer macht, liegt auf anderem Gebiet.

Die Lust am Untergang

Das Einzigartige an Gilles de Rais ist die Entschlossenheit und Zielstrebigkeit, mit der er alles vernichtet, was er besitzt, und schließlich auch sich selbst. Erst Hab und Gut, dann Leib und Leben. Das Grundsyndrom seiner Persönlichkeit liegt jenseits der Zeiterscheinungen einer unerhört grausamen Epoche, jenseits auch gelebter Horrorphantasien. Es ist das Syndrom des Scheiterns. Seit etwa 1430 determiniert es alle seine Handlungen und führt ihn mit unausweichlicher Konsequenz an das Ziel seiner tiefsten Sehnsucht: in den Tod.

Im tiefsten Grund seines Wesens ist Gilles de Rais ein *Verlierer*. Verlierer auf der materiellen Ebene: in kurzer Zeit verliert er sein Vermögen. Verlierer aber vor allem im psychologischen Sinne: er verliert den Boden unter den Füßen. Er verliert, wie man beim Spiel verliert. Die Lust am Untergang ist der Angelpunkt der Psychologie des echten Spielers: das Verlangen, zu verlieren und immer wieder zu verlieren, den Besitz und sich selbst zu vernichten in jener unaufhaltsamen Spiralbewegung, die über Verschuldung und Ruin schließlich in den Selbstmord führt. Dostojewskij hat das unübertrefflich geschildert. Gilles unterliegt wie einer, der plötzlich gleichsam unter einem unerklärlichen Zwang die Waffen streckt vor einem mächtigen Feind, als müsse er die eigene Kraft gegen sich selber kehren – er selbst ist dieser Feind, der ihn demütigt, niederwirft und vernichtet.

In den heutigen westlichen Gesellschaften hat dieser psychologische Typus des Verlierers eine enorme Bedeutung gewonnen. Weil sie auf dem kapitalistischen Mythos des Wettbewerbs beruhen, stellen die Eigenschaften und Verhaltensweisen des strahlenden Gewinners im Sinne von Kampfgeist und Durchsetzungsvermögen, Reichtum und Erfolg für sie einen sehr hohen Wert dar, während sie die entgegengesetzten Lebenseinstellungen äußerst negativ bewerten. Wer gar erfolglos bleibt, obwohl er alle Trümpfe in der Hand hat, wird mit Verachtung bestraft, und das kann für den Verlierer zur Zwangsvorstellung werden: er bringt nicht, was von ihm erwartet wird, bleibt für seine Konkurrenten und Partner und die Meute der Gaffer ein Versager. Dies ist die Grundlage des amerikanischen Mythos des »loser«, des »second gun«, dem der Mißerfolg, das Scheitern, die Zerstörung und die Selbstzerstörung zum Schicksal werden. Von diesem Thema lebt eine eigene Sparte des amerikanischen Kriminalromans und des amerikanischen Kinos, sowohl Krimis, Western wie psychologische Filme.

Für das amerikanische Kino läßt sich das, um nur einige Beispiele herauszugreifen, an den Filmen von Fritz Lang, John Huston oder Anthony Mann aufzeigen. Noch in Deutschland hat Fritz Lang mit dem Mythos von Mabuse (»Doktor Mabuse«, 1920–23, »Das Testament des Doktor Mabuse«, »Die 1000 Augen des Doktor Mabuse«) das Grundthema seiner Saga vom bösen Helden angeschlagen, aber man findet es auch in Filmen wie »Metropolis« oder »M«. Mit imponierender Verve und tragischem Ernst ergreift er Partei für die Ausgestoßenen, die »Schuldigen«, die als Verlierer aus der Gesellschaft ausgeschlossen werden (»Fury«, »Gehetzt«). John Huston, der Regisseur von »Misfits«, dann von »Fat City« und dem berühmten »Spiegelbild im goldenen Auge«, gehört der »verlorenen Generation« an und hat immer wieder Filme über

Außenseiter (»African Queen«) und Verlierer (»Moby Dick«) gedreht. Den gleichen Mythos findet man auch in Charles Laughtons Film »Night of the hunter«, einem schwarzen Märchen für Erwachsene, in dem ein Mörder aus innerem Zwang zwei Kinder verfolgt, die im Besitz eines Schatzes sind. Ich lasse die ganz Großen des Genres beiseite (»Citizen Kane« von Orson Welles, »Intolerance« von Griffith) und beschließe diesen kurzen Streifzug durch das unermeßliche Universum einschlägiger amerikanischer Filme mit dem bald faszinierten, bald desillusionierten Blick des Immigranten Elia Kazan auf die Vereinigten Staaten (»America, America«, »Das Arrangement«). Die genialste Darstellung des »Verlierers« in diesem Land von Filmen wie »Fieber im Blut«, »Bonnie and Clyde« und »Left handed gun« (A. Penn) ist in meinen Augen jedoch Robert Rossens »The hustler« von 1961 mit Paul Newman in der Titelrolle: die Geschichte eines provozierend begabten Billardspielers, der sich ständig alle Chancen vermasselt; immerhin kommt es zum Happy End. Das Thema scheint nahezu unerschöpflich.

Nicht so sehr seine perversen Instinkte als dieser heimliche Drang zur Selbstvernichtung machen Gilles de Rais zum Verbrecher. »Manche Menschen reagieren auf den Erfolg mit kriminellen Impulsen«, schreibt R. Laforgue[34]. »Der Angestellte, Sohn oder Schwiegersohn, der nach dem Tod des Unternehmers die Geschäftsleitung übernimmt, stürzt sich in gewagte Spekulationen, die fehlschlagen. Einmal ins Räderwerk geraten, macht er Schulden, löst fällige Wechsel nicht mehr ein, fälscht Bilanzen, stellt ungedeckte Schecks aus, begeht Betrügereien und landet irgendwann auf der Anklagebank. In solchen Fällen haben wir es mit einer besonderen Symptomatik des Syndroms des Versagers zu tun, des Versagers in moralischer wie gesellschaftlicher Hinsicht und mit kriminellem Einschlag. Selbstverständlich handelt es sich um eine Pathologie, die von der Umgebung und den Vertretern der Justiz gewöhnlich verkannt wird. Eine psychoanalytische Untersuchung offenbart bei diesen Menschen eine zwingende psychische Kausalität, einen latenten seelischen Konflikt, der sich ausdrücken muß in Symptomen, die darauf angelegt sind, den Betreffenden ins Gefängnis, in schweren Fällen ins Zuchthaus oder, je nach Art der Delikte, sogar auf das Schafott zu bringen.«

Diese Analyse trifft auf Gilles de Rais uneingeschränkt zu. Gewiß ohne den Anspruch auf irgendeine Art von abschließender Wahrheit läßt sich eine psychoanalytische Interpretation des Falles Gilles de Rais doch in groben Zügen skizzieren. Am Anfang könnte eine Fixierung der Libido im analen Stadium stehen, in dem der Mensch seine aggressiven Energien und seine Fähigkeit, diese auf äußere Objekte zu richten, entdeckt und einen Drang entwickelt, an sich zu reißen, was er nur kann. An das anale Stadium fixierte libidinöse Strebungen zeichnen sich durch ein hohes Maß an Willkür sowie durch eine »stark destruktive und homoerotische Tendenz« aus; deutlich ausgeprägt ist »die Grausamkeit, mit der sich die Aggressivität äußert. Der Anblick von Folter und Leiden kann bei einem solchen Menschen echte Lustempfindungen auslösen und zu einem Bedürfnis werden, das sich auch in der Phantasietätigkeit und im Traum befriedigt«[35]. Die Ethnologie lehrt uns im übrigen, welche Rolle die Magie in diesen Entwicklungsstadium der Sexualität spielt als ein Mittel, die Angst vor äußeren Gefahren durch Einwirkung auf das Vorstellungsbild von dieser Bedrohung zu bannen.

Auf dieser Triebgrundlage entwickelt sich in individuell wie kulturell unterschiedlicher Ausprägung die Persönlichkeitsstruktur. Wenn es aufgrund besonderer Umstände einem Menschen nicht gelingt, über die frühen Stadien hinauszuwachsen, kann es zu einer pathologischen Entwicklung kommen. Bei Gilles de Rais haben mehrere Faktoren zu einer Fixierung an eine frühe Entwicklungsphase beigetragen. Zunächst, wie man aufgrund seiner Prozeßaussagen als wahrscheinlich annehmen darf, die laxe, permissive Erziehung, die er genossen hat und die seinen Launen und Kaprizen freien Lauf ließ. Sodann aber auch die Zeitumstände: »Große Erschütterungen wie etwa Kriege können die Insuffizienz einer Regierungsform erweisen und die Lebenskräfte der Nation gegen sie aufbringen, ... (was) im allgemeinen zur Aggresivität und einem zunächst latenten, schließlich aber immer offeneren Haß der Individuen einer Gemeinschaft gegen die bestehenden Traditionen« führt.

Dies ist vielleicht der Punkt, an dem drei Faktoren gleichsinnig zur Wirkung kommen. Zunächst die Machtfülle des mit Reichtümern, Titeln und Verantwortlichkeiten (auf militärischem Gebiet und in seinen Territorien) überhäuften Barons, der diese Macht bedenkenlos mißbraucht. Er ist unfähig, in der Ausübung der Macht ihren Ursprung und ihren Sinn auch nur andeutungsweise selbstkritisch zu bedenken. Wie wir sahen, ist die Adelsklasse desorientiert und ratlos über ihren Niedergang, hat aber kein Bewußtsein einer möglichen künftigen Entwicklung.

Sodann seine homosexuellen Triebe, die er nur in schuldhafter und anstößiger Weise ausleben kann; sie machen ihn zum Außenseiter und treiben ihn, da er seine Neigungen nicht verbergen will, in einen Furor der Zügellosigkeit: das Thema seiner tragischen homosexuellen »Quest«, die wir skizziert haben. Schließlich aber – und hier empfiehlt sich behutsame Zurückhaltung – die Rolle, die

Jeanne d'Arc für sein Leben spielte. Immerhin ist die Zeit seiner Begegnung mit der geheimnisvollen Jungfrau in Männerkleidern für ihn auch die Zeit des Ruhmes und gesellschaftlicher Verantwortung. Sein Sturz in den Abgrund von Verschwendungssucht und Verbrechen folgt unmittelbar auf die Verhaftung und Hinrichtung Johannas. Daß Gilles an ihrer Persönlichkeit einen Halt zu finden glaubte und ihr Scheitern als schweres Trauma erlebte, ist zumindest eine brauchbare Hypothese. Sie entsprach sowohl dem Bedürfnis dieses entschiedenen Homosexuellen, den Verkehr mit Frauen zu meiden, wie dem für sein psychisches Gleichgewicht so wichtigen Bedürfnis nach Magie. Tatsächlich ist Rais weder aufgrund seiner charakterlichen Disposition noch seiner intellektuellen Fähigkeiten in der Lage, seiner Aggressivität eine schöpferische Richtung zu geben.

Nach dem Tod der Jeanne d'Arc (1431) und dem seines letzten Vormundes Jean de Craon (1432) kann er also nur noch alle Mittel ausnützen, über die er dank seiner gesellschaftlichen Position verfügt. Sein ungestümer, impulsiver Charakter treibt ihn zu ungezügeltem Handeln und schrankenloser Suche nach Lust. Nichts mehr kann ihn bremsen in seinem überschießenden Drang nach Wollust in Gewalt und Grausamkeit, in Blut und Perversion, nichts in der Entfaltung seiner machtvollen libidinösen Aggressivität. Aber während die Opfer sich hinter ihm zu Leichenbergen häufen, weiß er doch, daß er an seinem eigenen Untergang arbeitet und schließlich zu Fall kommen muß – vor Gott (denn er ist fromm und quält sich mit Reue) und vor sich selbst. Irgendwohin muß dieser Mechanismus von Provokation und Gewalt führen. Entweder er hält ein und wandelt sich – doch dazu ist er nicht mehr fähig. Oder aber er macht weiter, steigert sich immer mehr hinein in die unaufhaltsame Spirale mörderischer Exzesse bis zum bitteren Ende.

All dies verstärkt in der Persönlichkeitsstruktur des Barons den Hang zum Verlieren. Mehr noch: die Lust am Untergang, an der Selbstzerstörung. Nachdem die Euphorie nach der Ankunft Prelatis vorüber ist mit all ihren aberwitzigen Fehlschlägen in Magie und Goldmacherei, nachdem er Satan beschworen und eine Anzahl von Morden an unschuldigen Kindern begangen hat, die seine gequälte Seele bedrücken, nach Orgien von Wahn und Perversion hat Gilles de Rais nur noch einen einzigen Wunsch: zu sterben. Daraufhin allein läuft sein Verhalten mit zwingender Logik hinaus: auf den Tod.

Der Tod aber soll sein, wie sein Leben war. Nicht »exemplarisch« im strengen Sinne des Wortes, sondern demonstrativ, aufsehenerregend, überwältigend, ein letztes großes Schaugepränge, ein zugleich erbauliches und niederschmetterndes, groteskes und mystisches narzißtisches Spektakel. All dies auf einmal. Ein Sterben, wie die Welt es noch nie gesehen hat, nach einem ebenso einmaligen Prozeß. Malestroit und der Herzog haben ihn gestellt, doch letztlich steht Gilles sich selbst gegenüber. Er ist in die Falle gegangen in mehr als einer Hinsicht; in die der anderen und seine eigene. Nicht so sehr die juristische Ohnmacht und das belastete Gewissen bestimmen sein Verhalten. Es entspricht seiner wahren Persönlichkeit, daß er das gesamte Gewicht seiner Verbrechen auf sich nimmt, ja ihre Zahl, ihre Scheußlichkeit und Unerhörtheit noch übertreibt: er habe »genug getan, um zehntausendmal den Tod zu verdienen«. All dies nimmt er auf sich und zugleich die exemplarische Sühne dafür.

Alle Trümpfe hat er ausgespielt, die Karten liegen auf dem Tisch. Wie Don Juan steht er auch zu sich selbst, wenn der Komtur als Rächer kommt. Wie Don Juan wirft er sich ihm in die Arme. Er bleibt er selbst bis zuletzt: andersartig im Exzeß seines Reichtums, seiner Verbrechen und seiner Reue und als Opfer eines anderen ganz er selbst.

Schlußbemerkung

Gilles de Rais, ein Mensch in seiner Zeit – ist er uns am Ende dieser Studie etwas besser verständlich? Ich wollte und konnte hier nicht den Anspruch erheben, irgendein historisches Rätsel zu lösen; ich habe versucht, einen außergewöhnlichen Fall zu verstehen, und dazu Analysen, Überlegungen und ein Bündel von Hypothesen vorgelegt, die die Persönlichkeit des Mannes in einen Kontext einordnen, der uns heute weitgehend unbekannt, ja oft fremd ist.

Am Anfang dieses Buches habe ich darauf hingewiesen, welch vielfältige Reaktionen die schier unglaublichen Berichte vom Prozeß gegen Gilles de Rais ausgelöst haben. Ein trotz aller Krisenerscheinungen über viele Jahrhunderte allmächtig gebliebener Klerus konnte sie ausnützen zur Erbauung der leichtgläubigen Massen. Skeptiker von Beruf oder aus Neigung haben sich gegen diese oft exzessive Ausschlachtung zur Wehr gesetzt. Aber an der Realität der Fakten konnten sie nicht rütteln. Diese sind so unbestreitbar wie gräßlich. Immer wieder haben sie die Phantasie in Bann geschlagen. Man hat versucht, sie in Romanform zu bringen – höchst überflüssigerweise, denn sie sind an sich schon aufwühlend genug, um an tiefe Emotionen zu rühren. Keiner der Historiker und Romanautoren, die sich mit diesen Fakten befaßt haben, von Flaubert und Michelet über Huysmans bis zu Bataille, hat seine Erschütterung verborgen. Nach vielen Jahrhunderten fasziniert Gilles de Rais noch immer, auch wenn das Urteil über ihn unwiderruflich ist.

Im letzten Kapitel habe ich versucht, die Persönlichkeit des Barons unter dem Aspekt seiner Sexualität und seines Untergangs-Syndroms psychologisch zu beleuchten. Für mich ist Gilles de Rais ein besonders eklatantes Beispiel für den Typus des »losers«, des Verlierers, in einer Gesellschaft, die die Herausbildung dieses Persönlichkeitstyps in seiner aggressiven Ausprägung begünstigt.

Bleibt die Frage, was wir heute von dieser ungewöhnlichen Epoche wissen. Die Zeit des 14. und 15. Jahrhunderts ist eine Zeit wilden Schreckens und traumatischer Erschütterungen. Von den Kreuzzügen bis zu Ludwig dem Heiligen hatte abendländische Kultur, wenn auch nicht ganz ungetrübt, eine lange Periode durchlebt, in der die Entwicklung voranzuschreiten schien zu einem höheren Maß an Übereinstimmung, Vernunft und friedlichem Gleichgewicht. Vor ihr lag eine Phase des intellektuellen und kulturellen Aufbruchs; in Italien hatte sie schon begonnen. Die Zeitspanne zwischen diesen beiden Phasen aber, also das 14. und

15. Jahrhundert und ganz besonders die zwölf Jahrzehnte zwischen 1330 und 1450, war in vielem eine Zeit des Schreckens. Gewiß handelt es sich nicht um die Apokalypse, das göttliche Strafgericht, wie die Zeitgenossen meinten. Doch was sie erlebten, war schlimm genug: eine fundamentale Krise, ein tiefer Bruch in den geistigen, psychologischen und gesellschaftlichen Strukturen, erschwert noch durch ein Zusammenwirken klimatischer, epidemiologischer und ökonomischer Faktoren, auf die sie keinen Einfluß hatten.

Wir haben gesehen, wie der Adel, militärisch immer wieder besiegt, in seinem Selbstgefühl erschüttert wird, seine Funktionen und seine Autorität einbüßt, an den Grundlagen seiner Machtstellung zu zweifeln beginnt und sich in Verirrungen verliert, in Prunkentfaltungen und Gewalttätigkeiten wie in der Frömmigkeit dem Exzeß huldigt. Und wir haben gesehen, wie der von der Bewußtseinskrise keineswegs ausgesparte Klerus vom Niedergang der herrschenden Klasse zu profitieren sucht, um Besitz an sich zu reißen und seine frühere Macht zurückzugewinnen, angetrieben von nie aufgegebenen theokratischen Ambitionen und gestützt auf den moralischen Führungsanspruch, mit dem er das gläubige Volk beherrscht. Wir haben gesehen, wie das Arsenal einer grausamen und grobschlächtigen Justiz in der Hand gerissener Kleriker dazu dient, den verhaßten Repräsentanten einer zerbrechenden Klasse zu Boden zu strecken.

Darüber hinaus haben wir versucht, die unbekanntere Welt all jener zu beschwören, die an diesen Machtkämpfen zwischen der Kaste der Krieger und der Kaste der Schriftkundigen nur als hilflose Opfer teilhaben – um so beklagenswertere Opfer, als es sich häufig um Kinder, um heimatlose Kinder handelt. Der ganze Kampf findet im übrigen in einem trüben Nebel aus Aberglauben, Magie und Leichtgläubigkeit statt, der um so zäher und undurchdringlicher bleiben muß, als es in dieser aufgewühlten Zeit kaum Wegmarkierungen für eine rationale Orientierung gibt; sie sind zwar durchaus vorhanden, finden sich etwa bei Männern wie Jean Gerson für die Universität oder Alain Chartier für die Stimmung im Volk, doch sie erreichen nur die wenigsten und verflüchtigen sich ohne große Wirkung.

In dieser Zeit leben gleichzeitig zwei große Persönlichkeiten, die einander begegnen, einander schätzen und deren Wege sich wieder trennen: Jeanne d'Arc, mit ihrem Mut, ihren Fähigkeiten, ihrer Gradlinigkeit und Unerschrockenheit eine erstaunliche Erscheinung in dieser aus den Fugen geratenen Welt, und Gilles de Rais, ein tief gestörter Charakter, in dem die bösen Instinkte aller Zeiten brodeln.

Natürlich erinnert diese Epoche in manchem an andere, auch an Erscheinungen unseres Jahrhunderts, die als Wahnsinn anmuten. Ich glaube nicht, daß dies für die Gegenwart gilt: was wir heute erleben, sind Epiphänomene, die nicht verbergen können, daß auch rationale Strukturen der Kontrolle und des Ausgleichs reichlich vorhanden sind – zumindest, was die Verhältnisse in den entwickelten Ländern und die Beziehungen zwischen ihnen angeht. Und die Völker wissen, daß die Entfesselung der wildesten Dämonen, der des Krieges, unweigerlich zur Apokalypse führen würde – zu einer selbstgemachten Apokalypse freilich, keiner grundlos hereinbrechenden, göttlich verhängten.

Es gibt keine Apokalypse, und es darf sie nicht geben. Aber es gab und gibt Phänomene, die daran erinnern, daß Fanatismus, Gewalt, Grausamkeit und alle Arten von Exzeß zur Natur eines jeden Menschen gehören, es gab sie vor allem im Ausbruch des Nationalsozialismus, und es gibt sie in zahlreichen ausgebeuteten Ländern, deren notleidende Bevölkerung der ungezügelten Willkür und dem hemmungslosen Machtmißbrauch quasi-feudalistischer Diktaturen ausgeliefert ist; es gibt sie auch in intimen Dramen von großer psychischer Tiefenwirkung. Sie lehren uns, daß der Mensch immer zum Schlächter werden kann – wenn nicht an anderen, so doch an sich selbst.

Anhang

Stammbaum des Gilles de Rais

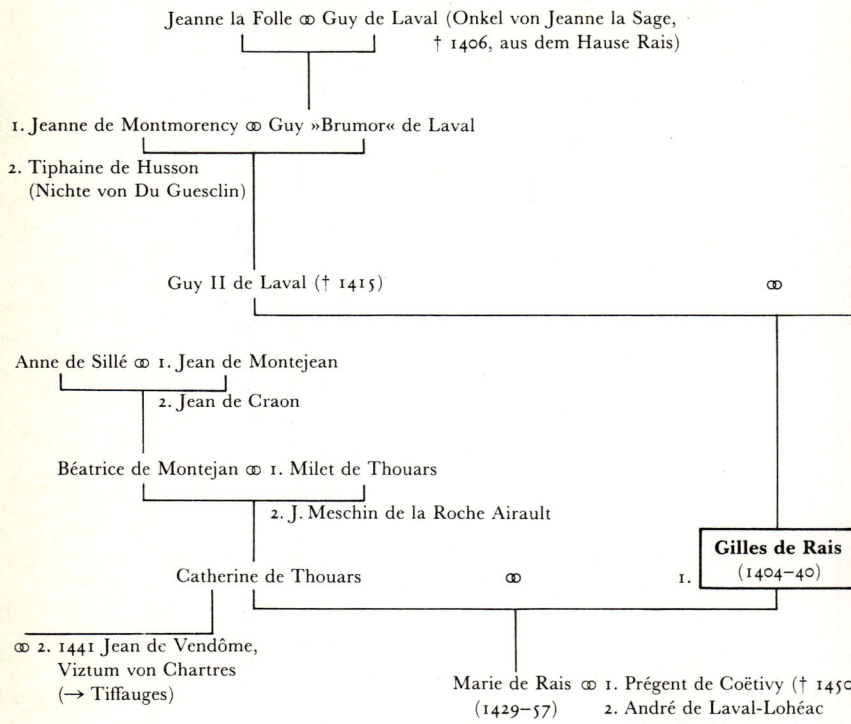

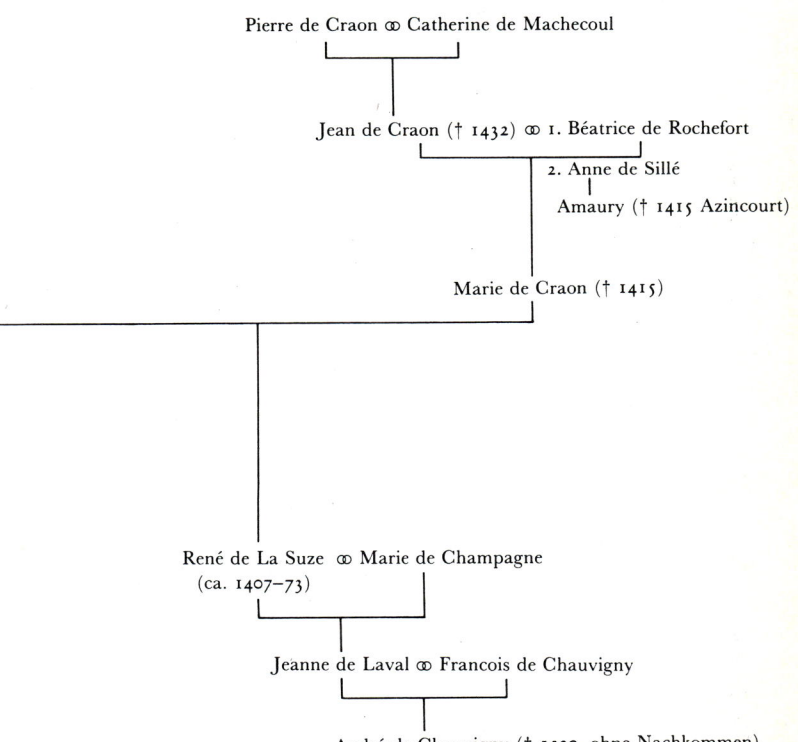

Daten zum Prozeß

1. Untersuchung

15. Mai 1440	Gilles de Rais bedroht in Saint-Étienne-de-Mer-Morte den Kleriker Jean Le Ferron und nimmt ihn gefangen.
Juni	Herzog Johann V. verhängt eine außergewöhnlich hohe Geldstrafe gegen Gilles: 50000 écus d'or.
Juli	Jean de Malestroit leitet eine geheime Untersuchung in seiner Diözese ein. Die »Gerüchte« über die Verbrechen werden jetzt offen geäußert.
	Gilles de Rais geht nach Josselin, um mit Herzog Johann V. zu verhandeln. Unterwegs begeht er in Vannes einen weiteren Mord.
29. Juli	Erlaß von Jean de Malestroit, Bischof von Nantes, mit dem Rais für infam erklärt wird.
24. August	Der Konnetabel de Richemont nimmt Tiffauges ein; Rais verliert nicht nur seinen Gefangenen Le Ferron, sondern jede Möglichkeit eines Rückhalts beim König.
	Vereinbarungen über die Aufteilung des Restvermögens von Gilles zugunsten von Richemont und des Sohnes des Herzogs werden getroffen.
	Sillé und Bricqueville fliehen.

2. Widerstand

13. September	Der Bischof von Nantes lädt Gilles de Rais vor das kirchliche Gericht.
15. September	Rais wird in Machecoul durch Herzog Johanns Hauptmann Jean Labbé verhaftet. Durchsuchungen.
19. September	Rais erscheint zum ersten Mal vor Gericht. Der Promotor erwähnt nur die Anklage wegen Ketzerei. Gilles erkennt die Zuständigkeit des Bischofs und des Inquisitors Blouyn an.
18. September/ 8. Oktober	Die Eltern der Opfer werden als Kläger im weltlichen Verfahren gehört.
28. September	Das kirchliche Gericht hört in Abwesenheit von Gilles zehn Kläger an.
8. Oktober	Rais erscheint zum zweiten Mal vor Gericht. Diesmal bringt der Promotor alle Anklagepunkte zur Sprache: Ketzerei, Gewaltverbrechen und Sodomie, Verletzung kirchlicher Immunitätsrechte. Gilles lehnt seine Richter ab; der Antrag wird als »nichtig« verworfen.
13. Oktober	Gilles erscheint zum dritten Mal vor Gericht. Die neunundvierzig Artikel der Anklageschrift werden verlesen.
	Gilles gerät in Zorn und verwirft seine Richter; er weigert sich, zur Sache auszusagen und den Eid zu leisten.
	Er wird sofort exkommuniziert.

3. Unterwerfung

15. Oktober	Gilles erscheint zum vierten Mal vor Gericht. Er erkennt die Zuständigkeit des Gerichtes an und gibt die Verbrechen zu, weist aber die Anklage wegen Ketzerei zurück. Die Exkommunikation wird aufgehoben.
16./17. Oktober	Belastende Zeugenaussagen von F. Prelati, E. Blanchet, E. Corillaut (Poitou) und Henriet Griart.
20. Oktober	Der Promotor verlangt die Anwendung der Folter.
21. Oktober	Angesichts der Folterwerkzeuge bittet Gilles um Aufschub, um ein Geständnis abzulegen. Er legt vor geistlichen und weltlichen Richtern ein vollständiges Geständnis »außerhalb des Gerichtes« ab. Er nimmt Abschied von Prelati.
22. Oktober	Geständnis »vor Gericht«. Gilles bekennt »in gemeiner Sprache« vor einer großen Volksmenge alle seine Verbrechen.
23. Oktober	Henriet und Poitou werden durch das weltliche Gericht zum Tode verurteilt.
25. Oktober	Das kirchliche Gericht schließt die Verhandlungen. Gilles wird für einen Ketzer, Sodomiten und Verbrecher erklärt und mit dieser dreifachen Begründung erneut exkommuniziert. Auf Gilles' Bitten wird diese zweite Exkommunikation unverzüglich wieder aufgehoben. Am gleichen Tag fällt das weltliche Gericht das Todesurteil.
26. Oktober	Auf der Wiese von Biesse wird Gilles zwischen Henriet und Poitou gehängt und anschließend verbrannt.

Zeittafel, 1380–1443

Jahr	Politische Geschichte Frankreichs	Gilles de Rais	Kultur-, Geistes- und Sittengeschichte
1380	Regierungsantritt Karls VI. Tod von Du Guesclin		»Apokalypse von Angers« Häresie Wyclifs in England
1392	Karl VI. wird wahnsinnig		Der Bildhauer Claus Sluter arbeitet für Herzog Philipp den Kühnen von Burgund
1395			Jean Gerson wird Kanzler der Universität von Paris
1396	Niederlage der Kreuzfahrer bei Nikopolis Richard II. von England heiratet Isabella von Frankreich		
1398			Erste Vorstellung eines Passionsspiels in Paris
1399	Richard II. wird von Heinrich von Lancaster (Heinrich IV.) abgesetzt Johann V. wird Herzog der Bretagne	Jeanne la Sage überläßt Guy de Laval Territorium und Wappen von Rais	Christine de Pisans »L'epistre au Dieu d'amour« entfacht den Streit um den Rosenroman

1401			N. de Clémanges: De corrupto ecclesiae statu (Über den verderbten Zustand der Kirche)
1404	Tod Herzog Philipps des Kühnen von Burgund. Sein Nachfolger wird Johann Ohnefurcht. Der Hundertjährige Krieg flammt wieder auf	Geburt von Gilles de Rais	Geburt von George Castellain, dem Chronisten der Herzöge von Burgund. Allmähliche Verbreitung von Geschützen
1407	Johann Ohnefurcht läßt Ludwig von Orléans, den Bruder des Königs, ermorden. Bürgerkrieg zwischen »Armagnacs« und »Bourguignons« (Burgundern)	Geburt von Gilles' Bruder René de La Suze	Johann von Mies: Tractatus de bono ordine moriendi Christine de Pisan: Livre des faits et bonnes mœurs du roi Charles V.
1408		Malestroit wird Kanzler der Bretagne	Frankreich kündigt dem avignonesischen Papst Benedikt XIII. den Gehorsam auf
1409			Konzil von Pisa: drei Päpste Jan Hus wird Rektor der Prager Universität »Le livre des faits du mareschal Boucicaut«
1413	Tod Heinrichs IV. von England; sein Sohn Heinrich V. besteigt den Thron		Die »Très riches heures du duc de Berry« der Brüder Limburg (1411 bis 1416)

Jahr	Politische Geschichte Frankreichs	Gilles de Rais	Kultur-, Geistes- und Sittengeschichte
	Mai: Aufstand der proburgundischen »Cabochiens« in Paris, das jedoch im August wieder von den Armagnacs erobert wird		
1415	Schlacht bei Azincourt (25. Oktober)	Tod von Marie de Craon, der Mutter von Gilles de Rais, sowie seines Vaters Guy de Laval. Sein Großvater Jean de Craon übernimmt die Vormundschaft	Verbrennung von Hus auf dem Konzil von Konstanz (1414 bis 1417), Martin V. wird zum Papst gewählt. Ende der Kirchenspaltung
1418	Die Burgunder marschieren erneut in Paris ein und richten unter den Armagnacs ein Blutbad an		Tod des Alchemisten Nicolas Flamel und von Jean de Montreuil, eines Hauptvertreters des Frühhumanismus in Frankreich
1419	Die Engländer erobern Rouen. Ermordung Johanns Ohnefurcht auf der Brücke von Montereau (10. September) Philipp der Gute wird Herzog von Burgund	Malestroit wird Bischof von Nantes	Tod des hl. Vinzenz Ferrer
1420	Vertrag von Troyes Heinrich V. heiratet Katharina von Frankreich und zieht in Paris ein	Krieg in der Bretagne Verwüstungen im Pays de Rais Gilles de Rais entführt und heiratet Catherine de Thouars. Die Ehe wird zunächst annulliert	Geburt des Malers Jean Fouquet (um 1420)

1422	Tod Heinrichs V. (August) und Karls VI. (Oktober) Der 10 Monate alte Heinrich VI. wird zum »König von Frankreich und England« ausgerufen, sein Onkel Bedford übernimmt die Regentschaft Der Südwesten Frankreichs südlich der Loire erkennt als König Karl VII., den sogenannten »König von Bourges«, an	Offizielle Hochzeitsfeier von Gilles de Rais	Alain Chartier: Le quadrilogue invectif
1424	Niederlage Karls VII. bei Verneuil		
1425	Richemont wird Konnetabel von Frankreich	Gilles de Rais erscheint am Hofe Karls VII.	»Totentanz« auf dem Cimetière des Innocents in Paris Jan van Eyck im Dienste Herzog Philipps des Guten von Burgund in Brüssel und Flandern
1427		Feldzug von Gilles in der Provinz Maine E. Corillaut (Poitou) tritt in seinen Dienst	»Imitatio Christi«

Jahr	Politische Geschichte Frankreichs	Gilles de Rais	Kultur-, Geistes- und Sittengeschichte
1429	Auftreten der Jeanne d'Arc März: Chinon Mai: Orléans	Bündnis zwischen La Trémoille und Rais (April) Rais als Begleiter der Jeanne d'Arc in Orléans	Tod von Jean Gerson Christine de Pisan: Le ditié de Jeanne d'Arc
	Juni: Patay Juli: Reims	Rais mit Jeanne d'Arc Rais wird Marschall von Frankreich	Bußpredigten des Bruder Richard auf dem Cimetière des Innocents in Paris
	September: Niederlage in Paris	Trennung von Jeanne d'Arc Geburt seiner Tochter Marie de Rais	
1430	Jeanne d'Arc bei Compiègne gefangengenommen	Militärische Zwischenfälle bei Sablé	Philipp der Gute stiftet den Orden vom Goldenen Vlies
1431	Prozeß gegen Jeanne d'Arc und Hinrichtung am 31. Mai	Rais in Louviers in der Nähe von Rouen	Geburt von François Villon Konzil von Basel (1431–1448), Kirchenreform
1432	Schlacht von Lagny	Tod von Jean de Craon Vermutlicher Beginn der Kindermorde	Gründung der Universität von Poitiers Jan van Eyck vollendet den Genter Altar

1433/1434	La Trémoille fällt in Ungnade Aufstand in der Normandie gegen die Engländer	Ende der militärischen Karriere von Gilles de Rais Fehlgeschlagener Feldzug nach Burgund Gilles vergeudet sein Vermögen (Orléans)	Cosimo de Medici Stadtherr von Florenz Jan van Eyck, Bildnis des Kaufmanns Arnolfini und seiner Frau
1435	Frieden von Arras mit dem Herzog von Burgund (Machtzuwachs des burgundischen Staates) Die Söldnertruppen der »ecorcheurs« wüten (1435–1444)	Zweiter Aufenthalt in Orléans Ungeheure Verschwendungen Aufführung des »Mystère du siège d'Orléans« (Mysterienspiel von der Belagerung von Orléans) Gründung der Kapelle der Unschuldigen Kinder in Machecoul Karl VII. verbietet Gilles weitere Landveräußerungen	
1436	Richemont zieht in Paris ein		
1437	Feierlicher Einzug Karls VII. in Paris	Henriet und Poitou Kammerdiener des Barons René de La Suze nimmt Chantocé ein Gilles läßt in Machecoul Skelette verbrennen	Georges Chastellain verfaßt die politische Moralität »Le Concile de Bâle«
1438	Pragmatische Sanktion von Bourges	Gilles erobert Chantocé zurück Transferierung von Skeletten	

283

Jahr	Politische Geschichte Frankreichs	Gilles de Rais	Kultur-, Geistes- und Sittengeschichte
1439	Mit der Einführung der direkten Steuer (taille royale) beginnt eine Reihe innerer Reformen zur Zentralisierung Frankreichs	F. Prelati trifft in Tiffauges ein (Teufelsbeschwörungen im Sommer). Gerüchte über Gilles' Verbrechen werden laut. Der Dauphin, der spätere König Ludwig XI., kommt nach Tiffauges. Gilles läßt sich in Machecoul nieder	Basler Konzilsdekret über die »drei Wahrheiten«
1440	Aufstand der Praguerie (März bis Juli) Karl von Orléans kehrt aus der englischen Gefangenschaft nach Frankreich zurück	Prozeß und Hinrichtung des Gilles de Rais (s.o)	Nikolaus von Cues: De docta ignorantia Tod von Alain Chartier
1442	Tod Johanns V. der Bretagne		
1443		Tod von Jean de Malestroit	

Anmerkungen

Einleitung (Seite 9 bis 14)

1 Vgl. É. Gabory: La vie et la mort de Gilles de Raiz, dit à tort Barbe Bleue. Paris 1926. – Zu den lokalen Ablegern dieses alten Mythos gehört die in der Bretagne seit dem 6. Jahrhundert bekannte Sage vom Riesen Comor oder Conomor, der die fatale Angewohnheit hat, immer wieder seine Gattinnen zu verstoßen und umzubringen, sobald sie schwanger werden. Dennoch gibt Guérok, Graf von Vannes, auf den Rat des hl. Gildas seine Tochter Triphine dem Unhold zur Frau. Sie erleidet das übliche Schicksal: Comor schlägt ihr den Kopf ab. Doch da greift der hl. Gildas ein, fügt den Kopf wieder an und übergibt sie unversehrt ihrem Vater.
2 Historische Vorbilder des legendären »Dracula« (dracul = Teufel, Dämon, Vampir) sind zwei Fürsten der Walachei: Vlad Dracul (1436 – ca. 1447) und insbesondere sein Sohn Vlad Tepeş (= der Pfähler, 1456–1462); dieser führte mit großer Tapferkeit, aber auch – sogar für damalige Begriffe – äußerster Grausamkeit Krieg gegen die Türken. Schon in deutschen Frühdrucken des späten 15. Jahrhunderts wird er als verbrecherisches Scheusal dargestellt (z. B. »Ein wunderliche und erschröckliche Hystoria von einem großen wüterich genannt Dracole Wayda...«, Bamberg, Hans Sporer, 1491).
3 Vgl. V. Penrose: Erzsébet Báthory, la comtesse sanglante. Paris 1969 und M. Périsset: La comtesse de sang. Paris 1975.
4 Vgl. die de Sade gewidmeten Nummern 12 und 13 der Zeitschrift ›Oblique‹; darin die Analyse der Quellen seiner »Histoire secrète d'Isabeau de Bavière«.
5 Voltaire: Essai sur les mœurs et l'esprit des nations. Hg. von R. Pomeau, 2 Bde. Paris 1963; vgl. Bd. I, Kap. LXXX, S. 752.
6 Vgl. Chroniqueur de Saint-Mor: L'art de vérifier les dates des faits historiques. 3. Auflage von 1784, Bd. II, S. 908.
7 Vgl. J. Michelet: Histoire de France. 11. Buch, Kap. I: »Henri VI et Charles VII... Etat de la France 1431–1440«. Erstausgabe 1841; jüngste kritische Ausgabe Paris 1978 (Bd. VI der Œuvres complètes).
8 G. Flaubert: Par les champs et par les grèves. Hg. v. M. Nadeau. Lausanne 1961, vgl. S. 230–233.
9 R. v. Krafft-Ebing: Psychopathia sexualis. 16. u. 17., vollständig umgearbeitete Auflage von A. Moll. Stuttgart 1924, vgl. S. 128.
10 Das Thema ist bereits mehrfach dramatisiert worden. So erschien 1894 der Entwurf eines »Schauspiels in lyrischen Bildern mit Ballett« von einem gewissen Charles Lemire, einem Librettisten, dem das Sujet dank seiner vielfältigen dramatischen Situationen geeignet schien, »Musiker zu inspirieren« – Opernkomponisten natürlich, er denkt dabei an Saint-Saëns, Widor oder Benjamin Godard. Edmon Eudes, ein Erbauungsschriftsteller des Jahrhundertendes, schrieb ein Drama in vier Akten mit Gesang unter dem Titel »Dernière chute ou Gilles de Laval, maréchal de Rais«, das von Schülern der Privatschulen gespielt werden sollte. Erst Roger Planchon freilich legte

sehr viel später eine wirklich brauchbare Dramatisierung vor, einen ziemlich drastischen und auch heftig umstrittenen Text: »Gilles de Rais, miracle en dix tableaux« (1975/76). Weitere literarische Texte zu Gilles de Rais sind in der Bibliographie im Anhang aufgeführt.

11 »Le procès de Gilles de Rais«, Erstausgabe Paris 1959, Neuausgabe 1965; 1972 wieder aufgelegt. Deutsche Übersetzung: G. Bataille: Gilles de Rais. Leben und Prozeß eines Kindermörders. Hamburg ³1983. Wegen einiger Ungenauigkeiten und Auslassungen zitieren wir im folgenden aus der französischen Ausgabe von 1965.

1. Kapitel (Seite 17 bis 34)

1 J. Rousseau: À travers le marais breton-vendéen. Paris 1968.
2 Zum Handel mit dem berühmten »Baisalz«, der hauptsächlich über die Bai von Bourgneuf lief, vgl. Lexikon des Mittelalters. München 1980ff., Bd. I, Sp. 1352, »Baienfahrt, Baienflotte«.
3 Vgl. das »Memorandum der Erben«, zitiert bei Dom Lobineau: Histoire de Bretagne. 1712, Bd. II »Preuves«, No. 1068.
4 Belleforest: Cosmographie universelle (1595), zitiert bei J. Rousseau, a.a.O.
5 Abbé Joussemet: Memoire sur l'ancienne configuration du littoral bas Poitevin. Hg. 1876, zitiert bei J. Rousseau, a.a.O.
6 Vgl. den Stammbaum des Gilles de Rais, S. 274/5.
7 Der Wert dieser verschiedenen Akquisitionen wird im Memorandum der Erben geschätzt; zitiert bei Dom Lobineau, a.a.O.
8 Vgl. J. Delumeau: La Peur en Occident. Paris 1978, 6. Kap.: »L'attente de Dieu«, und G. Duby: L'an mil. Paris 1967.
9 Vgl. Lexikon des Mittelalters, Bd. I, Sp. 218ff. »Agrarkrise« sowie F. Curschmann: Hungersnöte im Mittelalter. Leipzig 1900, Repr. Aalen 1970.
10 Vgl. J. L. Goglin: Les misérables dans l'Occident médiéval. paris 1976, S. 92ff. und E. Carpentier: Autor de la peste noire. In: Annales ESC 1962, S. 1062–92.
11 Vgl. J. Chelini: Histoire religieuse de l'Occident médiéval. Paris 1968.
12 Brief des aus Brügge stammenden, in Avignon tätigen Kanonikus Louis de Boeringen aus dem Jahre 1348, zitiert bei M. Mollat: Genèse médiévale de la France moderne. Paris 1970, S. 39.
13 Vgl. hierzu auch die Schilderung der Pest in Boccaccios Dekameron, Erster Tag, Einführung.
14 Herzog hat sich dabei von Murnaus »Nosferatu« von 1922 inspirieren lassen, der wiederum dem Klassiker des Genres, dem »Dracula« von Bram Stoker (1897) verpflichtet ist. Man vergleiche dazu auch »Panic in the streets« von E. Kazan (1950).
15 J. L. Goglin, a.a.O.
16 Der Geschichtsschreiber und Dichter Jean Froissart (1337–ca. 1410) verfaßte die Chroniques de France, d'Angleterre, d'Ecosse, d'Espagne, de Bretagne. Seine Chroniken sind von hohem kulturgeschichtlichem Wert. Vgl. J. Froissart: Oeuvres. Hg. von Kervyn de Lettenhove, 25 Bde., Brüssel 1870–75.

17 Ein Beispiel dafür aus den Randgebieten der Bretagne und aus der hier in Frage stehenden Zeit sind die Taten des Kastellans Rodrigue de Villandrando, der das südliche Anjou und die Touraine brandschatzte; vgl. dazu J. Quicherat: Rodrigue de Villandrando. Paris 1879.
18 Vgl. A. Bourdeaut: Chantocé, Gilles de Rais et les ducs de Bretagne. In: Mémoires de la société d'histoire et d'archéologie de Bretagne 2(1924).
19 Vgl. hierzu E. Meuthen: Das 15. Jahrhundert. München, Wien 1980, S. 74 ff.
20 Vgl. J. Macek: Jean Hus et les traditions hussites. Paris 1973.
21 Vgl. P. Léon: Histoire économique et sociale du Monde. Paris 1977, insbes. S. 180 ff., ferner das Kapitel »Le temps des malheurs« in der »Histoire de la France« von G. Duby/H. Neveux, Paris 1975, Bd. II, S. 74 ff.
22 Vgl. Lexikon des Mittelalters, Bd. I, Sp. 741 f.
23 G. Duby/H. Neveux, a.a.O. S. 74.
24 J. Chartier: Chronique française du roi Charles VII. Hg. von A. Vallet de Viriville. 1857, Bd. II, S. 13 (Jahr 1441).
25 Vgl. R. Favreau: Pauvres en Poitou et en Anjou à la fin du Moyen Age. In: Cahiers de la pauvreté. 1968/69.
26 Vgl. J. Huizinga: Herbst des Mittelalters. Kap. XI. Erstveröffentlichung 1924, 10. Auflage Stuttgart 1969. Hg. v. K. Köster. Ferner A. Tenenti: La vie et la mort à travers l'art du XVe siècle. Paris 1952.
27 P. Ariès: Studien zur Geschichte des Todes im Abendland. München 1981, S. 96, und ders.: Geschichte des Todes. München 1980. Ariès hat übrigens die Tendenz, den Bruch in der Entwicklung zwischen dem 14. und dem 15. Jahrhundert zu bagatellisieren.
28 P. Ariès: Studien ... a.a.O., S. 103 u. 104.
29 G. Francastel: Une peinture antihérétique à Venise? In: Annales ESC, Jan./Feb. 1965. Zitiert nach J. Delumeau: La Peur en Occident, a.a.O., S. 211.
30 Vgl. R. Planchenault: L'Apocalypse d'Angers. Paris 1966. Das Werk enthält Reproduktionen aller Szenen der Apokalypse von Angers.
31 »Das siebente Siegel« entstand 1956. Vgl. dazu Le cinéma selon Bergman. Entretiens avec le cinéaste. Paris 1973.
32 Dieser Aufbruch hat freilich seine Grenzen, erscheint manchmal in sich gebrochen – vgl. das Auftauchen Savonarolas am Ende des 15. Jahrhunderts.
33 Vinzenz Ferrer (1350–1419) trat vor allem als Bußprediger auf und sympathisierte mit dem Flagellantentum.
34 Zitiert nach M. Mollat: Genèse médiévale de la France moderne, a.a.O., S. 123.

2. Kapitel (Seite 35 bis 94)

1 Die Quellen über Gilles de Rais – im wesentlichen Abschriften der Prozeßakten der vom geistlichen und weltlichen Gericht eingeleiteten Verfahren – sind genau und stimmen überein. Diese Dokumente sind gesammelt im Archiv des ehemaligen Departements Loire-Inférieure, den Archives Nationales, der Bibliothèque Nationale und verschiedenen Urkundenarchiven (Prozeßunterlagen von Zivil- und Strafsachen), darunter der sogenannten Sammlung von Thouars, die lange Zeit der mit den Rais-Laval

verwandten Familie La Trémoille gehörte. Ein Teil der Akten (die des kirchlichen Prozesses) ist in lateinischer Sprache abgefaßt, der Rest in Gemeinsprache, also auf französisch.

2 Émile Gabory hat insbesondere die Thesen Salomon Reinachs widerlegt, der zu Beginn des 20. Jahrhunderts eine Polemik um die Arbeiten Bossards und die Unparteilichkeit des Bischofs und Kanzlers Malestroit entfachte. Reinachs Versuch einer Rehabilitierung des Barons stützt sich freilich nur auf sehr vage Unschuldsbeteuerungen – beispielsweise die wenig fundierten Formulierungen Voltaires und seines benediktinischen Zeitgenossen – und auf eine oberflächliche Kritik an Bossards Dissertation. Wohl beeindruckt durch die Dreyfus-Affäre, neigt Reinach dazu, Prozesse, in denen die Verteidigung zweifelhafter Werte mit materiellen Interessen verquickt wird, von vornherein zu beargwöhnen. Er fand jedoch bei keinem ernstzunehmenden Historiker Unterstützung, sondern wurde durch Noël Valois, den Abbé Bourdeaut und Émile Gabory widerlegt. Trotz ihres späteren Echos in antiklerikalen Polemiken kann diese These heute als erledigt gelten.
Vgl. S. Reinach: Gilles des Rais. In: Cultes, mythes et religions, Paris 1912, Bd. IV, S. 267–299.

3 Aus einer Aufstellung der Einwohnerschaft aus dem Jahre 1484, die der Abbé A. Bourdeaut in seiner Arbeit »Chantoce, Gilles de Rais et les ducs de Bretagne« zitiert. Für die Jugend- und »Lehr«jahre des Barons folgen wir dieser sehr zuverlässigen Darstellung.

4 Zur Problematik des Geburtsdatums vgl. E. Bossard: Gilles de Rais, Maréchal de France, dit Barbe Bleue. Paris 1885.

5 Im 1462 verfaßten Memorandum der Erben, a.a.O.

6 Geständnis vor Gericht am 22. Oktober 1440, zitiert nach G. Bataille: Le procès de Gilles de Rais, a.a.O., S. 242.

7 Vgl. A. Bourdeaut, a.a.O., S. 49.

8 Wahrscheinlich am 30. November 1420, vgl. dazu L. F. Bessière: Un mariage de grands seigneurs en 1422. In: La Revue de l'Anjou, Angers 1922.

9 Ebenda. Möglicherweise hat Yolanda von Aragón zu diesem Anlaß die berühmten Tapisserien der »Apokalypse von Angers« zur Ausschmückung der Kirche hergeliehen.

10 A. Vallet de Viriville: Histoire de Charles VII. 1863, Bd. I, S. 412.

11 Vgl. dazu vor allem S. Reinach, der Malestroit die finstersten Absichten und sehr hartnäckige Ressentiments unterstellt.

12 A. Bourdeaut, a.a.O., S. 60.

13 Der Abbé Bourdeaut sieht in dieser Taktik gewisse Ähnlichkeiten mit der Chouannerie, dem Aufstand in der Vendée im Jahre 1793.

14 Vielleicht auch Ende Februar (23. Februar?). Vgl. dazu R. Pernoud: La libération d'Orléans. 30 journées qui ont fait la France. Paris 1969, S. 277.

15 Viele wollten damals den Tod eines so überirdischen Wesens wie der Jeanne d'Arc nicht wahrhaben; die falsche Johanna (»Jeanne des Armoises«) konnte daher so manchen Leichtgläubigen täuschen, so auch die Brüder der Jeanne d'Arc und Gilles de Rais, nicht aber König Karl VII.

16 »Cette extraordinaire garçonne«, »dieses außergewöhnliche Mannweib« schreibt J.-K. Huysmans in »Là-Bas« (Paris 1969, S. 44).

17 J. Michelet: Histoire de France, Bd. V, Kap. »Jeanne d'Arc délivre Orléans«.

18 Vgl. R. Pernoud: La libération d'Orléans, a. a. O.
19 Vgl. Bossard.
20 Nach Michelet.
21 Vgl. Journal d'un Bourgeois de Paris, 1404–1449. Hg. v. A. Tuetey. Paris 1881.
22 Eine Hypothese von A. Bourdeaut.
23 Vgl. Bataille, S. 238.
24 Ebenda, S. 244.
25 Ebenda, S. 97.
26 Diese Aussage stimmt mit dem Geständnis des Gilles de Rais überein, wonach zu diesem Zeitpunkt (1432, im Todesjahr seines Großvaters) Gilles de Sillé sein einziger Komplize war.
27 Vgl. Bourdeaut, a. a. O.
28 Vgl. J. Huizinga: Herbst des Mittelalters, a. a. O., S. 201 und 206, sowie J. Heers: Fêtes des fous et Carnavals, Paris 1983, S. 122 ff.
29 Minutes d'Orléans, zitiert nach E. Bossard, a. a. O., S. 61 f.
30 In Eisensteins Film »Alexander Newskij«, dessen Handlung im 13. Jahrhundert spielt, kann man eine solche tragbare Orgel sehen; sie wird auf einer Art Schubkarre transportiert, mit einem gewöhnlichen Blasebalg angetrieben und von einem zwielichtigen Geistlichen gespielt.
31 A. Bourdeaut, a. a. O., S. 86 f.
32 Die mittelalterlichen Währungen leiten sich ursprünglich von der libra (livre, Pfund) ab, einem Pfund reinen Silbers, aus dem zweihundertvierzig Silberpfennige geschlagen wurden. Franc, Livre, Écu waren alle theoretisch mehr oder minder soviel wert wie das ursprüngliche Pfund, obwohl im Laufe der Zeit ihr Gewicht und Goldanteil variierten. Wenn das Wort »Gold« bei der Bezeichnung einer Münze auftaucht, wie in écu d'or etc., heißt das, daß es sich um Hartgeld handelte. Wenn die Währungsbezeichnung allein erscheint, handelt es sich bei der fraglichen Währung um Rechnungseinheiten, die nur auf dem Papier standen.
33 Malestroits Wahlspruch lautete: »Non male stridet domus quae numerat numos« (Wo man Geld anhäuft, ist man gegen Unheil gefeit).
34 Treueide mehrerer Kommandanten für Machecoul, Saint-Étienne-de-Mer-Morte, Pornic und Le Loroux-Bottereau.
35 Ankauf von La Bénate für Herzog Johanns Sohn Pierre.
36 Der Adelsaufstand der Praguerie, der gegen Heeres- und Steuerreformen Karls VII. gerichtet war, begann im März 1440.
37 Aussage vom 15. Oktober 1440, zitiert bei Bataille, S. 224.
38 Bataille, S. 62.
39 Aussage Prelatis, der es so von Gilles gehört haben will; vgl. Bataille, S. 265.
40 Aussage von E. Blanchet vom 17. Oktober 1440, Bataille, S. 272.
41 Aussage vom 15. Oktober 1440, Bataille, S. 225.
42 Geständnis vor Gericht vom 22. Oktober 1440, Bataille, S. 249.
43 Aussage von Poitou.
44 Diese Begegnung fand im Dezember 1439 statt. Der Dauphin ließ den Kommandanten von Tiffauges, Jean de Siquenville unter der Anklage der Räuberei verhaften.

45 Aussage vom 22. Oktober 1440, Bataille, S. 251.
46 Aussage von Blanchet, Bataille, S. 271.
47 Geständnis von Gilles, Bataille, S. 250 f.
48 Nicht alle jedoch ließen sich täuschen. »Maître Jean«, ein Engländer oder Pikarde, behauptete ebenfalls, bei einer Beschwörung in der Nähe von Machecoul vom Teufel verletzt worden zu sein; er zog sich zu einer Frau zurück, die man »La Picarde« nannte, und diese hörte Poitou sagen, er habe »bloß so getan« (Aussage vor dem weltlichen Gericht, Bataille, S. 333).
49 Aussage von Blanchet, Bataille, S. 271. Blanchet taktiert vorsichtig; er gehört nicht zu den »missi dominici«, sondern leistet Gilles nur gelegentlich Dienste.
50 Aussage von Prelati, Bataille, S. 262.
51 Geständnis von Gilles, Bataille, S. 245.
52 Aussage von Prelati, die mit denen von Henriet und Poitou übereinstimmt. Bataille, S. 263 f.
53 Diese Opferung ist durch die Aussagen von Henriet und Poitou bezeugt.
54 Geständnis von Prelati.
55 Nach A. Bourdeaut, a. a. O., S. 128–130, wird er zwar zu lebenslänglicher Gefängnishaft verurteilt, steht aber bald darauf in den Diensten von René d'Anjou und wird zum Festungskommandanten von La Roche-sur-Yon ernannt (wo er wieder mit Blanchet zusammentrifft). Er stellt jedoch Falschgeld her, wird überführt und diesmal auf Betreiben G. Le Ferrons gehängt (1446).
56 Aussage von Poitou, Bataille, S. 277.
57 Aussagen von Poitou vor dem geistlichen und weltlichen Gericht.
58 Wiedergegeben im Anhang von Bossards Dissertation.
59 Bataille, S. 275.
60 Aussage von Poitou, Bataille, S. 275 f.
61 Aussage von Henriet, Bataille, S. 285.
62 Geständis vor Gericht von Gilles de Rais, Bataille, S. 244.
63 Aussage von Poitou, Bataille, S. 274.
64 Aussage von Henriet, Bataille, S. 282.
65 Aussage von Guillaume Hilairet vor Jean de Touscheronde vom 28. bis 30. September 1440. Bataille, S. 306.
66 Aussage von Henriet vor dem weltlichen Gericht. Bataille, S. 326.
67 Untersuchung des weltlichen Gerichts, Bataille, S. 298.
68 Bataille, S. 239.
69 Geständnis Poitous, Bataille, S. 276.
70 Aus der Untersuchung des weltlichen Gerichts, Zeugenaussagen des Schuhmachers André Barbe aus Machecoul, Bataille, S. 304.
71 A. Vallet de Viriville: Histoire de Charles VII., a. a. O., Bd. III, S. 416.
72 Zeugenaussagen von Jean Rousseau und dem Marchese de Ceva. Bataille, S. 288–290.
73 E. de Monstrelet: Chronique. Hg. v. Renouard. Paris 1857–1862, Bd. III, S. 235.
74 Lukas 23, 42.
75 Vgl. hierzu den Kommentar des Abbé Bossard, a. a. O., S. 332.
76 Vgl. Monstrelet: Chronique, a. a. O., Bd. V, Kap. CCXLIX, S. 425 f.

77 G. Chastellain: Le miroir des nobles hommes de France. Bd. VII, S. 90ff., zitiert nach Huizinga: Herbst des Mittelalters, a.a.O., S. 78.
78 Kap. 141 der Chronique française du roi Charles VII, a.a.O., Bd. II, S. 6.
79 Monstrelet: Chronique, a.a.O.
80 A. Bouchart: Les grandes croniques de Bretagne. Hg. v. H. Le Meignen, éd. de la société des bibliophiles bretons, 1886, Blatt 192.
81 Belegt bei Bouchart.
82 Noch vor der Hochzeit mit Marie de Rais, die geschlossen wurde, als Marie vierzehn war, also 1444 (5. Juli).
83 Die Freisprechungspatente für Roger de Bricqueville sind »in Razilly bei Chinon« ausgefertigt und Mai 1446 datiert. Es heißt darin nach einem Abriß des Lebenslaufs von Bricqueville: »Während der Zeit, da er in Diensten des Herrn von Rais stand, befahl ihm dieser Herr von Rais, ihm mehrere Kinder zu verschaffen und auf seine Schlösser zu schicken, und diese Kinder sowie noch andere, deren er habhaft werden konnte, ließ er ermorden und umbringen. Er hat jedoch, wie es heißt, nach eigenem Bekenntnis keinen Anteil an diesen Schandtaten und Verbrechen gehabt. Von diesen Dingen und der Ermordung der Kinder hat besagter Supplikant nichts gewußt, sondern hat erst davon erfahren, als ihm Zweifel kamen, worauf er sogleich den Dienst bei dem Herrn von Rais aufgab und ihn verließ; der aber wurde ungefähr fünf Jahre, nachdem er ihn verlassen hatte, mit seinen übrigen Komplizen ergriffen, vor Gericht gestellt und bestraft.« (Diese letzteren Angaben sind unzutreffend). Zitiert nach Bossard, a.a.O., Rechtfertigungsurkunden, S. CXLVI.
84 Dieses Mitleid hält sich lange: In Vitré, wo Marie de Rais begraben wurde, »zeigen die Mütter heute noch (1924!) das Grab der Tochter Blaubarts«.
85 Erwähnen wir immerhin, daß die Baronie für einige Zeit in den Besitz der Familie Gondi überging und daß auch der Kardinal von Retz, der ansonsten außer der Prunksucht mit Gilles nichts gemein hat, seinen Namen von ihm herleitet.

3. Kapitel (Seite 97 bis 133)

1 In der Lehre von den drei Ständen (Klerus, Adel, Volk) wird dem Adel anstelle der Herrschaft in Kirche und Staat eine weitgehend dienende, militärische Aufgabe in der Weltordnung zugewiesen. Diese »société tripartite« war ursprünglich kein Abbild der Wirklichkeit, sondern ein theoretisches Konzept, das zur tatsächlichen Entstehung der ›Trois États‹ beigetragen hat. Vgl. O. G. Oexle: Die funktionale Dreiteilung der ›Gesellschaft‹ bei Adalbero von Laon. In: Frühmittelalterliche Studien 12, 1978.
2 Vgl. G. Duby: Les trois ordres ou l'imaginaire du féodalisme, Paris 1978.
3 M. Bloch: La société féodale. Paris 1939, Neuauflage 1968, S. 406.
4 Vgl. G. Duby: Krieger und Bauern. Die Entwicklung von Wirtschaft und Gesellschaft im frühen Mittelalter. Frankfurt a.M. 1977, S. 175ff.
5 G. Duby: Die Zeit der Kathedralen. Kunst und Gesellschaft 980–1420, Frankfurt a.M. 1980, S. 71f.
6 Der Kleriker Benoît de Sainte-More, berühmt durch seinen »Roman de Troie«, arbeitete ab 1170 an einer »Histoire des ducs de Normandie«.

7 Vgl. G. Duby: Die Zeit der Kathedralen, S. 69.
8 Vgl. Lexikon des Mittelalters, Bd. II, Sp. 1800ff., »chevalier«.
9 Jean de Bueils »Le Jouvencel«, eine ca. 1462–65 entstandene Erziehungsschrift in Romanform, schildert den exemplarischen Weg eines verarmten jungen Adligen, der aus eigener Kraft zum vorbildlichen Ritter und Heerführer aufsteigt. Hg. von C. Favre/L. Lecestre, 2 Bde, 1887–89. S. auch unten S. 132.
10 Franz. Courtrai.
11 Goedendags: eine bei der flämischen Stadtbevölkerung verbreitete Schlagwaffe. – Zur Ausrüstung und Struktur mittelalterlicher Heere allgemein vgl. P. Contamine: Guerre, état et société à la fin du Moyen Age. Paris, La Haye 1972.
12 Zur Goldsporenschlacht vgl. J. Le Goff: Civilisation de l'Occident médiéval. Paris 1972, S. 352ff.
13 Zu diesen »bürgerlichen« Aufständen vgl. M. Mollat/P. Wolff: Ongles bleus, Jacques et Ciompi. Les révolutions populaires en Europe aux XIVe et XVe siècles, Paris 1970.
14 Erinnert werden muß auch an einige Niederlagen der Nichtadligen: bei Cassel (1328), bei Westrozebeke, der Revanche für Kortrijk (1382), bei Othée (1408), bei Gavre (1453) usw.
15 Vgl. P. Contamine: Azincourt. Paris 1964, S. 88f.
16 Vgl. H. Stein: Archers d'autrefois, archers d'aujourd'hui. Paris 1925, sowie F. Lot/R. Fawtier: Histoire des institutions françaises au Moyen Age. 3 Bde., Paris 1957–63, Bd. II.
17 »Grandes chroniques de France«, »Chronique normande du XIVe siècle«; zitiert bei B. Tuchman: Der ferne Spiegel. Das dramatische 14. Jahrhundert. Düsseldorf 1980, S. 148.
18 Complainte sur la bataille de Poitiers. Hg. von C. de Beaurepaire. Paris 1951, S. 261.
19 Vgl. R. Pernoud: La libération d'Orléans, a.a.O., S. 67ff.
20 Vgl. J. Quicherat: Rodrigue de Villandrando, a.a.O., S. 59.
21 Vgl. A. Bossuat: Les prisonniers de guerre au XVe siècle. In: Annales de Bourgogne, 1951, S. 7–35.
22 Vgl. A. Bouton: La Marine. Histoire économique et sociale. Paris 1971, S. 99.
23 Paris 1969, seitdem mehrere Neuauflagen, die letzte 1979. Vgl. auch G. Duby/H. Neveux: Histoire de la France rurale. Paris 1975, Bd. II.
24 Vgl. A. Bouton, a.a.O.
25 Diese Beispiele sind dem zitierten Werk von Bouton entnommen, vgl. S. 10ff.
26 Zitiert bei Vallet de Viriville: Histoire de Charles VII, a.a.O., Bd. I, S. 240.
27 J. Huizinga: Herbst des Mittelalters, a.a.O., S. 2.
28 Ebenda, S. 26.
29 Vgl. Anmerkung 21 zum 2. Kapitel.
30 Vgl. Le victorial. Lebenschronik des Pedro Niño, Graf von Buelna, verfaßt von Gutierez Diaz di Gomez, seinem »alférez« (Bannerträger), 1379–1449. Französische Ausgabe Paris 1867. Zitiert bei M. Defourneaux: La vie quotidienne au temps de Jeanne d'Arc. Paris 1952.

31 Von diesem Kleidungsstück spricht auch Huizinga, a.a.O., S. 395.
32 Vgl. E. Fournial: Histoire monétaire de l'Occident médiéval. Paris 1970, sowie ders.: Les villes et l'économie d'échange en France aux XIIIe et XIVe siècles. Paris 1967.
33 Vgl. G. Duby/R. Mandrou: Histoire de la civilisation française au Moyen Age. Paris 1980, S. 199f.
34 Vgl. J. Heers: L'Occident aux XIVe et XVe siècles. Aspects économiques et sociaux. Paris 1973, S. 146ff.
35 J. Michelet: Histoire de France, II. Buch, Kap. I: »[...] État de la France 1431–1440«.
36 Aus den Memoiren Richemonts.
37 J. Huizinga: Herbst des Mittelalters, a.a.O., S. 94f.; zitiert das von Petitot edierte »Livre des faicts du mareschal Boucicaut«.
38 Jean de Bueil, geb. ca. 1405/06, wurde von Karl VII. 1450 zum »Amiral de France«, später zum Grafen von Sancerre ernannt.
39 J. Huizinga, a.a.O., S. 104.

4. Kapitel (Seite 134 bis 158)

1 Vgl. J. de la Martinière: Un grand chancelier de Bretagne, Jean de Malestroit. In: Mémoires de la société d'histoire et d'archéologie de Bretagne, 1920.
2 Le Traité de la ruine des églises. Zitiert nach P. S. Lewis: Later medieval France. London 1968; frz. Ausgabe: La France à la fin du Moyen Age, Paris 1977, S. 391.
3 Zur Diskussion um die Beseitigung des Schismas vgl. E. Meuthen: Das 15. Jahrhundert, a.a.O., S. 75.
4 Benedikt XIII. (Pedro de Luna), der als avignonesischer Papst im Großen Schisma dem römischen Papst Gregor XII. gegenüberstand, weigerte sich, zurückzutreten. Er wurde nach langen Verhandlungen erst 1417 durch das Konzil von Konstanz endgültig für abgesetzt erklärt.
5 Die Cabochiens waren eine volkstümliche Gruppierung von Anhängern der Bourguignons, benannt nach »Caboche« (Dickkopf), Beiname von Simon le Coustelier, einem Gefolgsmann von Herzog Johann Ohnefurcht.
6 Vgl. J. Salvini: Un évêque de Poitiers. Jacques Jouvenel des Ursins. In: Bulletin de la Société des Antiquités de l'Ouest 6(1961), S. 85–107.
7 Zitiert bei J. Huizinga: Herbst des Mittelalters, a.a.O., S. 247.
8 Vgl. H. Denifle: La désolation des églises, monastères et hôpitaux de France pendant la guerre de Cent Ans. Paris 1899, Bd. I.
9 Ebenda, S. 592.
10 Ebenda, S. 652.
11 Ebenda.
12 Brief von Jean de Montreuil an Guillaume Fillastre, zitiert bei J. Le Goff: Les intellectuels au Moyen Age. Paris 1957.
13 Vgl. P. Champion: Procès de condamnation de Jeanne d'Arc. 2 Bde., Paris 1930, Bd. II, Einführung S. 43f.
14 Zitiert bei Huizinga, a.a.O., S. 228.
15 Vgl. ebenda, S. 211f.

16 Zu den Narrenfesten vgl. J. Heers: Fêtes des fous et Carnavals. Paris 1983.
17 Jean Petit (ca. 1360–1411), Theologe und Professor an der Universität Paris, rechtfertigte 1408 den Mord an Ludwig von Orléans in seiner ›Justification du Duc de Bourgogne‹ als Tyrannenmord.
18 Vgl. O. Cartellieri: Am Hof der Herzöge von Burgund. Basel 1926, S. 205.
19 Œuvres complètes de Jean Gerson, Hg. von P. Glorieux. Paris 1966, Bd. VII, S. 286–300.
20 Vgl. Huizinga, a. a. O., S. 206f.
21 Vgl. Journal d'un Bourgeois de Paris, a. a. O., S. 213 ff.
22 Vgl. Huizinga, a. a. O., S. 268f.
23 Vgl. F. Rapp: La Réforme religieuse et la malédiction de la mort à la fin du Moyen Age. In: Colloque de la Sociéte des historiens médiévistes de l'Enseignement supérieur public, consacré à la Mort au Moyen Age. Straßburg 1977.
24 Vgl. É. Mâle: L'Art religieux de la fin du Moyen Age en France. Paris 1908.
25 E. Bossard: Gilles de Rais, a. a. O., S. 61f.
26 Vgl. Bataille, S. 250f.
27 Ebenda.

5. Kapitel (Seite 159 bis 184)

1 N. Valois ist nicht ganz dieser Meinung. Vgl. Le procès de Gilles de Rais. In: Bulletin de la Société de l'Histoire de France 1913. Offenbar unterschätzt er die Rolle Malestroits.
2 Diesen Titel führte der Vertreter des Inquisitors, vgl. Bataille, S. 194f.
3 G. u. A. Duby: Le procès de Jeanne d'Arc. Paris 1973, S. 15.
4 Mit der Inquisition befassen sich zahllose Werke; begnügen wir uns mit einer Auswahl:
H. C. Lea: History of the Inquisition in the Middle Ages. 3 Bde., New York 1880, Neuausgabe 1963.
G. u. J. Testas: L'Inquisition. Paris 1974.
A. Esmein: Histoire de la procédure criminelle en France. Paris 1882.
A. H. Verrill: L'Inquisition. Paris 1932, Neuauflage 1980.
J. Pinglé: L'Inquisition ou la dictature de la foi. Paris 1983.
5 Vgl. Vorwort von L. Sala-Molins zu N. Eymerich/F. Pena: Manuel des Inquisiteurs. Paris 1973.
6 Vgl. Sala-Molins, a. a. O.
7 Erst 1847 wird die Inquisition endgültig abgeschafft.
8 L. Sala-Molins, a. a. O., S. 35.
9 Vgl. P. Fournier: Les officialités au Moyen Age – organisation, compétence, procédure des tribunaux ecclésiastiques ordinaires en France de 1180 à 1328. Paris 1880, S. 257.
10 Dies ist ein Hinweis darauf, daß die Komplizen des Barons ihre Geständnisse noch vor seiner Verhaftung abgelegt haben müssen; möglicherweise hatten sie jedoch Kenntnis vom vollen Umfang der gegen ihn erhobenen Anklage.

11 Bataille, S. 190f.
12 Vgl. G. und A. Duby: Le procès de Jeanne d'Arc, a.a.O., S. 16f.
13 Fournier, a.a.O. Im Gegensatz zu seinem Zeitgenossen Lea z.B. beurteilt Fournier das Prinzip des Inquisitionsgerichts mit einer gewissen Nachsicht.
14 Vgl. N. Eymerich: Manuel des Inquisiteurs, a.a.O., S. 115ff.
15 Ebenda, S. 144.
16 Ebenda.
17 Vgl. A. Esmein: Histoire de la procédure criminelle en France, a.a.O., S. 129.
18 Vgl. Y. Bongert: Cours d'histoire du droit pénal. In: Les Cours de droit, faculté de droit, Paris 1966–1967, S. 83.
19 Analysiert von L. Tanon: Histoire des tribunaux de l'Inquisition en France. Paris 1893.
20 Vgl. R. Guillot: Procès de Jacques Coeur. Paris 1975.
21 Vgl. T. Lévy: Le désir de punir. Paris 1979, S. 38. Lévy zitiert hierzu den Traktat »Dei delitti e delle pene« des Mailänder Aufklärers Beccaria.
22 Kommentar von F. Pena in der Ausgabe von Eymerichs »Manuel« aus dem Jahre 1578.
23 Vgl. G. u. J. Testas: L'Inquisition, a.a.O., S. 39.
24 Y. Bongert, a.a.O.
25 J. Chartier: Chronique française du roi Charles VII, a.a.O., Bd. II, S. 67.

6. Kapitel (Seite 187 bis 211)

1 Zitiert bei P. du Colombier: L'enfant au Moyen Age. Paris 1951.
2 Bataille, S. 264.
3 Vgl. R. Pernoud: La femme au temps des cathédrales. Paris 1980, II. Teil, 3. Kap. (»Féminité«).
4 Aussage von Henriet im weltlichen Verfahren, Bataille, S. 239.
5 Aussage von Poitou im kirchlichen Verfahren, Bataille, S. 276.
6 Aussage von Jean Roussin, Bataille, S. 307.
7 M. Mollat: Les pauvres au Moyen Age. Paris 1978. J. L. Goglin: Lex misérables dans l'Occident médiéval. Paris 1976. G. Fourquin: Les soulèvements populaires au Moyen Age. Paris 1972.
8 Vgl. die von der Universität Paris-Sorbonne herausgegebenen (Cahiers de) Recherches sur les pauvres et la pauvreté 9 (1972–1974), S. 214ff.
9 J. L. Goglin, a.a.O., S. 115.
10 Vgl. P. Ariès: Geschichte der Kindheit. München 1975. Vgl. dazu auch die Analysen in den Annales ESC, vor allem Jahrgang 1964, S. 322.
11 P. Ariès: Geschichte der Kindheit, S. 47.
12 Vgl. E. Le Roy-Ladurie: Système de la Coutume, structures familiales et coutumes d'héritages en France au XVIe siècle. In: Annales ESC, 1972, S. 835. Der Autor zitiert J. Yver: Essai de géographie coutumière. Paris 1966.
13 Diesen Begriff hat E. Shorter in »The making of modern family«, New York 1975, eingeführt. Wir zitieren hier nach der dt. Ausgabe »Die Geburt der modernen Familie«. Reinbek 1977.

14 Ebenda, S. 58. Es handelt sich hier im besonderen um die Vendée.
15 Vgl. A. Dupuy: Les Écoles de Bretagne au XVe siècle. In: Bulletin de la société archéologique de Brest, 1877–1878.
16 Für England vertritt Leach diese These in »The Schools of medieval England«. London^2 1916.
17 Neueste Ausgabe Paris 1979.
18 Vgl. E. Roy: Un régime de la santé au XVe siècle pour les petits enfants. In: Mélanges E. Picot. Paris 1913.
19 Vgl. M. Mollat: Les pauvres au Moyen Age, a. a. O., S. 346.
20 Vgl. den Forschungsbericht von M. Mollat in: (Cahiers de) Recherches sur les pauvres et la pauvreté 4 (1965–66).
21 Bericht in Le Monde vom 19. August 1980 (»Enfants à vendre«).
22 Vgl. J. Morawski: Proverbes français antérieurs au XVe siècle. Paris 1925, zitiert bei P. Contamine: La vie quotidienne pendant la guerre de Cent Ans. Paris 1976.
23 Wir halten uns an die im Babees' Book wiedergegebenen Textbeispiele, die ihrerseits der 1835 in Paris herausgegebenen Publikation »L'Hôtel de Cluny au Moyen Age« entnommen sind. Das Babees' Book wurde 1868 von F. Furnivall in der Reihe »Early English Text Society, Original series« in London ediert.
24 Vgl. N. Elias: Über den Prozeß der Zivilisation. 2 Bde., Bern/München 1969, Neuausgabe 1976.
25 Guillaume de Machaut (um 1300–1377), Dichter und bedeutendster Musiker des 14. Jhs.; seine Kompositionen umfassen alle Gattungen der »Ars nova« (Lais, Balladen, Rondeaux, Motetten).
26 Vgl. Le Lais. In: F. Villon: Œuvres. Hg. von J. Dufournet und A. Mary. Paris 1970, S. 9 (Nr. XXV).

7. Kapitel (Seite 212 bis 238)

1 Vgl. Lexikon des Mittelalters, Bd. I, Sp. 329 ff. »Alchemie«.
2 Vgl. etwa: R. Alleu: Aspects de l'alchemie traditionelle. Paris 1953; W. Ganzenmüller: Die Alchemie im Mittelalter. Paderborn 1938; S. Hutin: Histoire de l'alchimie. Verviers 1971, und ders.: La vie quotidienne des alchimistes au Moyen Age. Paris 1977.
3 Vgl. S. 61 f.
4 Mit ihm befaßt sich eine umfangreiche Literatur, u.a.: A. Poison: Nicolas Flamel. Sa vie, sa fondation, ses oeuvres. Paris 1893. Poison, der im späten 19. Jahrhundert lebte, war selbst Alchemist. L. Larguier: Nicolas Flamel, le faiseur d'or. Neuauflage Paris 1971. E. Canseliet: Nicolas Flamel, la Tour Saint-Jacques. Paris 1956. G. Ziegler: Nicolas Flamel ou le Secret du grand oeuvre. Paris 1971.
5 Zitiert bei Bourdeaut: Chantocé, Gilles de Rais et les ducs de Bretagne, a. a. O., S. 129.
6 Vgl. S. Hutin: La vie quotidienne des alchimistes au Moyen Age, a. a. O., S. 152 ff.
7 Vgl. C. Gagnons Beitrag: Lex alchimistes et les spéculateurs. In: Aspects de la marginalité au Moyen Age. Québec 1975.

8 Aussage von E. Blanchet.
9 Aussage von F. Prelati.
10 J. Michelet: La sorcière. Hg. von L. Refort. 2 Bde., Paris 1952–1956, Bd. I, S. 17 u. 18.
11 Vgl. M. Murray: The witch-cult in Western Europe. Oxford 1921, Neuausgabe 1962, und dies.: The god of the witches. Garden City/N. Y. 1960. Vgl. hierzu J. Delumeau: La Peur en Occident, a.a.O., S. 365 ff.
12 Vgl. S. Freud: Studienausgabe. Frankfurt a.M. 1974, Bd. IX, S. 539.
13 Vgl. Delumeau, a.a.O., S. 369.
14 Vgl. J. Robuchon: Légendes et Récits vendéens. Le surnaturel, Fontenay-le-Comte 1944, S. 105.
15 Vgl. Essais, 3. Buch, II. Kapitel. M. de Montaigne: Œuvres complètes. Hg. von A. Thibaudet u. M. Rat. Paris 1962, S. 1010.
16 Vgl. E. Bocquier: Les légendes de la nuit en Vendée. La Roche-sur-Yon 1908.
17 Abbé Baudry: Antiquités celtiques de la Vendée. In: Annuaire de la société d'émulation, 1872, S. 112.
18 Vgl. E. Bocquier, a.a.O.
19 J. Favret-Saada: Les mots, la mort, les sorts. La sorcellerie dans le bocage. Paris 1977. Vgl. vor allem S. 250 ff.
20 Vgl. etwa den Bericht »Un mage devant les assises« (Ein Magier vor Gericht), Le Monde, 10. Mai 1979. Es geht darin um einen Prozeß in Aix-en-Provence gegen den Magier Kilibaran, der sich wegen Hochstapelei zu verantworten hatte – ein Fall, in dem der Hang zum Mystizismus und simpler Betrug eine enge Verbindung eingegangen sind.
21 Vgl. hierzu eine Arbeit in den »Études carmélitaines«, die eine Synthese versucht: »Satan«, 1948, Neuauflage 1978; insbes. H.-J. Marrou: Un ange déchu, un ange pourtant, S. 28–45.
22 Vgl. F. van der Meer: Apokalypse. Die Visionen des Johannes in der europäischen Kunst. Antwerpen 1978.
23 Vgl. Jean Bodin: De la démonomanie des sorciers. Reprint Paris 1979, S. 113.
24 Vgl. J. Delumeau: La Peur en Occident, a.a.O., Kap. XI, S. 347.
25 N. Eymerich: Manuel des inquisiteurs, a.a.O., S. 68 f.
26 Verfaßt von den Dominikanern H. Institoris und J. Sprenger.
27 Vgl. Bataille, S. 265.
28 Ebenda, S. 267.
29 Aussage von Prelati, Bataille, S. 266.
30 Zitiert bei Delumeau: La Peur en Occident, a.a.O., S. 251 f.

8. Kapitel (Seite 239 bis 269)

1 Text aus dem 14. Jahrhundert über die Templer. Zitiert bei R. Delort: Le Moyen Age. Histoire illustrée de la vie quotidienne. Lausanne 1972, Neuauflage Paris 1983, S. 241.
2 N. Elias: Über den Prozeß der Zivilisation, a.a.O., Bd. I, S. 231 ff.
3 Vgl. J. van Ussel: Sexualunterdrückung. Hamburg 1971, S. 7.
4 Héroards Journal sur l'enfance et la jeunesse de Louis XIII, in zwei Bänden

1868 erschienen, wird ausgiebig zitiert bei P. Ariès: Geschichte der Kindheit, a. a. O.
5 Vgl. J. van Ussel, a. a. O., S. 25.
6 Vgl. B. Roy: L'humour érotique au XVe siècle, in dem Sammelband »L'Erotisme au Moyen Age« (Troisième colloque d'études médiévales). Montreal 1977.
7 Vgl. E. Power: Medieval Women. Hg. von M. M. Postan, Cambridge 1975, S. 28.
8 Vgl. R. Pernoud: La femme au temps des cathédrales, a. a. O., S. 270. Darin zitiert: Poètes et romanciers du Moyen Age. Hg. von A. Pauphilet, R. Pernoud und A. M. Schmidt, Paris 1952. E. Power schreibt die »Quinze joyes du mariage« übrigens Antoine de La Sale zu (a. a. O., S. 30).
9 Zitiert bei Delumeau, a. a. O., S. 336 f.
10 Zur Verteufelung der Frau vgl. Delumeau, S. 314 f.
11 H. H. Ellis: Studies in the Psychology of Sex. Deutsch: Sexualpsychologische Studien. Leipzig ^{2}1922.
12 Wir stützen uns hier auf den Kinsey-Report und die Arbeiten von Bryan Magee (One in twenty. Deutsch: Einer von Zwanzig. Eine Untersuchung der Homosexualität bei Mann und Frau. Wiesbaden 1967). Für Frankreich vgl. die sehr abgeklärte Arbeit von M. Daniel und A. Baudry: Les homosexuels. Paris 1973, S. 48. Die Autoren kommen zu dem Schluß, daß heute einer von fünfzehn Franzosen ständig homosexuell ist. Wesentlich drastischere Aussagen finden sich dagegen in dem Band »History and Anthology of Homosexuality« von 1970. Für J. L. Chardans und die »British group of sexological research« sind »in Wirklichkeit zwei Drittel aller Männer unbewußt homosexuell«.
13 N. de Clémanges: Le Traité de la ruine de l'Église. Zitiert bei P. S. Lewis: La France à la fin du Moyen Age, a. a. O., S. 405.
14 Nach Bossard.
15 Zitiert bei H. H. Ellis: Sexualpsychologische Studien, a. a. O., Bd. II.
16 Kanon 28 dieses Konzils. Vgl. D. S. Bailey: Homosexuality and the Western Christian Tradition. London 1955, S. 121 ff.
17 Ebenda, S. 91.
18 Diese These vertritt S. Runciman: The Medieval Manichee. Cambridge 1947, zitiert bei Bailey a. a. O. Die Diskussion über dieses Thema ist uferlos.
19 Vgl. Livres de Jostice et de Plet. Hg. von P. N. Rapetti, 1850, S. 12 f. und 215 f.
20 Vgl. J. L. Flandrin: Contraception, mariage et relations amoureuses dans l'Occident chrétien. In: Annales ESC, 1969, S. 1370 ff. Flandrin beruft sich auf die Thesen von T. Noonan: Contraception and marriage. Cambridge/Massachusetts 1966.
21 P. de Beaumanoir: Coutumes de Beauvaisis. Hg. von A. Salmon. 2 Bde., Paris 1899, S. 431 (§ 833).
22 Vgl. H. Duplès-Agier: Registre criminel du Châtelet de Paris. Paris 1861 bis 1864, Eintragungen vom 6. September 1339 bis 18. Mai 1392, Bd. I, S. 230 f.
23 E. Le Roy-Ladurie: Montaillou. Ein Dorf vor dem Inquisitor. 1294 bis 1325, Frankfurt a. M. 1980. Zu dem geschilderten Fall vgl. S. 172 ff.

24 Ebenda, S. 176.
25 J. Chartier: Chronique française du roi Charles VII, a. a. O., Bd. I., S. 184.
26 Vgl. J. Robuchon: Légendes et Récits vendéens, a. a. O. Im übrigen gehört diese Erzählung in eine Reihe mit anderen Sagen von versunkenen Städten (Atlantis, Yvetot, Vineta usw.).
27 M. Daniel/A. Baudry: Les homosexuels, a. a. O., S. 71.
28 J. Huizinga: Herbst des Mittelalters, a. a. O., S. 29.
29 Monstrelet: Chronique, a. a. O., Bd. III, S. 180 ff.
30 Vgl. S. 101.
31 Zu Haarmann vgl. J. L. Chardans u. a.: History and Anthology of Homosexuality, a. a. O., S. 222 ff.
32 M. Dubu: Gilles de Rays, magicien et sodomiste. Paris 1945, S. 78.
33 Aus der vielseitigen und unerschöpflichen Produktion von Comic strips für Erwachsene greife ich etwas willkürlich ein paar Titel heraus: »Le sadique de Provence« (Der Sadist aus der Provence), »Terror, orgie de sang« (Terror, Blutrausch), »Le maître du cauchemar« (Der Herr des Alptraums), »Le naufrage de l'Étoile du Nord« (Der Untergang des Polarsterns) und abschließend seines Titels wegen noch »Ma maîtresse, la mort« (Der Tod, meine Herrin). »Le sadique de Provence« und »Orgie de sang« könnten von Gilles de Rais oder zumindest von seinen Phantasiebildern inspiriert sein. Auf eine Comic strip-Version von »Tristan und Isolde« bin ich ganz zufällig bereits gestoßen; ich bin ziemlich sicher, daß ich auch noch eine der Geschichte des Gilles de Rais finden werde.
34 Vgl. R. Laforgue: Psychopathologie de l'échec. Paris 1941, Neuauflage 1944.
35 Ebenda, S. 46.

Bibliographie

I. Texte zu Gilles de Rais

1. Dokumente

E. Bossard: Gilles de Rais, Maréchal de France, dit Barbe Bleue. Paris ²1885 und G. Bataille: Le procès de Gilles de Rais. Paris 1965 bieten jeweils eine Abschrift bzw. Übersetzung der wichtigsten Akten des kirchlichen und weltlichen Prozesses. Die Originale befinden sich, was den kirchlichen Prozeß betrifft, in den Archives de la Loire-Atlantique (G 189); Faksimiles und Kopien in der Bibliothèque de Nantes und der Bibliothèque Nationale von Paris. Was die Akten des weltlichen Prozesses betrifft, so stammt die von G. Bataille verwendete Kopie von 1530 aus dem Archiv La Trémoille (Archives nationales, 1 AP 585). Die Bibliothek von Nantes (Sammlung von Thouars), die Bibliothèque de l'Arsenal und die Bibliothèque Nationale besitzen zahlreiche Kopien des weltlichen Gerichtsverfahrens.

Weitere verwendete Dokumente:
- Freisprechungspatent von Karl VII. für Roger de Bricqueville (Bossard – Archives nationales)
- Dokumente aus dem »Memorandum der Erben«, insbes. über die Verschwendungen des Gilles de Rais (Bossard – Archives de la Loire-Atlantique); vgl. auch: Dom Lobineau: Histoire de Bretagne. Preuves [1712], Nr. 1068).
- Gründungsurkunde der kirchlichen Stiftung zu Ehren der Unschuldigen Kinder von Bethlehem (Bossard).

Vgl. auch R. Blanchard: Cartulaire des Sires de Rais. In: Bulletin de la société archéologique de Nantes, 1887.

2. Chroniken, Berichte, Erzählungen, 15.–18. Jh.

Ca. 1450: E. de Monstrelet: Chronique. Hg. von Renouard. Paris 1857–62, Bd. V, Kap. CCXLIX.
1477: J. Chartier: Chronique française du roi Charles VII. Hg. von A. Vallet de Viriville. Paris 1857, vgl. Bd. II, Kap. 141.
1514: A. Bouchart: Les grandes croniques de Bretagne. Hg. von H. Le Meignen. Paris 1886.
1558: B. d'Argentré: Histoire de Bretagne.
1707: Dom Lobineau: Histoire de Bretagne.
1742: Dom H. Morice: Histoire ecclésiastique et civile de Bretagne.
1757: Voltaire: Essai sur les moeurs et l'esprit des nations. Hg. von R. Pomeau. 2 Bde., Paris 1963, vgl. Bd. II, Kap. LXXX.
1784: Chroniqueur de Saint-Mor: L'art de vérifier les dates des faits historiques. Bd. II.

3. Untersuchungen, Erzählungen und Romane, 19./20. Jh.

1841:   J. Michelet: Histoire de France. Krit. Neuausgabe Paris 1978, vgl. 11. Buch, Kap. I.
1848:   G. Flaubert: Par les champs et par les grèves. Hg. von M. Nadeau. Lausanne 1961, vgl. Kap. III.
1854:   C. Barthélémy: Histoire de la Bretagne.
1855:   A. Guéraud: Notice sur Gilles de Rays.
1857:   P. Marchegay: Récit authentique de l'exécution de Gilles de Rays.
1863:   A. Vallet de Viriville: Histoire de Charles VII.
1872:   L. Michel: Le livre du jour de l'an.
1885:   Abbé E. Bossard: Gilles de Rais, Maréchal de France, dit Barbe Bleue.
1891:   J.-K. Huysmans: Là-Bas.
1894:   C. Lemire: L'épisode de Barbe Bleue au théâtre.
1895:   R. von Krafft-Ebing: Psychopathia sexualis. 16. u. 17., vollständig umgearbeitete Auflage von A. Moll. Stuttgart 1924.
1897:   J.-K. Huysmans: La sorcellerie en Poitou.
1899:   E. Eudes: La dernière chute ou Gilles de Laval, maréchal de Rais.
1902:   S. Reinach: Erste Artikel zur Rehabilitierung von Gilles de Rais. In: Le signal, 21. Okt. 1902 und der Revue des universités de Belgique, Dez. 1904.
1904:   Vizetelli: Blue beard, an account of Comorre the Cursed and Tradition.
1910:   F. H. Bernelle: La psychose de Gilles de Retz, sire de Laval, maréchal de France. Medizinische Dissertation, Paris.
1912:   S. Reinach: Gilles de Rais. In: Cultes, mythes et religions, Bd. IV, S. 267–299.
        N. Valois: Le procès de Gilles de Rais. In: Bulletin de la Société de l'Histoire de France (Antwort auf Reinach). Buchausgabe Paris 1913.
1921:   Dr. Ludovico Hernandez (F. Fleuret): Le procès inquisitorial de Gilles de Raiz (Barbe Bleue), avec un essai de réhabilitation.
1922:   L. F. Bessière: Un mariage de grands seigneurs en 1422. In: La revue de l'Anjou.
1924:   Abbé A. Bourdeaut: Chantocé, Gilles de Rais et les ducs de Bretagne. In: Mémoires de la société d'histoire et d'archéologie de Bretagne, Nr. 2.
1925:   É. Gabory: La psychologie de Gilles de Raiz. In: Revue du bas Poitou.
1926:   É. Gabory: La vie et la mort de Gilles de Raiz, dit à tort Barbe Bleue.
1931:   Dr. C. Coubard: Gilles de Rays. In: Aesculape.
1933:   Dr. Soueix: Gilles de Raiz devant les médecins. Med. Diss., Bordeaux.
1934:   Strezova Mila Simeonova: Gilles de Rays. Étude médico-légale et psychiatrique. Med. Dissertation, Straßburg.

4. Wichtigste Werke seit 1945

1945:   M. Dubu: Gilles de Rays, magicien et sodomiste.
1949:   G. Meunier: Gilles de Rays et son temps.
1950:   Albert-Jean: Le secret de Barbe Bleue. Gilles de Rais (1404–1440).
1953:   Le Crapouillot: Sondernummer »Amour et magie«.
1955:   R. Villeneuve: Gilles de Rays, une grande figure diabolique.
1959:   G. Bataille: Le procès de Gilles de Rais (Neuausgabe 1965).
1961:   G. Bordonove: Requiem pour Gilles de Rais.
1961:   E. Coarec-Kalondan: La scandaleuse affaire Gilles de Retz.
1966:   M. Bataille: Gilles de Rais.
1975:   R. Planchon: Gilles de Rais, miracle en dix tableaux.
1978:   J. Rouillée: Gilles de Rays, l'homme de la démesure.
1981:   J. Bressler: Gilles de Rais ou la passion de défi.
1982:   M. Hérubel: Gilles de Rais et le déclin du Moyen Age.
1983:   M. Tournier: Gilles et Jeanne.
        P. Boesmans/P. Mertens: La passion de Gilles.

II. Allgemeines

Soweit Übersetzungen ins Deutsche vorliegen bzw. greifbar sind, wird die deutsche Ausgabe zitiert.

R. Alleu: Aspects de l'alchimie traditionelle. Paris 1953.
P. Ariès: Geschichte der Kindheit. München 1975.
– Geschichte des Todes. München 1980.
– Studien zur Geschichte des Todes im Abendland. München 1981.
D. S. Bailey: Homosexuality and the Western Christian Tradition. London 1955.
Babees' Book, hg. von F. Furnivall. London 1868.
Abbé Baudry: Antiquités celtiques da la Vendée. In: Annuaire de la société d'émulation. 1872.
P. de Beaumanoir: Coutumes de Beauvaisis. Hg. v. A. Salmon. 2 Bde. Paris 1899.
M. Bloch: Die Feudalgesellschaft. Berlin 1982.
E. Bocquier: Les légendes de la nuit en Vendée. La Roche-sur-Yon 1908.
Y. Bongert: Cours d'histoire du droit pénal. In: Les cours de droit, faculté de droit. Paris 1966–67.
A. Bossuat: Les prisonniers de guerre au XVe siècle. In: Annales de Bourgogne 1951, S. 7–35.
A. Bouchart: Les grandes croniques de Bretagne. Hg. von H. Le Meignen. Paris 1886.
Abbé A. Bourdeaut: Étude sur le caractère moral de Jean V, duc de Bretagne. In: Bulletin de la société archéologique de Nantes et de la Loire-Inférieure, 1916.
A. Bouton, La Marine: Histoire économique et sociale. Paris 1971.

J. de Brie: Le bon berger. Neuausgabe Paris 1979.
J. de Bueil: Le Jouvencel. Hg. von C. Favre/L. Lecestre. 2 Bde. Paris 1887 bis 1889.
E. Canseliet: Nicolas Flamel, la Tour Saint-Jacques. Paris 1956.
E. Carpentier: Autour de la peste noire. In: Annales ESC, 1962, S. 1062–92.
O. Cartellieri: Am Hof der Herzöge von Burgund. Basel 1926.
P. Champion: Procès de condamnation de Jeanne d'Arc. 2 Bde. Paris 1930.
J. L. Chardans/British group of sexological research: History and Anthology of Homosexuality. London 1970.
J. Chelini: Histoire religieuse de l'Occident médiéval. Paris 1968.
Le cinéma selon Bergman, entretiens avec le cinéaste. Paris 1973.
P. du Colombier: L'enfant au Moyen Age. Paris 1951.
Complainte sur la bataille de Poitiers. Hg. von C. de Beaurepaire. Paris 1951.
P. Contamine: Azincourt. Paris 1964.
– La vie quotidienne pendant la guerre de Cent Ans. Paris 1976.
– Guerre, état et société. Paris/La Haye 1972.
F. Curschmann: Hungersnöte im Mittelalter. Leipzig 1900. Reprint Aalen 1970.
M. Daniel/A. Baudry: Les homosexuels. Paris 1973.
R. Delort: Le Moyen Age. Histoire illustrée de la vie quotidienne. Lausanne 1972, Neuauflage Paris 1983.
J. Delumeau: Angst im Abendland. Reinbek 1985.
H. Denifle: La désolation des églises, monastères et hôpitaux de France pendant la guerre de Cent Ans. Paris 1897–99.
M. Defourneaux: La vie quotidienne au temps de Jeanne d'Arc. Paris 1952.
G. Duby: L'an mil. Paris 1967.
– Histoire de la France rurale. Paris 1975.
– Die drei Ordnungen. Frankfurt 1981.
– Krieger und Bauern. Frankfurt a. Main 1977.
– Die Zeit der Kathedralen. Frankfurt a. Main 1980.
G. und A. Duby: Le procès de Jeanne d'Arc. Paris 1973.
G. Duby/R. Mandrou: Histoire de la civilisation française au Moyen Age. Paris 1980.
G. Duby/H. Neveux: Histoire de la France rurale. Paris 1975.
H. Duplès-Agier: Registre criminel du Châtelet de Paris. Bd. I, Paris 1861 bis 1864.
A. Dupuy: Les Ecoles de Bretagne au XVe siècle. In: Bulletin de la société archéologique de Brest. 1877–78.
N. Elias: Über den Prozeß der Zivilisation, 2 Bde., Bern/München 1969.
H. H. Ellis: Studies in the Psychology of Sex. Deutsch: Sexualpsychologische Studien. Leipzig 1922.
A. Esmein: Histoire de la procédure criminelle en France. Paris 1882.
N. Eymerich/F. Pena: Manuel des Inquisiteurs. Paris 1973.
R. Favreau: Pauvres en Poitou et en Anjou à la fin du Moyen Age. In: Cahiers de la pauvreté, 1968/69.
J. Favret-Saada: Les mots, la mort, les sorts. La sorcellerie dans le bocage. Paris 1977.
J. L. Flandrin: Contraception, mariage et relations amoureuses dans l'Occident chrétien. In: Annales ESC, 1969.

E. Fournial: Les villes et l'économie d'échange en France aux XIIIe et XIVe siècles. Paris 1967.
- Histoire monétaire de l'Occident médiéval. Paris 1970.
P. Fournier: Les officialités au Moyen Age – organisation, compétence, procédure des tribunaux ecclésiastiques ordinaires en France de 1180 à 1328. Paris 1880.
G. Fourquin: Les soulèvements populaires au Moyen Age. Paris 1972.
- Histoire économique de l'Occident médiéval. Paris 1979.
S. Freud: Studienausgabe. Frankfurt a. M. 1974.
J. Froissart: Œuvres. Hg. von Kervyn de Lettenhove. 25 Bde., Brüssel 1870 bis 1875.
C. Gagnon: Les alchimistes et les spéculateurs. In: Aspects de la marginalité au Moyen Age. Québec 1975.
W. Ganzenmüller: Die Alchemie im Mittelalter. Paderborn 1938.
J. Gerson: Œuvres complètes. Hg. von P. Glorieux. Paris 1966.
J. Le Goff: Les intellectuels au Moyen Age. Paris 1957.
- Civilisation de l'Occident médiéval. Paris 1972.
J. L. Goglin: Les misérables dans l'Occident médiéval. Paris 1976.
R. Guillot: Procès de Jacques Coeur. Paris 1975.
J. Heers: L'Occident aux XIVe et XVe siècles, aspects économiques et sociaux. Paris 1973.
- Fêtes des fous et Carnavals. Paris 1983.
Héroard: Journal sur l'enfance et la jeunesse de Louis XIII. 2 Bde., Paris 1868.
J. Huizinga: Herbst des Mittelalters. Hg. von K. Köster. Stuttgart ^{10}1969.
S. Hutin: Histoire de l'alchimie. Verviers 1971.
- La vie quotidienne des alchimistes au Moyen Age. Paris 1977.
Journal d'un Bourgeois de Paris, 1405–1449. Hg. von A. Tuetey. Paris 1881.
R. Laforgue: Psychopathologie de l'échec. Paris 1941, Neuaufl. 1944.
L. Larguier: Nicolas Flamel, le faiseur d'or. Neuaufl. 1971.
H. C. Lea: History of the Inquisition in the Middle Ages. 3 Bde., New York 1880, Neuausgabe 1963.
A. F. Leach: The schools of medieval England. London ^{2}1916.
P. Léon: Histoire économique et sociale du Monde. Paris 1977.
T. Lévy: Le désir de punir. Paris 1979.
P. S. Lewis: Later medieval France. London 1968.
Lexikon des Mittelalters. München 1980 ff.
Li livres de Jostice et de Plet. Hg. von P. N. Rapetti. Paris 1850.
F. Lot/R. Fawtier: Histoire des institutions françaises au Moyen Age. 3 Bde., Paris 1957–62.
J. Macek: Jean Hus et les traditions hussites. Paris 1973.
B. Magee: One in twenty. Deutsch: Einer von Zwanzig. Wiesbaden 1967.
É. Mâle: L'Art religieux de la fin du Moyen Age en France. Paris 1908.
H.-J. Marrou: Un ange déchu, un ange pourtant. In: Etudes carmélitaines. 1948, S. 28–45.
J. de la Martinière: Un grand chancelier de Bretagne, Jean de Malestroit. In: Memoires de la société d'histoire et d'archéologie de Bretagne, 1920.
F. van der Meer: Apokalypse. Die Visionen des Johannes in der europäischen Kunst. Antwerpen 1978.

E. Meuthen: Das 15. Jahrhundert. München/Wien 1980.
J. Michelet: La sorcière. Hg. von L. Refort. 2 Bde., Paris 1952–56.
M. Mollat: Genèse médiévale de la France moderne. Paris 1970.
– Die Armen im Mittelalter. München 1987.
M. Mollat/P. Wolff: Ongles bleus. Jacques et Ciompi. Paris 1970.
M. de Montaigne: Œuvres complètes. Hg. von A. Thibaudet/M. Rat. Paris 1962.
J. Morawski: Proverbes français antérieurs au XVe siècle. Paris 1925.
M. Murray: The witch-cult in Western Europe. Oxford 1921, Neuausgabe 1962.
– The god of the witches. Garden City/N. Y. 1960.
T. Noonan: Contraception and marriage. Cambridge/Mass. 1966.
O. G. Oexle: Die funktionale Dreiteilung der ›Gesellschaft‹ bei Adalbero von Laon. In: Frühmittelalterliche Studien 12, 1978.
V. Penrose: Erzsébet Báthory, la comtesse sanglante. Paris 1969.
M. Périsset: La comtesse de sang. Paris 1975.
R. Pernoud: La libération d'Orléans. Paris 1969.
– La femme au temps des cathédrales. Paris 1980.
J. Pinglé: L'Inquisition ou la dictature de la foi. Paris 1983.
R. Planchenault: L'Apocalypse d'Angers. Paris 1966.
Poètes et romanciers du Moyen Age. Hg. von A. Pauphilet/R. Pernoud/A. M. Schmidt. Paris 1952.
A. Poison: Nicolas Flamel. Sa vie, sa fondation, ses œuvres. Paris 1893.
E. Power: Medieval Women. Hg. von M. M. Postan. Cambridge 1975.
J. Quicherat: Rodrigue de Villandrando. Paris 1879.
F. Rapp: La Réforme religieuse et la malédiction de la mort à la fin du Moyen Age. In: Colloque de la Société des historiens médiévistes de l'Enseignement supérieur public, consacré à la Mort au Moyen Age. Straßburg 1977.
Recherches sur les pauvres et la pauvreté. Hg. von der Faculté des lettres de Paris. Heft 4 (1965–66) und 9 (1972–74).
J. Robuchon: Légendes et Récits vendéens. Le surnaturel. Fontenay-le-Comte 1944.
J. Rousseau: A travers le marais breton-vendéen. Paris 1968.
B. Roy: L'humor érotique au XVe siècle. In: L'Erotisme au Moyen Age (Troisième colloque d'études médiévales). Montreal 1977.
E. Roy: Un régime de la santé au XVe siècle pour les petits enfants. In: Mélanges E. Picot. Paris 1913.
E. Le Roy-Ladurie: Système de la Coutume, structures familiales et coutumes d'héritages en France au XVIe siècle. In: Annales ESC, 1972.
– Montaillou. Ein Dorf vor dem Inquisitor. 1254 bis 1325. Frankfurt a. M. 1980.
S. Runciman: Häresie und Christentum. München 1988.
J. Salvini: Un évêque de Poitiers. Jacques Jouvenel des Ursins. In: Bulletin de la Société des Antiquités de l'Ouest, 1961, S. 85–107.
E. Shorter: The making of modern family. New York 1975. Deutsch: Die Geburt der modernen Familie. Reinbek 1977.
H. Stein: Archers d'autrefois, archers d'aujourd'hui. Paris 1925.
L. Tanon: Histoire des tribunaux de l'Inquisition en France. Paris 1893.

A. Tenenti: La vie et la mort à travers l'art du XVe siècle. Paris 1952.
G. u. J. Testas: L'Inquisition. Paris 1974.
B. Tuchman: Der ferne Spiegel. Das dramatische 14. Jahrhundert. Düsseldorf 1980.
J. van Ussel: Sexualunterdrückung Hamburg 1971.
A. H. Verrill: L'Inquisition. Paris 1932, Neuauflage 1980.
F. Villon: Œuvres. Hg. von J. Dufournet/A. Mary. Paris 1970.
J. Yver: Essai de géographie coutumière. Paris 1966.
G. Ziegler: Nicolas Flamel ou le Secret du grand oeuvre. Paris 1971.

Bildnachweis

Archiv für Kunst und Geschichte, Berlin: S. 33, 39, 50, 66, 110
Bibliothèque Royale, Brüssel: S. 122
Bibliothèque Nationale, Paris: S. 86, 100, 107, 113, 120, 149, 157, 222, 250, 259
Photographie Giraudon, Paris: S. 29, 45 (Bibliothèque Nationale), 230 (Musée Condé, Chantilly),
S. 47 aus: Dom Lobineau, Histoire de Bretagne, Bd. II: Preuves, Tafel CCXXXII

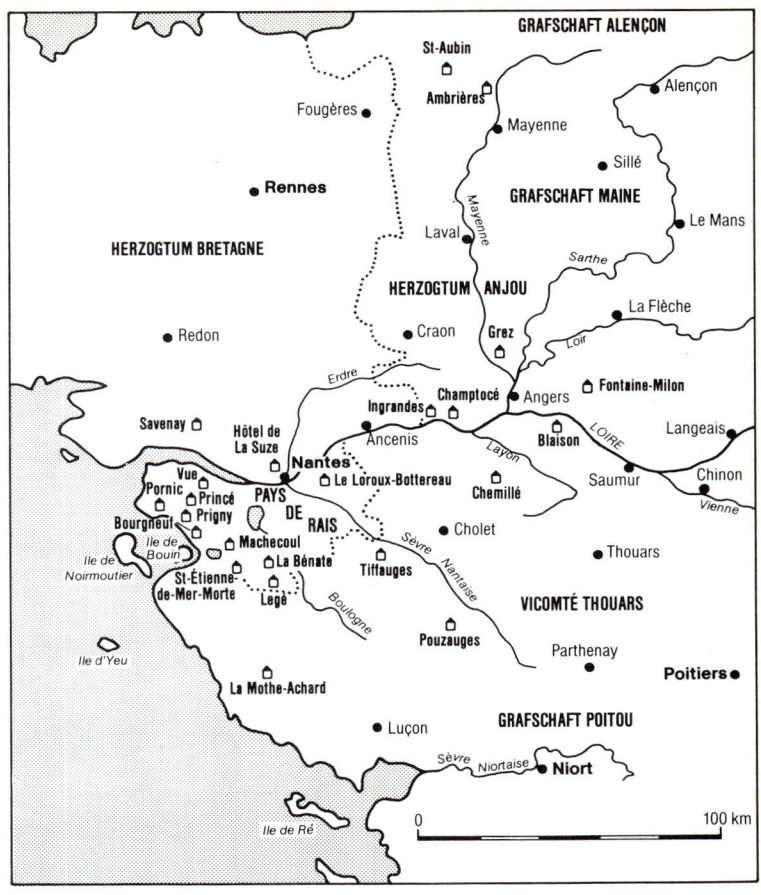

	Schlösser, Herrschaften und Kastellaneien des Gilles de Rais
......	Grenze des Herzogtums Bretagne

Namenregister

Abaelard, Philosoph 21
Ailly, Pierre de 146
Albertus Magnus, Gelehrter 243
Alençon, Graf von 109
Alençon, Herzog und Herzogin von 117
Alexander IV., Papst 175
Alfons X., König von Kastilien 217
Anjou, Karl von 43, 52, 125
Anjou, Ludwig I. Herzog von 30, 217
Anjou, Ludwig II. von s. Ludwig II. von Anjou, König von Sizilien
Anjou, Ludwig III. Herzog von 32, 51, 54
Anjou, Pierre de 118
Anjou, René Herzog von 32, 93
Anne de Bretagne s. Bretagne
Antoine de Palerne, Geisterbeschwörer 63, 68
Argentré, B. de, Chronist 80, 94
Ariès, Philippe, Historiker 28, 148, 198
Armagnac, Bonne de (Frau Charles' von Orleáns) 259
Arnaud de Verniolles, Franziskaner 253
Aubriot, Hugues, Profoß von Paris 146
Augustinus, Kirchenlehrer 249

Barbara von Cilli, Frau von Kaiser Siegmund 217
Barillon, Jean, Alchemist 217
Basilius, Kirchenlehrer 249
Bataille, Georges, Schriftsteller 12, 37, 62, 69, 98
Bataille, Nicolas, Wirker 30
Báthory, Gräfin Erzsébet 10, 23, 261
Baudry, Abbé 226
Bajesid I., türkischer Sultan 114
Beaumanoir, Jean de 118
Beaumanoir, Philippe de, Rechtsgelehrter 252
Beaumanoir, Robert de 109
Bedford, Johann Graf von, Bruder Heinrichs V. 48f., 121, 136, 140
Bellemère, Gilles de, Dichter 243
Benedikt XII., Papst 253
Benedikt XIII., Papst 140
Benoît de Sainte-More, Kleriker 100
Bergman, Ingmar, Filmregisseur 31
Bernardin von Siena, Franziskaner 32, 142, 153
Berranger, Jean, Kaufmann 125

Berry, Johann Herzog von, Bruder Karls V. 31 f., 127, 148, 251
Bétisac, Hauptmann 146
Blackburne, Befehlshaber 43
Blanchet, Eustache, Priester 61 f., 64 f., 68, 79 f., 83 f., 87, 173, 189, 191, 220, 236, 257
Blaubart 10 f.
Blouyn, Jean, Vikar des Inquisitors 83 f., 164, 169, 171, 174
Boccaccio, Giovanni, Dichter 27, 241
Bodin, Jean, Staatsrechtslehrer 147, 232
Bokassa, ehemaliger Kaiser des Zentralafrikanischen Reiches 261
Bonifaz VIII., Papst 251
Bouchart, Alain, Chronist 91
Boucher, Jacques, Bürger und Intendant in Orléans 57
Bouchet, Jehan, Bailli und Seneschall des Grafen von Maine 125
Boucicaut, Jean de, Marschall 32, 131 f., 242
Bourbon, Bastard von 130
Bourbon, Jean de 117
Boussac, Heerführer Karls VII. 48
Bramborough, englischer Heerführer 109
Brémont, Hicquet de, Diener Gilles' de Rais 68
Brestois, Opfer Gilles' de Rais 189
Bretagne, Anne de, Frau Karls VIII. 11
Bretagne, Gilles de, Sohn Johanns V. 66
Bretagne, Isabelle de, Frau Ludwigs III. von Anjou 51
Brézé, Pierre de, Heerführer und Ratgeber Karls VII. 43, 52
Briand, Perrinet, Opfer Gilles' de Rais 190, 245, 263
Brice, Guillaume, Opfer Gilles' de Rais 193
Bricqueville, Roger de 57, 61, 68, 71 f., 74, 76, 82, 92, 258
Brie, Jean de, Dichter 34, 203 f., 210
Brussac, Gauthier de, Feldhauptmann 57
Buchet, André, Diener Gilles' de Rais 68, 75, 79
Bueil, Hardouin du, Bischof von Angers 39, 57, 125
Bueil, Jean du, Amiral de France, Graf von Sancerre 49, 52, 103, 116, 119, 131 f.
Burgund, Marschall von 117

Cambray, Adam de, Präsident des Parlement 41
Camus, Albert, Schriftsteller 22
Cauchon, Pierre, Bischof von Beauvais 140f., 165, 170
Cecco d'Ascoli, Astrologe und Dichter 212
Chabannes 130
Chabot, Jeanne de 19, 36
Chapeillon, Guillaume, Priester und Rektor in Nantes, Promotor am kirchlichen Gericht von Nantes 166
Charles d'Orléans s. Orléans, Charles Herzog von
Chartier, Alain, Sekretär Karls VII. 27, 32, 89, 196f., 271
Chartier, Jean, Chronist 9, 28, 46, 48, 89ff., 180, 254
Chastelain, Adam, Bischof von Le Mans 121
Chastellain, Georges, Chronist 89
Châteaugiron-Malestroit, Jean de, Vater Malestroits 135
Châteauvillain, Guillaume 118, 123
Chevrot, Jean, Bischof von Tournai 142
Chicot, Jehannot 252
Christine de Pisan, Dichterin 131, 206, 242
Clemens V., Papst 176
Clemens VII., Papst 26
Clerc, Jacques du 146
Clermont, Graf von, Marschall 103, 110
Clisson, Olivier de, Konnetabel 24, 36, 136
Coesmes, Charles de 125
Coëtivy, Prégent de, Schwiegersohn Gilles' de Rais, Heerführer 41, 43, 47, 52, 92ff., 182, 217
Coeur, Jacques, Kaufmann 89, 195, 218
Col, Gontier, Humanist 31, 242
Comminges, Feldherr 114
Craon, Amaury de, Onkel Gilles' de Rais 20, 37
Craon, Geschlecht der 98
Craon, Jean de, Großvater Gilles' de Rais 20, 35–43, 50, 54, 58, 76f., 85, 118, 155, 258, 268
Craon, Marie de, Mutter Gilles' de Rais 19, 36, 50, 98
Crescenzi, Pietro de, Agrarschriftsteller 34

Dastyn, John, Geistlicher und Alchemist 216
Deschamps, Eustache, Dichter 243

Dinan, Jacques de, Heerführer 43
Dol, Jeanne de, Mutter Malestroits 135
Dominikus, Hl. (Domingo de Guzmán) 163
Dostojewskij, Fjodor M. 265
Dracula 10
Du Guesclin, Bertrand, Konnetabel 24, 36, 98, 136, 143
Dumesnil, Beschwörer 63, 66
Dunois, Jean s. Orléans, Bastard von

Edeline, Guillaume, Professor an der Universität Paris 147
Eduard II., König von England 247
Eduard III., König von England 23, 102, 107
Eduard, Prinz von Wales, genannt der »Schwarze Prinz« 108, 110
Ernauld de Corbie 322
Eugen IV., Papst 59
Eymerich, Nicolau, Generalinquisitor von Katalonien 164, 172–177, 245

Ferrer, Vinzenz, Prediger 32, 153
Ferté, Bernard IV. von 124, 216
Flamel, Nicolas, Alchemist 215f., 218f.
Foix, Gräfin von 130
Fontenays, Michel de, Lehrer und Erzieher Gilles' de Rais 36, 155
Fouraige, Guillaume 193
Fournier, Jacques s. Benedikt XII.
Fournier, Jean, Richter 118
Franz II., Herzog der Bretagne, Sohn Johanns V. 17, 49, 51, 91
Fremière, Guillaume, Bürger u. Beamter d. Univ. Angers 126
Fresnay, Gilbert de 118
Fresnière, Guillaume de 57
Friedkin, William, Filmregisseur 263
Friedrich II., Kaiser 215
Froissart, Jean, Geschichtsschreiber und Dichter 23, 89, 108, 146

Gacy, John 262f.
Gaucourt, Feldherr 49
Geldern, Graf von 131
Gerson, Jean Charlier de, Prediger am Hof Karls VI., Kanzler der Universität Paris 144–149, 152, 200, 239, 243, 271
Giac, Graf von 130
Graveret, Jean, Generalinquisitor von Frankreich 170
Gregor IX., Papst 163, 234
Gressart, Perrinet 117
Griart, Henriet, Diener Gilles' de Rais 65,

309

68, 72–79, 82, 84, 87, 182, 188ff., 207, 236, 245f.
Griffith, Charles, Filmregisseur 266
Gui, Bernard, Inquisitor von Toulouse 164
Guillaume, Apotheker 57

Haarmann, Friedrich 260f., 263
Harcourt, Christophe Graf von 130
Harcourt, Jean de 142
Harcourt, Louis de, Bischof von Narbonne 141
Heinrich III., König von Frankreich 246
Heinrich V., König von England 24, 38, 41, 136
Heinrich VI., König von England 42, 137, 140f.
Hennequin de Bruges (Jean Bondol), Handschriftenmaler 30
Hermann von Carinthia, Übersetzer des Koran 215
Héroard, Leibarzt Ludwigs XIII. 240
Herzog, Werner, Filmregisseur 266
Hilairet, Guillaume, Handwerker 52, 76
Hildegard von Bingen, Hl. 242
Huston, John, Filmregisseur 265

Innozenz II., Papst 107
Innozenz III., Papst 163, 168
Innozenz IV., Papst 175
Isabeau von Bayern, Frau Karls VI. 259
Isabelle de Bretagne, s. Bretagne
Isabelle de France, Frau Eduards II. 247

Jacquemart de Hesdin, Maler 127
Jacqueville, Helion de, Ritter 81, 260
Jean de Bourbon, s. Bourbon
Jean de La Rivière, Geisterbeschwörer 63ff.
Jean de Touscheronde 187
Jean de Meung, Dichter 241, 244
Jean du Jardin 76
Jean II. Groignet de Vassé 124
Jean, Kaplan von Gilles de Rais 38
Jean le Maistre, Vize-Inquisitor 170
Jeanne d'Arc 12f., 24, 31, 42ff., 46, 48ff., 52, 71, 115, 129, 131, 140, 145, 151, 155, 159, 165, 170, 183, 251, 268, 271
Jeanne des Armoises, »falsche Johanna« 44, 60
Jeudon 52
Johann II., der Gute, König von Frankreich 23, 32, 110f., 251
Johann IV., Herzog der Bretagne 24

Johann Ohnefurcht, Herzog von Burgund 24, 32, 81, 259f.
Johann V., Herzog der Bretagne 13, 17, 20, 24, 36, 38, 41, 49, 54, 58ff., 80f., 87f., 91, 134–137, 157f., 170, 187, 269
Johann von Berry s. Berry
Johann von Kastl 152
Johann von Luxemburg, König von Böhmen 109f.
Johann von Mies, Kanonikus aus Prag 152
Johannes Chrysostomos, Heiliger 249
Johannes XXII., Papst 216, 233
Jouvenel des Ursins, Jacques, Bischof von Poitiers 141
Jouvenel des Ursins, Jean, Erzbischof von Reims 141

Karl der Kühne, Herzog von Burgund 32, 89
Karl IV., der Schöne, König von Frankreich 27
Karl V., der Weise, König von Frankreich 109, 112, 114, 129, 203, 217
Karl VI., der Wahnsinnige, König von Frankreich 24, 38, 128, 145, 147, 217, 259
Karl VII., der Siegreiche, König von Frankreich 20, 24f., 41, 47f., 52f., 59, 71, 80, 82, 92f., 114, 118, 129, 136, 141, 156, 195, 197, 254
Karl von Anjou s. Anjou, Charles de
Kazan, Elia, Filmregisseur 266
Konrad von Marburg, Inquisitor für Deutschland 232
Kürten, Peter 260

l'Hôpital, Pierre de, Parlamentspräsident 85, 87, 160
la Borzac, G. de, Lehrer und Erzieher Gilles' de Rais 36, 155
La Fayette, Marschall de 47
La Hire de Gascogne, Etienne Vignoles, Heerführer Karls VII. 43, 48, 115, 128, 130
la Jumellière, Guillaume de, Hauptmann 43, 57f.
La Noë, Jean de, Hauptmann von Tiffauges 40
La Roche-Guyon, Guy de 57
La Suze, René de, Bruder Gilles' de Rais 36, 53ff., 58ff., 71, 75, 91, 93f., 182
La Trémoille, Georges de, Vetter Gilles' de Rais und Vertrauter Karls VII. 42f., 47–50, 52f., 117, 197, 217

Labbé, Jean, Feldhauptmann des Herzogs der Bretagne 82
Landru 263
Lang, Fritz, Filmregisseur 260, 265
Langland, William, Dichter 193
Laughton, Charles, Schauspieler 266
Laval, Guy II. de, Vater Gilles' de Rais 19, 36, 51, 58, 98
Laval, Guy »Brumor« de, Großvater Gilles' de Rais 36, 98
Laval, Jeanne de 118
Laval, René de s. La Suze, René de
Laval-Lohéac, André de 60, 71, 75, 93f., 118, 182
Le Barbin, Georges 79
Le Camus, Bernard, Opfer Gilles' de Rais 189
le Cesne, Guillemot, Kaufmann 57, 126
Le Febvre, Jean, Dichter 152
Le Febvre, Robin, Räuber 252
Le Ferron, Jean, Bruder von Geoffroy Le Ferron 57, 81f.
Le Ferron, Geoffroy, Schatzmeister der Bretagne 81
Lemeignet, J. 193
Lenano, Marchese von Ceva 68, 81, 84
Léon, Charles de, Hauptmann 75
Ligny, Jean de 130
Limburg, Brüder, Handschriftenmaler 32
Lobineau, Dom, Geschichtsschreiber 244
Loessart, Colin, Opfer Gilles' de Rais 203
Longchamp, William 247
Loré, Ambroise de, Heerführer 42, 46
Louis, Beschwörer 63
Louis de Luxembourg, Kanzler Heinrichs VI., Bischof von Thérouanne, Erzbischof von Rouen und Ely 141, 247
Lüdke, Bruno 260
Ludwig II. von Anjou, König von Sizilien 30
Ludwig IX., der Heilige, König von Frankreich 30, 102
Ludwig von Orléans s. Orléans
Ludwig von Anjou s. Anjou
Ludwig XI., König von Frankreich 30, 41, 60, 63, 67, 114, 147, 203, 218, 253
Ludwig XIII., König von Frankreich 134, 240
Lyembois, Jaquet 252

Machaut, Guillaume de, Dichter und Komponist 210
Maillard, Olivier, Prediger 153
Maillé, Hardouin de 126

Malestroit, Jean de, Bischof von Nantes und Kanzler 9, 12, 14, 25, 42, 57, 59, 80, 82–85, 87, 118, 125, 134–141, 154, 158, 162, 165, 168f., 171, 174, 182, 187, 245, 269
Mancibot, Jean, Steuereinnehmer des Bischofs von Le Mans 121
Mann, Anthony, Filmregisseur 265
Marcel, Etienne, Kaufmann 111
Marigny, Enguerrand de, Staatsmann 233
Marlowe 247
Marsille, Jean de 57
Martin, Perrine (»La Meffraye«) 78, 83, 191
Martin V., Papst 140
Martin von Vertou, Heiliger 255
Melusine, Fee 224f.
Mercier, Kastellan 173
Mérici, Guillaume, Kleriker 169
Meschin de la Roche Airault, Gilles, Bruder von Jacques 40
Meschin de la Roche Airault, Jacques, Kammerherr von König Karl VII. 39ff.
Micheau, Guillemette 79
Michelet, Jules, Historiker 11, 44, 72, 82, 130, 221f., 270
Monstrelet, Enguerrand de, Chronist 9, 46, 81, 89f., 130, 142, 258, 260
Montecler, Kaufmann 125f.
Montejean, Béatrice de, Schwiegermutter Gilles' de Rais 39ff., 51
Montfort, Geschlecht der 38
Montmorency-Laval, Geschlecht der 98
Montreuil, Jean de, königlicher Sekretär und Humanist 31f., 144, 242
Moreira, Kinderhändler 207

Nevers, Graf von 109
Newman, Paul, Schauspieler 266
Nicolas de Clémanges, Theologe 139, 141ff., 146, 246
Nikolaus von Kues, Philosoph 32
Nikolaus von Dinkelsbühl, Theologe 152
Nosferatu 22f.

Orléans, Bastard Johann von (auch Jean Graf von Dunois), Sohn Ludwigs von Orléans, Heerführer Karls VII. 43, 48f., 103, 115
Orléans, Ludwig Herzog von, Bruder Karls VI. 24, 147, 259
Orléans, Charles Herzog von, Sohn Ludwigs von Orléans 24, 117, 259
Ovid 132

Pain, Perrinet, Kaufmann 57
Paulus, Kirchenlehrer 243, 249
Paynel de Hambye, Jeanne 38
Penthièvre, Geschlecht der 25, 38
Pernelle, Schriftstellerin 215
Perrault, Charles 10
Petit, Jean, Goldschmied 63
Petit, Jean, Theologe 147
Petrarca, Dichter 31
Philipp der Gute, Herzog von Burgund 32, 89, 152, 208
Philipp der Kühne, Herzog von Burgund 32
Philipp IV., der Schöne, König von Frankreich 233, 251
Philipp VI. von Valois, König von Frankreich 108
Piccolomini, Enea Silvio s. Pius II.
Pietro de Crescenzi, Schriftsteller 34
Pius II., Papst 243
Poitou (eigentlich Etienne Corillaut), Diener Gilles' de Rais 65, 68, 72–79, 83f., 87, 182, 188–191, 207, 236, 245
Ponmolain, Matthieu de, königlicher Ratgeber 204
Prelati, François, Beschwörer 61, 63, 67–73, 79f., 82, 84f., 87, 188f., 220, 236f., 246, 256
Prigano, Bartolomeo, Erzbischof von Bari, s. Urban VI.
Purgatoire, Jacques 254

Rabateau, Jean, Präsident des Parlaments 57
Raguier, Hemon, Kämmerer 113
Raimund VII., Graf von Toulouse 163
Rais, Marie de, Tochter Gilles' de Rais 57, 71, 91–94, 182
Richard, Bruder, Franziskaner 32, 149f.
Richard Löwenherz, König von England 247
Richelieu, Armand Jean du Plessis, Herzog von 134
Richemont, Arthur de, Konnetabel von Frankreich 24f., 41ff., 48f., 52, 60, 82, 132, 136f., 169, 235
Rigaud, Eudes, Bischof von Rouen 167
Robert »le Bougre«, Generalinquisitor für Frankreich 163f.
Robert von Genf s. Clemens VII.
Robert von Chester, Übersetzer des Korans 215
Rochus, Hl. 147
Rodigo, Guillaume, Opfer Gilles' de Rais 189ff., 198

Rodrigue de Villandrando, Kastellan 103, 117
Rohan, Herzog von 42
Rohan, Béatrice de, Nichte Johanns V. 38
Romanus von S. Angelo, päpstlicher Kardinallegat 163
Romulart, Robin, Diener Gilles' de Rais 68, 74
Rossen, Robert, Filmregisseur 266
Rossignol, Jean, Diener Gilles' de Rais 56, 68, 74f.
Roulet, Jacques 225
Roux, Guillaume de 247
Rudolf, Herzog von Lothringen 109

Sade, Donatien-Alphonse-François, Marquis de 10, 258, 264
Saint Pol, Graf von 109, 130
Saint Pol, Jean de 134
Saint-Denis, Mönch von 134
Salisbury, Gräfin von 102
Sancerre, Graf von 109
Savesres, Hector de 81, 260
Scales, Lord, englischer Heerführer 103
Schultz, Dr., Psychiater 261
Sergent, Jeannette und Guillaume 79
Siegmund, deutscher König 217
Sillé, Anne de, zweite Frau von Jean de Craon 40
Sillé, Gilles de 37, 52, 61, 67f., 71–78, 81, 188, 190f.
Sillé, Michel de 37, 49
Sorel (Soreau), Geschlecht der 124
»Spadine«, Diener Gilles' de Rais 68
Sueton 132
Suffolk, Graf von, englischer Heerführer 103, 113

Talbot, John, Earl of Shrewsbury, Heerführer 103, 118
Tarnowsky 246
Tertullian, Kirchenlehrer 249
Theodosius, Kaiser 249
Thierry, Maler 79
Thomas von Aquin, Theologe 243
Thouars, Catherine de, Frau von Gilles de Rais 20, 39, 58, 71, 92
Tonnerre, Madame de 130
Tournemine de la Hunaudaye, Jean, Onkel Gilles' de Rais 37
Trincant, Sekretär Jeans du Bueil 43

Urban VI., Papst 26

Vacher, Joseph 261
Valerius Maximus, Schriftsteller 132
Varambons, Geschlecht der 117
Vaurus, Bastard von 130
Vendôme, Jean de, Viztum von Chartres 92
Villon, François, Dichter 211
Viriville, Vallet, Geschichtsschreiber 80
Vivien, Theologe 142
Voltaire, Dichter 11

Weber, Jeanne 260
Welles, Orson, Filmregisseur 266
Wilhelm I., der Eroberer, König von England 247

Xaintrailles, Heerführer 43, 48f., 113

Yolanda von Aragón 41f., 49, 51f.

Jetzt lesen, was zu lesen lohnt

Richard Allen Brown
Die Normannen
Aus dem Englischen von H. Ehrhardt.
246 S., mit 29 Abb., 7 Karten und 5 Tafeln.
Leinen

André Clot
Harun al-Raschid – Kalif von Bagdad
Aus dem Französischen von S. Höfer.
Mit Anmerkungen, Glossar, Zeittafel und
geographischer Übersichtskarte. 352 S.,
Leinen

Mariateresa Fumagalli
Heloise und Abaelard
Aus dem Italienischen von U. Knöller-
Seyffahrt. 279 S., mit 16 Abb., Leinen

Bronislaw Geremek
Geschichte der Armut
Elend und Barmherzigkeit in Europa.
Aus dem Polnischen von Fr. Griese. 328 S.,
Leinen

Dieter Hennebo
Gärten des Mittelalters
Neu herausgegeben, überarbeitet und mit
einem Nachwort von N. Ott unter Mitarbeit
von D. Nehring. 205 S., mit 93 z. T. farbigen
Abb., Leinen

Maurice Keen
Das Rittertum
Aus dem Englischen von H. Ehrhardt.
448 S., mit 27 Abb., Leinen

Norbert Ohler
Reisen im Mittelalter
452 S., mit 33 Abb., Leinen

Margareta Porete
Der Spiegel der einfachen Seelen
(Miroir des simples âmes). Wege
der Frauenmystik. Aus dem Alt-
französischen übertragen und eingeleitet von L. Gnädinger. 280 S.,
Leinen

Auguste Rodin
Die Kathedralen Frankreichs
Reisebilder. Aus dem Französischen
übertragen von M. Brod.
216 S., mit 26 Tafeln, Leinen

Heinrich Schipperges
Der Garten der Gesundheit
Medizin im Mittelalter. 296 S., mit 56 Abb.,
Leinen

Ernst Schirmacher
Stadtvorstellungen
Die Gestalt der mittelalterlichen Städte.
Erhaltung und planendes Handeln.
372 S., mit 176 Illustrationen,
Leinen

Artemis & Winkler

Artemis & Winkler Verlag   8000 München 33 Postfach 33 01 20   CH-8024 Zürich Postfach

Europa im Mittelalter

Joachim Bumke:
Höfische Kultur
Literatur und
Gesellschaft im
hohen Mittelalter
2 Bände
dtv 4442

Ferdinand
Gregorovius:
Geschichte
der Stadt Rom
im Mittelalter
7 Bände, dtv 5960

Kaiser Friedrich II
Sein Leben in
zeitgenössischen
Berichten
Herausgegeben von
Klaus J. Heinisch
dtv 2901

Kaiser und Reich
Klassische Texte
zur Verfassungs-
geschichte des
Heiligen Römischen
Reiches deutscher
Nation
Herausgegeben von
Arno Buschmann
dtv 4384

Franz Irsigler/
Arnold Lassotta:
Bettler und Gaukler,
Dirnen und Henker
Außenseiter
in einer mittel-
alterlichen Stadt
Köln 1300-1600
dtv 11061

Reinhard Lebe:
Als Markus nach
Venedig kam
Venezianische
Geschichte im
Zeichen des
Markuslöwen
dtv 11060

Régine Pernoud:
Königin der
Troubadoure
Eleonore von
Aquitanien
dtv 1461

Régine Pernoud:
Christine de Pizan
Das Leben einer außer-
gewöhnlichen Frau
und Schrifstellerin
im Mittelalter
dtv 11192 (März 1990)

Der Prozeß
Jeanne d'Arc
Hrsg. von Ruth
Schirmer-Irmhoff
dtv 2909

Philippe Reliquet:
Ritter, Tod und Teufel
Gilles de Rais oder
Die Magie des Bösen
dtv 11174

Barbara Tuchmann:
Der ferne Spiegel
Das dramatische
14. Jahrhundert
dtv 10060

dtv-Bücher zur Französischen Revolution

Dieser großartige und spannende Bericht liest sich wie ein historisches Drama.
dtv 4491

72 Aufrufe und Reden der wichtigsten Denker, Ideologen und Revolutionäre.
dtv 2959

Die Französische Revolution im deutschen Urteil der letzten 200 Jahre.
dtv 2960

»Ganz einfach eine neue Geschichte der Französischen Revolution«
(Münchner Merkur)
dtv 2702

Eine heute noch gültige, soziologisch orientierte Geschichtsanalyse aus dem Jahr 1856.
dtv 2204

Authentische Berichte und Erzählungen eines populären zeitgenössischen Schriftstellers.
dtv 2213

dtv klassik
Klassiker der romanischen Literatur

ARIOST
Der rasende Roland
(Orlando furioso)
Dünndruck-Ausgabe
dtv 5918 / 2 Bde.

CHARLES
BAUDELAIRE
Les Fleurs du Mal
Die Blumen des Bösen
Zweisprachige Ausgabe
dtv 2173

MIGUEL
DE CERVANTES
Der sinnreiche Junker
Don Quijote von der
Mancha
Dünndruck-Ausgabe
dtv 2060

DANTE ALIGHIERI
Die Göttliche Komödie
Dünndruck-Ausgabe
dtv 2107

Die Göttliche Komödie
Italienisch und deutsch
6 Bände in Kassette
dtv 5916

Vita Nova
Das Neue Leben
Übers. v. Karl Federn,
hrsg. u. komment. von
Anna Coseriu und
Ulrike Kunkel
dtv 2199

ÉMILE ZOLA
Nana
Dünndruck-Ausgabe
dtv 2008

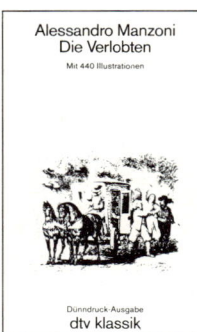

GUSTAVE
FLAUBERT
Madame Bovary
Dünndruck-Ausgabe
dtv 2075

VICTOR HUGO
Die schwarze Fahne
dtv 2198

GEORGE SAND
Ein Winter auf
Mallorca
dtv 2157

Sie sind ja eine Fee,
Madame!
Märchen aus Schloß
Nohant
dtv 2197

STENDHAL
Rot und Schwarz
Dünndruck-Ausgabe
dtv 2005

JEAN-JACQUES
ROUSSEAU
Julie oder
Die neue Héloïse
Dünndruck-Ausgabe
dtv 2191

ANTOINE DE
SAINT-EXUPÉRY
Gesammelte Schriften
Dünndruck-Ausgabe
dtv 5959/3 Bde.

ALESSANDRO
MANZONI
Die Verlobten
Dünndruck-Ausgabe
dtv 2142

Die Nonne von Monza
dtv 2192

›Von Zauberei und Hexenwahn‹

Grundschriften zur Geschichte der Hexenprozesse

Jakob Sprenger
Heinrich Institoris
›Der Hexenhammer‹
(Malleus maleficarum)

Als erfolgreichstes
»Handbuch der
Hexenjäger« erlangte
dieses Werk, erstmals
1487 erschienen,
traurige Berühmtheit.
Mit der Wiederauflage
der ersten deutschen
Übersetzung von
J. W. R. Schmidt wird
dem Leser ein histori-
sches Dokument als
immerwährende War-
nung vor Inhumanität
zugänglich gemacht.
dtv 2162

Friedrich von Spee
›Cautio Criminalis
oder Rechtliches
Bedenken wegen der
Hexenprozesse‹

Eine der ersten und
wichtigsten Kampf-
schriften gegen das
Unwesen der Hexen-
prozesse. Ohne die
Existenz von Hexen
prinzipiell zu vernei-
nen, diskutiert Spee,
dem selbst der Schei-
terhaufen drohte, in
seiner Schrift in fünfzig
Fragen und Antworten
die unrechtmäßige und
unmenschliche Praxis
dieser Prozesse.
dtv 2171

Christian Thomasius
›Vom Laster der
Zauberei‹
über die Hexen-
prozesse
De Crimine Magiae
Processus Inquisitorii
contra Sagas

Mit seinen beiden
Hauptwerken, in die-
ser Ausgabe parallel
in der lateinischen
Originalfassung und in
einer zeitgenössischen
Übertragung, gab
Thomasius den end-
gültigen Anstoß zur
Abschaffung der
Hexenprozesse in
Preußen.
dtv 2170

Die drei Bände sind auch als Kassette ›Von Zauberei und Hexenwahn‹
(dtv 5926) erhältlich.

Gerhard Konzelmann
im dtv

Der Nil
Heiliger Strom unter Sonnenbarke, Kreuz und Halbmond

Die bewegte Geschichte der Länder am Nil von den Pharaonen bis zu Mubarak und den westpolitischen Machtblöcken der Gegenwart – geschrieben von dem exzellenten Nahostkenner Gerhard Konzelmann. Er macht die politische Brisanz vielfältiger kultureller Brüche aus rund 5000 Jahren deutlich. dtv 10432

Jerusalem
4000 Jahre Kampf um eine heilige Stadt

Konzelmann erzählt detailliert und kenntnisreich die viertausendjährige Geschichte dieser Stadt, die sowohl für Juden wie für Mohammedaner und Christen die »heilige Stadt« ist. Ein wichtiges Buch für jeden, der den Ursprüngen des unversöhnlichen Streites um Jerusalem nachgehen möchte. dtv 10738

Der unheilige Krieg
Krisenherde im Nahen Osten

Ein Versuch, das für den westlichen Beobachter schier unentwirrbare Knäuel verschiedener Einflüsse und Strömungen im libanesischen Bürgerkrieg zu entwirren und durch geschichtliche Rückblicke die Ursachen des Konflikts aufzudecken. dtv 10846

Die islamische Herausforderung

Der Ruf »Allah ist über allem!« hat eine ungeheure Aufbruchstimmung unter allen Völkern des Islams bewirkt, die die Rettung der Welt zum Ziel hat. Der allumfassende Anspruch und die Kompromißlosigkeit dieser Religion geben der neuen islamischen Bewegung ihre Kraft. Konzelmann vermittelt das Wissen, das zum Verständnis der islamischen Revolution nötig ist, mit der das Abendland sich die nächsten Jahrzehnte wird auseinandersetzen müssen. dtv 10873